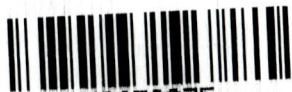

上海交通大學歷史系　浙江大學歷史系　浙江省社會科學界聯合會
國家社會科學基金規劃項目
上海市社會科學基金重大項目　資助

契約

浙江文化研究工程成果文庫

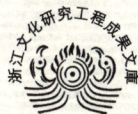

浙江文獻集成

中國地方珍稀文獻
浙江地方文書叢刊

石倉契約

第二輯
第一册

曹樹基　潘星輝　闕龍興　編

浙江大学出版社
ZHEJIANG UNIVERSITY PRESS

圖書在版編目(CIP)數據

石倉契約. 第2輯 / 曹樹基等編. —杭州: 浙江大學出版社,2012.8
(中國地方珍稀文獻. 浙江地方文書叢刊)
ISBN 978-7-308-10148-6

Ⅰ.①石… Ⅱ.①曹… Ⅲ.①合同—史料—浙江省 Ⅳ.①D927.550.36

中國版本圖書館 CIP 數據核字(2012)第137158號

石倉契約(第二輯)

曹樹基 潘星輝 闕龍興 編

叢書策劃 徐有智
責任編輯 陳麗霞 金更達
封面設計 張志偉
出版發行 浙江大學出版社
(杭州天目山路148號 郵政編碼 310007)
(網址:http://www.zjupress.com)
排 版 杭州天一圖文製作有限公司
印 刷 浙江印刷集團有限公司
開 本 787mm×1092mm 1/16
印 張 194.5
字 數 2132千
版 印 次 2012年8月第1版 2012年8月第1次印刷
書 號 ISBN 978-7-308-10148-6
定 價 2000.00元

編輯凡例

一 本書採用圖文對照的方式進行編輯，既可保存原件的風貌，也便於讀者查閱或校核。

二 抄録格式一依原契。部分因排版問題[illegible]，稍有改動。表格劃線處未一一對應。

三 標點契文，依能斷即斷的原則，僅標逗號或頓號，最末標句號。

四 漫漶、殘缺者一般依契約格式中的常用語補足，無法辨識或難以補足者，以□表示。

五 補足脱字，以（ ）表示；改正錯字，以［ ］表示；衍字以『 』標識。個別契約存在大量脱、錯、衍字，僅擇要補足、改正和標識。

六 序言與目録全用繁體。內文繁、簡體字，一律照録，異體字及俗字改為規範字，另附《常見異體字及俗字與規範字對照表》，以為參考。個別通假字，如『直』與『值』、『伯』與『佰』、『具』與『俱』、『員』與『圓』等，不予改動。

七 少量不易理解的方言，在首次出現時加脚註説明。少量石倉當地的異體字，徑改為標準字。

八 人名中的異名按《闕氏宗譜》的記載予以統一，當異名大量並集中出現時，以脚註説明。族譜中查不到的人名，一依原契。

九 契尾所載税額皆為賣價總額的百分之三，省略不録。契尾文字在首次出現時抄録全文，民國驗契執照亦然。

十 契約之擬名一般根據契約首行，酌情改動。

常見異體字及俗字與規範字對照表

（規範字按漢語拼音順序排列）

規範字	異體字及俗字
坳	坳 幼
霸	霸
嘗	常
塍	塍
处 處	処 虜 豦
窗	窻 窓
耽	躭
挡 当	凼
挡	䣊
擋	隚 當
遞	遞
都	卩 阝
段	叚
塅	塅
兒	児
反	返 饭
豐	豊
逢	逢
艮	峎 崀
高	髙
各	佫
耕	畊
關	関 関
觀	观
橫	横
回	囬
荒	塃
鷄	雞
及	伋
角	埆
脚	腳
柏	柏
據	拠 據
墈	堪 勘
坑	硄
款	欵
歷	歴 歴
粮	粆 良
两	両
晾	烺 眼 朗 脼
寮	簝 蓼

規範字	異體字及俗字
岭	岺
留	畱
壠	隴
籮	蘿
饅	糗
面	靣
畝	畆
廿	廾
弄	埬
拼 拚	拵
憑	凴
迫	廹
鋪	舗
契	挈
钱	傍
墻	牆
喪	丧
算	筭
坛	坛
藤	籐 籐 籐 籐 滕
天	伕
桶	捅 甬
挖	挖
學	斈
窑	窯 窰 嶢 搖
一	乙
银	艮
園	薗
雜	襍
葬	塟
燥	噪 穇 燥 燥
劄	劄
照	炤
折	拆
执	阦
止	阯
紙	帋
衆	眾
準	凖
總	捴 総

目録

第二輯第一册　上茶排·闕氏·天開等（契約，康熙—嘉慶）

康熙十九年九月二十六日周宗興立議約……三
乾隆十年三月二十六日許春旺立賣田契—契尾……四
乾隆十年十二月五日林顕洪立退票……六
乾隆十一年八月十九日胡士進立賣田契—契尾……八
乾隆十一年十二月五日林顕洪立退田契……十
乾隆十二年五月三日胡士進立找田契……十一
乾隆十二年十一月二十日王可先立賣田契……十二
乾隆十二年十一月二十一日王可先立賣田契……十四
乾隆十二年十二月十五日林永彩立賣田契……十五
乾隆十三年三月二十五日林永彩立找田契……十七
乾隆十四年八月六日朱正乾立賣墳（山）契……十八
乾隆十五年正月六日王可先立找田契……十九
乾隆十七年九月十六日石海定立賣田契—契尾……二十
乾隆十七年十一月十六日王可先立賣田契……二十二
乾隆十八年十二月十日闕福琳立找田契……二十三
乾隆二十年八月三十日許春旺立賣田契—契尾……二十四
乾隆二十年十二月二十日許春旺立找田契—契尾……二十六
乾隆二十一年十月十三日林顕昌立賣墳山契……二十八
乾隆二十二年二月二日周明起立送山埸字……二十九
乾隆二十二年九月十九日張天景立賣田契—契尾……三十
乾隆二十三年八月二十九日張天景立找田契—契尾……三十二
乾隆二十四年十月三日王可山立賣田契……三十四
乾隆二十五年十月二十四日鄭兆麟立賣田契……三十五
乾隆二十六年二月十八日鄭兆麟立找田契……三十七
乾隆二十六年十月十四日包發興立賣田契—契尾……三十八
乾隆二十八年十一月二十六日溫習旺立當田契……四十
乾隆二十九年一月二十七日李達春等立賣田契—契尾……四十二
乾隆二十九年十二月二十二日李達春等立找田契……四十四
乾隆二十九年十月十六日程良福立賣田契—契尾……四十六
乾隆二十九年十二月二十五日程良福立找田契……四十八
乾隆三十二年十一月三日程良福等立找田契……四十九
乾隆三十年十二月二十日溫習旺立賣田契……五十
乾隆三十一年二月六日溫習旺立找田契……五十一
乾隆三十二年十月一日周明起立賣山契……五十二

乾隆三十四年十一月二十七日胡春仁等立賣立碓河扎契……五十四
乾隆三十四年十二月八日巫廷候等立賣田契……五十五
乾隆三十六年十一月二十九日巫廷候等立截找田契……五十六
乾隆四十六年十一月十六日巫廷候等立找截田契……五十七
乾隆三十六年十二月二十四日王錫卿立賣田契—契尾……五十八
乾隆三十六年十二月二十六日溫習旺立斷截找田契……六十
乾隆三十七年十二月二十八日張牧正立當田字……六十二
乾隆三十九年九月九日郭光崇立當田票……六十三
乾隆四十年十月七日倪士豪立賣田契—契尾……六十四
乾隆四十一年十二月十七日闕敏候立賣斷截田契……六十六
乾隆四十一年十二月十七日闕敏候立找斷截田契……六十八
乾隆四十五年二月十六日賴春太立斷絕找田契……六十九
乾隆四十五年十一月二十八日潘承模等立賣田契—契尾……七十
乾隆四十七年二月五日葉東生等立賣田契……七十二
乾隆四十七年八月十六日葉東生等立找田契……七十三
乾隆四十七年十一月九日梁祿春立賣田契……七十四
乾隆四十八年七月二日梁祿春立找田契—契尾……七十四
乾隆四十八年一月十九日闕學賢立賣田契……七十六
乾隆四十八年三月十四日闕學賢立賣田契—契尾……七十六
乾隆四十八年九月一日賴先泰立賣田契—契尾……七十八
乾隆四十八年十二月二十二日賴先泰立賣田契……八十
乾隆四十九年二月二日何天風立賣田契……八十一
乾隆四十九年八月六日劉景端立賣田契……八十二
乾隆四十九年十一月十五日闕天光等立賣田契……八十二
乾隆五十年一月十六日李榮昇立賣田契……八十四
乾隆五十年六月十四日李榮昇立找田契—契尾……八十四
乾隆五十年九月十九日賴登琳立斷截找田契……八十六
乾隆五十一年十一月八日倪林秀等立找田契……八十七
乾隆五十一年十二月二十日郭光松立當田票……八十八
乾隆五十二年十一月十八日郭光松等立當田字……八十九
乾隆五十三年十一月十一日程文運立退山骨字……九十
乾隆五十三年十二月十日謝亮全等立賣嘗田契……九十二
乾隆五十四年二月十二日謝亮全等立找斷塲截田契……九十四
乾隆五十四年九月九日倪林秀立賣田契……九十四
乾隆五十四年十二月二十二日倪林秀立斷截找田契……九十六
乾隆五十四年九月九日倪林秀立賣田契……九十八
乾隆五十四年十二月二十二日倪林秀立斷截找田契—契尾……九十八
乾隆五十四年十一月二十六日劉廣和立賣山契—契尾……一百
乾隆五十四年十一月二十七日倪林緒立賣田契……一百〇二
乾隆五十五年二月六日倪林緒立斷截找田契……一百〇二
乾隆五十四年十二月十八日劉景陽立賣斷截田契……一百〇四
乾隆五十五年二月十九日劉景陽立找田契……一百〇五
乾隆五十五年二月六日倪林緒立斷截找田契—契尾……一百〇六
乾隆五十五年三月十三日李接琳立當田契……一百〇八
乾隆五十五年三月十六日李接琳立當田契……一百〇九
乾隆五十五年五月二十日謝祿生立賣田契……一百一十
乾隆五十五年九月二十日程良貴等立找田契……一百一十一

乾隆五十五年九月二十日葉東生等立找田契……………一百一十二
乾隆五十七年十月張方榮立找田契………………一百一十三
乾隆五十八年二月二十五日胡元利立賣山契………一百一十四
乾隆五十八年四月二十六日胡元利立找山契………一百一十四
乾隆五十九年二月九日葉七生立賣菜地契…………一百一十五
乾隆五十九年三月三日李松養立討田劄……………一百一十六
乾隆六十年閏二月二十九日賴學富立找田契………一百一十七
乾隆六十年八月七日闕永魁立承約字………………一百一十八
乾隆六十年十月二十三日胡德壽立退河扎字………一百一十九
乾隆六十年十月二十六日闕天富立賣斷田契………一百二十
乾隆六十年十二月九日闕天富立找斷截田契………一百二十一
乾隆六十年十二月二十八日溫榮林立退田字………一百二十四
乾隆六十年十二月二十九日溫榮林立斷截字………一百二十五
嘉慶元年一月二十日賴敦琳立賣田契………………一百二十六
嘉慶元年三月九日闕天富立當山塲字………………一百二十七
嘉慶元年十二月四日許福興立賣田契………………一百二十八
嘉慶元年十二月四日許福興立找田契—契尾………一百二十八
嘉慶二年十一月十一日包金滿立賣田契……………一百三十
嘉慶二年十一月十一日包金滿立租田劄……………一百三十一
嘉慶三年二月十六日雷永元立租田劄………………一百三十二
嘉慶三年六月十八日雷卷祿立斷找田契……………一百三十四
嘉慶四年七月二日謝亮全立收嘗銀字………………一百三十五
嘉慶四年十一月二十四日金永官立賣田契—契尾…一百三十六
嘉慶四年十二月二日闕德瓌立賣田契………………一百三十八
嘉慶五年二月十三日闕德瓌立找斷截田契…………一百三十八
嘉慶四年十二月二十二日劉景揚立賣田契…………一百四十
嘉慶五年三月三日劉景揚立找田契…………………一百四十二
嘉慶五年五月二日魏廷桂立繳田契…………………一百四十三
嘉慶六年二月十三日闕財魁立賣田契………………一百四十四
嘉慶六年十月二十四日張方榮立賣山契—契尾……一百四十六
嘉慶六年十月二十四日張方榮立賣山契……………一百四十八
嘉慶六年十二月二十四日闕德瓌立找斷絶田契……一百五十
嘉慶六年十二月二十四日賴登琳立當田契…………一百五十一
嘉慶七年三月十五日闕光樹等立賣山契……………一百五十二
嘉慶七年六月十六日胡增山立賣屋契………………一百五十四
嘉慶七年六月十六日胡增山立找屋契—契尾………一百五十五
嘉慶七年十月八日王元周立退田字…………………一百五十八
嘉慶七年十月八日王元周立退還田字………………一百五十九
嘉慶八年閏二月六日周應福立賣山契—契尾………一百六十
嘉慶八年十月二十六日謝懷榮等立賣田契…………一百六十二
嘉慶八年十一月李松養立限字………………………一百六十三
嘉慶八年十二月十二日藍仕雲立杜賣斷截田契……一百六十四
嘉慶九年十月六日藍仕雲立杜找斷截田契…………一百六十六
嘉慶八年十二月二十八日闕萬餘立當山塲票………一百六十七
嘉慶九年一月二十三日謝長貴立賣田契……………一百六十八
嘉慶十二年一月三十日謝長貴立找斷截田契—契尾…一百六十八
嘉慶九年三月九日闕光樹立賣山契…………………一百七十二
嘉慶九年三月雷卷祿立賣田契………………………一百七十三

嘉慶十年一月十四日劉元周立討田劄 …… 一百七十四
嘉慶十年一月十六日吳開養立承管山字 …… 一百七十五
嘉慶十年十一月十日闕松奎立賣田契 …… 一百七十六
嘉慶十年十一月十一日倪林緒立杜找截田契 …… 一百七十八
嘉慶十一年二月十一日甘春友立賣麻地竹山契 …… 一百七十九
嘉慶十一年四月二日朱藍壽立賣田契 …… 一百八十
嘉慶十一年五月二日朱藍壽立找斷截田契 …… 一百八十
嘉慶十一年十二月十三日闕魁琳立賣山契 …… 一百八十四
嘉慶十二年十月九日鄧天申立賣田契 …… 一百八十四
嘉慶十四年三月六日鄧天申立找田契—契尾 …… 一百八十六
嘉慶十二年十一月十一日王福生等立找田契 …… 一百八十八
嘉慶十三年二月五日王福生立賣田契 …… 一百九十
嘉慶十三年十二月五日王福生立找田契—契尾 …… 一百九十
嘉慶十三年九月七日闕德琮立賣田契 …… 一百九十二
嘉慶十三年十月九日闕德琮立找田契 …… 一百九十三
嘉慶十三年十月五日王亦彩立賣田契 …… 一百九十六
嘉慶十三年十月九日闕松奎立賣田契 …… 一百九十八
嘉慶十三年十二月六日闕松奎立杜找田契 …… 一百九十九
嘉慶十三年十月二十九日葉進祿等立賣山契 …… 二百
嘉慶十三年十二月十六日吳開養立當豬票 …… 二百
嘉慶十四年九月十七日闕繼興等立賣田契—契尾 …… 二百〇二
嘉慶十四年十二月十六日闕繼興等立杜找割田契 …… 二百〇四
嘉慶十四年九月十九日孫三美立賣山契 …… 二百〇六
道光二年十二月二十六日葉琳桂立賣松杉雜木契 …… 二百〇六
嘉慶十四年九月二十二日蔡昌琳立換田字 …… 二百〇八
嘉慶十四年十一月十二日闕學賢立賣田契—契尾 …… 二百一十
嘉慶十四年十一月二十八日王騰福立賣田契 …… 二百一十二
嘉慶十四年十二月十九日闕萬瑜立賣山契 …… 二百一十四
嘉慶十四年十二月二十三日劉有富立找田契—契尾 …… 二百一十六
嘉慶十五年三月十九日劉石富立賣田契 …… 二百一十八
嘉慶十五年三月二十九日劉石富立找田契 …… 二百一十九
嘉慶十五年四月十八日闕德琮立賣基地契 …… 二百二十二
嘉慶十五年五月一日闕永養等立找田契 …… 二百二十三
嘉慶十五年五月一日闕永養立租劄 …… 二百二十四
嘉慶十五年五月五日李有來立出拚業山字 …… 二百二十五
嘉慶十五年六月三日饒玉龍立換田字 …… 二百二十六
嘉慶十五年十二月十六日闕德瓚立找斷截田契 …… 二百二十七
嘉慶十六年二月十六日賴辛連立賣田契—契尾 …… 二百二十八
嘉慶十六年三月十一日闕天開立議合約 …… 二百三十
嘉慶十六年三月十一日闕學賢立議合約 …… 二百三十一
嘉慶十六年三月十九日吳開養立承山塲字 …… 二百三十二
嘉慶十六年六月十一日謝長福立賣杉木字 …… 二百三十三
嘉慶十六年十月十九日胡有聰立換字 …… 二百三十四
嘉慶十六年十二月一日李有來立賣山契—契尾 …… 二百三十六
嘉慶十六年十二月二十六日劉承富立賣田契 …… 二百三十八
嘉慶十七年二月八日劉承富立找田契—契尾 …… 二百三十八
嘉慶十七年二月二十九日蔡祖玉立合議約 …… 二百四十二
嘉慶十七年三月十八日闕來魁立當扎字 …… 二百四十三

嘉慶十七年十月九日劉承富等立賣田契……二百四十四
嘉慶十七年十二月十日劉承富等立找田契—契尾……二百四十四
嘉慶十七年十月十六日闕學賢立賣山樹木契……二百四十八
嘉慶十七年十月十六日闕學賢立杜找田契—契尾……二百四十八
嘉慶十七年十月二十一日吳開養立賣杉樹契……二百五十二
嘉慶十七年十二月二十一日闕金魁立當田字……二百五十三
嘉慶十七年十二月二十五日李天昭等立找斷絶田契……二百五十四
嘉慶十八年二月三日李松養立賣山契……二百五十六
嘉慶十八年二月五日吳開養立承管字……二百五十八
嘉慶十八年二月五日吳開養立討山劄……二百六十
嘉慶十八年二月五日吳開養立租田劄及承管字……二百六十一
嘉慶十八年三月十六日闕松奎立賣二坑契……二百六十二
嘉慶十八年四月十四日張方榮立當田契……二百六十三
嘉慶十八年四月張方榮立賣田契……二百六十四
嘉慶十八年五月張方榮立杜找田契—契尾……二百六十四
嘉慶十八年十月十日張生利立賣田契……二百六十六
嘉慶十八年十二月三日張生利立找田契—契尾……二百六十六
嘉慶十八年十月張廣牧等立賣田契……二百六十八
嘉慶十九年二月張廣牧等立找斷絶田契—契尾……二百七十
嘉慶十八年十一月二十九日闕永功立討田劄……二百七十二
嘉慶十八年十二月二十七日包天保等立退荒坪基地字……二百七十三
嘉慶十九年三月三日劉有富立找田契……二百七十四
嘉慶十九年三月十五日闕永功立包扎頭字……二百七十五
嘉慶十九年十月十七日李松養立賣杉木字……二百七十六
嘉慶十九年十月十七日李雲養立賣杉木字……二百七十七
嘉慶十九年十月十七日李雲養立拚杉木字……二百七十八
嘉慶十九年十一月九日王福生立借銅錢票……二百七十九
嘉慶十九年十一月九日王福生立找斷截田契……二百八十
嘉慶十九年十一月二十九日鄧元榮立賣田契……二百八十二
嘉慶二十年二月三日鄧元榮立找斷截田契……二百八十四
嘉慶十九年十一月二十九日鄧元榮立租田劄……二百八十五
嘉慶十九年十二月二十四日周應養立賣山契—契尾……二百八十六
嘉慶二十年三月六日張廣昌等立退字……二百八十八
嘉慶二十年十二月二十一日闕永魁立借錢票……二百八十九
嘉慶二十年十二月二十八日林開基等立賣店屋契—契尾……二百九十
嘉慶二十一年三月十四日闕貴養等立欠租穀字……二百九十二
嘉慶二十一年三月十五日闕永達立包坑字……二百九十三
嘉慶二十一年三月十五日闕永達立討田劄……二百九十四
嘉慶二十一日五月十二日闕才魁立當豬本字……二百九十五
嘉慶二十一年五月二十三日劉新永立借穀票……二百九十六
嘉慶二十一年八月十三日闕學貴立退山塲字……二百九十七
嘉慶二十一年八月二十八日闕貴養等立找田契—契尾……二百九十八
嘉慶二十一年十一月八日李盛和立退田字……三百
嘉慶二十一年十一月十九日邱發富等立賣田契—契尾……三百〇二
嘉慶二十一年十二月十日葉元宗立賣田契……三百〇四
嘉慶二十一年十二月二十五日葉元宗立找田契—契尾……三百〇四
嘉慶二十一年十二月二十九日羅銀發立討蔴地劄……三百〇六

嘉慶二十一年十二月二十九日闕來魁立借錢票 …… 三百〇八
嘉慶二十二年二月六日李新養立當豬字 …………… 三百〇九
嘉慶二十二年三月三日林永彩等立賣田契 …………… 三百一十
嘉慶二十二年五月八日林永彩等立找田契 …………… 三百一十一
嘉慶二十二年四月十九日闕財魁立當牛字 …………… 三百一十四
嘉慶二十三年三月十五日闕德瑀等立賣田契 …………… 三百一十五
嘉慶二十三年七月二十八日蔡天琳立賣山契 ……… 三百一十六
道光三年二月七日朱寧海立賣山契—契尾 ……… 三百一十六
嘉慶二十三年八月二十四日張陞牧立賣田契 ……… 三百一十九
嘉慶二十三年八月二十六日闕門王氏立找田契 …… 三百二十
嘉慶二十三年八月二十七日闕德瑀等立賣田契 …… 三百二十一
嘉慶二十三年十二月二日蔡辛琳立賣山契 …………… 三百二十二
嘉慶二十三年十二月十六日闕發宗立找斷絕田契 … 三百二十三
嘉慶二十四年二月二日胡榮琳立賣田契—契尾 …… 三百二十四
嘉慶二十四年五月二十二日鄒遠華立退麻地字 …… 三百二十六
嘉慶二十四年十一月二日張生利立賣田契 ………… 三百二十八
嘉慶二十四年十二月二十四日張生利立杜找斷截田契
—契尾 ………………………………………… 三百二十八
嘉慶二十四年十二月二十四日雷台生等立斷截找田契 三百三十二
嘉慶二十四年十二月二十五日鄭正雲等立賣田契 … 三百三十四
嘉慶二十五年二月十四日羅銀發立當菜園字 ……… 三百三十五
嘉慶二十五年二月十八日闕書光立賣山契—契尾 … 三百三十六
嘉慶二十五年五月十六日林佛養立當山契 ………… 三百三十八

上茶排

闕氏·天開等

德瑛光裕堂内景

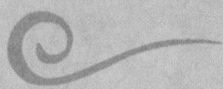

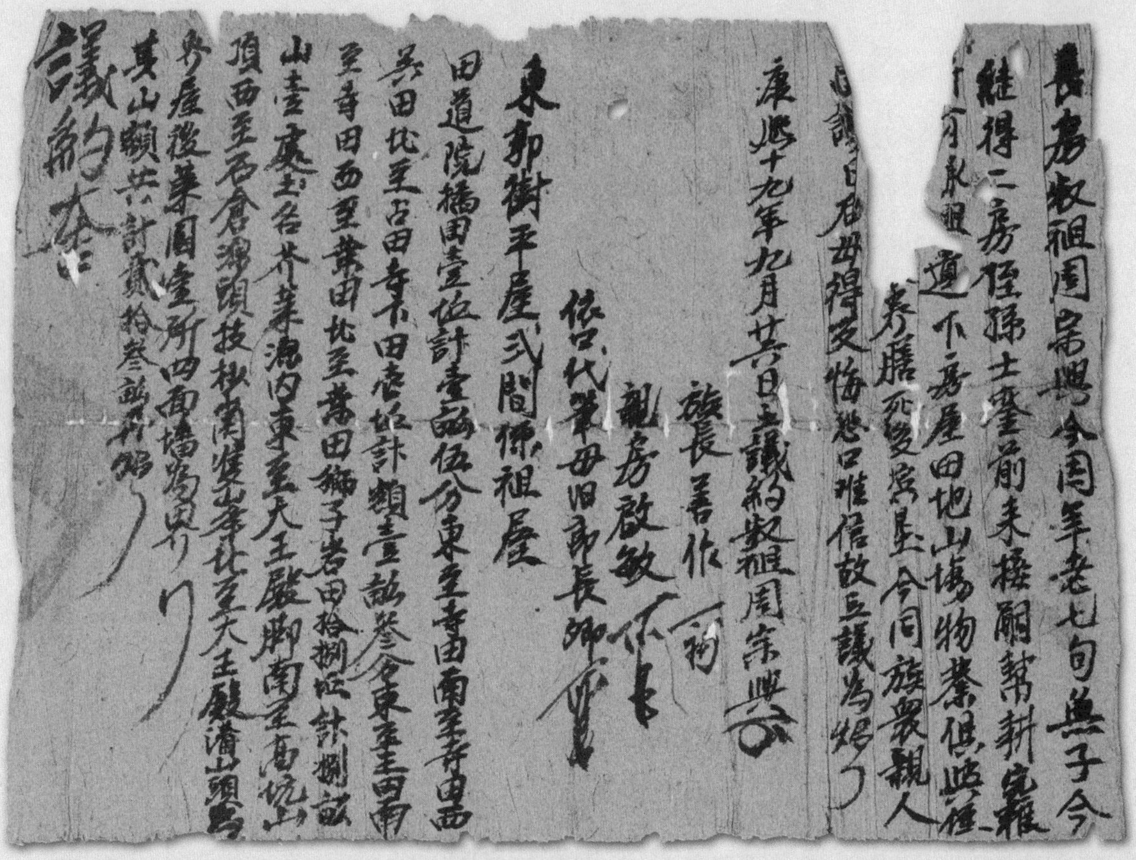

長房叔祖周宗興，今因年老七旬無子，今
继得二房侄孫士銮前来接嗣帮耕完粮
□□承祖遺下房屋田地山塲物業，俱與侄
□□□□养膳，死後殡葬，今同族衆親人
□議，日后毋得反悔，恐口难信，故立議为照。
康熙十九年九月廿六日　立議約叔祖　周宗興
族長　善作
親房　啟敏
依口代筆　母旧［舅］郎長卿

東郭街平屋弍間係祖屋
田道院插田壹坵，計壹畝伍分，東至寺田，南至寺田，西
吳田，北至占田，寺下田壹坵，計額壹畝叁分，東至主田，南
至寺田，西至業田，北至當田，獅子岩田拾捌坵，計捌畝，
山壹處，土名芥菜澙内，東至大王殿脚，南至高坑山
頂，西至石倉源頭技［枝］杪崗雙峯，北至大王殿潘山頭為
界，屋後菜園壹所，四面墻為界，
其山額共計貳拾叁畝，再照。

廿一都茶排地方立賣契許春旺，今因錢粮無办，自情愿将祖遗下坐落土名茶排寮前田貳坵，計租貳担，計額貳畝正，立契出賣與丁陞浩邊為業，三面断定時價纹銀陸两正，其銀當日收足，其田执與银主执契管業，收租完粮，此係自己物業，與内外兄弟並無干涉，亦毋重典等情，如有此色，本家自能支听，不涉银主之事，日后不論年限，備原價取贖，银主毋得执留，此出二家心愿，日后並無二三言説，恐口難信，故立賣契为據。

乾隆拾年三月廿六日　立賣契　許春旺

見中　金国瑞

丁又尹

依口代筆　潘雲彩

（契尾，乾隆叁拾弍年伍月）

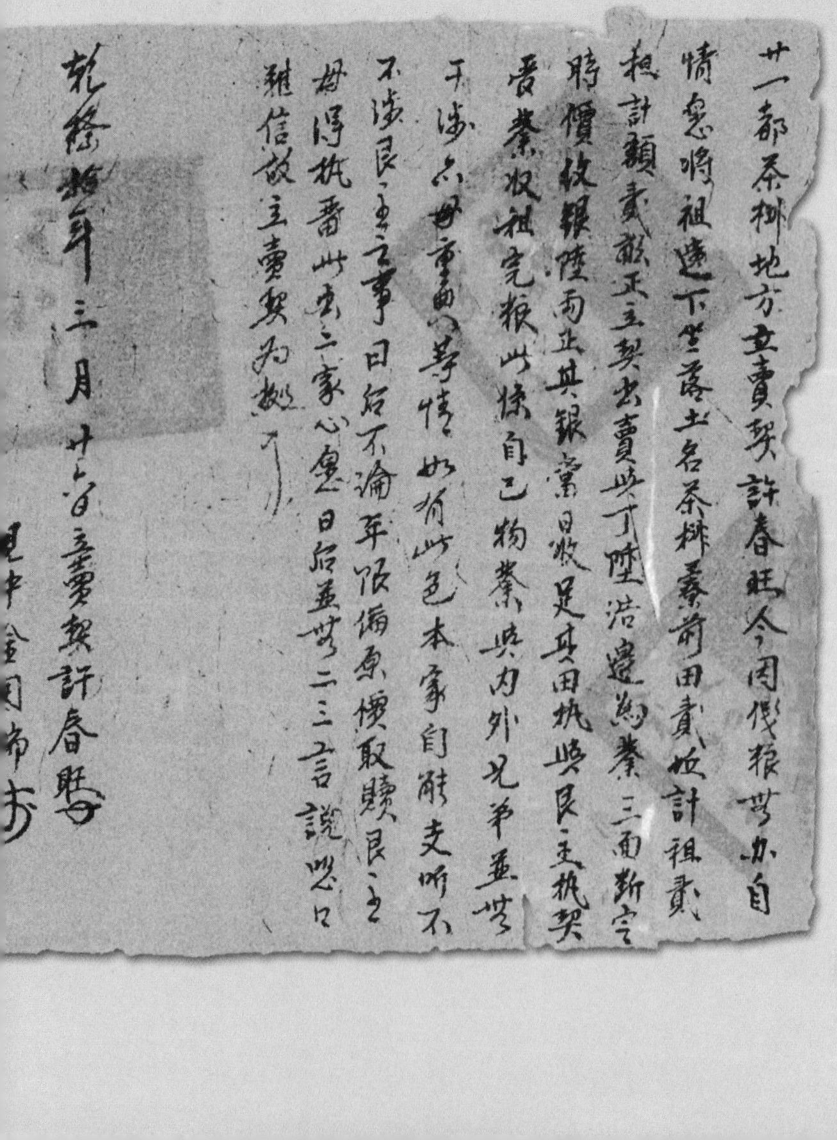

奉旨免給稅契
字
號
契
業户 丁陸浩
伍拾貳
乾隆叁拾八年伍月
准此

立永退票人琳顯洪今因承有塃基并荒坪
土名坐落廿一都葉登水口岭水荒塔壹處計數弍正今因東至大
路西至山脚南至小坑北至小坑為界因錢粮累身無力
自心情愿托中送退與夏昌滿邊前去與造開掘办粮当
日平中言議定下時值價銀壹兩貳錢正其價銀當日
收足其墓地任從夏邊管業此出弍家心愿此係自己物
業與別房內外人等無干如有內外人等爭執林邊壹
力当承不涉夏邊之事今退與夏邊收割过户管業完粮
自退以後永遠不得識認找贖等情此係家永無反悔
心愿並無仰逼反言今恐口難信故立退字為據

內註力字

乾隆拾年拾弍月初五日立退票人林顯洪

見中人王春龍

依口代人吳文祖

（前頁）>>>>>

立永退票人琳［林］顕洪，今因承有荒基併荒坪，土名坐落廿一都葉庄水口冷水荒塔壹處，計額一畝正，今因東至大路，西至山脚，南至小坑，北至小坑為界，因錢粮累身無办，自心情愿托中送退與夏昌滿边前去興造，開掘办粮，当日平［憑］中言議，足下時值價銀壹两貳錢正，其價銀當日收足，其基地任從夏邊管業，此出弍家心愿，此係自己物業，與別房内外人等無干，如有内外人等争執，林边壹力当承，不涉夏边之事，今退與夏边收割过户，管業完粮，自退以後，永遠不得識認找贖等情，此係家，永無反悔心愿，並無仰協歹言，今恐口难信，故立退字為據。

内註力字。

乾隆拾年拾弍月初五日　立退票人　林顕洪

見中人　王春龍

依口代人　吳文祖

……

情愿将到續置民田壹坵，計額伍分正，土名坐落念一都夫人殿庄泠水崗，其田四至界畔分明，欲行出賣，托中送與闕其興入手承買，當日憑（中）三面言定，時值價紋銀肆兩正，其田隨契管業，其銀即日收足明（白），不是準折債貨之故，所賣所買，二家甘愿，各無反悔，仍與内外人等並無干碍，如有此色，賣人一力承當，亦無找價取贖等情，恐口無憑，立永賣田契為照。

中人　胡尚選

見人　王鳳寿

仝弟　胡世生

乾隆拾壹年捌月十九日　立永賣田契人　胡士進

代筆人　闕兆利

（契尾，乾隆肆拾弍年拾貳月）

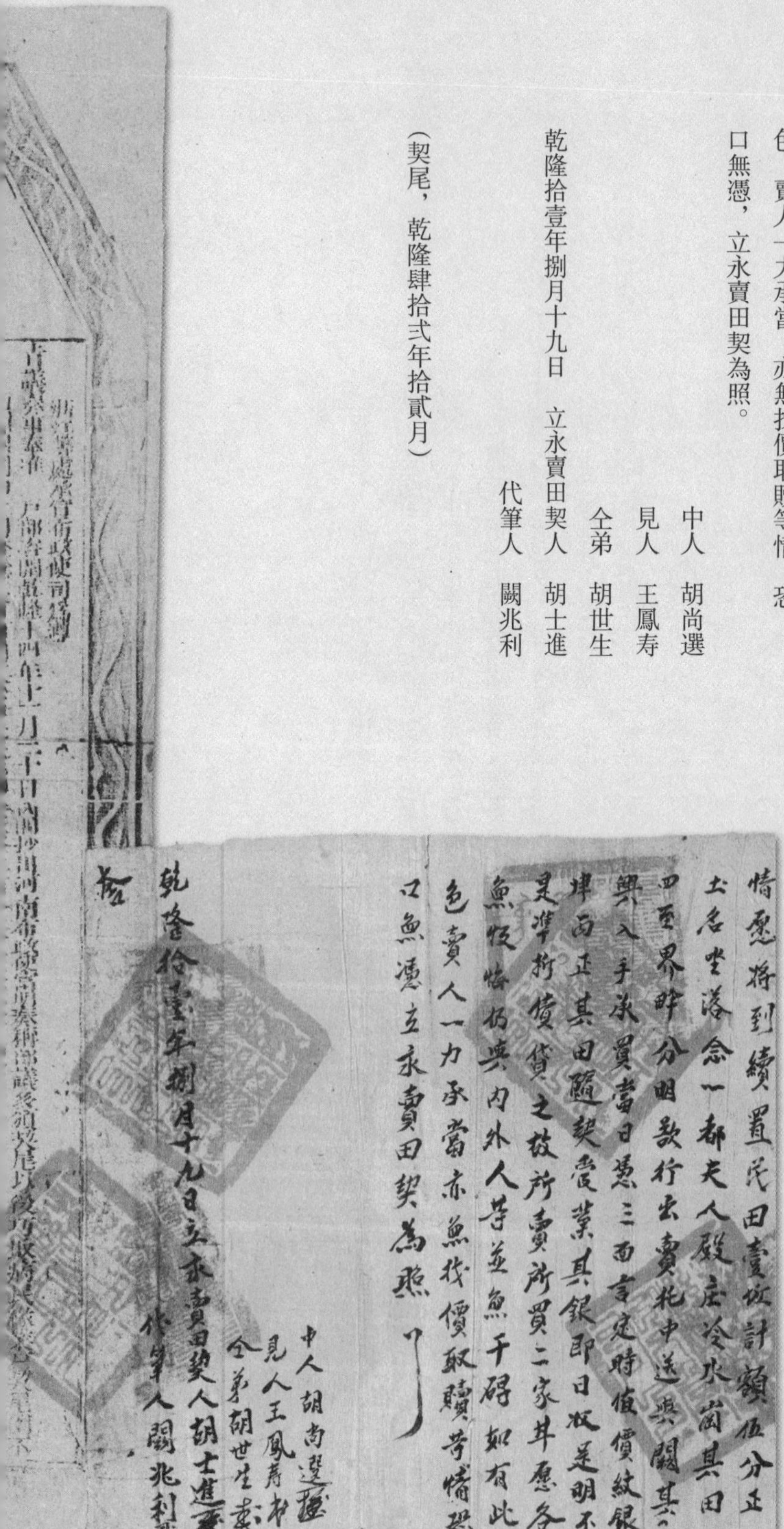

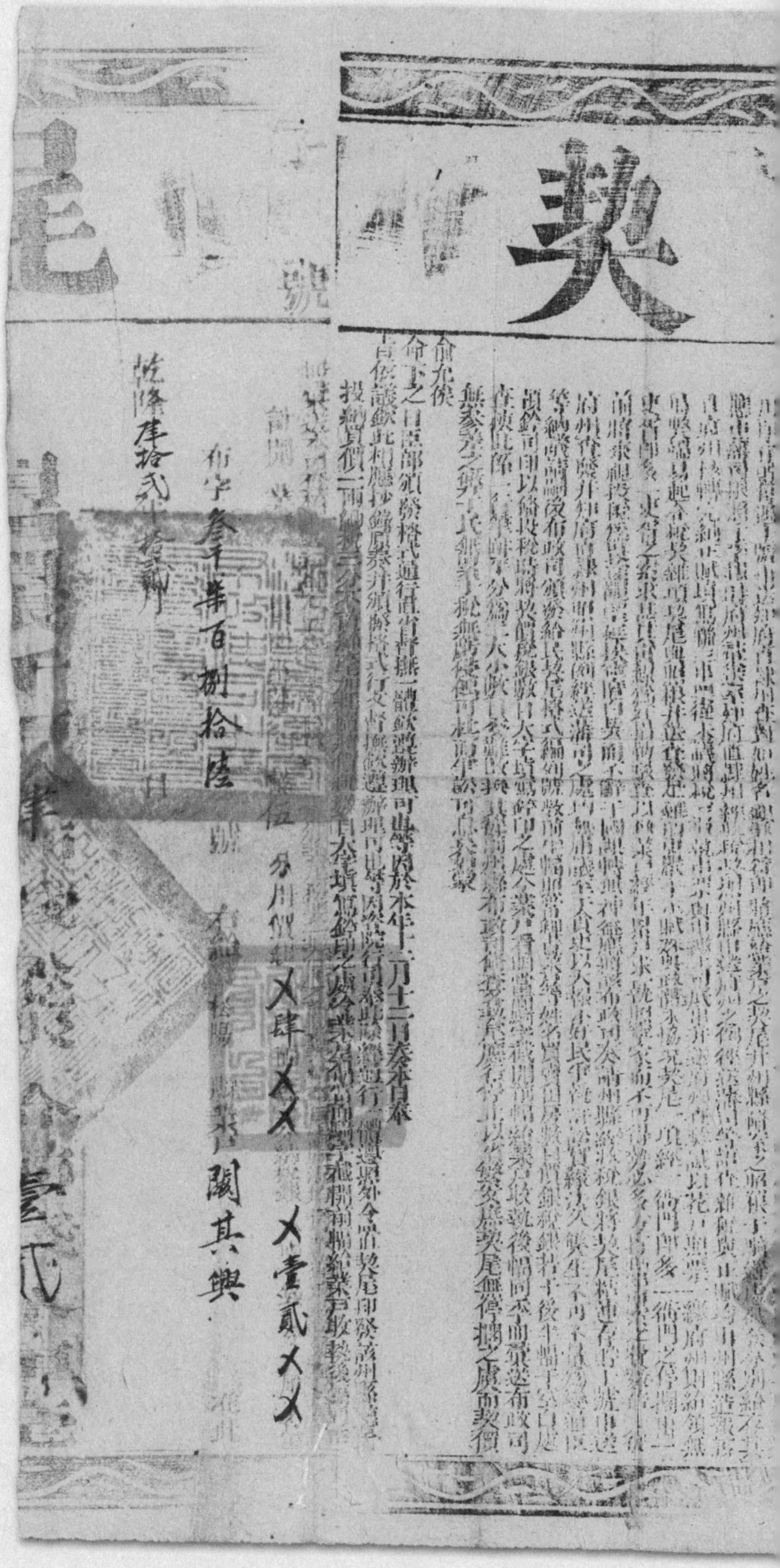
契

布字叁千柒百捌拾陸號

業戶闕其興

乾隆肆拾弍年拾貳月

立退契人林顕洪，今因承有荒基併廿一都土名坐落冷水口，荒基坪壹處，計額壹畝正，其荒塔大小陸坵，因錢粮累身無办，自心情愿托中送與夏昌滿承業，兴造開掘，完粮管業，三面言断，時值價紋銀壹两式钱正，当日親收完足，並不卦［掛］欠分文，其地基任從夏边起造，自退物業，與別外人等無干，如有内外人等争执，林边壹力承当，不涉夏（边）之事，自退以後，永遠不得識認找贖等情，此係二家情愿，並無反悔仰恊，今恐口难信，故立退契為據。

乾隆拾壹年拾二月初五日　立退契人　林顕洪

見中人　王春龍

依口代筆人　吴文祖

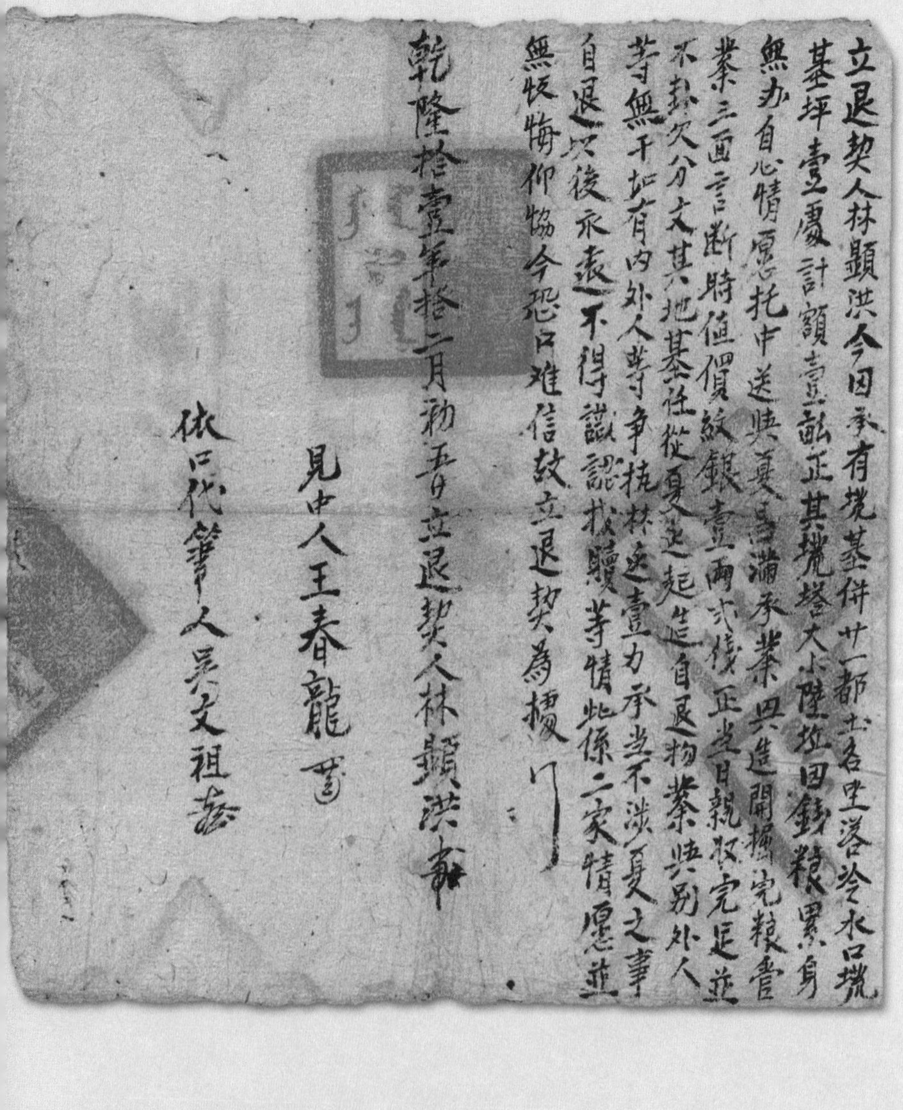

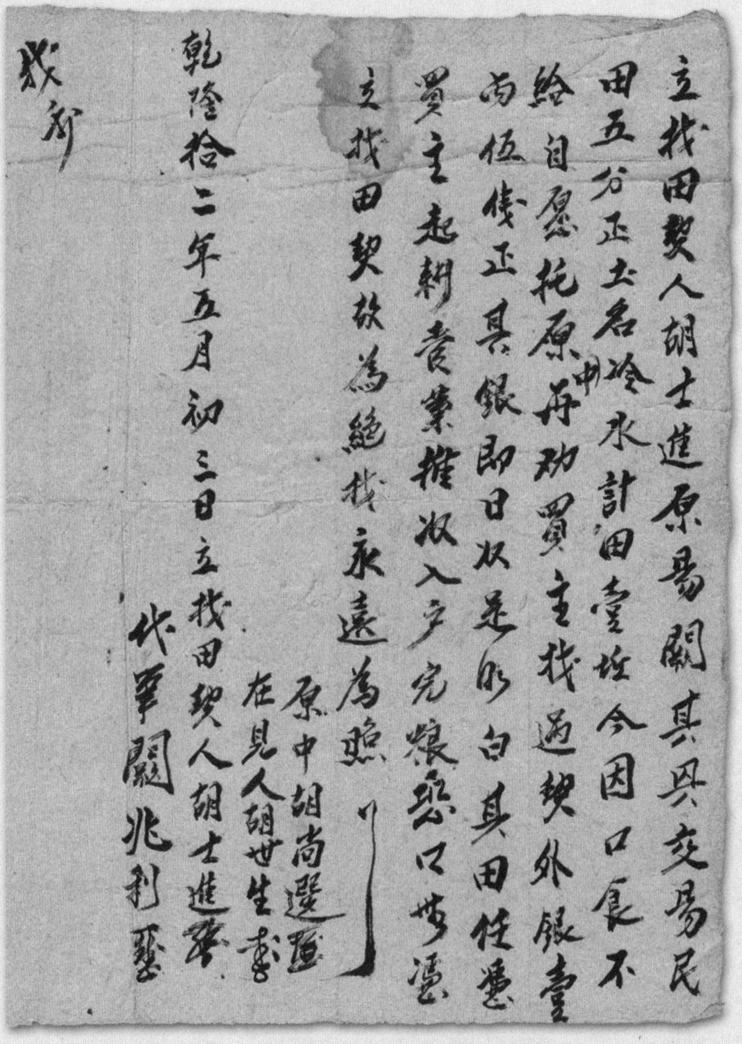

立找田契人胡士進，原易〔與〕闕其興交易民
田五分正，土名冷水，計田壹坵，今因口食不
給，自愿托原中再劝買主找過契外銀壹
两伍钱正，其銀即日收足明白，其田任憑
買主起耕管業，推收入户完粮，恐口無憑，
立找田契故為絕找永遠為照。

原中　胡尚選
在見人　胡世生
乾隆拾二年五月初三日　立找田契人　胡士進
代筆　闕兆利

立賣田契人王一可先今來無銀使用自情愿
將到五都𣸣胡門下水田一處五坵今托中送與
本家堂兄王一可山前來入手承買當日三面言
定時直田價銀叁兩正其銀水九七色其銀即
日收足明白不欠分文其田蕩有來力不明皆係賣
主之事不涉買主之事其田四坪糧三分正後日任憑
退收過户永遠管業二家并愿兩無逼力恐口
難憑立賣田契為照
乾隆十六年十一月廿日立賣田契人王一可先（押）
說合中人陳應仟〇

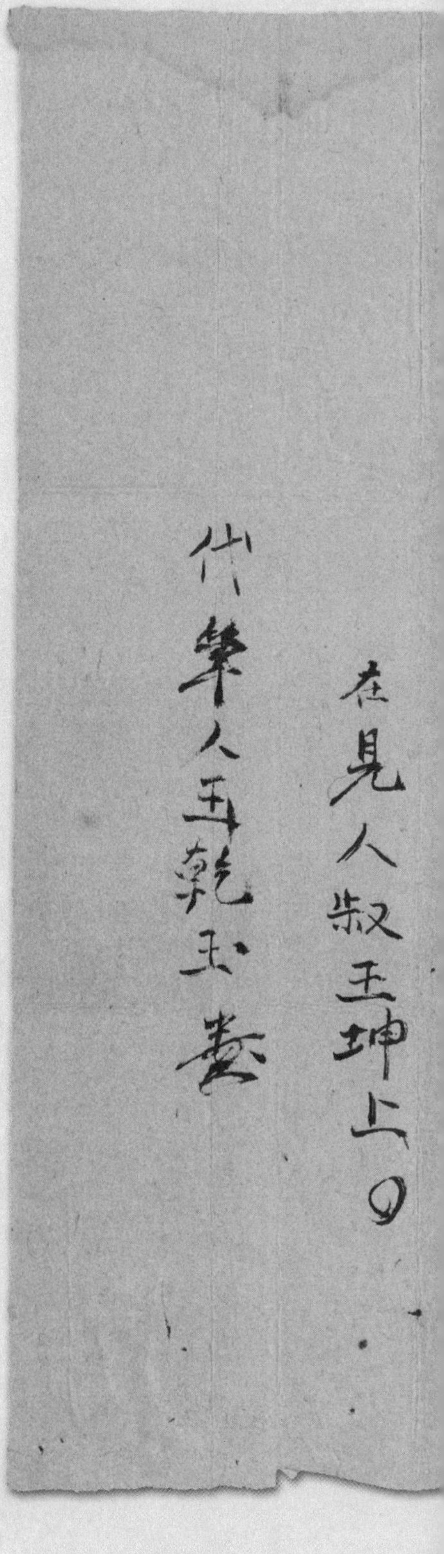

立賣田契人王可先，今來無銀使用，自情愿將到五都濟胡凹下水田一處五坵，今托中送與本家堂兄王可山前来入手承買，當日三面言定，時直田價銀三两正，其銀水九七呈色，其銀即日收足明白，不欠分文，其田蕩［倘］有来力［歷］不明，皆係賣主之事，不涉買主之事，其田再粮三分正，後日任憑退收过户，永遠管業，二家甘愿，兩無逼力［勒］，恐口难憑，立賣田契為照。

乾隆十二年十一月廿日　立賣田契人　王可先

說合中人　陳應阡

在見人叔　王坤上

代筆人　王乾玉

立賣田契人王可先，今口食难度，今将五都濟胡凹下水田一處，共大小五坵，再钱粮三分正，今托中送與本家堂兄王可山前来入手承買，当日三面言定，時直田價銀叁两正，其銀即日两相交秤明白，不欠分文，其田自賣之日，任憑兄永遠管業，後日不敢收贖再找，蕩［倘］有叔伯兄弟上手来力［歷］不明，皆係賣主一力之［支］當，不涉買主之事，二家情愿，两無逼力［勒］，愿買愿賣，恐口难憑，立賣田契為照。

乾隆拾弍年十一月廿一日　立賣田契人　王可先

說合中人　陳應阡

見人叔　坤上

代筆人父　乾玉

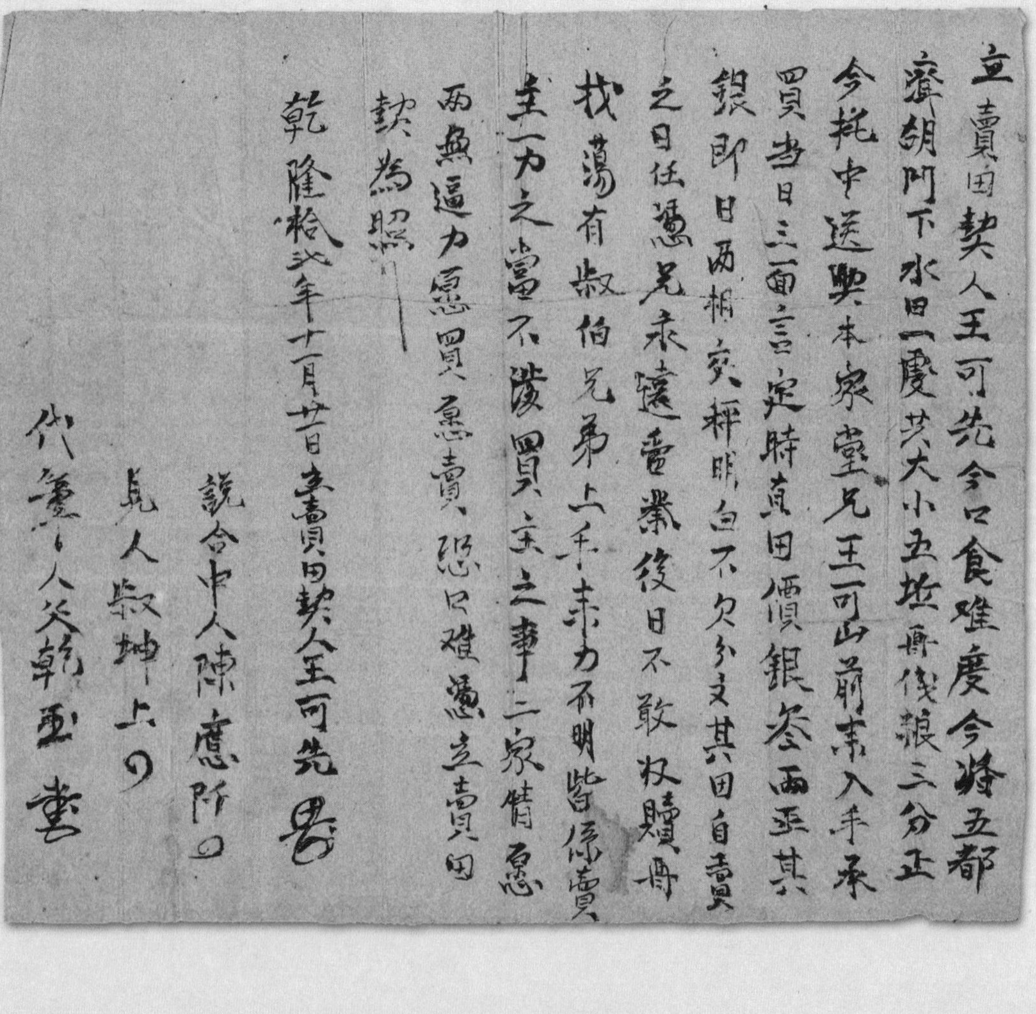

永遠大發

立賣田契書人林永彩今因錢粮無辦自情愿将到自置民田貳處土名坐
落石蒼源廿一都後金庄壹処洋頭墻水田壹坵又壹処堍堘中坑水田拾坵共貳処
計額壹畝正其田四至分明歉行出賣今托中送與陳能與入手承買當日三面言
斷時直價紋銀肆両正其銀即日隨契交訖明白不欠分文其田自賣之日任憑
買主前去營業耕作過户完粮賣人不得與言争执其田所買所賣二比情愿
并背两無逼勒不是準折債貨等情其田與伯叔人等並無干碍亦不曾重復典
他人如有來歷不明皆係賣人一力承當不涉買主之事今後二家各無反悔今欲有
憑立賣田契書永遠為照

乾隆拾貳年十二月十五日

仝男林福寿

立賣田契人林永彩

説合中人陳能玉

依口代筆人賴松泰

（前頁）>>>>>

立賣田契書人林永彩，今因錢粮無辦，自情愿将到自置民田貳處，土名坐落石蒼［倉］源廿一都後金庄壹处，洋頭［垌］崗水田壹坵，又壹处，瓦窑中坑水田拾坵，共貳处，計額壹畝正，其田四至分明，欲行出賣，今托中送與陳能興入手承買，当日三面言断，時價紋銀肆两正，其銀即日隨契交訖明白，不欠分文，其田自賣之日，任憑買主前起［去］管業耕作，過户完粮，賣人不得與［異］言争执，其田所買所賣，二比情愿甘肯，两無逼勒，不是準折債貨等情，其田與伯叔人等並無干碍，亦不曾重復典（當）他人，如有来歷不明，皆係賣人一力承當，不涉買主之事，今後二家各無反悔，今欲有憑，立賣田契書永遠為照。

仝男　林福寿

乾隆拾貳年十二月十五日　立賣田契人　林永彩

說合中人　陳兆玉

依口代筆人　賴松泰

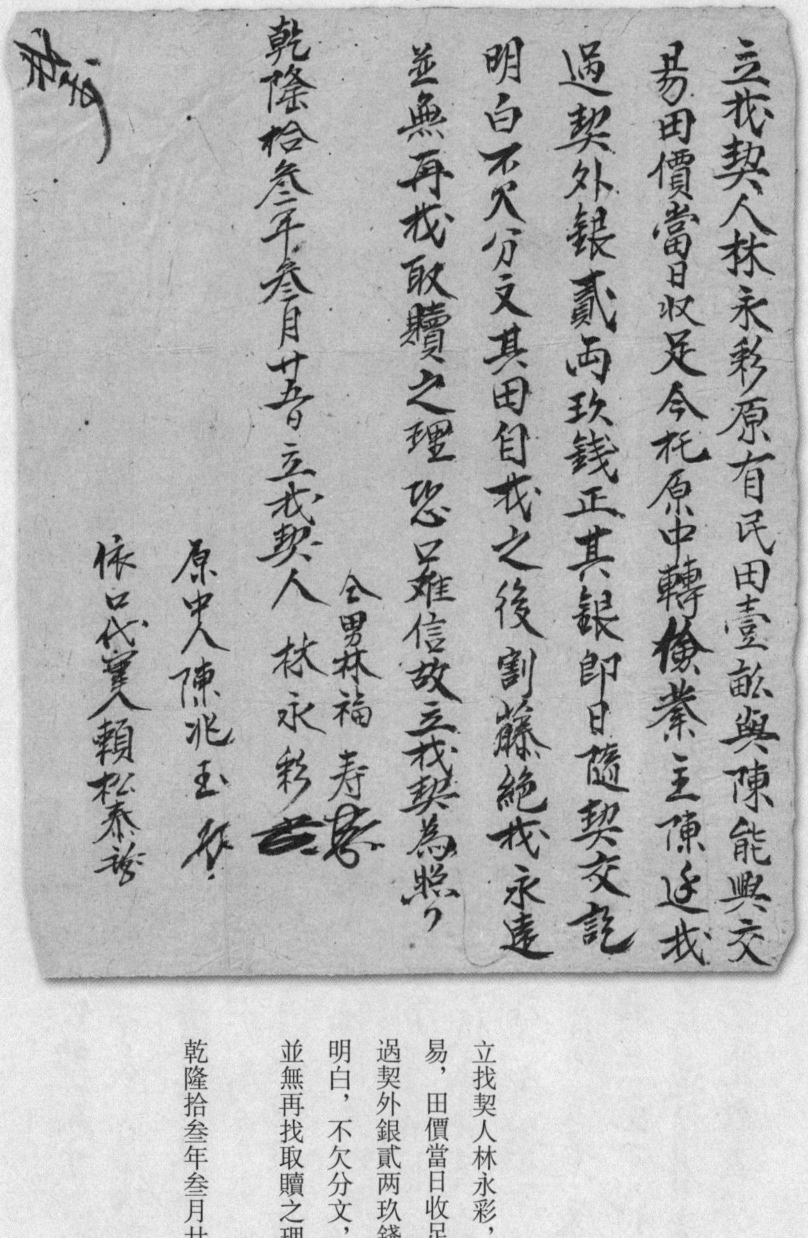

立找契人林永彩，原有民田壹畝與陳能興交
易，田價當日收足，今托原中轉僉〔勸〕業主陳边找
過契外銀貳两玖錢正，其銀即日隨契交訖
明白，不欠分文，其田自找之後，割藤絕找，永遠
並無再找取贖之理，恐口难信，故立找契為照。

仝男　林福寿

乾隆拾叁年叁月廿五日　立找契人　林永彩

原中人　陳兆玉

依口代筆人　賴松泰

立賣坟契人廿二都東田庄朱正乾□□□□
貴遠等，今因钱粮無办，自情愿将□□□□
壹穴，坐落土名廿一都石蒼［倉］地方冷水坟□□□□
田後大尖為界，東至田後塅为界，南□□□□
北至坑為界，今因管業不便，又兼□□□□
至分明，托徐亢明為中，立契出賣与二十□□□□
玉山边前来承買，当日凴中三面言定，□□□□
捌两柒钱正，其銀即日两親［清］，其坟荣原□□□□
曾安葬骨骸至後山，亦无樹木，今自□□□□□□
林边扦葬管業，朱边房親伯叔兄弟子□□□□□□□□
阻攔，日後並无不得找價取贖息［識］認，此出□□□□□□□
無反悔抑逼債負等情，於張边正找二契□□□□□□
今恐口无凴，故立契永遠存據。
乾隆拾肆年八月初六日　立賣坟契人　朱正乾
仝男　□□
侄　貴□
見中人　徐亢明
葉□□
代筆　李可□

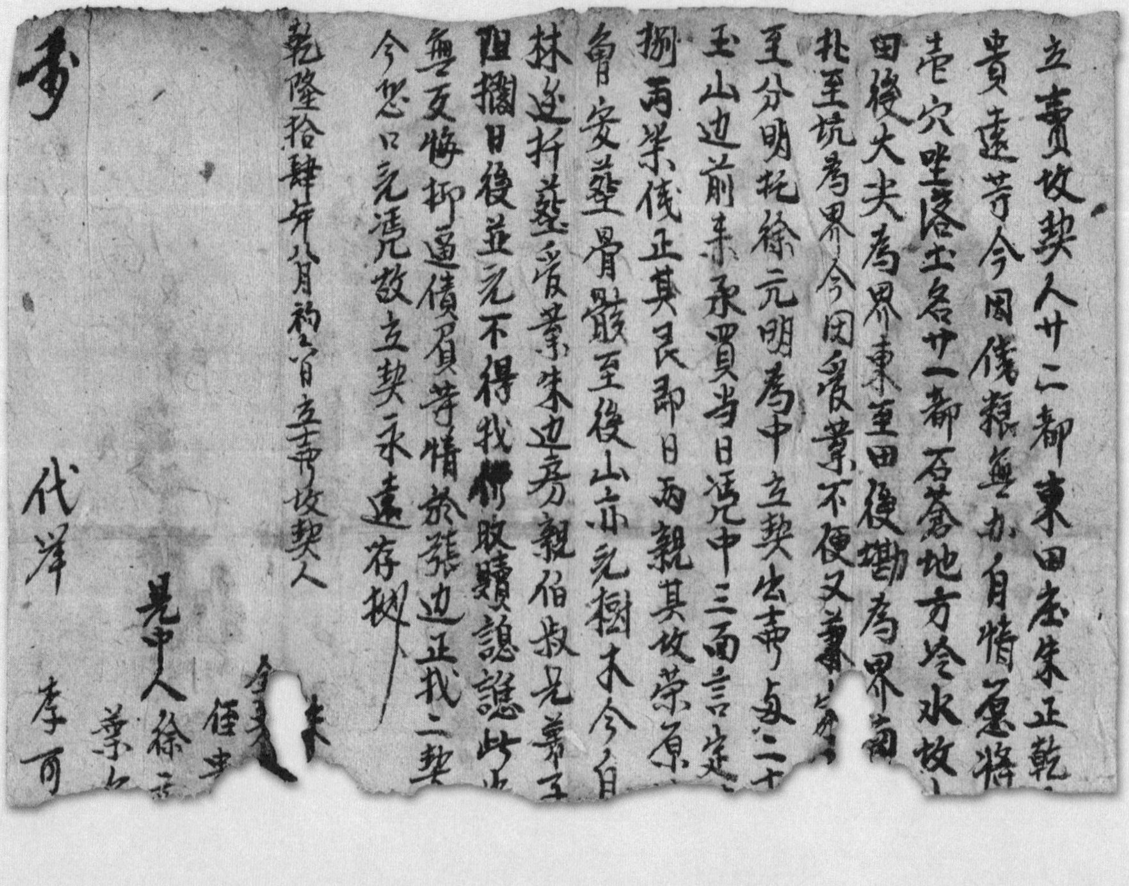

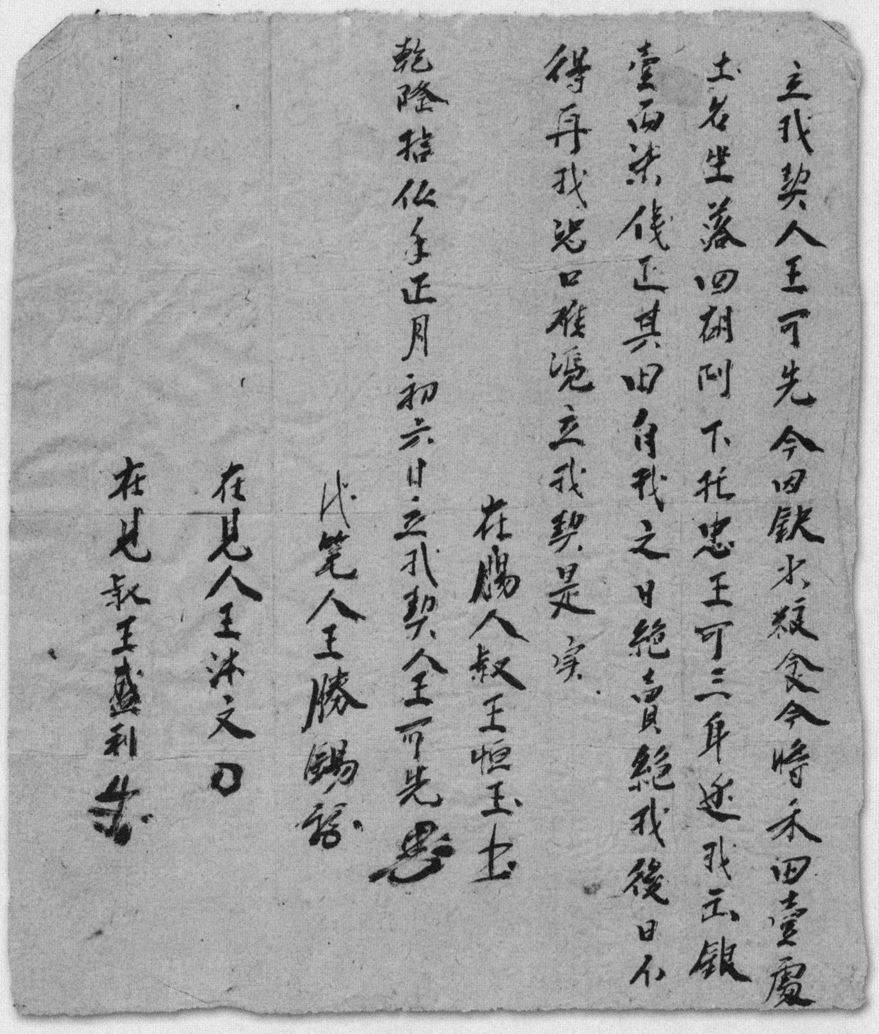

立找契人王可先，今因缺少粮食，今将禾田壹處，
土名坐落四胡凹下，托忠［中］王可三身边找出銀
壹两柒钱正，其田自找之日絕賣絕找，後日不
得再找，恐口难凴，立找契是实。

在賜［場］人叔　王恒玉

乾隆拾伍年正月初六日　立找契人　王可先

代筆人　王勝錫

在見人　王沐文

在見叔　王盛利

立賣契人石海定，今因錢粮無办，父過，自心愿
任［托］中将父遺下粮山一處，計額五畝，土名坐落
廿一階［都］南山下庄五大楼屋後梧桶［桐］樹岗，東至田為
界，西至山頂為界，南至小坑為界，北至大坑双坑
為界，四至分明，并及山大小三段，立契出賣與葉
元道边為業，所買所賣，二家情愿，三面断定，
時直價銀壹拾陸两正，其銀當日同中交足，其山
自賣之后，永不找價，憑［並］無從［重］相交易，並無叔伯
兄弟子侄，並無別家坟墓，的係自家物業，如有
來歷不明，賣主一力争［支］当，不干銀主之事，自今立契
以後，各無反悔，恐口無憑，立賣山契為據。
一批不咸［限］年月，原價取續［贖］。
大清乾隆拾柒年九月十陸日　立賣契人　石海定
見中　陳方中
王九淮
駱會拴
張元富
朱加惟
代筆　楼祖周

（契尾，嘉慶捌年又弍月）

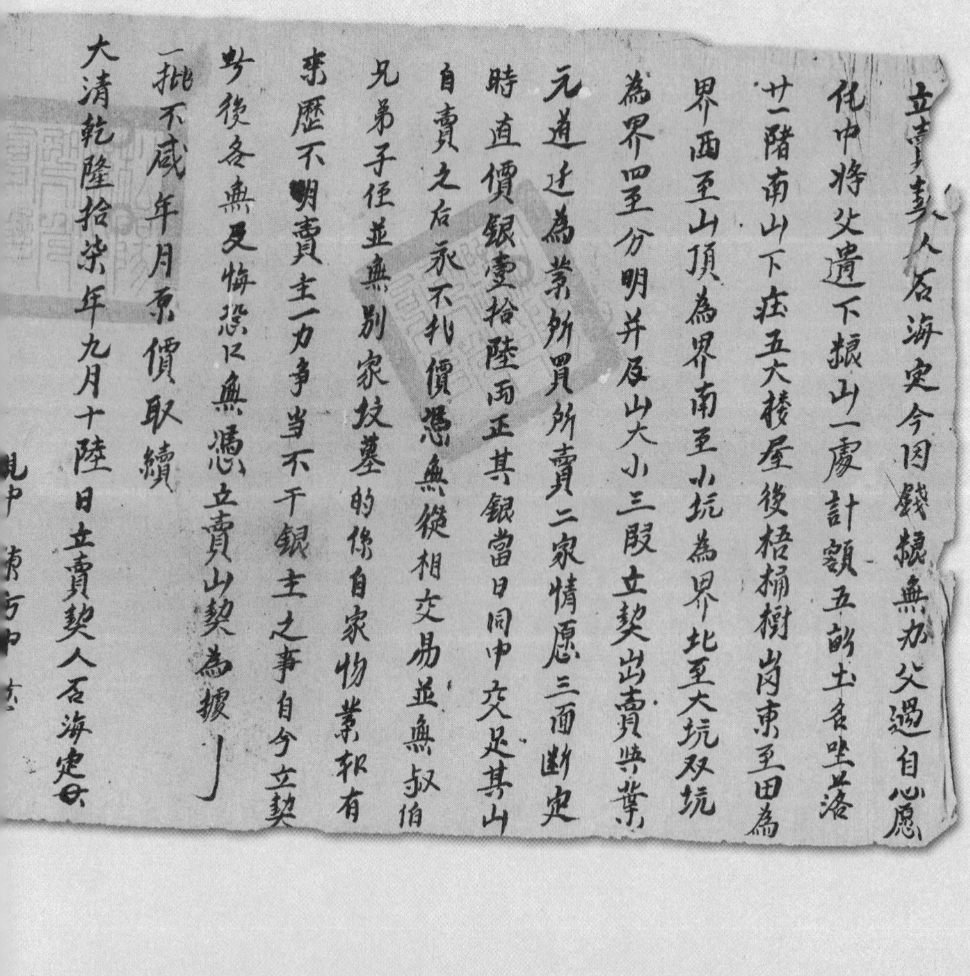

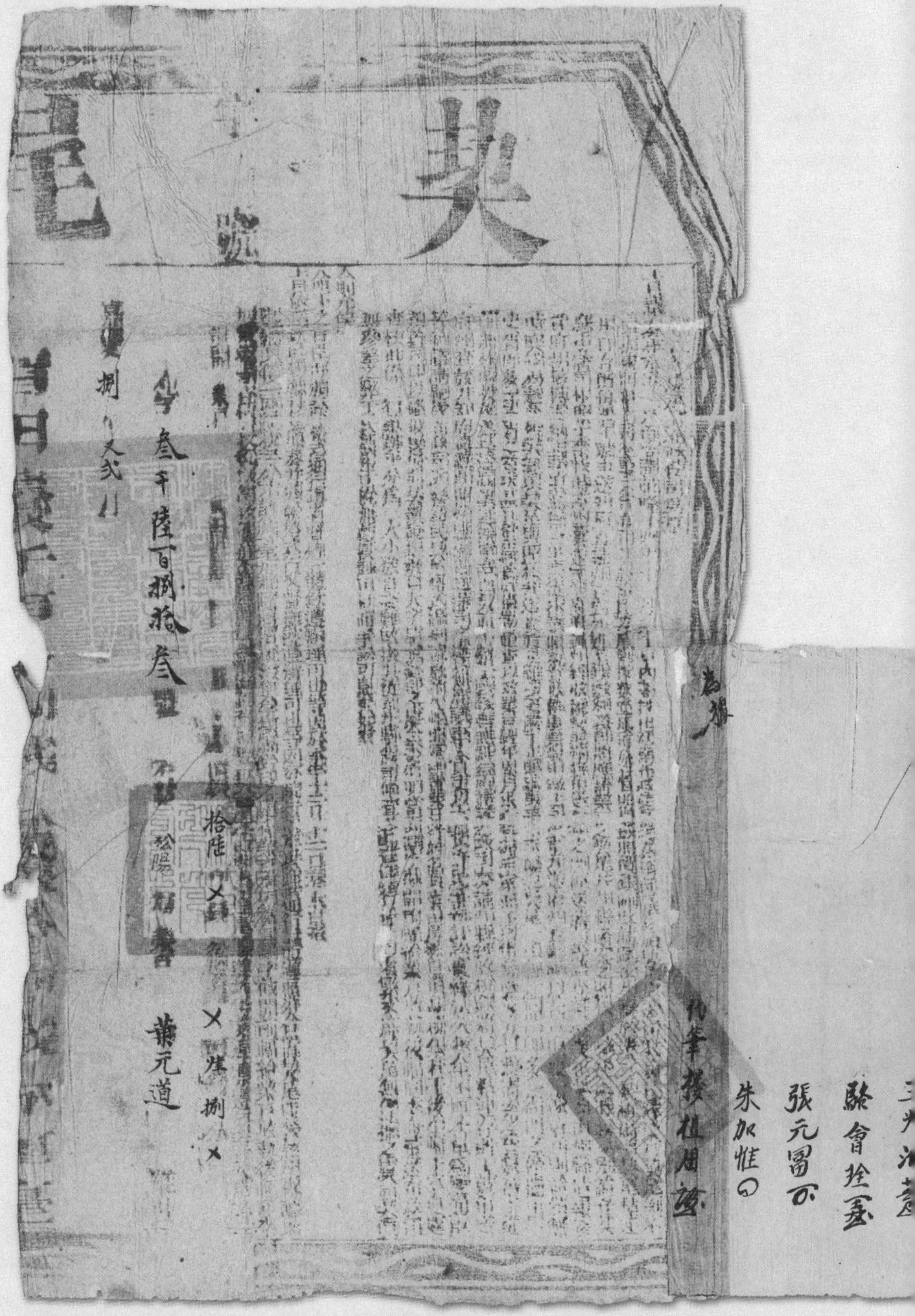
契
號
叁千陸百捌拾叁
華元道
代筆樓植用
駱會銓
張元留
朱加惟

立绝賣田契書人王可先，今因口难度，今将父分约下水
田貳處，土名落砽窑頭水田拾壹坵，再有半山水田
柒坵，額載錢粮伍分，自情念［愿］托忠［中］送與張祚文兄前来立手
承買，三面言説，時直價銀陸两肆钱正，其銀當日交足
明白，不欠分文，其田自賣之日，任從買主管業起耕，
过户还粮，若有上手来立［歷］不明，該係賣主一立［力］之［支］當，
不涉買（主）之事，與皇［房］親伯叔兄弟並無官［關］涉，并及加
一加二加三找價在内，後日不敢再找，二家情（愿），恐（口）难凴，立
賣田契為照。

乾隆拾柒年十一月十六日　立賣田契人　王可先

在腸［場］人　可荣

可進

可福

元兴

代筆人　王聖錫

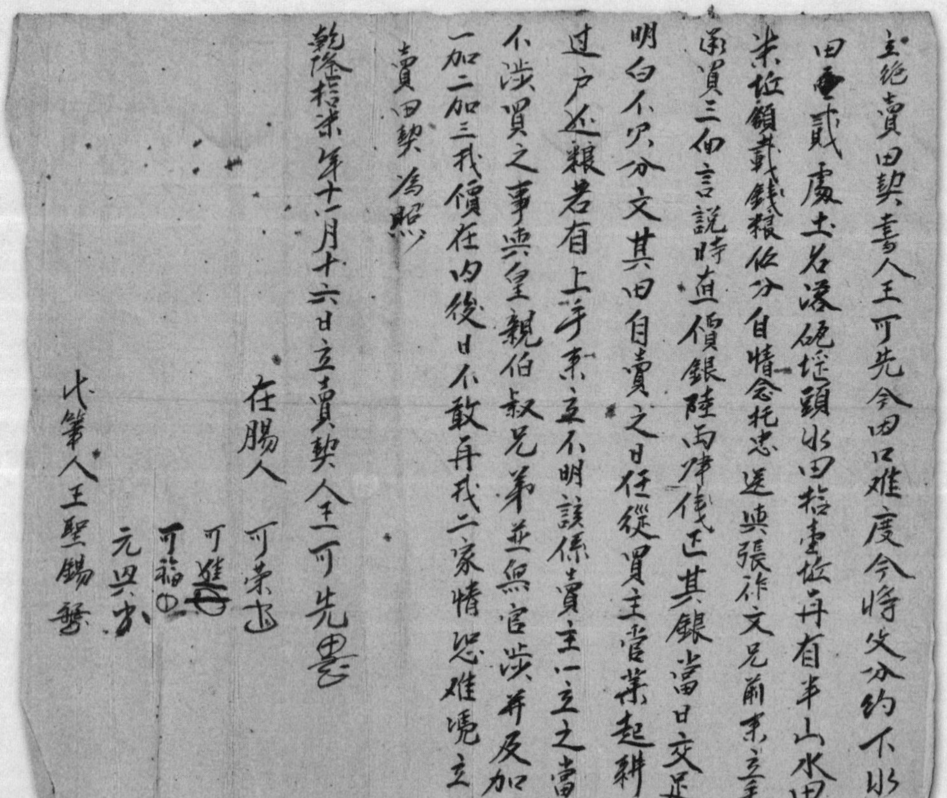

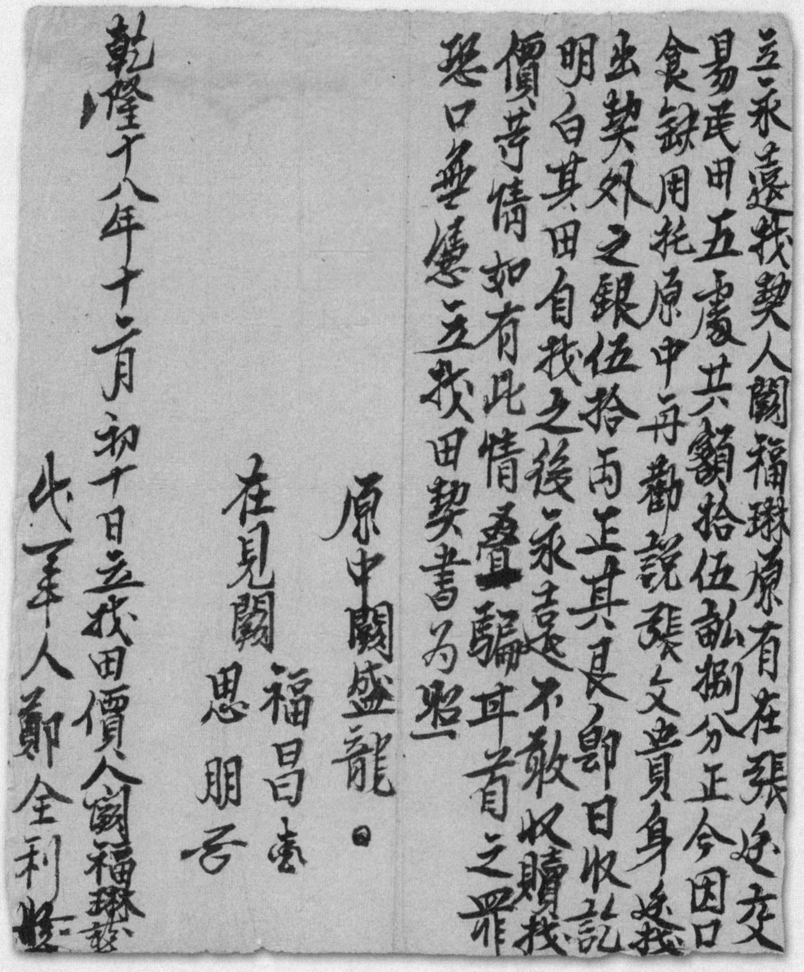

立永遠找契人闕福琳，原有在張边交易民田五處，共額拾伍畝捌分正，今因口食缺用，托原中再勸説張文貴身边找出契外之銀伍拾两正，其银即日收訖明白，其田自找之後，永遠不敢收［取］贖找價等情，如有此情，叠騙甘首之罪，恐口無憑，立找田契書为照。

原中　闕盛龍

在見　闕福昌

思朋

乾隆十八年十二月初十日　立找田價人　闕福琳

代筆人　鄭全利

立永賣田契人許春旺，今因錢粮無办，自情愿将父手遺下民田壹處，土名坐落廿一都茶排庄黄垟，大小弍坵，東至大路為界，南至程边田為界，西至程边田為界，北至程边田為界，又土名坐落茶排上手田壹坵，東至許边自己田為界，南至墈脚為界，西至王边（田）為界，北至許边自己菜園為界，田貳處，今俱肆至分明，共計額壹畝伍分正，自情愿托中送與闕其兴向前入首承買為業，當日憑中言断，时值玖柒田價銀貳拾两正，其銀即日隨契两相交足明白，不欠分文，其田自賣之後，任憑闕边割粮管業收租，許边不敢異言阻挡，其田日前並無重典，兄弟親友人等並無干碍，倘有上首來歷不明，許边一力支當，不涉闕边之事，委係正行交易，不是準折負債之故，所買所賣，两無勒逼等情，此係断根截契，永遠不找不贖，今欲有憑，故立契書付闕边永遠為據。

見人 王武文

包秀荣

在場［塲］弟 許春玉

兄 許春華

乾隆廿拾年八月卅日 立永賣田契書人 許春旺

代筆人 吴文祖

（契尾，乾隆貳拾貳年伍月）

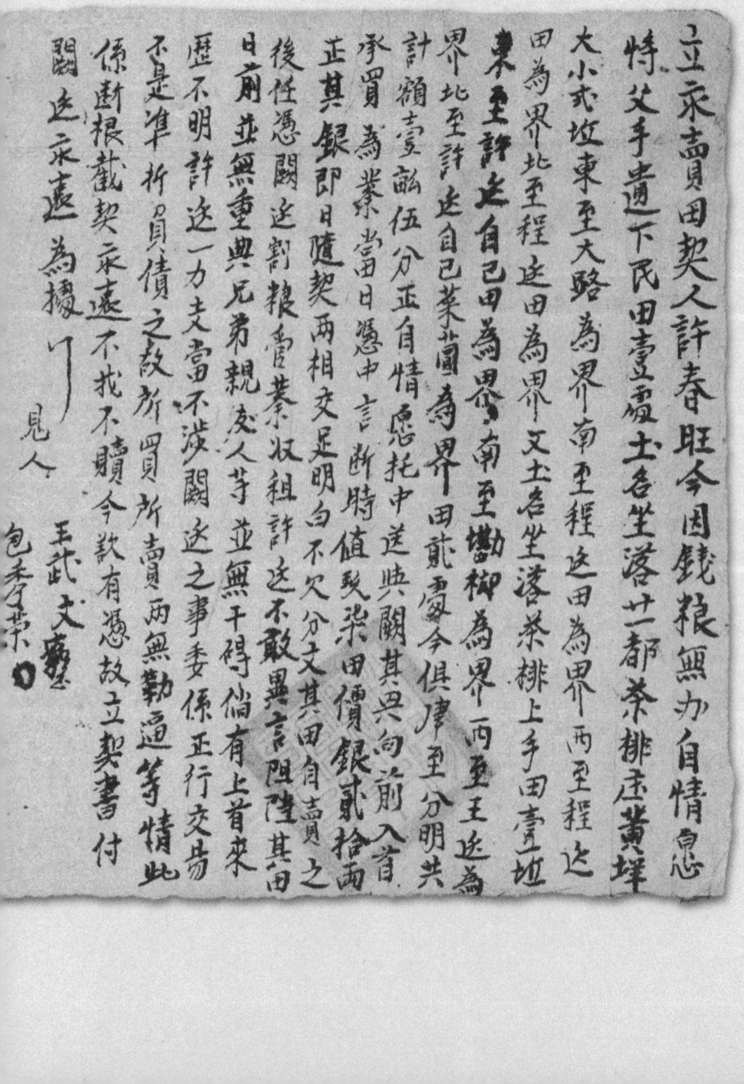

乾隆廿拾年八月廿日立永賣田契書人許春旺（押）

在場　弟許春玉（押）　兄許春華（押）

代筆人吳文祖（押）

契尾

字　號

[illegible]

業戶闕其興

布字貳千陸百[illegible]號

乾隆貳拾貳年伍月　日

契

立找田契人許春旺原與闕 其田交易民田壹畝伍分正坐落
廿一都茶排庄黄埠大小支坵又土名坐落一處茶排上首田一坵原有四
至分明今因口食不週自情愿請托原中勸到闕其興手內
找出契外敨銀壹拾貳兩正其銀即日隨契兩相交足明白不欠
分文自找與後任憑闕邊執契管業起耕收租過割完糧許子孫
不得識認新樣找相有此等之事亦無重疊騙之弊兩家自肯並無逼勒
等情今欲有憑故立找契書付闕邊永遠為據

嘉慶貳拾年十二月廿日立找田契人許春旺（押）

原中見 許春玉（押） 黃文祖（押） 包彥棠（押）

代筆人 王秋文（押）

立找田契人許春旺，原與闕其（興）田〔边〕交易民田壹畝伍分，土名坐落廿一都茶排庄黄垟，大小弍坵，又土名坐前一處茶排上首田一坵，原有〔載〕四至分明，今因口食不週，自情愿請托原中，勸倒〔到〕闕其興手内找出契外纹銀壹拾貳两正，其銀即日隨契两相交足明白，不欠分文，自找與〔以〕後，任憑闕边执契管業，起耕收租，過割完粮，許边子孫不得識認，断根绝找，如有此色，甘受叠騙之罪，两家無肯逼勒等情，今欲有憑，故立找契書付闕边永遠為據。

原中見　許春玉

吴文祖

包秀荣

乾隆貳拾年十二月廿日　立找田契人　許春旺

代筆人　王武文

（契尾，乾隆肆拾貳年貳月）

立賣坟契人廿都南山庄林顕昌，今因錢粮無办，自情愿将父置草坟山壹穴，坐落土名廿一都石蒼［倉］地方冷水坟山壹處，東至田後坳為界，西至荒田後大尖為界，南至坑分水為界，北至坑為（界），今因管業不便，其山原有四至分明，托中出賣與闕其興叔边前来承買為業，当日三面言定，時直山價紋銀陸两正，其銀即日親收交足，其山先日未曾安葬骨骸，至後山亦無樹木，今自賣之后，任從闕边扦葬管業，林边伯叔兄弟人等不敢阻执，日後並無找贖等情，此出两家心愿，各無反悔，恐口难信，立賣契為用。

在見中　馬永寿

林顕逢

王松琳

林士通

乾隆廿一年拾月十三日　立賣坟山契　林顕昌

親笔字

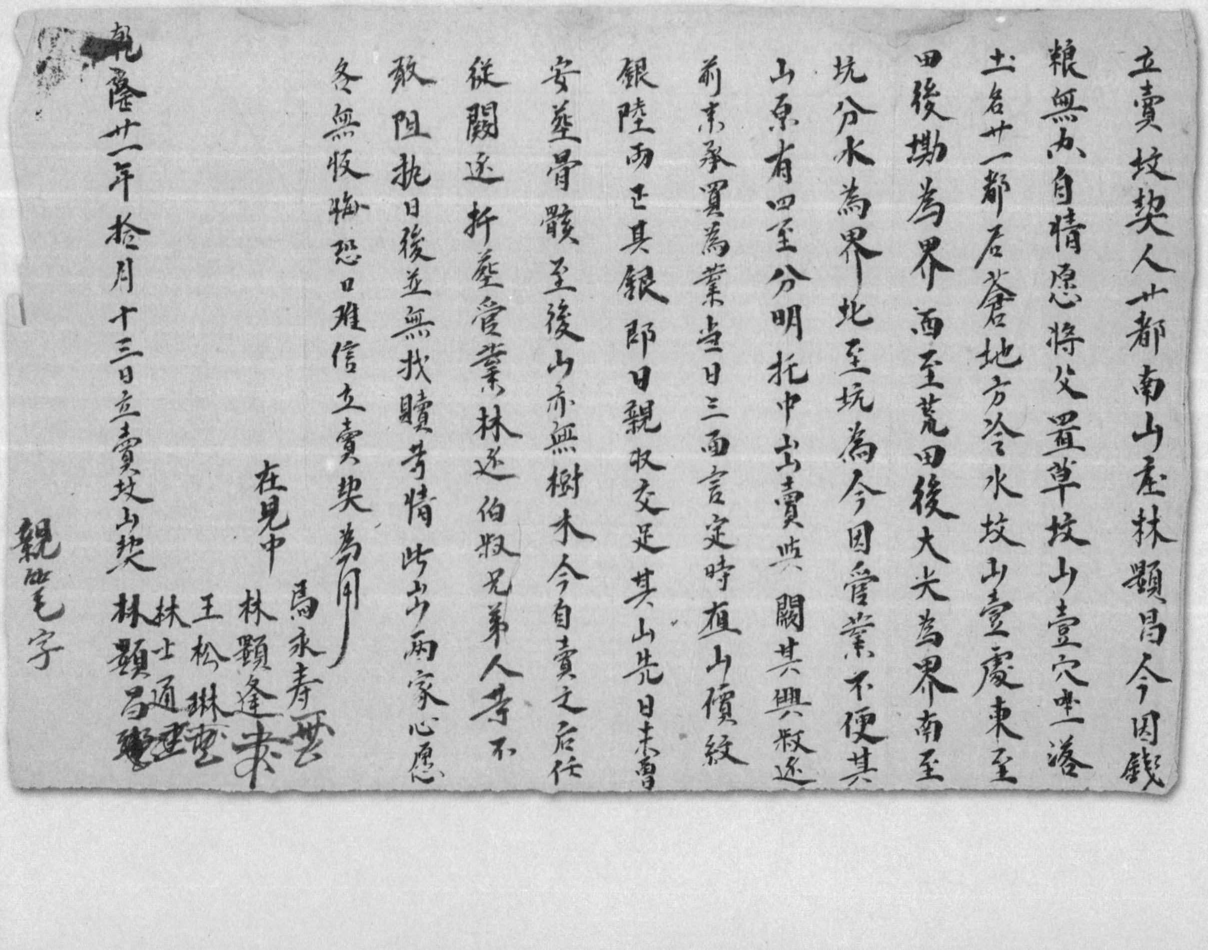

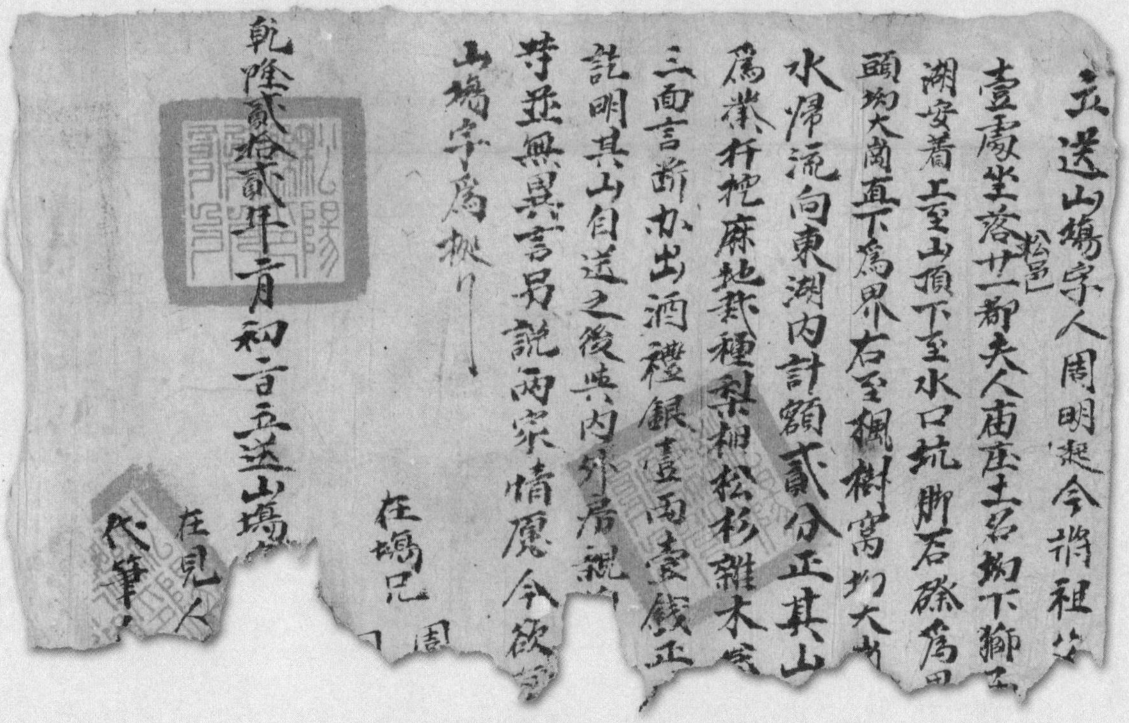

立送山塲字人周明起，今將祖父□□□□
壹處，坐落松邑廿一都夫人庙庄，土名坳下獅子□□□□
湖安着，上至山頂，下至水口坑脚石磜為界□□□□
頭坳大崗直下為界，右至楓樹窝坳大崗□□□□
水歸流向東湖内，計額貳分正，其山□□□□
為業，扦挖麻地栽種梨柏松杉雜木□□□□
三面言断，办出酒禮銀壹两壹錢正□□□□
訖明，其山自送之後，與内外房親伯□□□□
等並無異言另説，两家情愿，今欲□□□□
山塲字為據。

在塲兄　周□□
　　　　周□□
乾隆貳拾貳年二月初二日　立送山塲□　周明起
在見人　□□□
代筆人　□□□

立賣契人張天景，原有田坐落九都楊村地方，土名石壁坑壹處，又坳下坑，共田两處，又楊村排上屋基壹塊，計捌畝柒分正，原有四至分明，今因錢粮家缺乏，情愿立契賣與張文貴為業，當日有中面断，時值田價銀捌拾两正，其銀即交足，其田断絕，任凴買人子孫永為己業，亦任買人自身去向推粮過户管業，耕種收租，亦不敢異言，日後不敢找贖等情，亦無債負準折，亦不敢反悔，今恐無凴，立賣断絕田契交付買人子孫永遠為照。

在場　黄永遠

乾隆貳拾貳年九月十九日　立賣断絕契　張天景

天悦

在場兄　張天生

中人　闕化能

张應子

見人　張奕养

依口代筆　張六益

（契尾，乾隆弍拾伍年拾月）

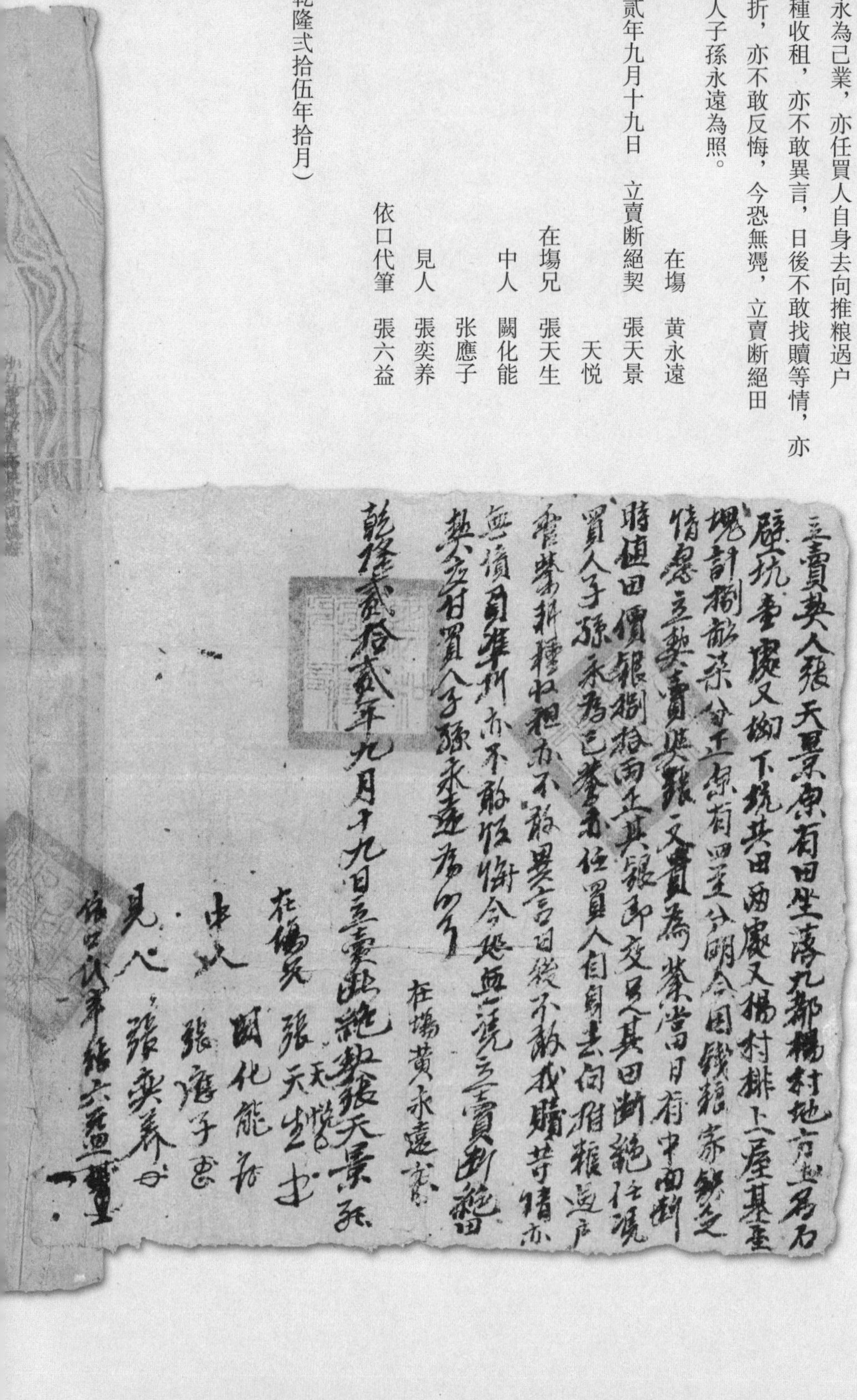

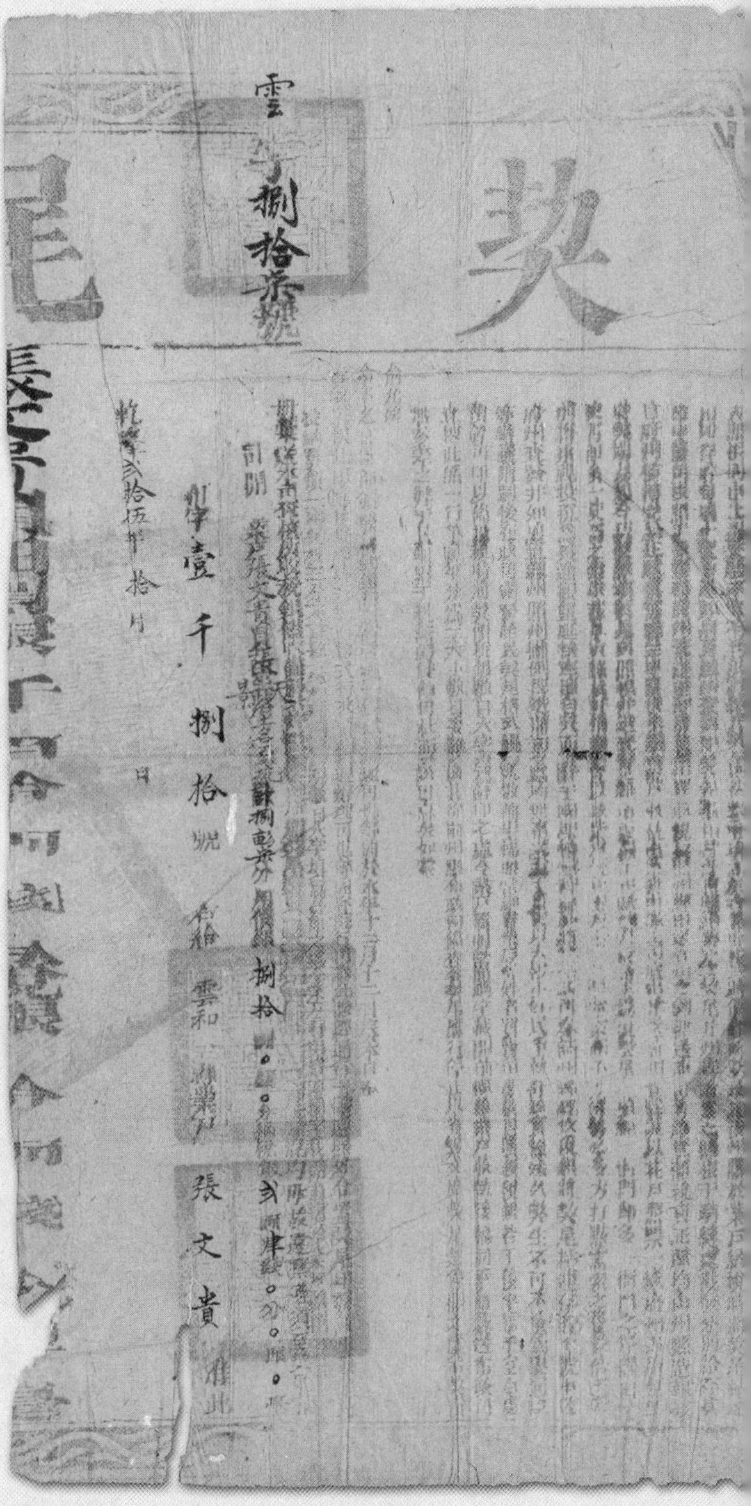
契
雲字捌拾柒號
壹千捌拾號
張文貴

立找断绝契张天景，于上年间有田两处，土名石壁
坑脚下坑杨树排上屋基壹块，计租捌额……分，因
口缺之，再托原中劝原买主张文贵手找出价
好银肆拾肆两正，其银收讫，其田断根绝卖，自今
凭立找断绝田契，交付买人子孙永远为业。
乾隆贰拾叁年八月十九日立找绝契张天景（押）
中人 阙祀能（押）
张天建（押）
在场 黄承……
代笔 张天……

立找断絕契張天景，于上年间有田两處，土名石壁坑坳下坑楊村排上屋基壹塊，計捌畝柒分，因家口缺乏，再托原中等向劝原買主張文貴手找出價銀好銀肆拾肆两正，其銀收訖，其田断根絕骨，今恐無凴，立找断絕田契交付買人子孫永遠為照。

乾隆式拾叁年八月廿九　立找絶契　張天景

中人　闕化能

張天生

在場　張應子

黃永遠

代筆　張六益

（契尾，乾隆三十七年三月）

立賣田契人王可山，今因錢粮無办，自情愿將到自置水田，土名坐落五都徐河見下水田壹處，計額叁分正，今來託中送與本家王可進前來入手承買，當日憑中三面言斷，定時值田價紋銀肆兩貳錢正，其銀即日隨契交付足訖明白，不欠分文，委係正行交易，不是正債即貸之故，其田此賣之後，任憑買主推收過户，收租完粮，起耕改佃管業，賣人不敢異言阻挡，『倘』有〔與〕房親伯叔兄弟人等並無干碍，如有來歷不明，皆係賣人一力支當，不涉買主之事，情愿甘心甘肯，各無反悔，二比情愿，兩無逼勒之理，恐口無憑，立賣絕契付與永遠為照。

說合中人　王盛禄

在場弟　王可四

乾隆貳拾肆年十月初三日　立賣田契人　王可山

代筆人　李益龍

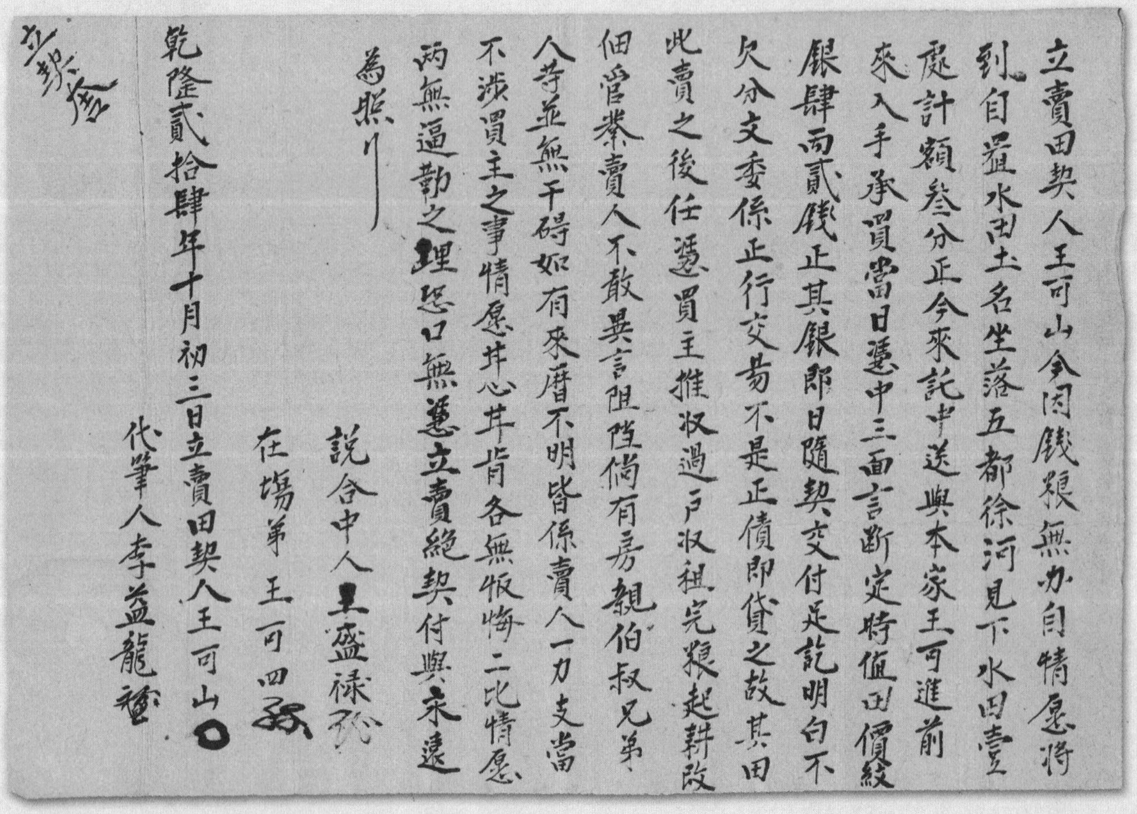
立賣田契人王可山今因錢粮無办自情愿將到自置水田土名坐落五都徐河見下水田壹處計額叁分正今來託中送與本家王可進前來入手承買當日憑中三面言斷定時值田價紋銀肆兩貳錢正其銀即日隨契交付足訖明白不欠分文委係正行交易不是正債即貸之故其田此賣之後任憑買主推收過户收租完粮起耕改佃管業賣人不敢異言阻挡倘有房親伯叔兄弟人等並無干碍如有來歷不明皆係賣人一力支當不涉買主之事情愿甘心甘肯各無反悔二比情愿兩無逼勒之理恐口無憑立賣絕契付與永遠為照
說合中人王盛禄
在場弟王可四
乾隆貳拾肆年十月初三日立賣田契人王可山
代筆人李益龍
立契叁

立賣田契人鄭兆麟仝弟兆孫等今因錢粮無办自心情愿將父手遺下民田壹處土名坐落横路下
屋門前田大小共壹拾陸坵計額壹畝伍分正今託中親立文契出賣與張芳榮兄边爲業當日凴中
三面言斷時值價紋銀叁拾捌正其銀即日隨契兩相交収明白此係正行交易並非債貨准折其田自賣
之後此係自己物業任凴張边前去過户完粮収租耕種管業日後並無伯叔兄弟子侄人等前来爭
執之理從前亦無重典文墨交加如有此色賣主一力承當不干買主之事日後並無找價取贖永絶
葛藤此出二家心愿並無逼抑反悔等情恐後無憑故立賣田契永遠爲據

乾隆貳拾伍年拾月廿四日

立賣田契人鄭兆麟（押）
仝弟　兆孫（押）
凴中　鄭寧春（押）
袁有發（押）
代筆　蔡天惠（押）

田契大吉

（前頁）>>>>>

立賣田契人鄭兆麟仝弟兆孫等，今因錢粮無办，自心情愿将父手遺下民田壹處，土名坐落横路下屋門前田，大小共壹拾陸坵，計額壹畝伍分正，今託中親立文契，出賣與張芳荣兄边為業，當日凴中三面言断，時值價紋銀叁拾捌（兩）正，其銀即日隨契两相交收明白，此係正行交易，並非債負準折，其田自賣之後，此係自己物業，任凴張边前去過户完粮，收租耕種管業，日後並無伯叔兄弟子侄人等前来争执之理，從前亦無重典文墨交加，如有此色，賣主一力承當，不干買主之事，日後並無找價取贖，永絕葛藤，此出二家心愿，並無逼抑反悔等情，恐後無憑，故立賣田契永遠為據。

乾隆貳拾伍年拾月廿四日　立賣田契人　鄭兆麟

仝弟　兆孫

凴中　鄧寧春

袁有發

代筆　蔡天惠

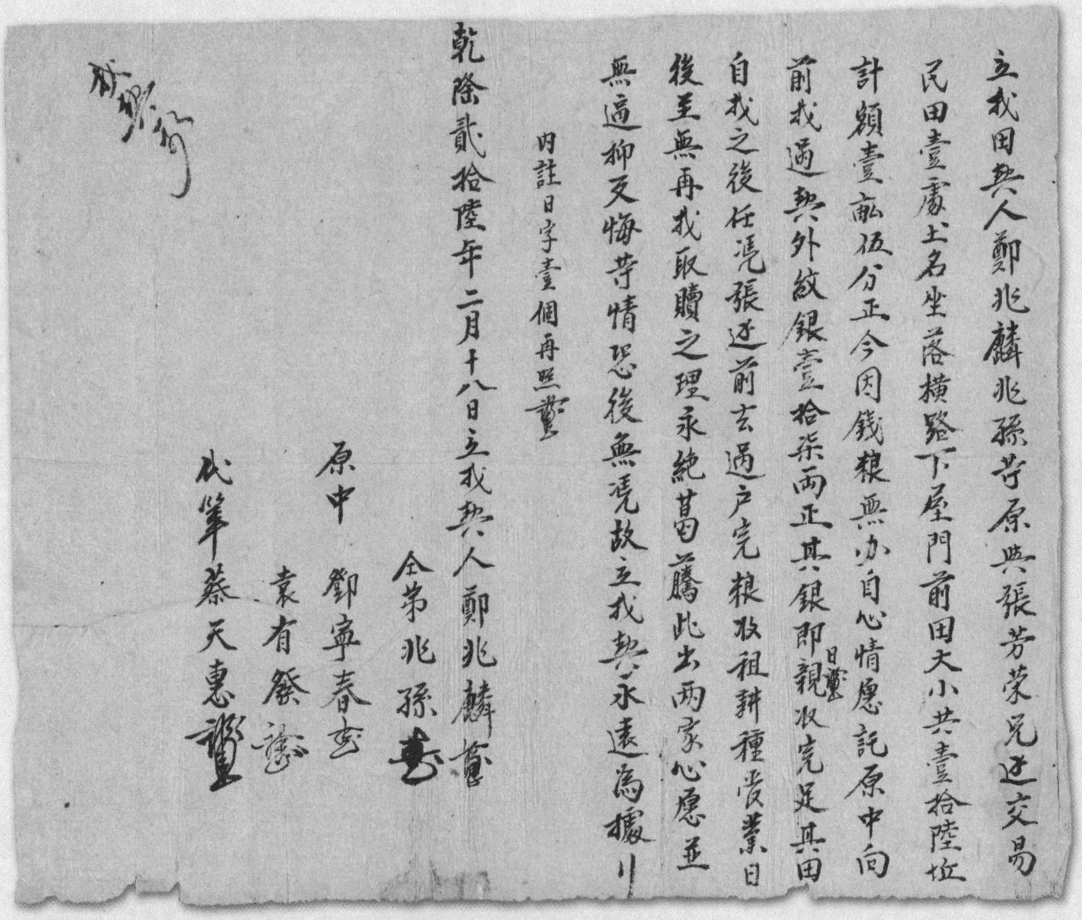

立找田契人鄭兆麟、兆孫等，原與張芳荣兄边交易
民田壹處，土名坐落横路下屋門前，田大小共壹拾陸坵，
計額壹畝伍分正，今因錢粮無办，自心情愿託原中向
前找過契外紋銀壹拾柒两正，其銀即日親收完足，其田
自找之後，任凴張边前去過户完粮收租，耕種管業，日
後並無再找取贖之理，永絕葛藤，此出两家心愿，並
無逼抑反悔等情，恐後無凴，故立找契永遠為據。

　內註日字壹個，再照。

乾隆貳拾陸年二月十八日　立找契人　鄭兆麟

全弟　兆孫

原中　鄧寧春

袁有發

代筆　蔡天惠

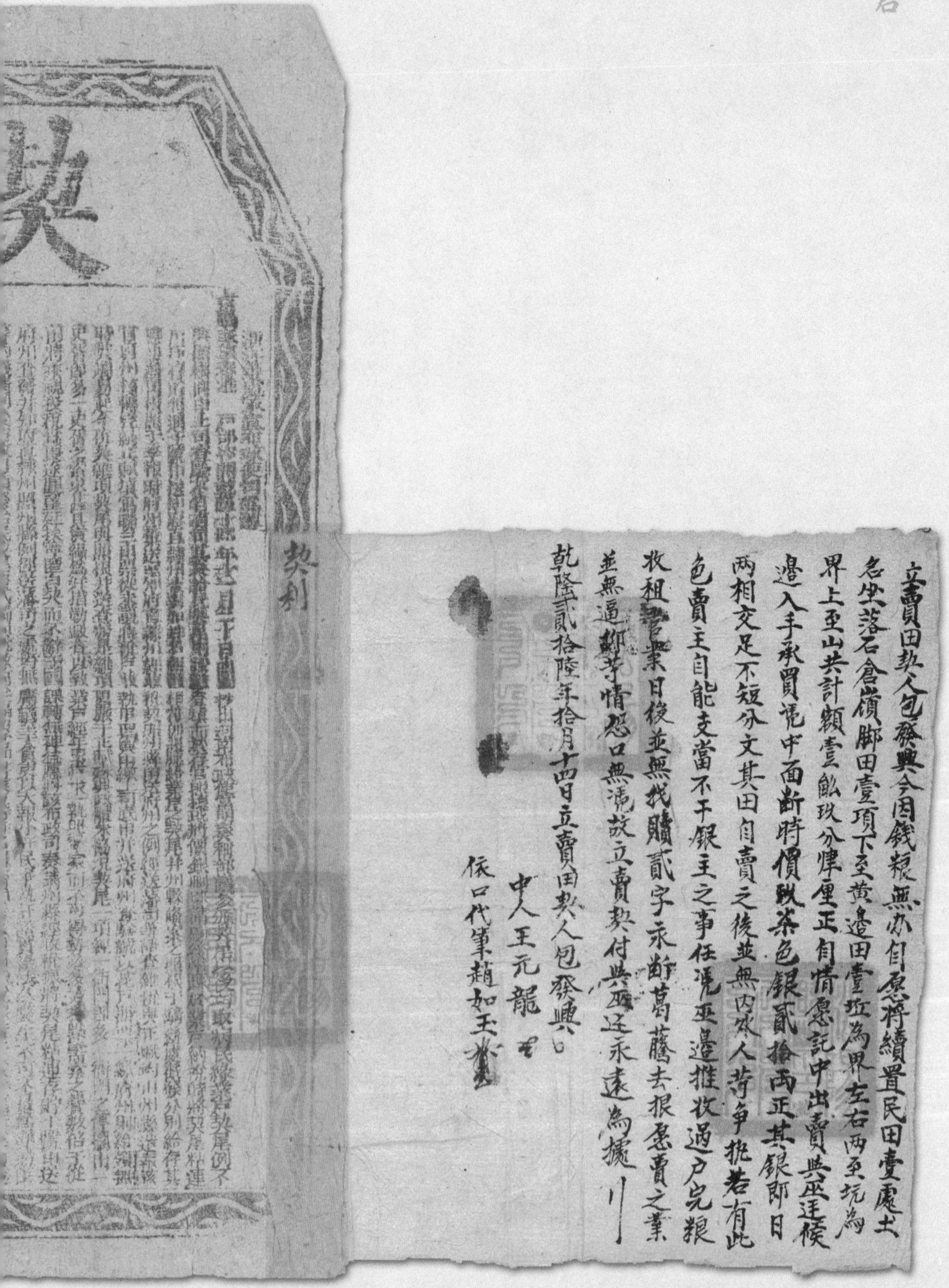

立賣田契人包發興，今因錢粮無亦，自愿將續置民田壹處，土
名坐落石倉嶺脚田壹項，下至黄邊田壹坵為界，左右兩至坑為
界，上至山，共計額壹畝玖分肆厘正，自情愿託中出賣與王廷候
邊入手承買，憑中面斷時價紋茶色銀貳拾兩正，其銀即日
兩相交足，不短分文。其田自賣之後，並無内外人等爭執，若有此
色，賣主自能支當，不干銀主之事，任憑受邊推收過户完粮
收租管業，日後並無找贖貳字，永斷葛藤，去根愿賣之業，
並無逼抑等情，恐口無憑，故立賣契付與廷永遠為據。

乾隆貳拾陸年拾月十四日立賣田契人包發興

中人王元龍

依口代筆趙如玉

立賣田契人包發興，今因錢粮無办，自愿将續置民田壹處，土名坐落石倉嶺脚田壹項，下至黄邊田壹圻為界，左、右两至坑為界，上至山，共計額壹畝玖分肆厘正，自情愿託中出賣與巫廷候邊入手承買，凴中面断，時價玖柒色銀貳拾两正，其銀即日两相交足，不短分文，其田自賣之後，並無内外人等争执，若有此色，賣主自能支當，不干銀主之事，任凴巫邊推收過户完粮，收租管業，日後並無找贖貳字，永断葛藤去根，愿賣之業，並無逼抑等情，恐口无凴，故立賣契付與巫边永遠為據。

乾隆貳拾陸年拾月十四日　立賣田契人　包發興

中人　王元龍

依口代筆　趙如玉

（契尾，乾隆叁拾年）

立當契人温習旺今因口食無办將父手遺下已分水田土名坐落金竹彎田貳處計租谷陸石正其田托中當與藍宅兆福親家邊爲業三面言斷當出九七本銀拾貳兩正其艮收乞不得短少其租準作銀利錢粮外派一應温邊自己完納不涉藍邊之事不計年限如办原價取贖不得執吝原當原受兩相心愿如有租谷不清仍並改佃管業恐口難信立當契存照

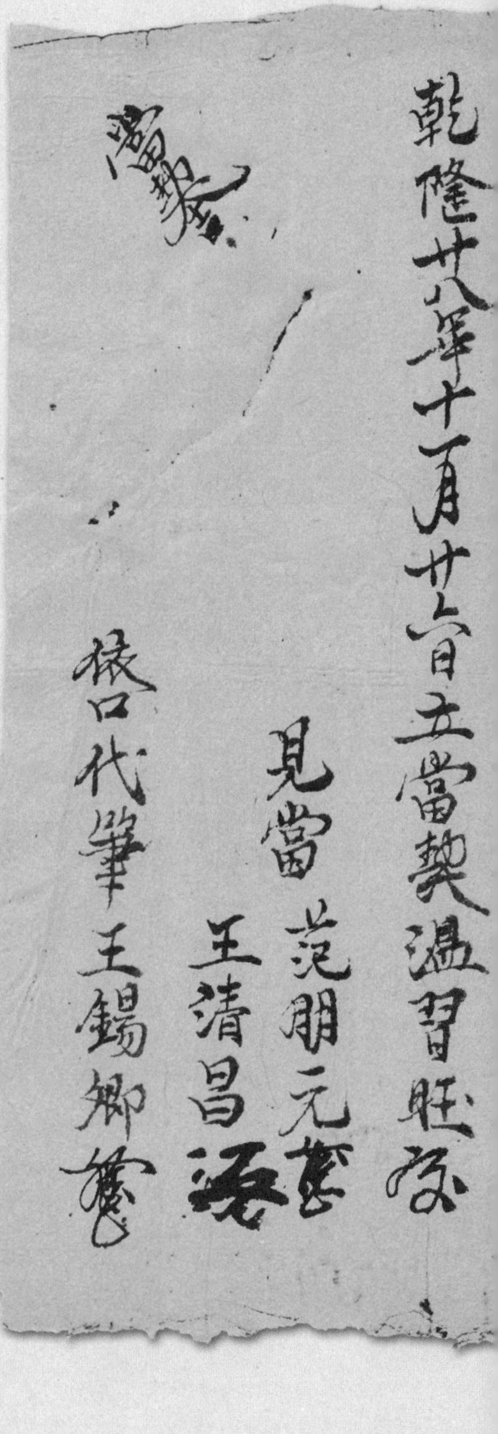
乾隆廿八年十一月廿六日立當契温習旺
見當　范朋元
王清昌
依口代筆王錫卿
當契

立當契人温習旺，今因口食無办，将父手遺下己分水田，土名坐落金竹弯田貳處，計租谷陸石正，其田托中當與藍宅兆福親家邊為業，三面言断，當出九七本銀拾貳两正，其银收乞〔訖〕，不得短少，其租準作銀利，錢粮外派一應温边自己完納，不涉蓝边之事，不計年限，如办原價取贖，不得执吝，愿當愿受，两相心愿，如有租谷不清，仍〔任〕並〔憑〕改佃管業，恐口难信，立當契存照。

乾隆廿八年十一月廿六日　立當契　温習旺

見當　范朋元

王清昌

依口代筆　王錫卿

立永賣田契人李達春等，今因父故，無銀使用，自情愿将父遺下民田一處，土（名）坐落廿一都夢嶺脚葉麻洋田，計額壹畝伍分正，東至周边田為界，南至、西至闕边田為界，北至山脚為界，今俱四至分明，托中送與闕天有入手承買，当日憑中三面言断，時值價紋銀貳拾两正，其銀即日隨契两相交訖明白，所賣所買，二家甘愿，並無逼勒債貨之故，委係正行交易，其田自賣之後，任憑闕边永遠管業，過户完粮，李边不得異言争执，割藤断根，日後並無再找取贖，其田與内外叔侄兄弟並無干碍，如有来歷不明，不涉闕边之事，李边一力之［支］当，二比情愿，各無反悔，今欲有憑，立永賣田契付與闕边子孫永遠為照。

在場中人 王任珍
雷應生
仝母 蔡氏
迪春
兆春
建春

乾隆貳拾九年正月廿七日 立賣田契人 李達春
代筆人 陳從利

（契尾，乾隆叁拾壹年柒月）

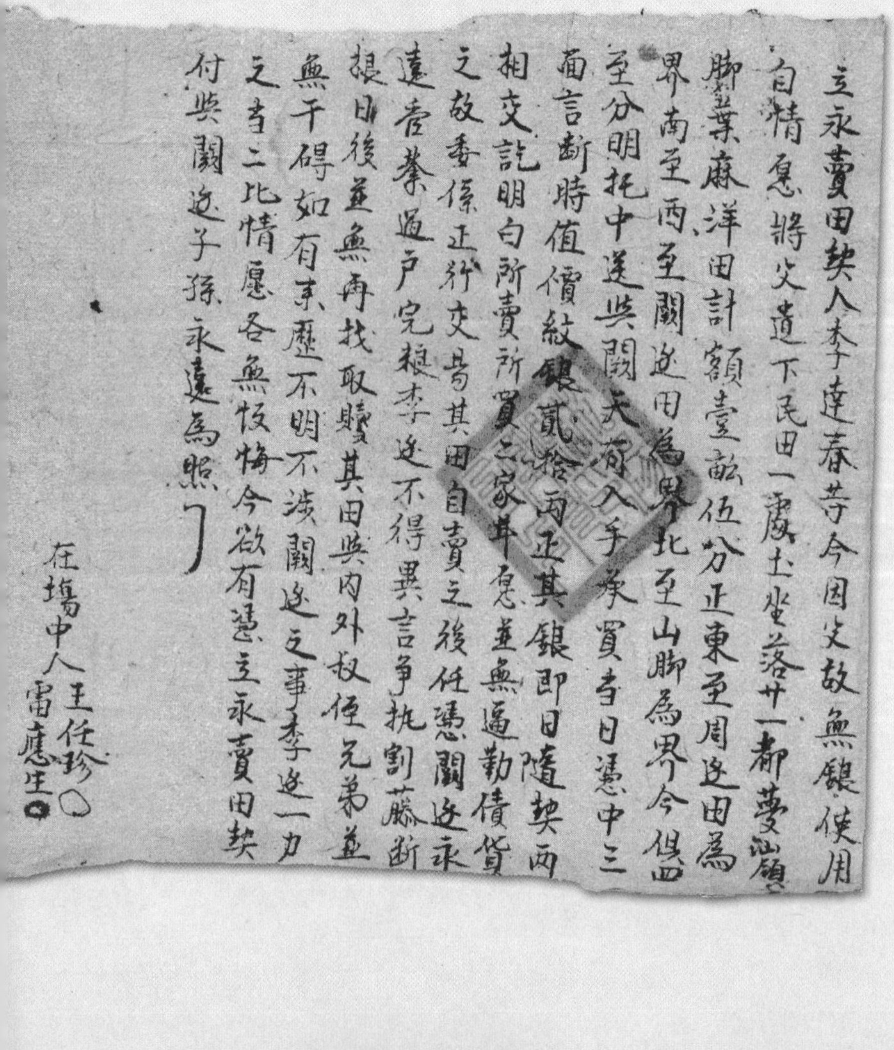

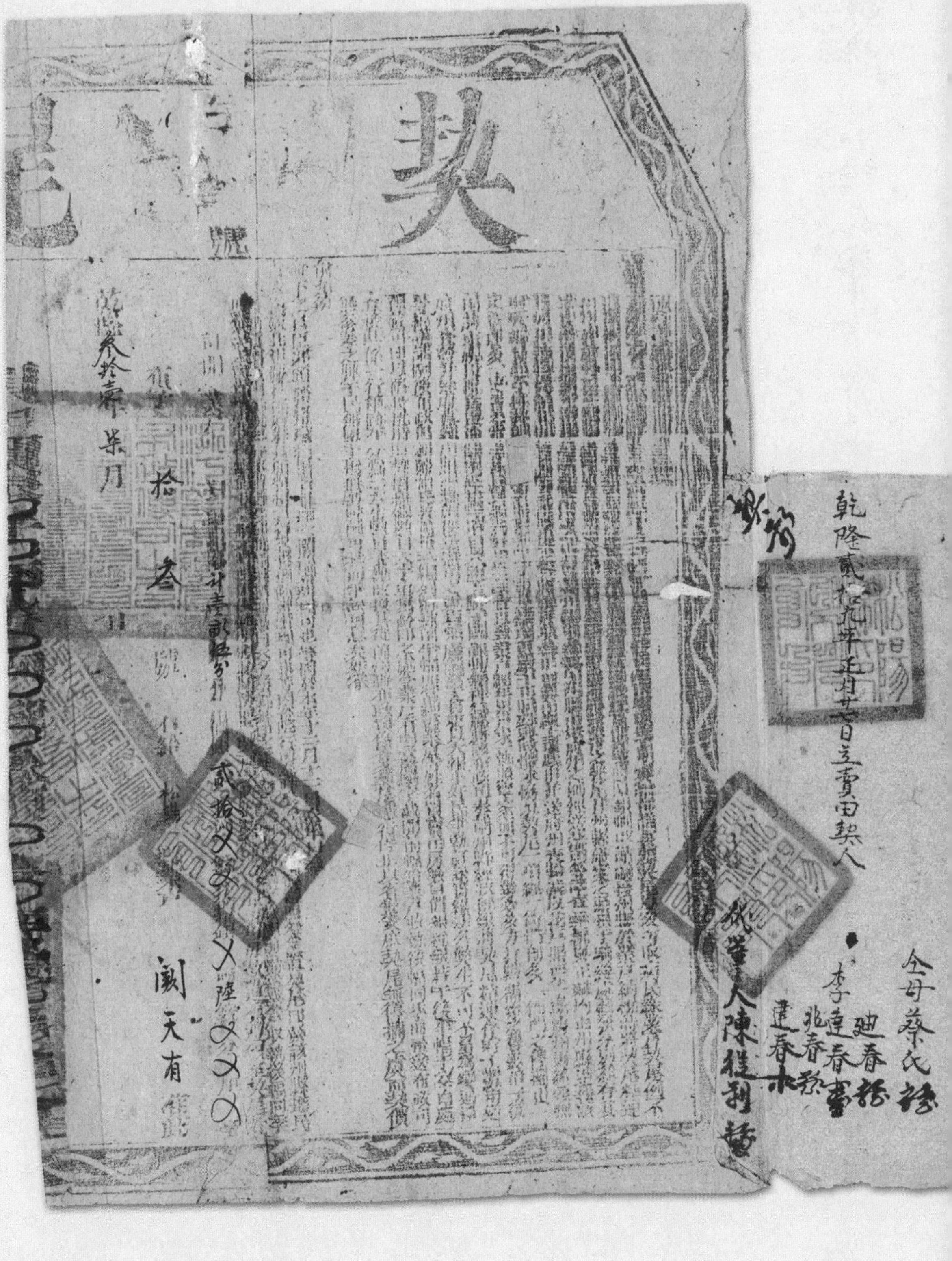
契
乾隆叁拾壹年柒月
拾叁
闕天有
乾隆貳拾九年正月廿七日立賣田契人
仝母蔡氏
李廸春
兆春
達春
建春
代筆人陳徙利

立找田契人李達春等原與闗天有交易民田
壹處土名坐落廿一都蔓山嶺脚菓麻洋計額
壹畝伍分正前價足訖今因口食不給情愿再
托原中勸到業主找出契外紋銀拾柒兩伍錢
正其銀隨契兩相足訖明白其田自找之後任憑
闗邊永遠管業李邊不敢異言日後並不敢
再找取贖等情如有此色甘受叠騙之罪恐口
無憑故立找契為照

仝母蔡氏（押）
迪春（押）
乾隆貳拾九年十二月廿二日立找契人李達春（押）
兆春（押）

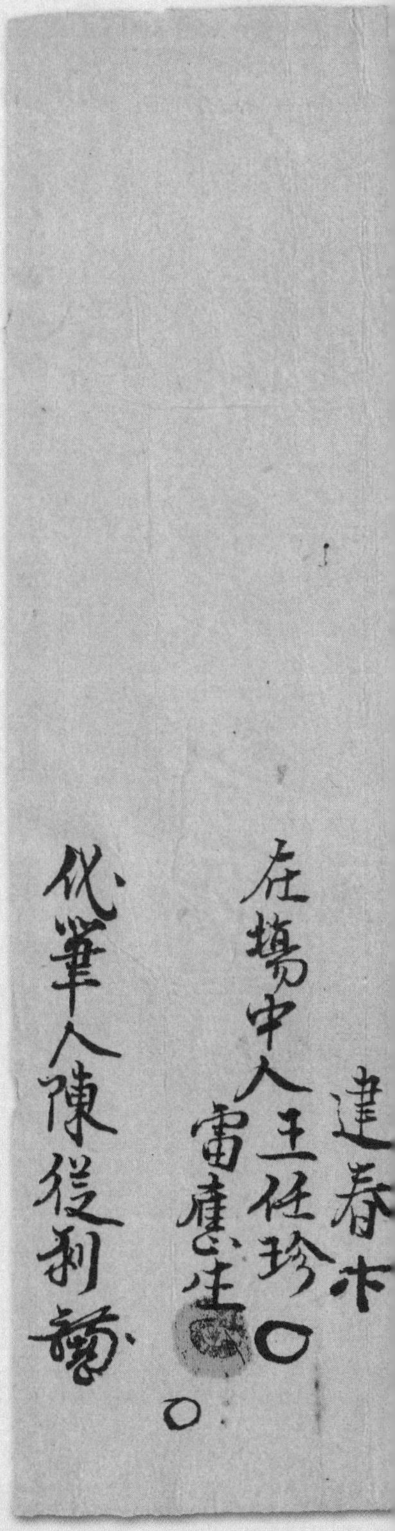
建春
在場中人王任珍〇
雷應生〇
代筆人陳從利

立找田契人李達春等，原與闕天有交易民田壹處，土名坐落廿一都夢嶺脚葉麻洋，計額壹畝伍分正，前價足訖，今因口食不給，情愿再托原中勸到業主找出契外紋銀拾柒兩伍钱正，其銀隨契两相足訖明白，其田自找之後，任憑闕边永遠管業，李边不敢異言，日後並不敢再找取贖等情，如有此色，甘受叠騙之罪，恐口無憑，故立找契為照。

仝母　蔡氏

迪春

乾隆貳拾九年十二月廿二日　立找契人　李達春

兆春

建春

在場中人　王任珍

雷應生

代筆人　陳從利

立永賣田契人程良福，今因錢粮無办，自情愿将到父遺下民田壹處，土名坐落廿一都石倉茶排庄石橋頭田，大小伍坵正，計額壹畝伍分正，東至大路為界，南至自己田為界，西至胡边墙脚為界，北至山脚為界，今俱四至分明，欲行出賣，托中送與闕天有入手承買，当日三面言定，時值纹銀壹拾捌两正，其銀即日隨契两相交訖明白，不欠分文，其田自賣之日爲始，任憑買主前起［去］管業耕種，推收過户完粮，賣人不得異言争执，委係正行交易，不是準折債貨之故，其田日前並無文墨重復典當他人，亦與上下房親伯叔兄弟人等並無干碍，如有来歷不明，不涉買主之事，皆係賣人一力承当，其田載断截，永無找贖，所買所賣，二比情愿甘肯，並無逼勒等情，今後二家各無反悔，今欲有憑，立賣田契永遠為照。

在見伯 程魁益

在場母 胡氏

良貴

乾隆弍拾玖年十月十六日 立賣田契人 程良福

胡春梅

中人 胡春仁

胡春義

胡元有

胡春信

代筆 賴松泰

（契尾，乾隆叁拾壹年柒月）

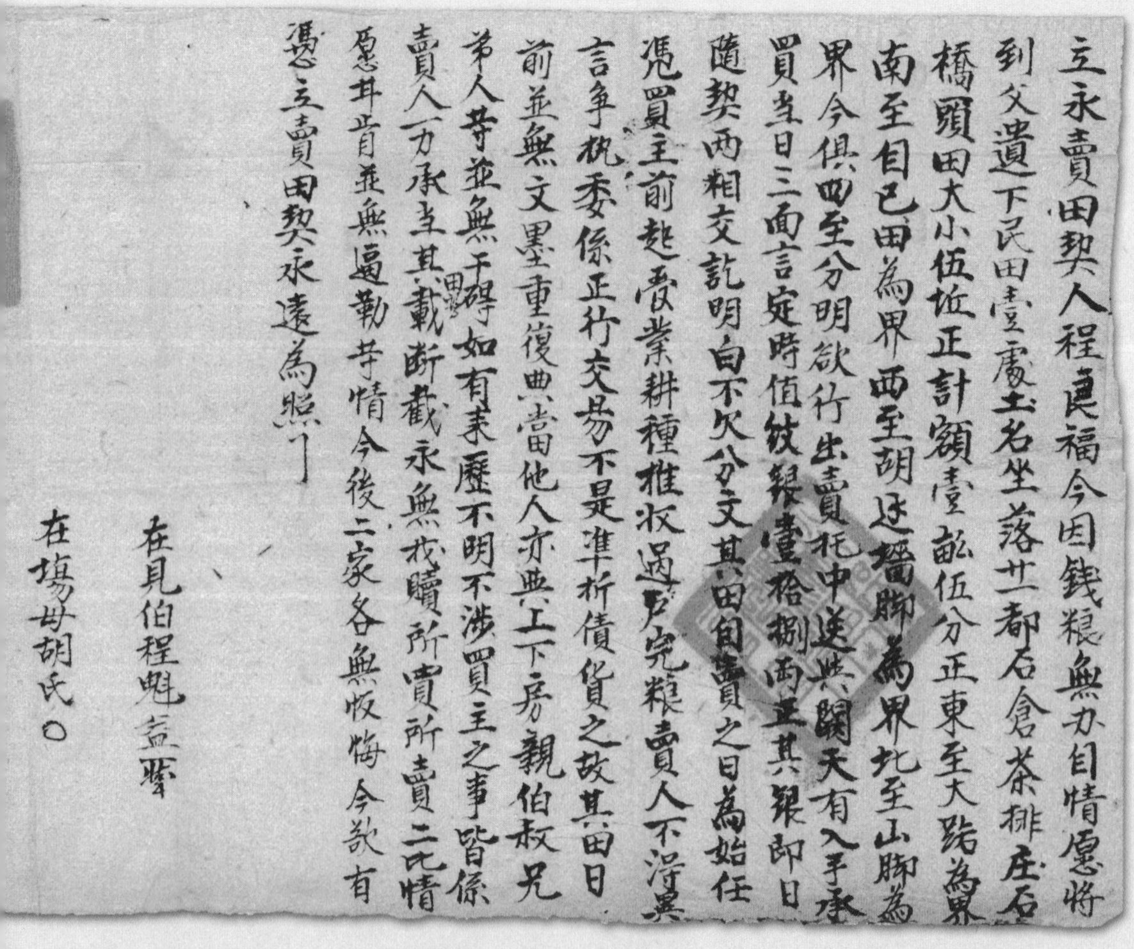
立永賣田契人程良福今因錢粮無办自情愿将
到父遺下民田壹處土名坐落廿一都石倉茶排庄石
橋頭田大小伍坵正計額壹畝伍分正東至大路為界
南至自己田為界西至胡边墙脚為界北至山脚為
界今俱四至分明欲行出賣托中送與闕天有入手承
買当日三面言定時值纹銀壹拾捌两正其銀即日
隨契两相交訖明白不欠分文其田自賣之日爲始任
憑買主前起管業耕種推收過户完粮賣人不得異
言争执委係正行交易不是準折債貨之故其田日
前並無文墨重復典當他人亦與上下房親伯叔兄
弟人等並無干碍如有来歷不明不涉買主之事皆係
賣人一力承当其田載断截永無找贖所買所賣二比情
愿甘肯並無逼勒等情今後二家各無反悔今欲有
憑立賣田契永遠為照
在見伯程魁益
在場母胡氏

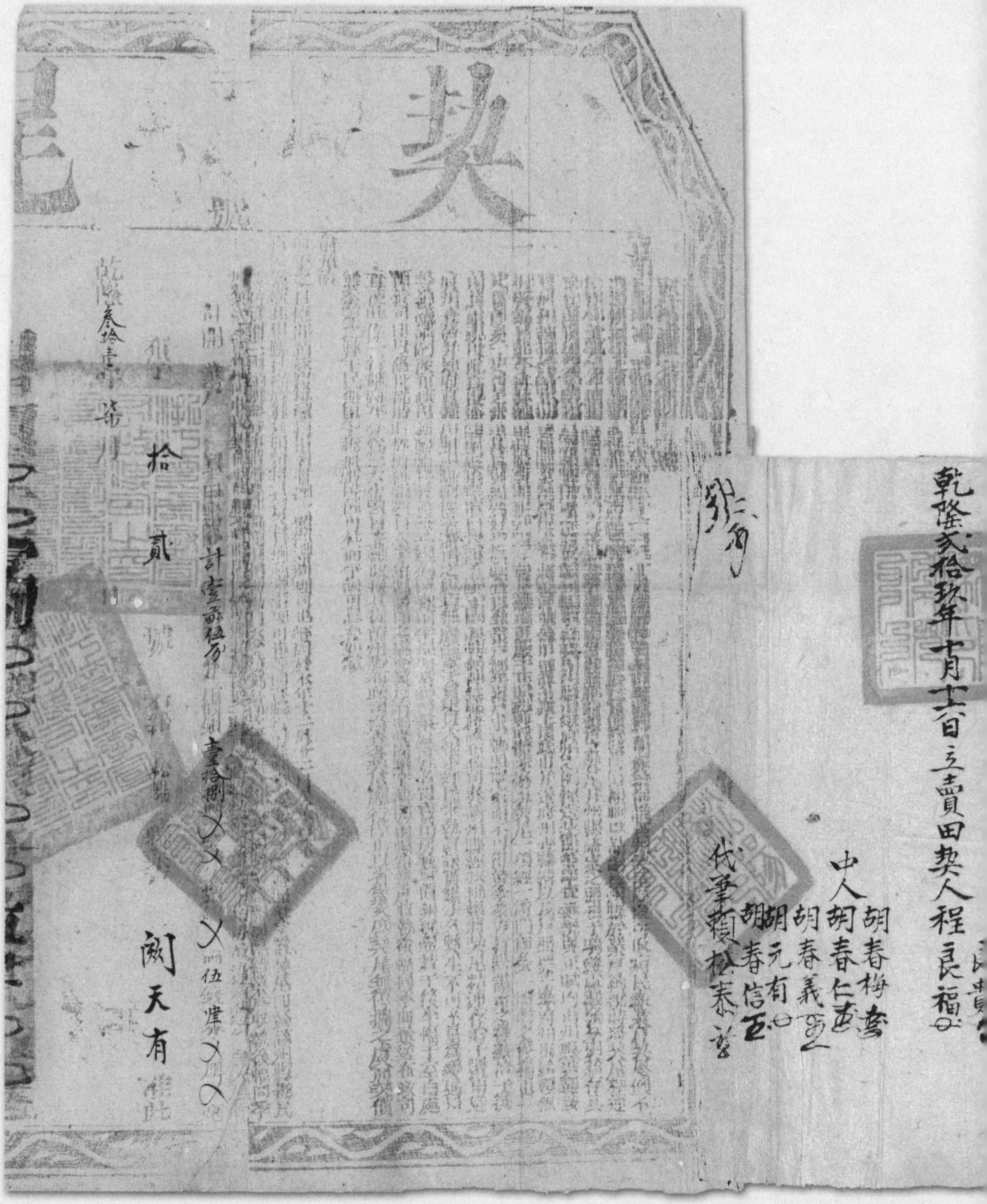
契
乾隆叁拾壹年　月
拾貳
闕天有
乾隆貳拾玖年十月十一日立賣田契人程良福
中人胡春梅
胡春仁
胡春義
胡元有
胡春信
代筆程松泰

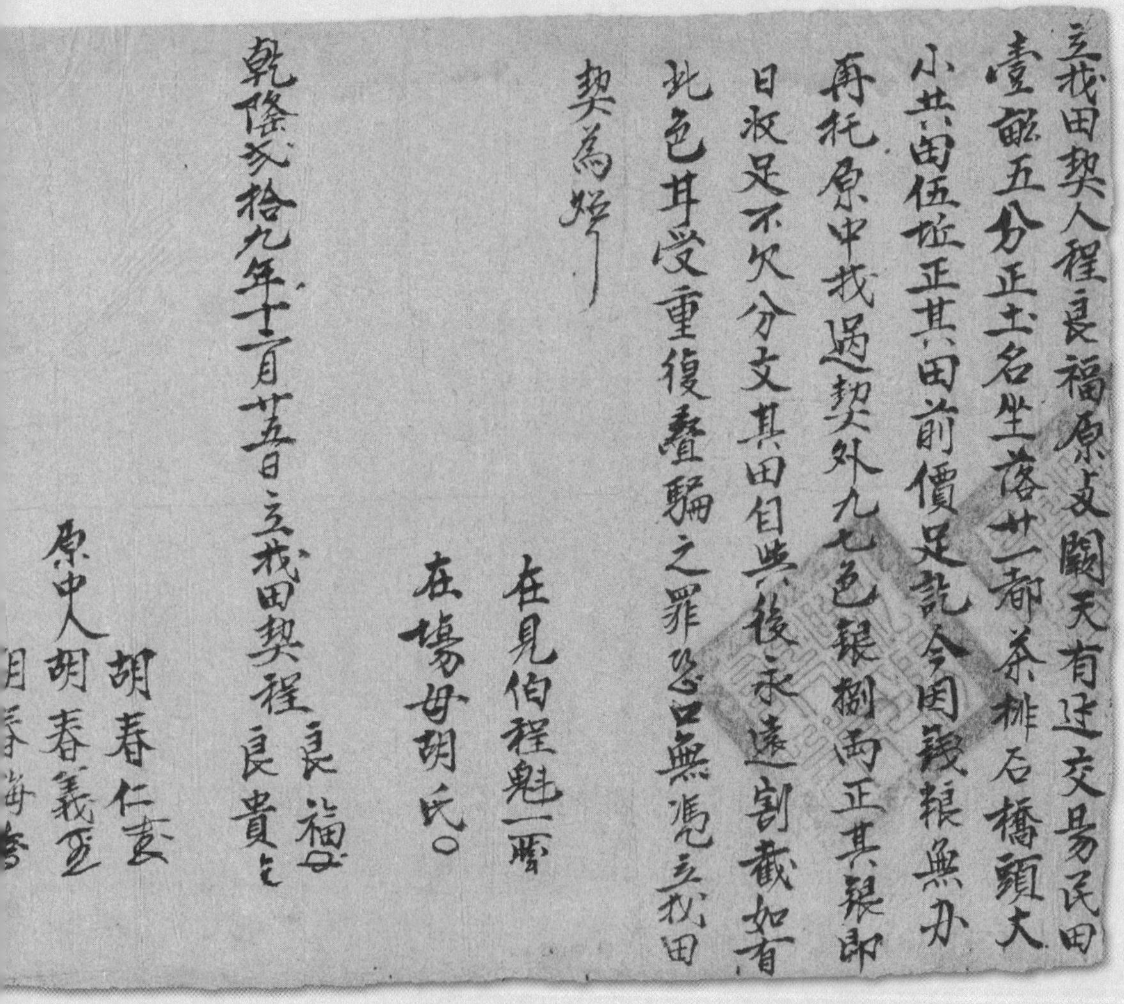

立找田契人程良福，原与闞天有边交易民田壹畝五分正，土名坐落廿一都茶排石橋頭，大小共田伍坵正，其田前價足訖，今因錢粮無办，再托原中找過契外九七色銀捌两正，其銀即日收足，不欠分文，其田自與[找]後，永遠割截，如有此色，甘受重復叠騙之罪，恐口無憑，立找田契為照。

在見伯　程魁一

在場母　胡氏

乾隆弍拾九年十二月廿五日　立找田契　程良福

良貴

原中人　胡春仁

胡春義

胡春梅

胡春信

胡元有

代筆　賴松泰

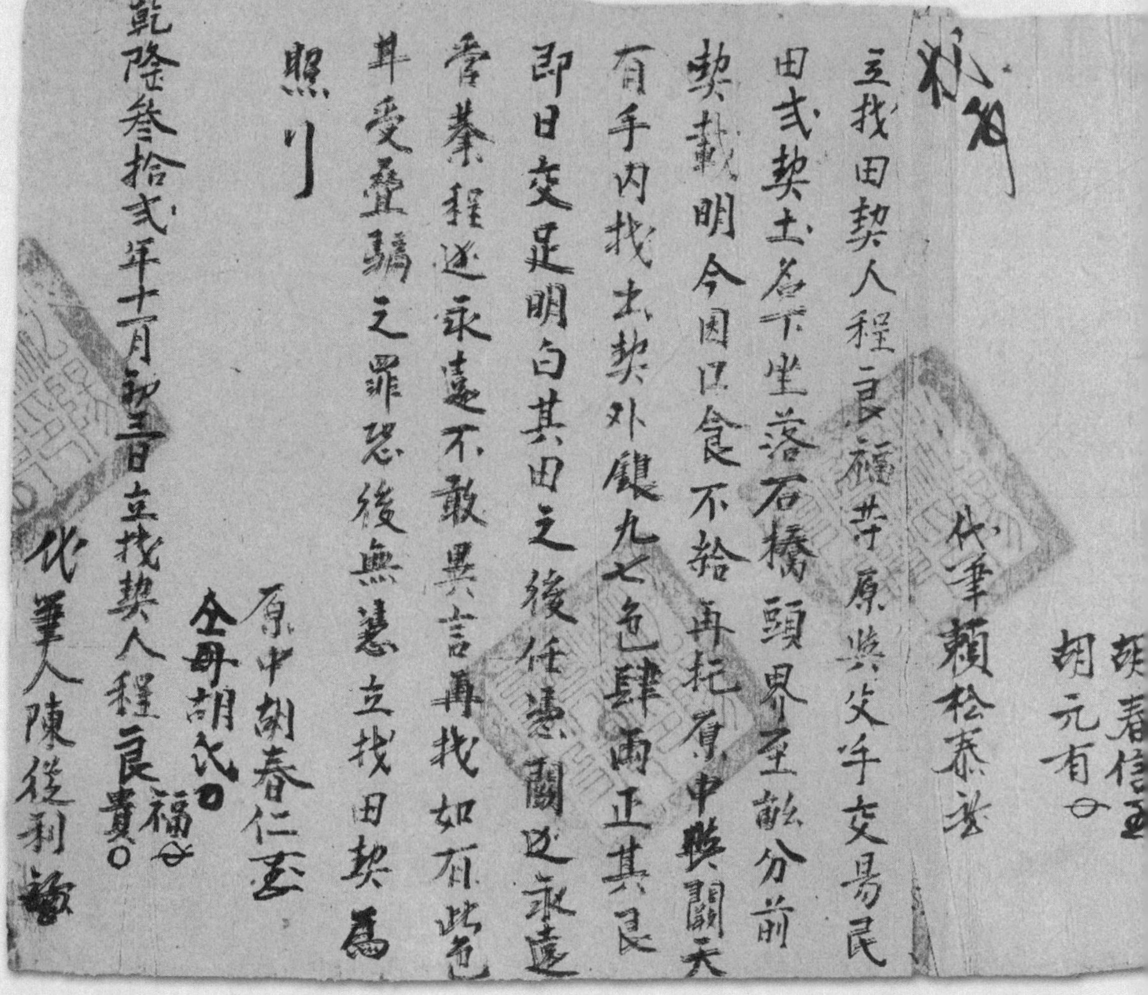

立找田契人程良福等，原與父手交易民
田式契，土名下坐落石橋頭，界至畝分，前
契載明，今因口食不給，再托原中與闕天
有手内找出契外銀九七色肆两正，其银
即日交足明白，其田之後任憑闕边永遠
管業，程边永遠不敢異言再找，如有此色，
甘受叠騙之罪，恐後无憑，立找田契為
照。

原中　胡春仁

仝母　胡氏

乾隆叁拾式年十一月初三日　立找契人　程良福

貴

代筆人　陳從利

立賣契人温習旺，今因缺銀應用，自心情愿將父手分下水田，土名坐落金竹塆横路下，計大小田玖坵，又路后王家田上，計坵大小田壹拾柒坵，共計田貳拾陸坵，計实畝壹畝伍分零，計實早租谷伍石伍斗，其田托中送與蓝宅兆福親家边入手承賣［買］，並中面断，價銀壹拾捌两正，其銀即日隨契收訖，其田任並［憑］親家前去收租完粮，過户改佃管業，其田未賣之先，並無内外人等文墨交加，如有此情，賣主自能支當，不涉買主之事，温边如办原價取贖，蓝边不得执吝，愿賣愿買，出在二家心愿，並無逼抑債負之理，恐口难凴，立賣契永遠存照。

在見父　德科

乾隆三十年十二月廿日　立賣契人　温習旺

見中　倪玉卿

范日章

陳老正

依口代筆　王錫卿

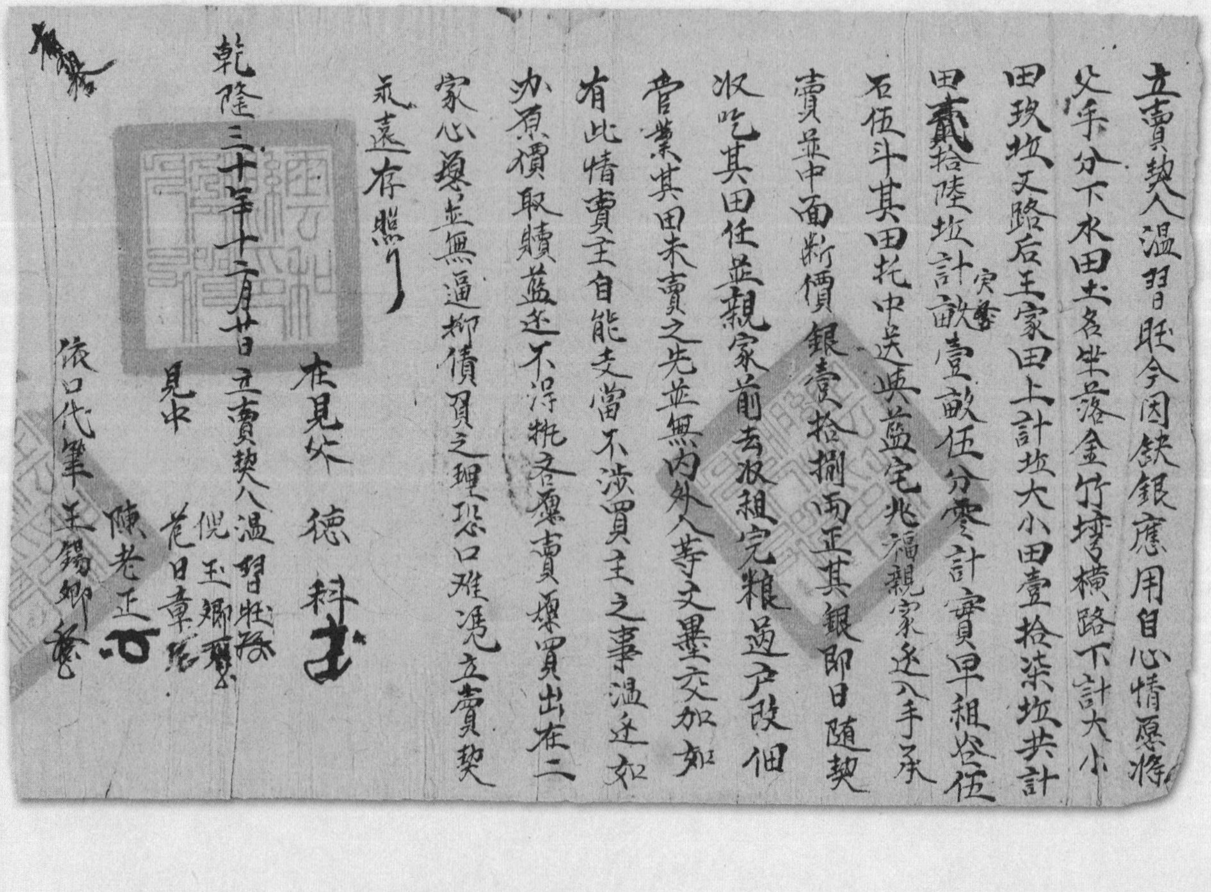

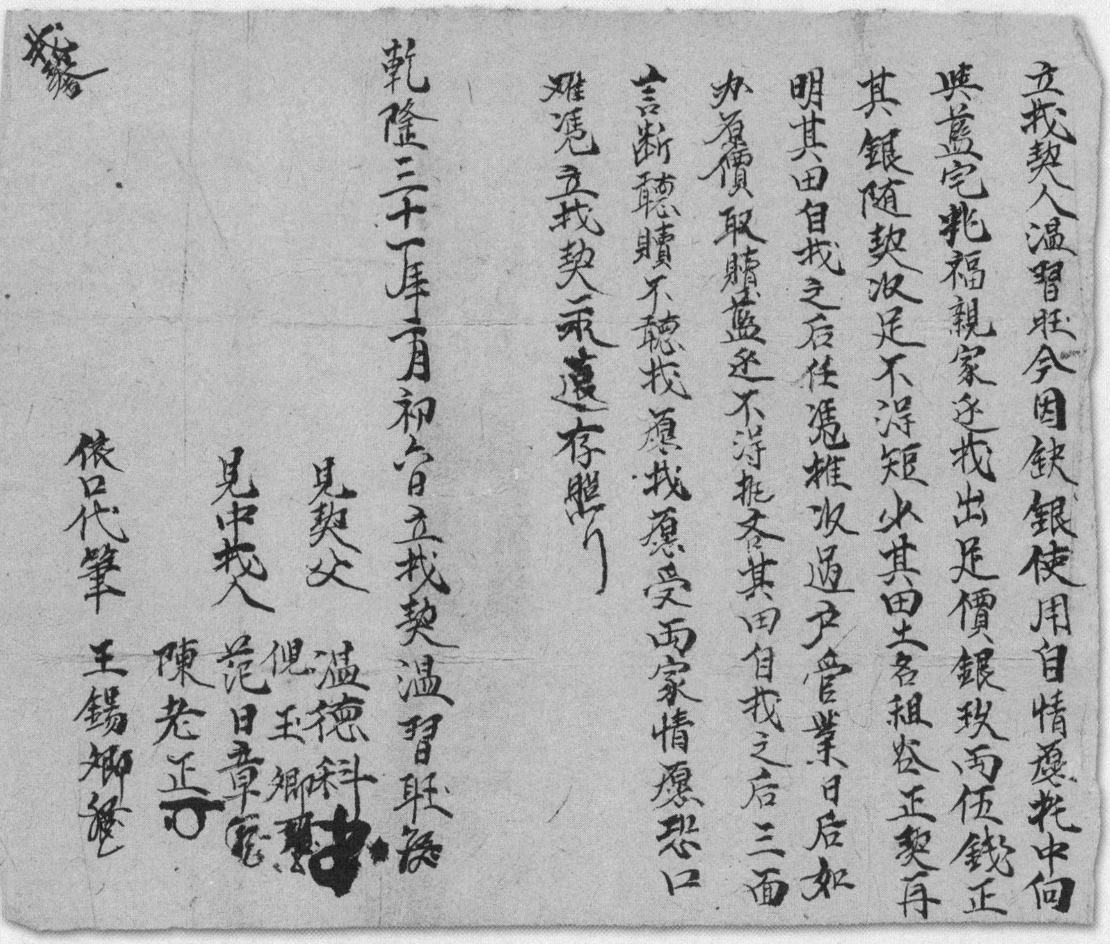

立找契人温習旺，今因缺銀使用，自情愿托中向
與藍宅兆福親家边，找出足價銀玖兩伍錢正，
其銀隨契收足，不得短少，其田土名租谷正契再［載］
明，其田自找之后，任凴推收過户管業，日后如
办原價取贖，藍边不得执吝，其田自找之后，三面
言断，聽贖不聽找，愿找愿受，两家情愿，恐口
难凴，立找契永遠存照。

乾隆三十一年二月初六日　立找契　温習旺

見契父　温德科

倪玉卿

見中找人　范日章

陳老正

依口代筆　王錫卿

立賣山契人周明起今因缺少錢糧將祖父遺下民山一處托
關福楊入手承買土名坐落鄉子岩四下民山一處拾捌畝
爲界下至高坑石門爲界東至百花洞爲界西至銅坑頂岩
左右兩邊當日憑中立面言定價銀玖兩正即日隨契兩
岩文仕憑買主管業房親伯叔並無干碍典當他人
交易不是準折債負之故待後之事賣主承當二家情愿文
憑立賣山契爲照

中見人 吳 善 鍾成 關登

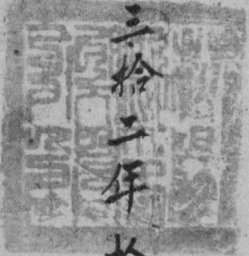

乾隆三拾二年拾月初一日 立賣山契人周

（前頁）>>>>>

立賣山契人周明起，今因缺少錢糧，將祖父遺下民山一處，托□□□□闕福楊入手承買，土名坐落獅子岩凹下民山一處，拾捌畝□□□□為界，下至高坑石門為界，東至百花洞為界，西至銅坑頂□□□□左右两邊，當日凴中三面言定，價銀玖两正，即日隨契两□□□□少分文，任凴買主管業，房親伯叔並無干涉典當他人，□□□□交易，不是準折負債之故，待後之事，賣主承當，二家情愿，各□□□□憑，立賣山契為照。

中見人　吴□□
　　　　葉□□
　　　　鍾□□
　　　　闕登□

乾隆三拾二年拾月初一日　立賣山契人　周明起
　　　　　　　　　　　　代□□　□□□

立永賣水碓河扎胡春仁、春義仝侄元有等，今有祖母身故，缺少殯資，今将祖父遺下水碓水磨壹座，併及地基外余地壹片在内，土名坐落葉庄，又河扎壹門，土名坐落茶排石橋頭，併及砂坪正[1]四至俱明，今来出賣与胞弟春信入手承買，当日凴中三面断定，式業共九七價銀叁拾两正，其銀即日收足，不欠分文，其業自賣之日為始，任凴買主收租修整，併及河扎淘洗，賣人不得異言争执，其式業日後並無找贖，其水碓自己賣主三房椿［春］米，不敢量碓租[2]，二家各無反悔，今欲有憑，立賣水碓河扎為照。

一批水碓舊林[3]無租量，日後换过新林量碓租，再照。

乾隆叁拾肆年十一月廿七日　立賣水碓河扎人　胡春仁

春義

仝侄　元有

見中人　葉振玉

葉芝荣

程富貴

在見侄　胡東寿

蘭寿

代筆　賴松泰

1 以砂坪正中間為界。

2 自己三房兄弟來碓米，不能收租。

3 『林』通『淋』，即水碓的轉輪。

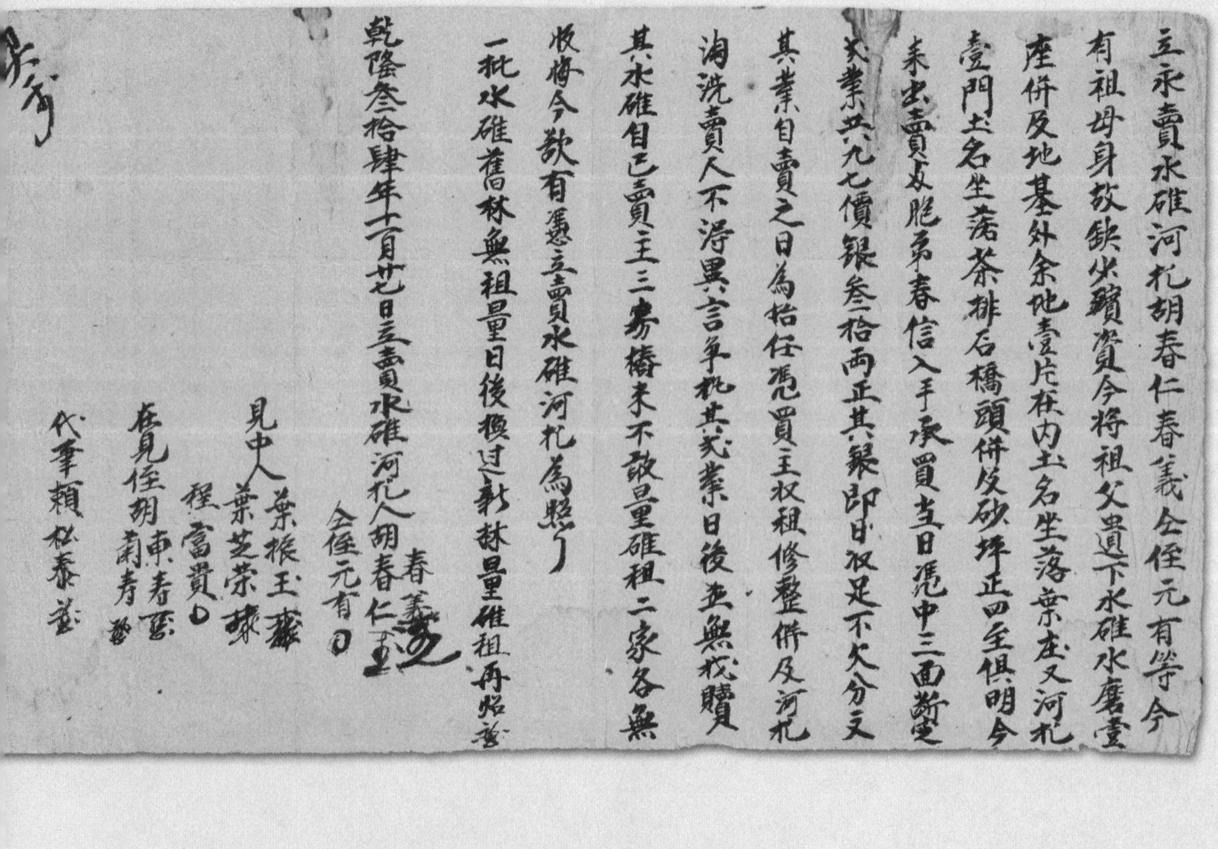

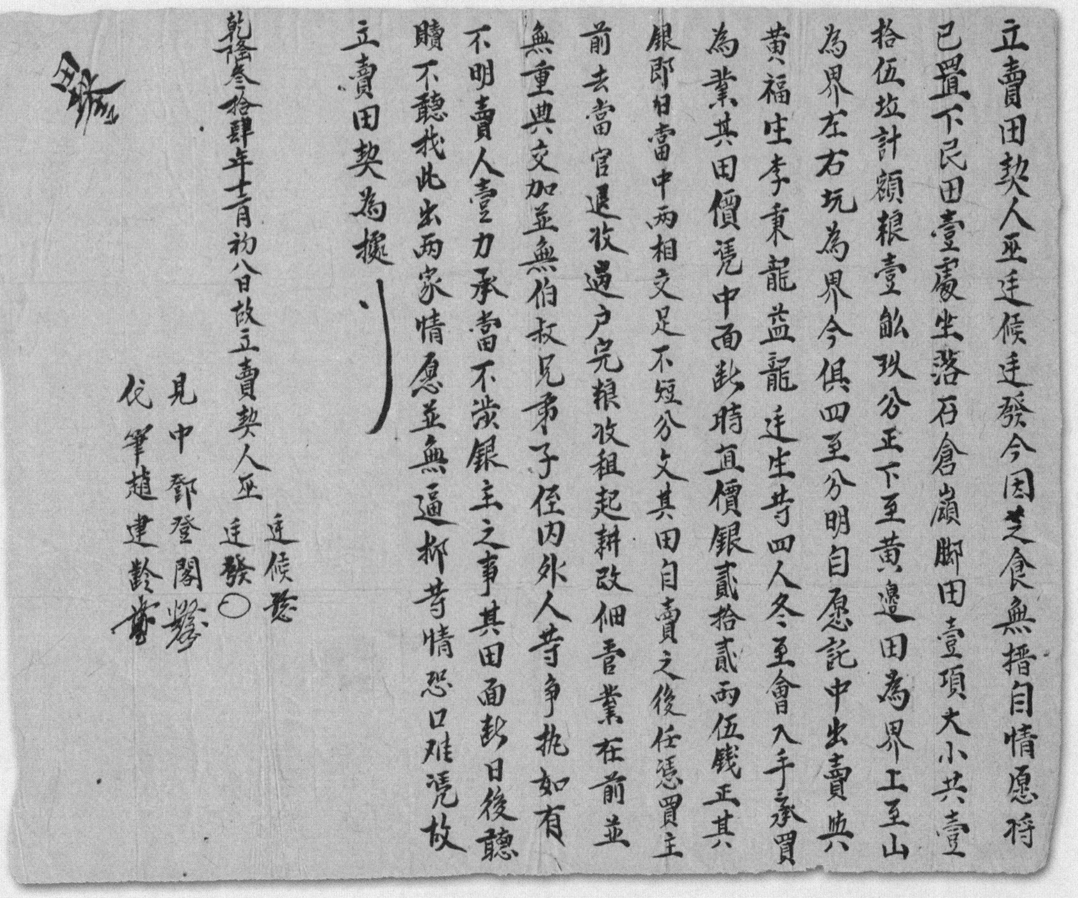

立賣田契人巫廷候、廷發，今因乏食無揩［措］，自情愿將
己置下民田壹處，坐落石倉嶺脚田壹項，大小共壹
拾伍坵，計額粮壹畝玖分正，下至黃邊田為界，上至山
為界，左右坑為界，今俱四至分明，自愿託中出賣與
黃福生、李秉龍、益龍、廷生等四人冬至會入手承買
為業，其田價凴中面断，時直價銀貳拾貳兩伍錢正，其
銀即日當中兩相交足，不短分文，其田自賣之後，任憑買主
前去當官［管］，推收過户，完粮收租，起耕改佃管業，在前並
無重典交加，並無伯叔兄弟子侄內外人等争执，如有
不明，賣人壹力承當，不涉銀主之事，其田面断，日後聽
贖不聽找，此出两家情愿，並無逼抑等情，恐口难凴，故
立賣田契為據。

乾隆叁拾肆年十二月初八日　故立賣契人　巫廷候

廷發

見中　鄧登閣

代筆　趙建齡

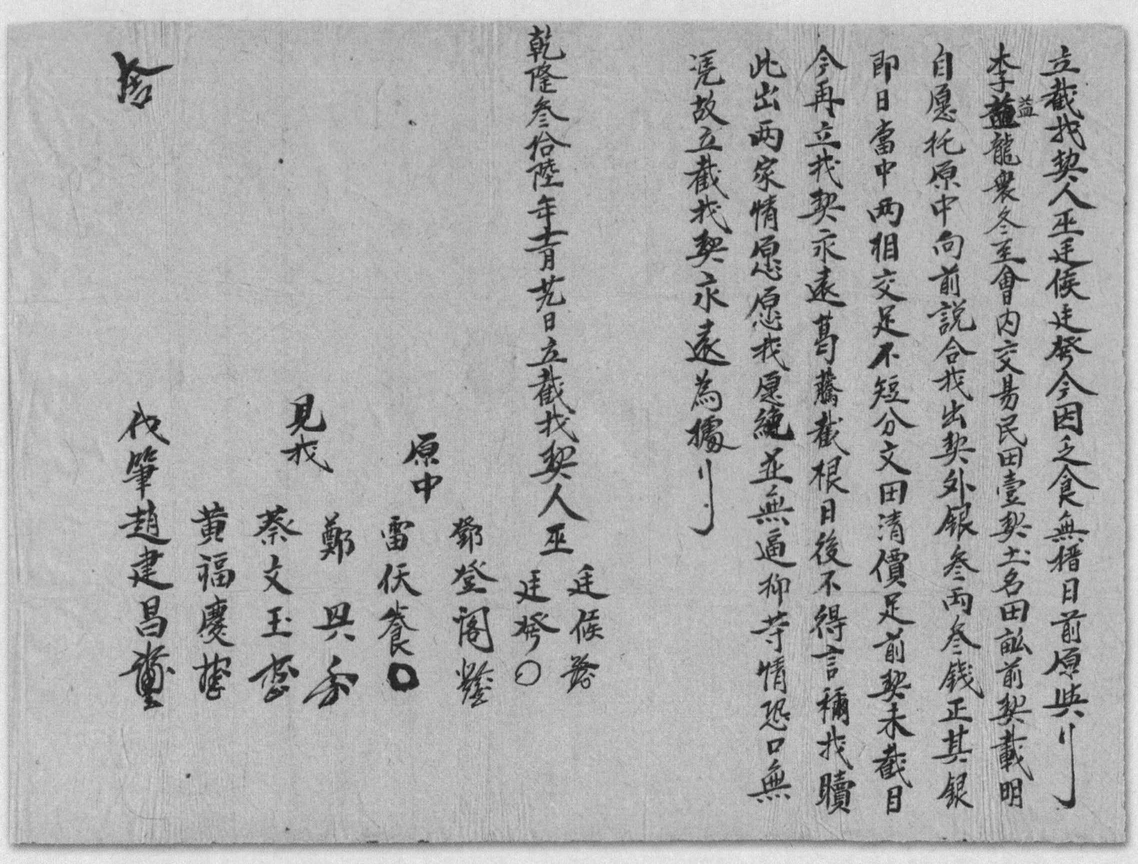

立截找契人巫廷候、廷發，今因乏食無揩［措］，日前原與
李益龍衆冬至會内交易民田壹契，土名田畝，前契載明，
自愿托原中向前説合，找出契外銀叁兩叁錢正，其銀
即日當中兩相交足，不短分文，田清價足，前契未截，目
今再立找契，永遠葛［割］藤截根，日後不得言稱找贖，
此出两家情愿，愿找愿絶，並無逼抑等情，恐口無
憑，故立截找契永遠為據。

乾隆叁拾陸年十一月廿九日　立截找契人　巫廷候
廷發
原中　鄧登閣
雷天養
見找　鄭　興
蔡文玉
黄福慶
代筆　趙建昌

立截找契人巫廷候，今因原與李益龍、秉龙、黄福生等交易民田壹處，畝分土名，前契載明，今因口食不給，自愿托原中向勸業主找出契外銀玖钱正，其银当中收足明白，不欠分文，其田前契未絕，目今自愿再找断根絕契，日後永遠子侄不敢無贖無找，如有此情，任憑明官叠騙所罪，恐口無憑，立截找契付與存照。

乾隆肆拾陸年十一月十六日　立截找契人　巫廷候

見找人　雷斗琳

代筆人　雷天圣

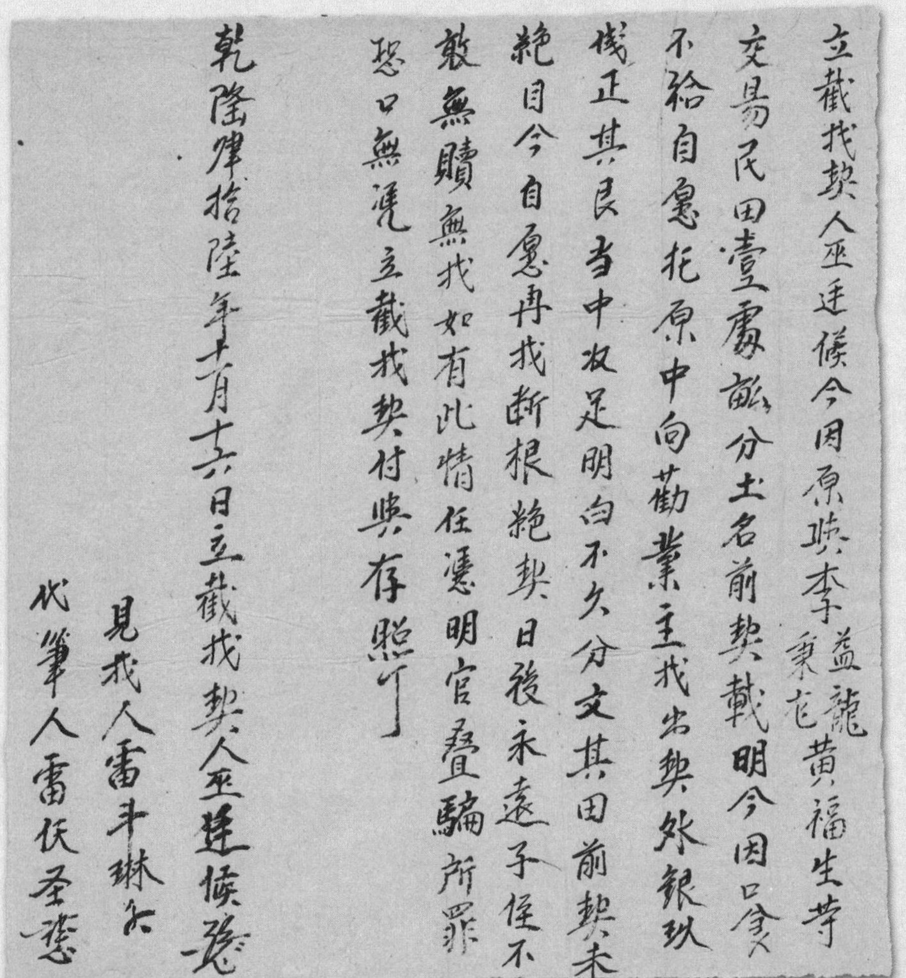

立賣契人王錫卿，今因無銀應用，将父手遺下水田，土名坐落金竹塆田大小柒坵，計租壹石五斗，又土名程下路田大小三坵，計租陸斗，共計早租谷貳石正，計畝捌分零，其田出賣藍兆福妹夫边為業，面断時值價銀拾両陸錢正，其銀即日收足，並無短少，其田任凭藍边前去执契管（業），改佃收租，完粮管業，日后不得二三言説，其田如办原價取贖，銀主不得执吝，愿賣愿買，两相情愿，並無債負相逼之理，恐口难凭，立此賣契存照。

乾隆叁拾陸年十二月廿四日　立賣契　王錫卿

見契　王可福

親筆

（契尾，乾隆叁拾玖年肆月）

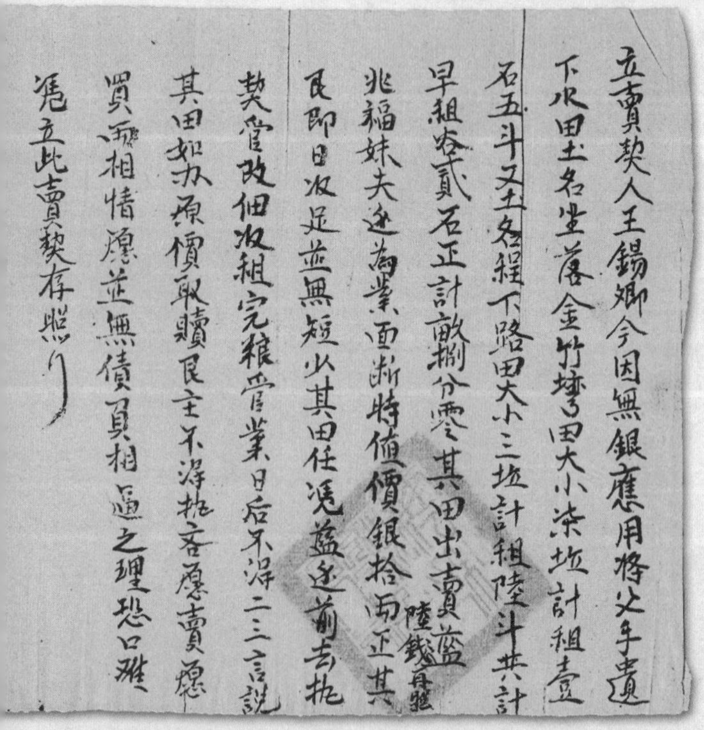
立賣契人王錫卿今因無銀應用将父手遺
下水田土名坐落金竹塆田大小柒坵計租壹
石五斗又土名程下路田大小三坵計租陸斗共計
早租谷貳石正計畝捌分零其田出賣藍
兆福妹夫边為業面断時値價銀拾両陸錢正其
銀即日收足並無短少其田任凭藍边前去执
契管改佃收租完粮管業日后不得二三言説
其田如办原價取贖銀主不得执吝愿賣愿
買两相情愿並無債負相逼之理恐口难
凭立此賣契存照

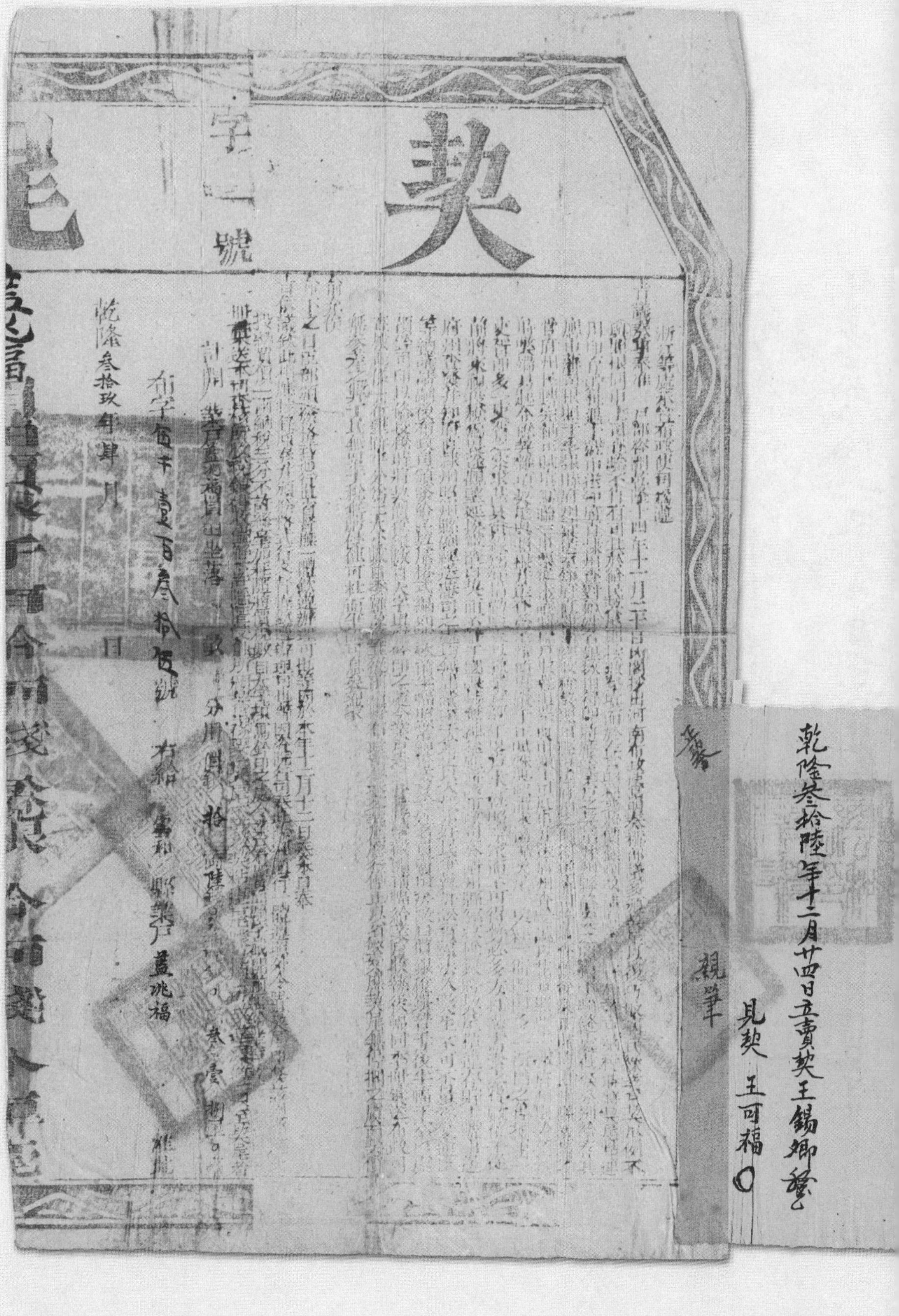
契
字
號
乾隆叁拾玖年肆月
日
乾隆叁拾陸年十二月廿四日立賣契王錫卿
親筆
見契　王可福

立斷截找契人温習旺今因日先水田土名坐落金竹壋田壹處配分錢粮租數正契俱已載明請託原中向與藍兆福叔邊勸愿找出足價契外銀壹兩伍錢正其銀即日親收足乞並無短少其田自找之後永為藍邊永遠已業温邊永遠不得言稱識認有分重復向找永不得取贖并情愿斷愿找出在二家情愿並無逼抑之理恐口難憑立斷截找契永遠為據

乾隆叁拾六年十二月廿六日立斷截找契人温習旺

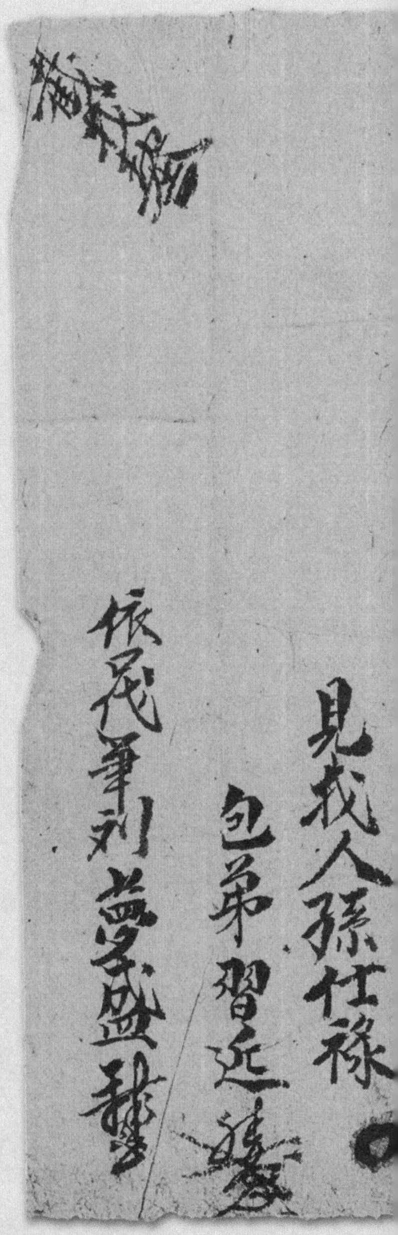

立断截找契人温習旺，今因日先水田土名坐落金竹塆，田壹處，畝分錢粮租数，正契俱已載明，请託原中向與藍兆福叔边勸息找出足價契外銀壹两伍钱正，其銀即日親收足乞［訖］，並無短少，其田自找之後，永為藍边永遠已業，温边永遠不得言称識認有分，重復向找，永不得取贖等情，愿断愿找，出在二家情愿，並無逼抑之理，恐口难凭，立断截找契永遠為據。

乾隆叁拾六年十二月廿六日　立断截契人　温習旺

見找人　孫仕禄

包［胞］弟　習远

依口代筆　刘夢盛

立當字人張牧正，今因錢粮無办，自情愿将自置水田壹處，土名坐落茶捕［鋪］水口，當在刘景和手内，當出九七呈色銀本壹拾陸两正，三面言断，每两每月利弍分五厘，其銀的至來年冬日壹足送还，不敢欠少分文，如有欠少，任憑銀主起耕管業，当人不得異言，恐口無憑，立当為照。

在見人　張奕龍

張奕志

一批老田契正找弍紙存字當在銀主。

乾隆卅七年十二月廿八日　立當字人　張牧正

代筆人　闕登荣

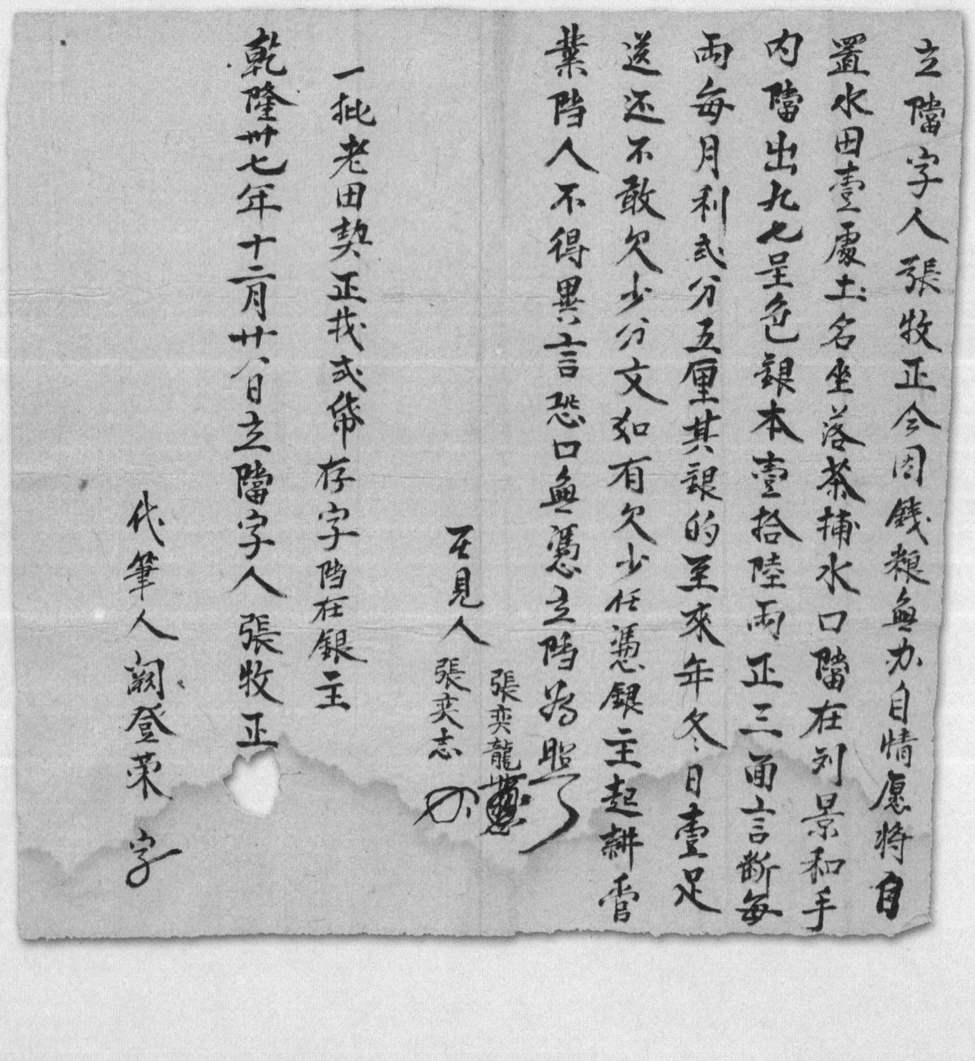

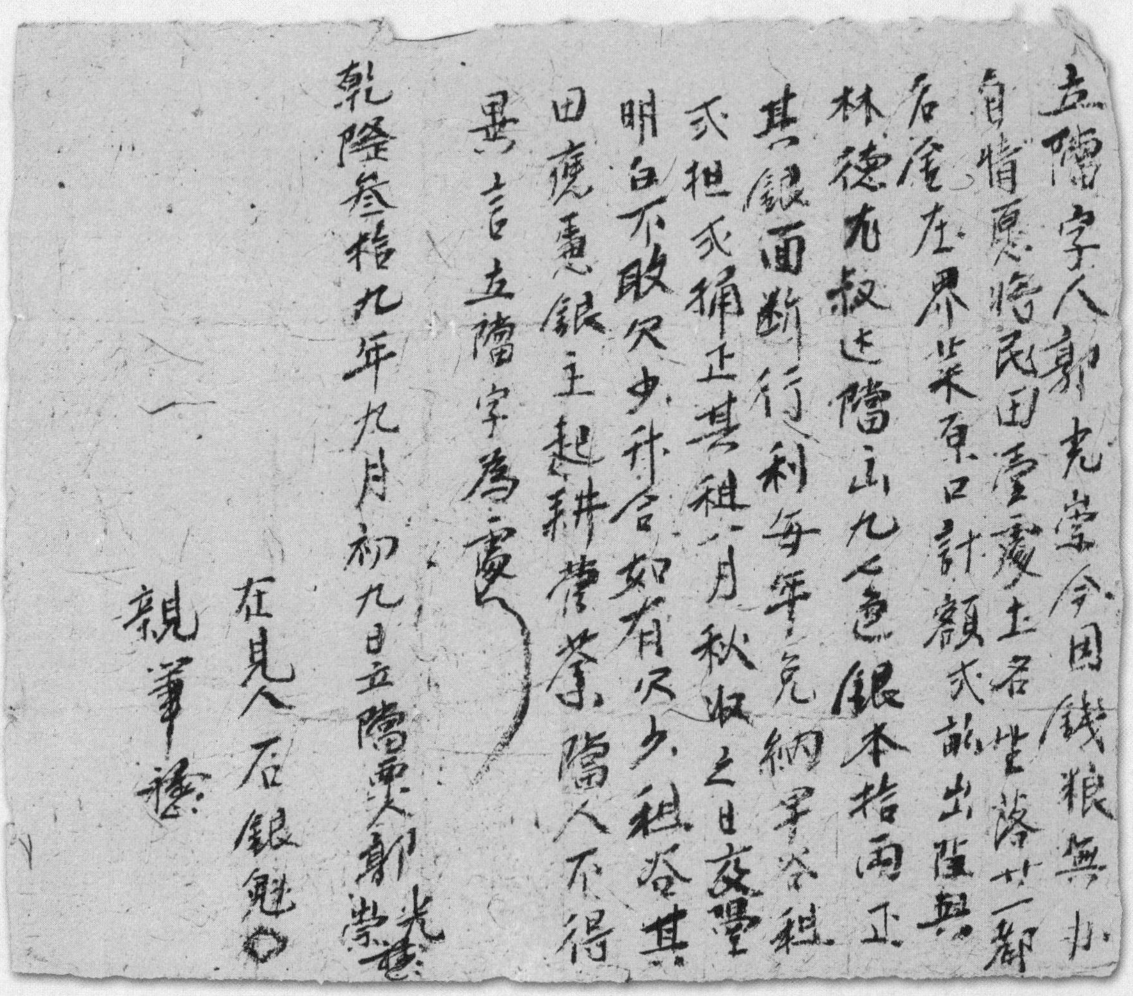

立當字人郭光崇，今因錢粮無办，
自情愿将民田壹處，土名坐落廿一都
后金庄界菜原口，計額式畝，出当與
林德尤叔边，當出九七色銀本拾两正，
其銀面断，行利每年充納早谷租
式担式桶正，其租八月秋收之日交量
明白，不敢欠少升合，如有欠少租谷，其
田應［任］憑銀主起耕管業，當人不得
異言，立當字為據。
乾隆叁拾九年九月初九日　立當票人　郭光崇
在見人　石銀魁
親筆

立賣契倪士豪同弟等，今因缺銀應用，自情愿将父手遺下衆田壹處，土名坐落黄衕地方下塘田壹段，上至墈頭王家田，下至墈口，左右至山為界，計寔田陸畝，計租谷壹拾捌石正，託中立契賣與葉宅希璉表叔边為業，凴中面断，時值價銀陸拾两整，其銀當日收訖，並無短少，其田任凴葉边改佃收租，完粮管業，併田頭柏樹一應在内，日後如办原價取贖，葉边不得執吝，其田未賣之先，並無内外人等文墨交加，如有此情，自能支當，不涉葉边之事，所賣所受，两相情愿，並無逼抑之理，恐口難凴，立賣契永遠為照。

乾隆肆拾年十月初七日　立賣契人　倪士豪

同弟　倪士秀

倪士良

倪士俊

倪士林

倪士偉

倪士傑

見中人　余德龍

葉松枝

士林筆

（契尾，乾隆五十一年六月）

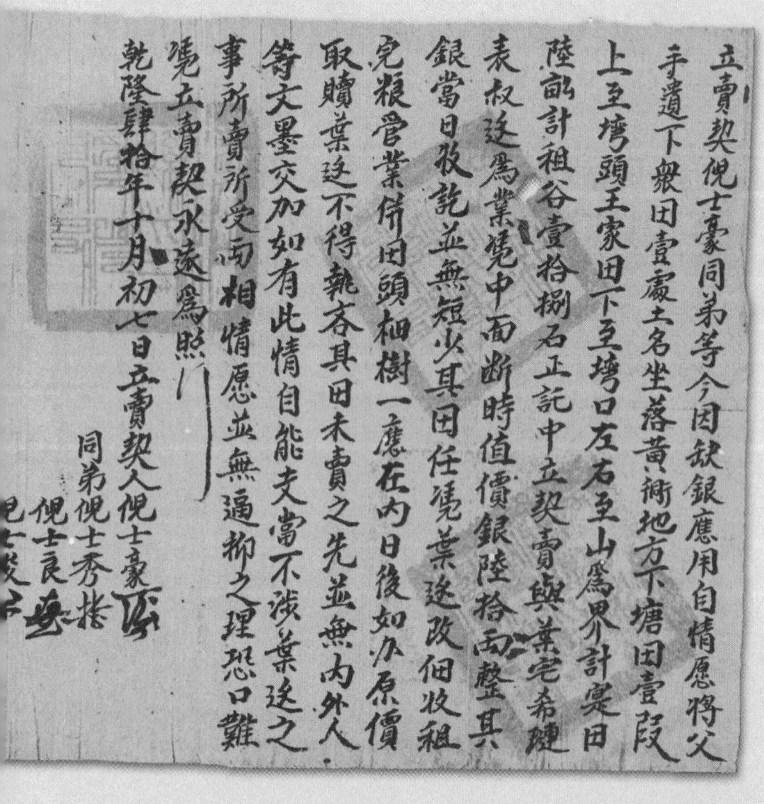
立賣契倪士豪同弟等今因缺銀應用自情愿将父
手遺下衆田壹處土名坐落黄衕地方下塘田壹段
上至墈頭王家田下至墈口左右至山為界計寔田
陸畝計租谷壹拾捌石正託中立契賣與葉宅希璉
表叔边為業凴中面断時值價銀陸拾两整其
銀當日收訖並無短少其田任凴葉边改佃收租
完粮管業併田頭柏樹一應在内日後如办原價
取贖葉边不得執吝其田未賣之先並無内外人
等文墨交加如有此情自能支當不涉葉边之
事所賣所受两相情愿並無逼抑之理恐口難
凴立賣契永遠為照
乾隆肆拾年十月初七日立賣契人倪士豪
同弟倪士秀
倪士良

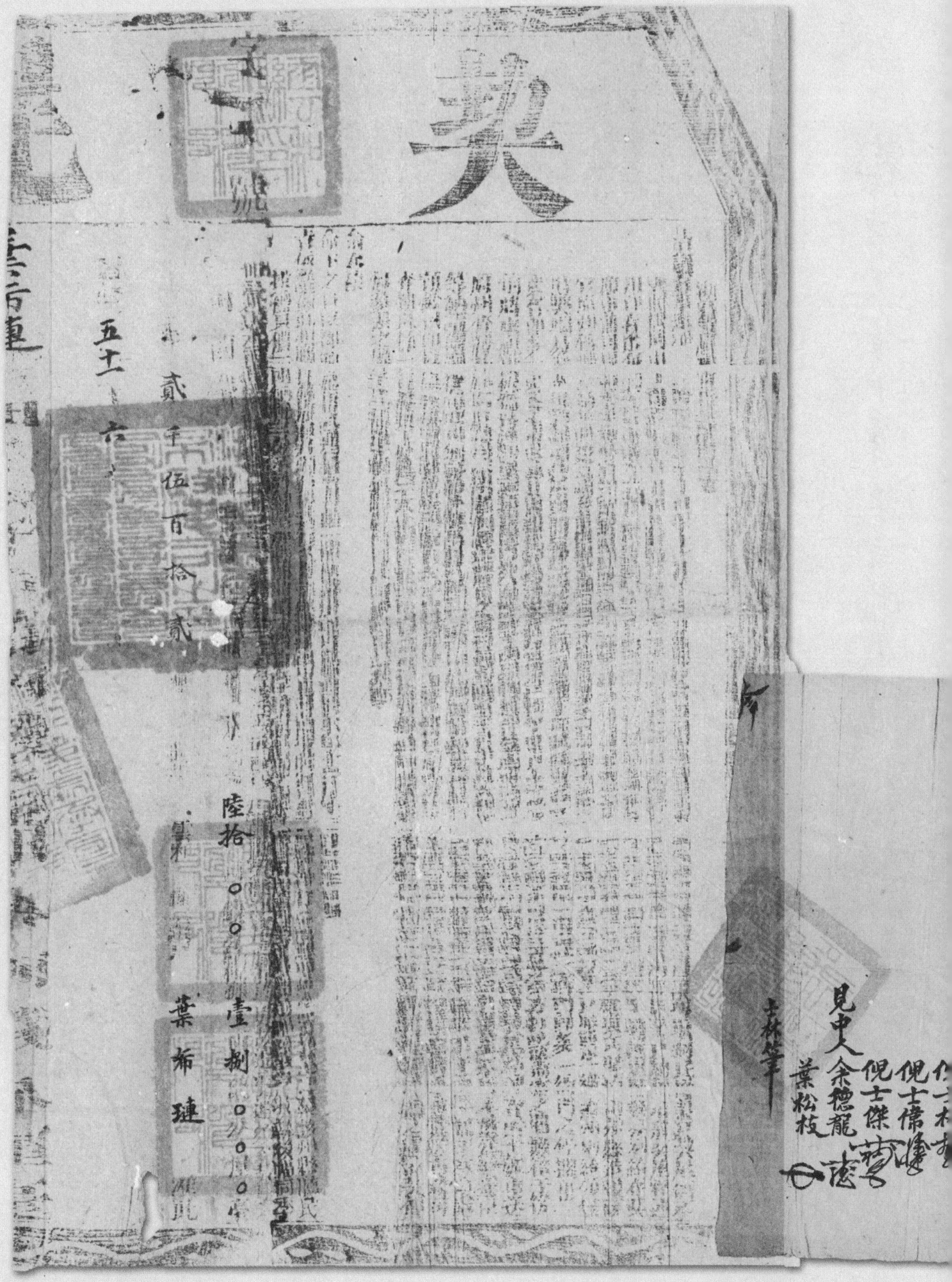

契

五十一

貳千伍百拾貳

陸拾〇〇

壹捌〇〇〇

葉旆璉

士林筆

見中人余德龍
倪士傑
倪士僑
葉松枝

立永賣斷截田契人闕敏候，今因缺乏錢粮無办，自情愿
将到自置遺下民田一処，土名坐落廿一都大嶺后茶鋪对面上手
覇尾上田三坵，上至賴家田為界，下至荣候田為界，左至溪為
界，右至山脚為界，計額伍分正。其田四至分明，欲行出賣與
刘可英入手承買。當日憑中三面言定，時值價白銀陸両正。其
銀即日隨契兩交足明白，不欠分文。其田委係正行交易，不是積貨
之故。其田與上下房親伯叔子侄人等並無干碍，與有來歷不明，皆
係賣人一力支當，不係買業主之事。其田契載斷截，更無找續，
此出二家情愿，两無逼勒等情，一賣千休。今欲有憑，立永斷
截田契刘边子孫永遠為照行

闕荣候 押

原中 賴陽泰 押

乾隆卌一年十一月十一日立永賣斷截田契人闕敏候 押

立永賣断截田契人闕敏候，今因缺乏，钱粮無办，自情愿将到自置遺下民田一处，土名坐落廿一都大嶺后茶鋪对面上手壩尾上田三坵，上至賴家田為界，下至荣候田為界，左至溪為界，右至山脚為界，計額伍分正，其田四至分明，欲行出賣與刘可英入手承買，當日凴中三面言定，時值白銀陸两正，其銀即日隨契交足明白，不欠分文，其田委係正行交易，不是積［債］貨之故，其田與上下房親伯叔子侄人等並無干碍，與［如］有来歷不明，皆係賣人一力支當，不係買主之事，其田契載断截，永無找續［贖］，此出二家情愿，两無逼勒等情，一賣千休，今欲有凴，立永断截田契，刘边子孫永遠為照。

原中　闕荣候

賴陽泰

乾隆四十一年十二月十七日　立永賣断截田契人　闕敏候

學生

男　闕學信

學亦

依口代筆人　賴春泰

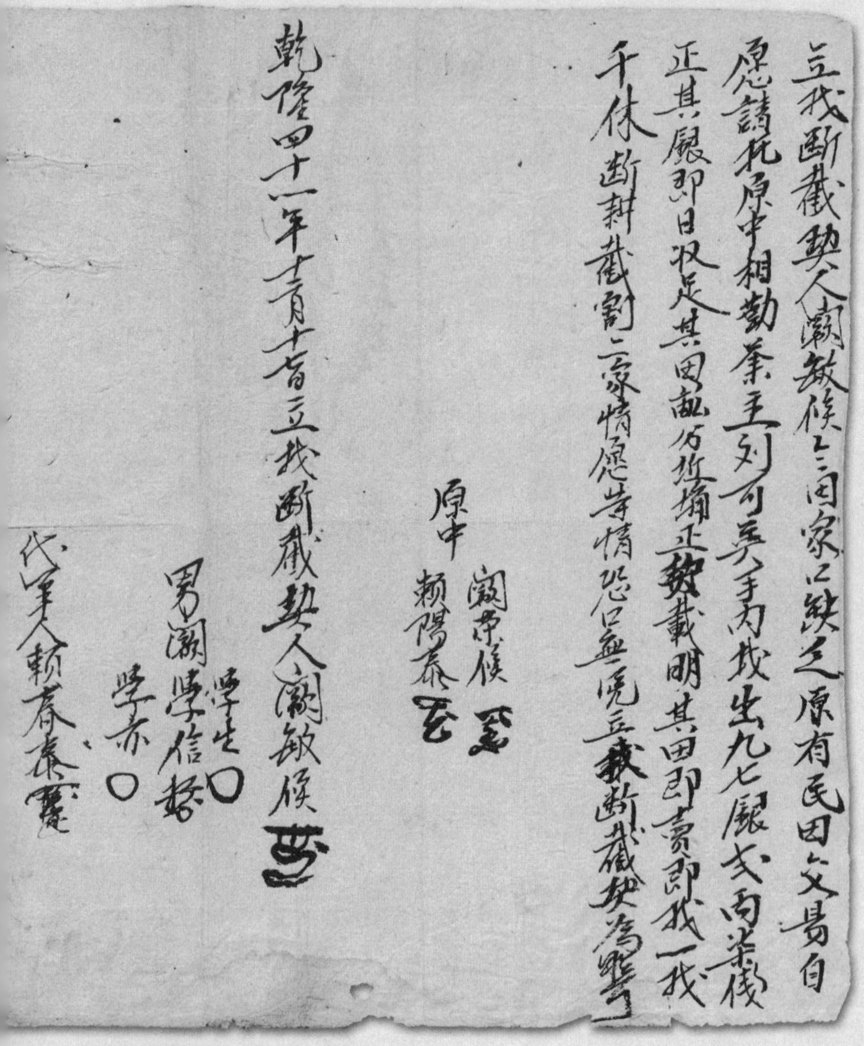

立找断截契人阙敏候，今因家口缺乏，原有民田交易，自愿請托原中相勸業主刘可英手内找出九七銀式两柒钱正，其銀即日收足，其田畝分坵角，正契載明，其田即賣即找，一找千休，断耕［根］截割，二家情愿等情，恐口無凴，立找断截契為照。

原中 阙荣候

賴陽泰

乾隆四十一年十二月十七日 立找断截契人 阙敏候

學生

男 阙學信

學亦

代筆人 賴春泰

立断絕找契人賴春太，今因家口缺乏，自情原〔愿〕先間年交易民田弍處，坐落土名茶甫社公前候民田两處，額載叁畝正，今来請托原中相勸業主找出契外價銀柒两正，其銀當日隨契两相交足明白，不欠分厘，其田自找之候〔後〕，断根絕割，一找千休，今因恐口無憑，立找断絕契付己〔與〕刘边永遠為照。

在場中人　闕敏候

見　學贵

在見人　張奕智

乾隆肆（拾）伍年弍月十六日　立找断絕契人　賴春太

代筆人　張永和

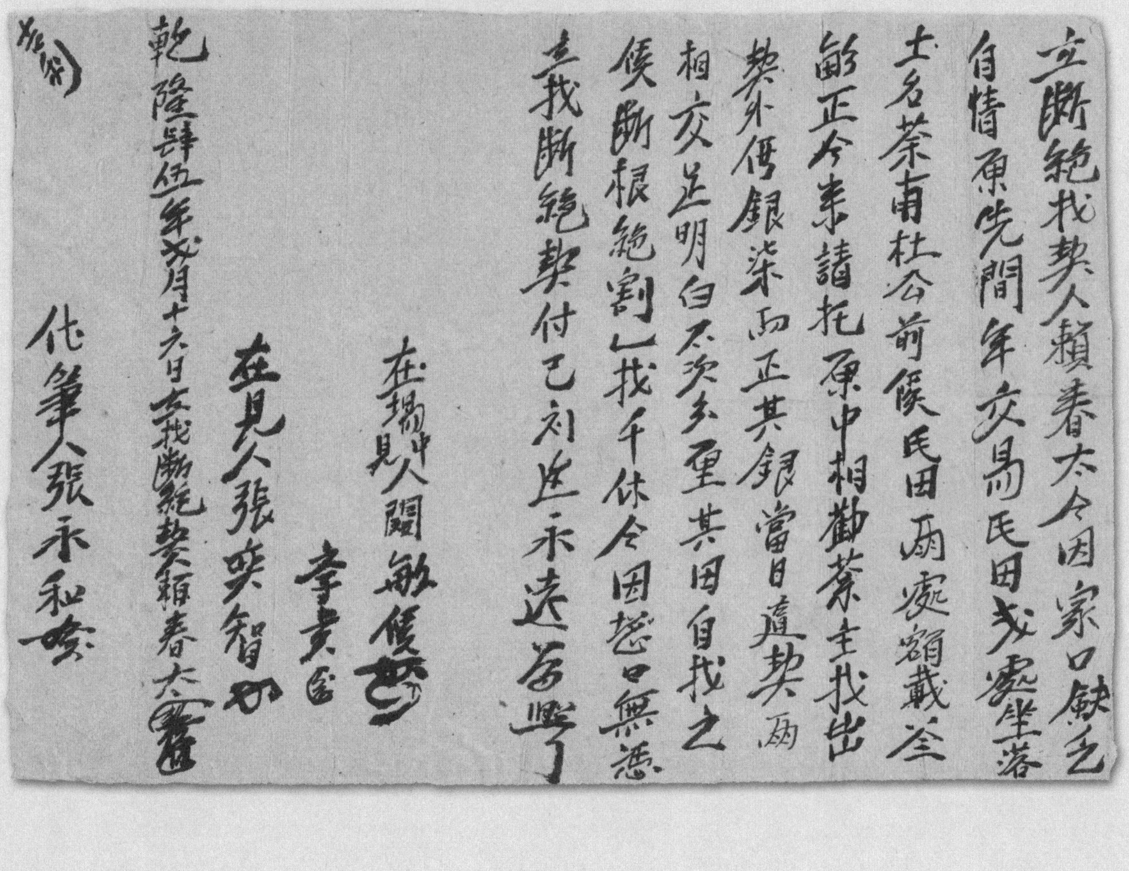
立断絕找契人賴春太今因家口缺乏
自情原先間年交易民田弍處坐落
土名茶甫社公前候民田两處額載叁
畝正今来請托原中相勸業主找出
契外價銀柒两正其銀當日隨契两
相交足明白不欠分厘其田自找之
候断根絕割一找千休今因恐口無憑
立找断絕契付己刘边永遠為照
在場中人闕敏候
見人學贵
在見人張奕智
乾隆肆伍年弍月十六日立找断絕契人賴春太
代筆人張永和

立賣契人潘承模仝弟承楷等，今因錢粮無办，自
情愿将祖父遺下民田，坐落十九都水南庄，土名八字
沙田，田壹坵，額壹畝弍分五厘，又土名白橋頭，田壹坵，額
壹畝弍分五厘，又土名大坟首田壹坵，額弍畝弍分五厘，
又土名雙塘籠，田肆坵，額壹畝，共計額伍畝柒分伍厘
正，自托親友立契出賣與水南□□□□旧［舅］边為業，
三面断定，时及價員系銀陆拾玖两正，其銀当日收
足，其田即與旧［舅］边執契管業，過户易佃办粮，此係自
己物業，與内外伯叔兄弟人等無涉，日前並無重典
文墨交加，如有此色，甥家自一力听当，不干銀主之
事，日後不論年限，如備原銀取贖，銀主毋得執
留，此出二家心愿，並無準結逼抑等情，恐口無凴，故
立賣契為據。

乾隆四十五年十一月念捌日　立賣契　潘承模
仝弟　承楷
承桐
承堃
承樑
承楝
見中親友　丁繼起
王允中
何繼湛
何砿茂
親筆　承模

（契尾，乾隆伍拾弍年陸月）

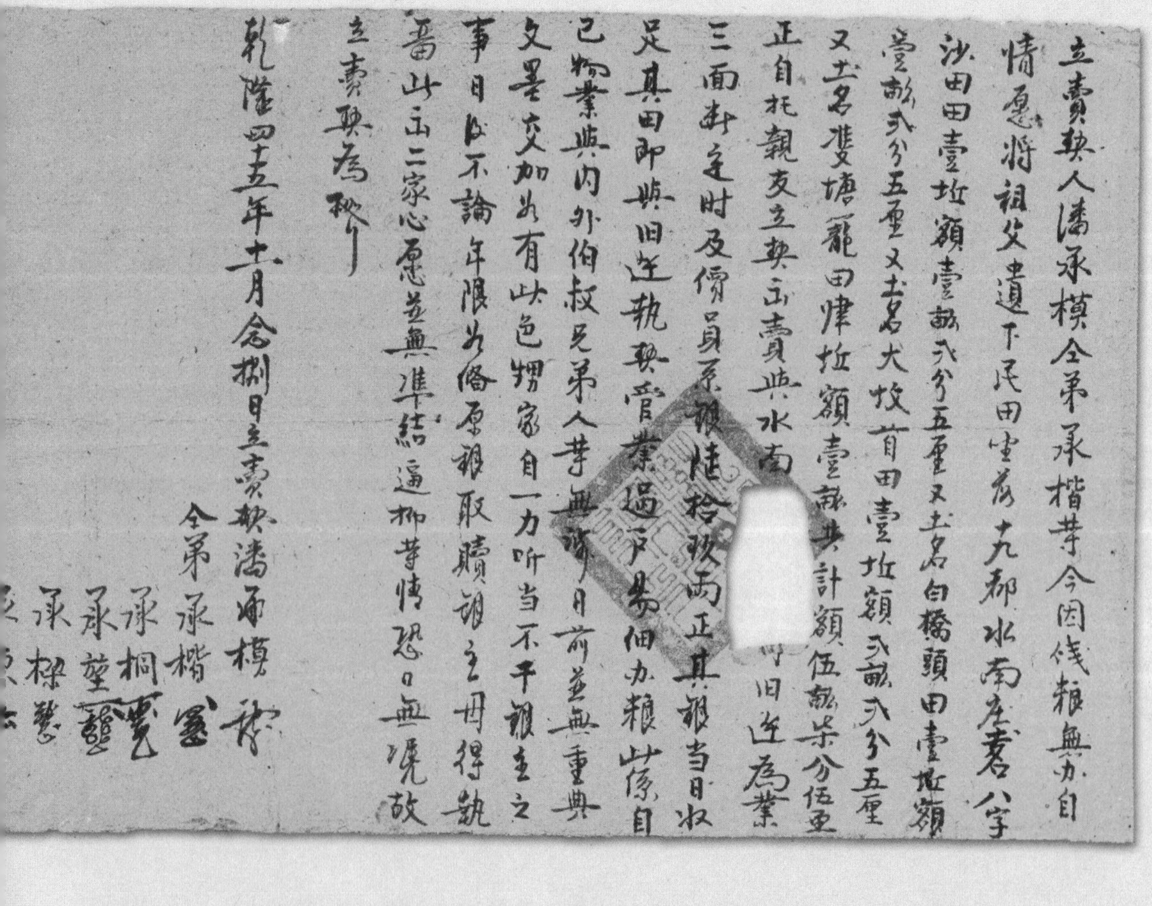

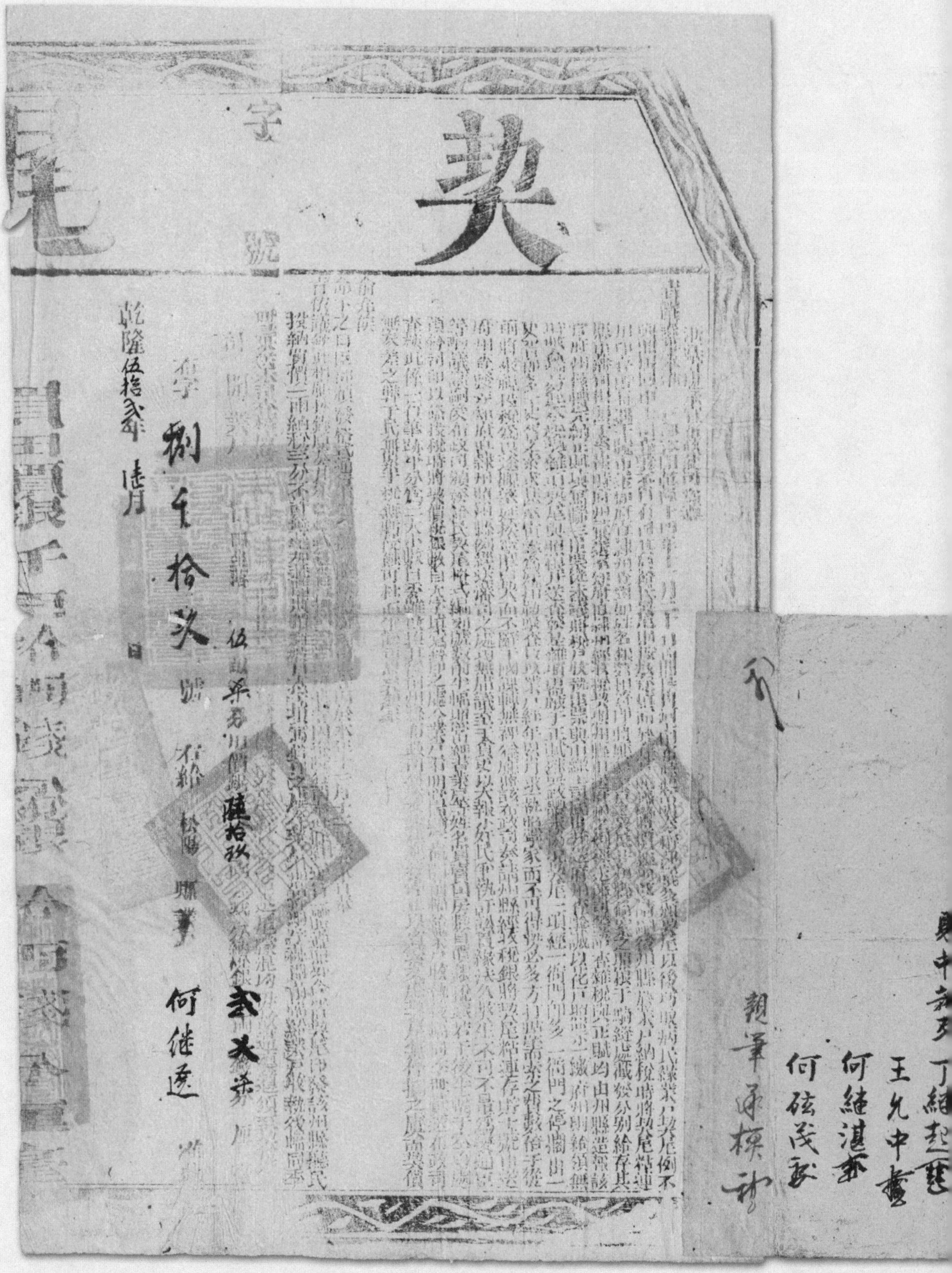

契尾

字　號

乾隆伍拾叁年　陆月　日

劉千拾玖

伍拾柒两

陆拾玖

何继逵

見中親房　丁緒起

王允中

何緒湛

何弦茂

親筆　承模

立賣田契人葉東生仝弟玖生、姪天貴，今因錢粮無办，自情愿将兄弟置買民田壹坵，又菜地壹塊，計額伍分正，落坐廿一都茶排庄，土名石橋頭葉屋門首，東至闞邊田為界，南至壇福墻脚為界，西至胡菜地為界，北至胡邊塘塍為界，今具四至分明，自愿託中送與闞天有入首承買為業，當日憑中三面断定，時值價紋銀捌两正，其銀即日隨契交訖明白，不少分厘，其田自賣之日為始，任憑買主前去推收過户完粮，起耕管業，日後架造，賣人不得異言阻擋，其田委係正行交易，不是準折債貨之故，其田日前並無文墨重典他人，亦與上下兄弟人等亦無干碍，如有来歷不明，皆係賣人一力支當，不涉買主之事，其田契載割藤断根，永無找贖，所賣所買，二比情愿甘肯，两無逼勒，各無反悔，今欲有憑，立賣田契付與闞邊永遠為照。

一批菓樹在內，再照。

胞兄 龍生

七生

玖生

乾隆肆拾柒年二月初五日 立賣田契人 葉東生

天貴

憑中 胡元有

代筆人 胡海山

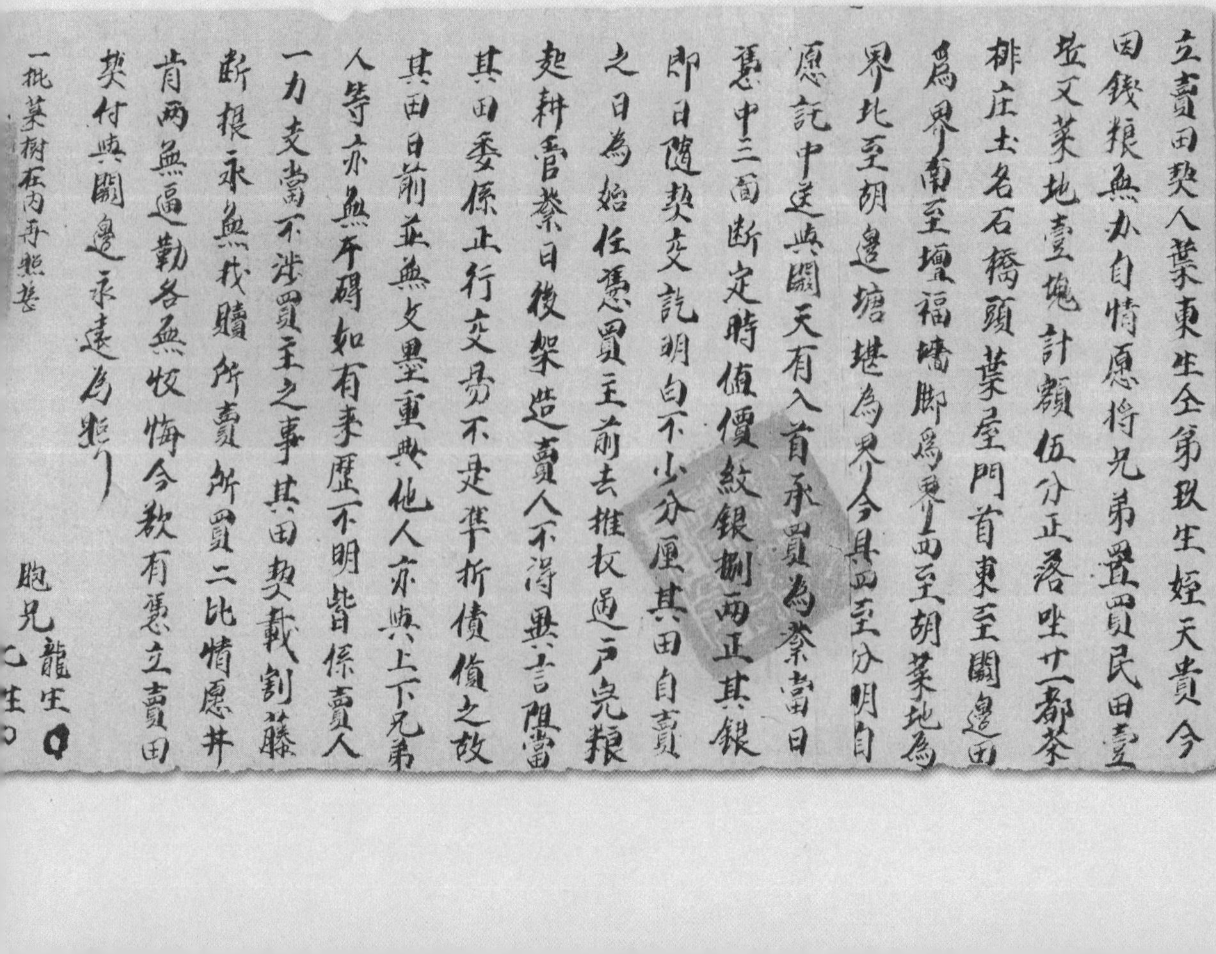

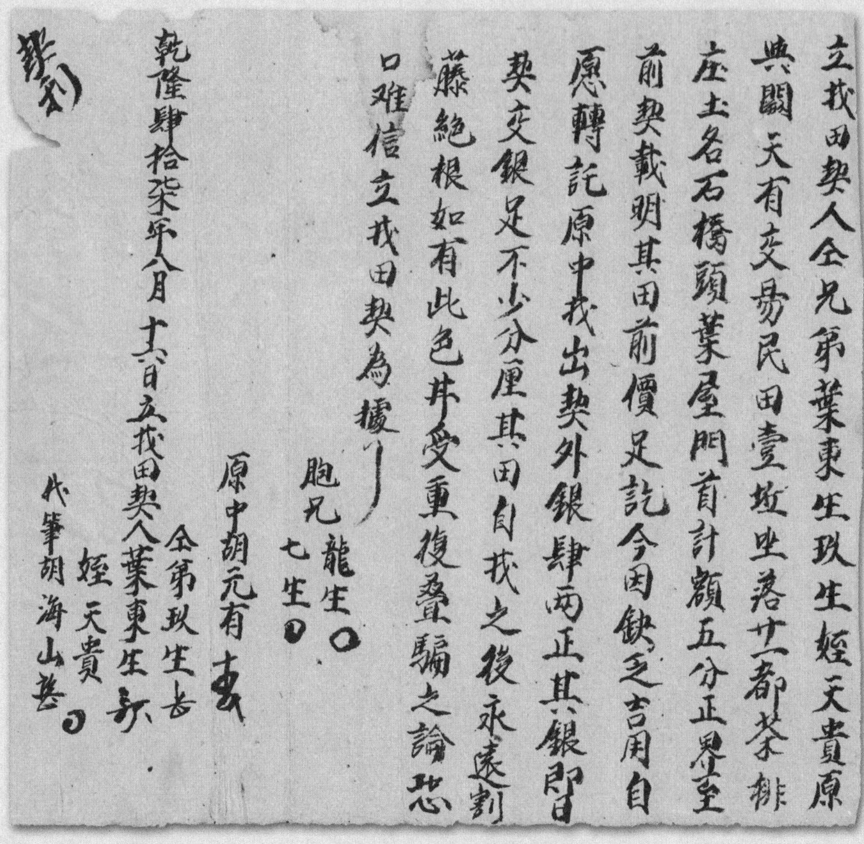

立找田契人仝兄弟葉東生、玖生、姪天貴，原
與闕天有交易民田壹坵，坐落廿一都茶排
庄，土名石橋頭葉屋門首，計額五分正，界至
前契載明，其田前價足訖，今因缺乏吉［急］用，自
愿轉託原中找出契外銀肆兩正，其銀即日
契交銀足，不少分厘，其田自找之後，永遠割
藤絕根，如有此色，甘受重復叠騙之論，恐
口难信，立找田契為據。

胞兄　龍生
　　　七生
原中　胡元有
仝弟　玖生
乾隆肆拾柒年八月十六日　立找田契人　葉東生
姪　天貴
代筆　胡海山

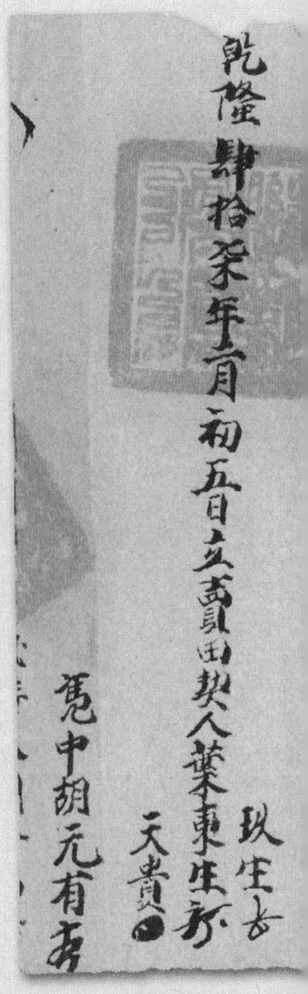

立賣田契人梁禄春，今因錢粮無办，自情愿将到父分阄下民田壹處，土名坐落廿都横水口居寺源排内田壹段，上至鄧邊田為界，下至許边田為界，内至坑為界，外至崗為界，計額粮伍畝正，今俱畝分界至分明，自愿托中送與白峯周文秀身边手内入手承買為業，當日凴中三面言断，定時值九七呈色田價銀伍拾两正，其銀即日两相交足明白，不欠分厘，其田自賣之後，任凴買主前去推收過户完粮，起耕管業，梁边不得異言阻执，其田乃是自己物業，與伯叔兄弟人等並無干碍，如有来歷不明，皆係賣人一力承當，不涉買主之事，其田亦無重典文墨，不是債負之故，其田自賣之後，任凴買主永遠管業，梁边不敢再找，两家心愿，並無反悔逼抑等情，恐口無凴，故立賣田契為據。

在場中人　王顯文

葉寿連

乾隆肆拾柒年拾壹月初玖日　立賣田契人　梁禄春

親筆

立找田契人梁禄春，今因口食不結［給］，原與周宅交易民田壹處，土名坐落廿都横水口庄，小土名石祖源排上炉基，畝併坵角界至，前契載明，今来托原中勸到業主周文秀手内，找出契外田價銀壹两伍钱正，其銀即日隨契交足，不欠分文，其田自找之後，任凴周邊起耕，推收過户，完粮收租，自種管業，梁邊人

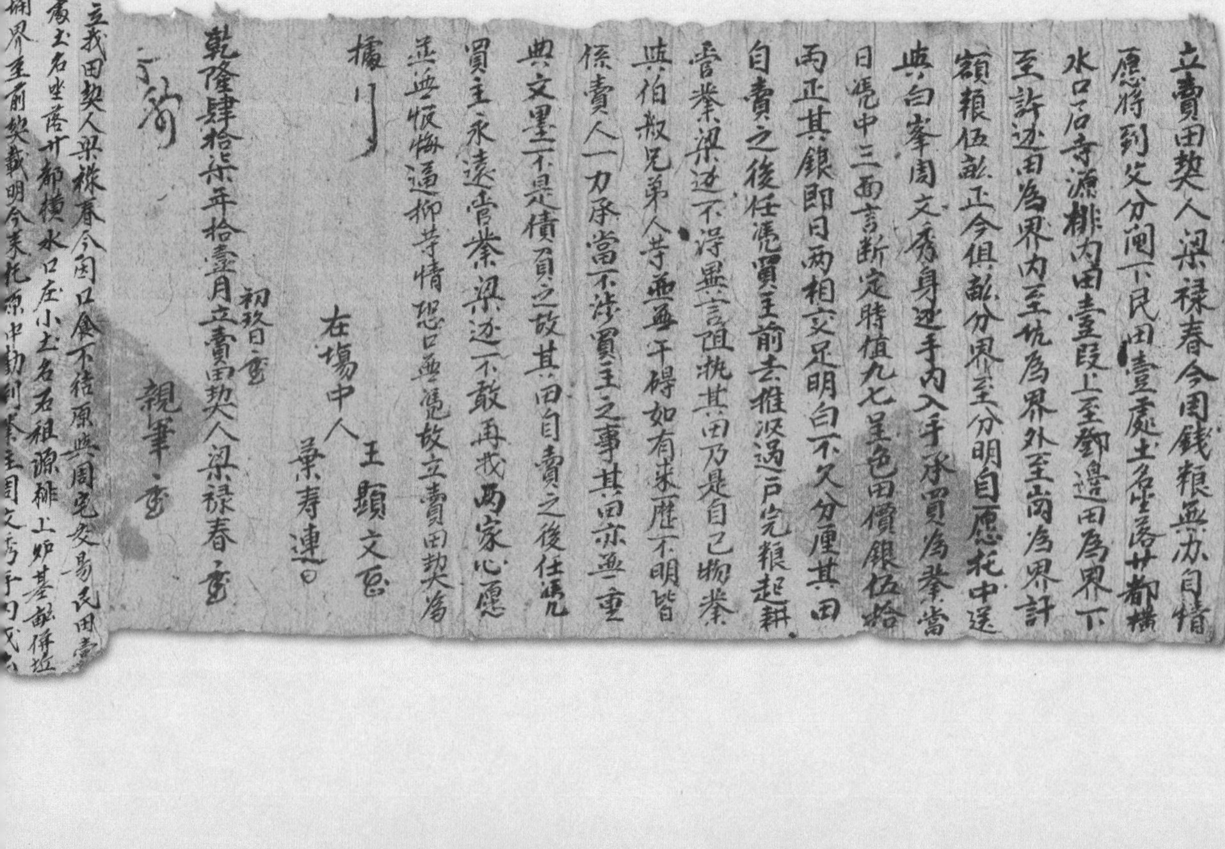

等不得異言阻挡，其田日后不得另生再找，执［只］許原價梁邊取贖，
周邊不敢执留文契，二家甘愿，恐口难信，立找田契為照行。

葉壽連
在場原中　李龍官
王献文
乾隆肆拾捌年柒月初二日　立找田契人　梁禄春
代筆人　邹玉彩

（契尾，乾隆伍拾年弍月）

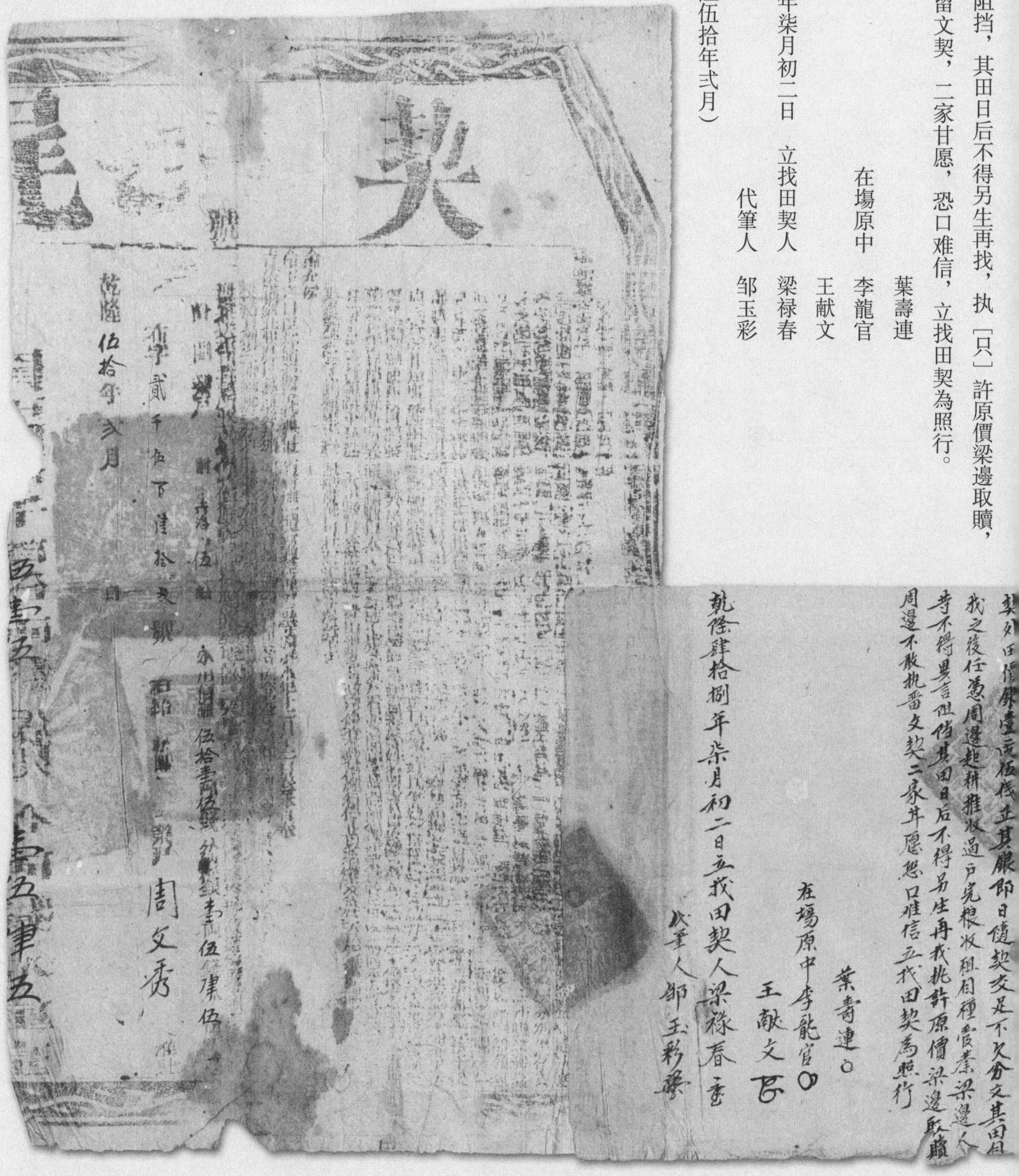

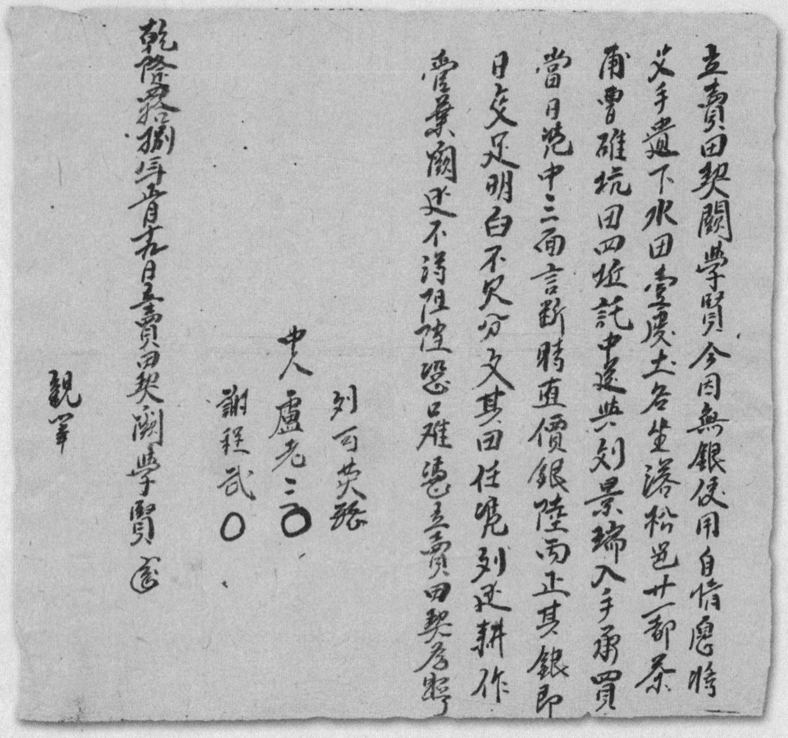

立賣田契闞學賢，今因無銀使用，自情愿将
父手遺下水田壹處，土名坐落松邑廿一都茶
甫［鋪］曹碓坑，田四坵，託中送與刘景瑞入手承買，
當日凴中三面言断，時值價銀陸两正，其銀即
日交足明白，不欠分文，其田任凴刘边耕作
管業，闞边不得阻挡，恐口难憑，立賣田契為照。

刘可英
中人　盧老三
謝程武

乾隆四拾捌年正月十九日　立賣田契　闞學賢
親筆

立賣田契闞學賢，今因缺少钱粮
無办，自情愿将父手遺下水田壹處，
坐落松陽廿一都茶甫［鋪］屋對面靛塘，田大小
四坵，計额五分钱粮正，託中送與謝程武
入手承買，凴中三面言断，時值價銀拾
叁两正，其银即日交足明白，其田自賣之
後，任凴業主起耕管業，賣人不得阻
挡異言，恐口無憑，立賣田契為照。
一批钱粮每年照納。

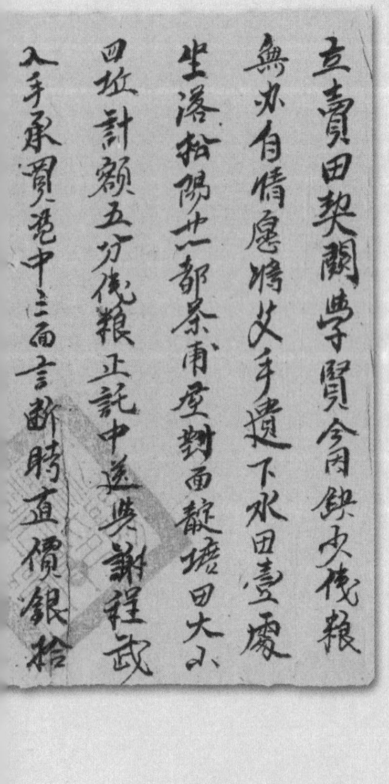

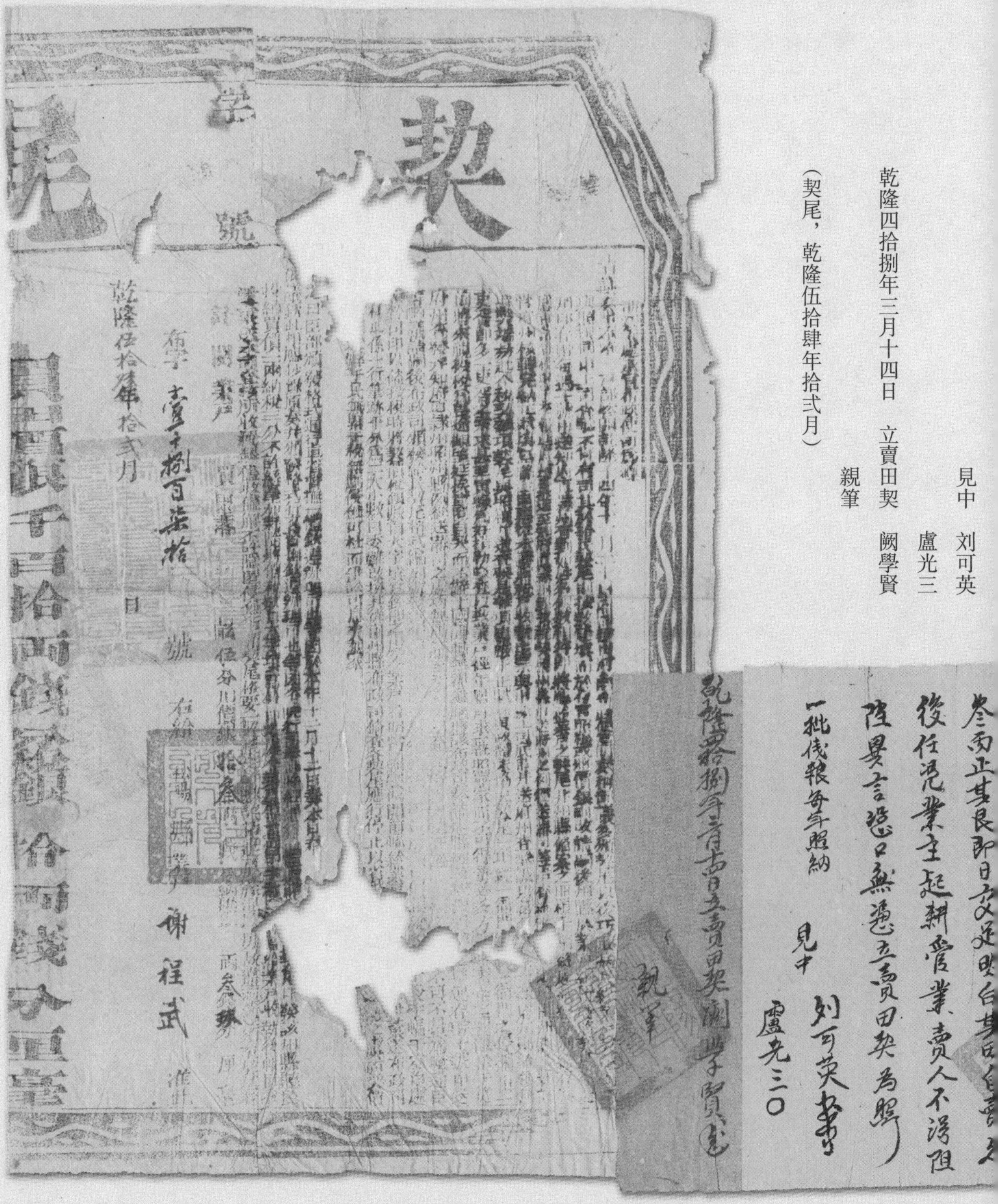

契

後任從業主起耕管業賣人不得阻
隔異言恐口無憑立賣田契為照
一批伐粮每年照納
見中　刘可英書
盧光三〇
乾隆四拾捌年三月十四日立賣田契闕學賢　親筆

乾隆四拾捌年三月十四日　立賣田契　闕學賢

親筆

見中　刘可英

盧光三

（契尾，乾隆伍拾肆年拾弍月）

立賣田契書人賴先泰，今因缺乏錢粮無辨〔辦〕，自情愿将父分閹遺下水田壹處，土名坐落雲和九都茶鋪裏屋對門脚下，田大小四坵，上止〔至〕張家田為界，下止〔至〕石墻為界，内止〔至〕山脚為界，外止〔至〕齊溪為界，四至分明，欲行出賣，托中送與劉接興入手承買，當日憑中三面言断，時直田價玖柒呈色白銀壹拾貳两柒錢正，其銀即日隨契两相交訖，計額四分，其田自賣之後，任憑田主推收過户完粮，委係正行交易，不是債貨之故，亦不存重復典當他人，其田與上下房親伯叔兄弟人等（無礙），其田倘有來歷不明，皆係賣人一力承當，不步〔涉〕買主之事，愿賣愿買，两無勒抑以吐情愿，日後不得辨〔辦〕價找贖，今欲有憑，立賣田契為照。

在中人　賴昌泰

乾隆肆拾捌年九月初一日　立賣田契人　賴先泰

代筆人　闕學信

（契尾，乾隆五十一年五月）

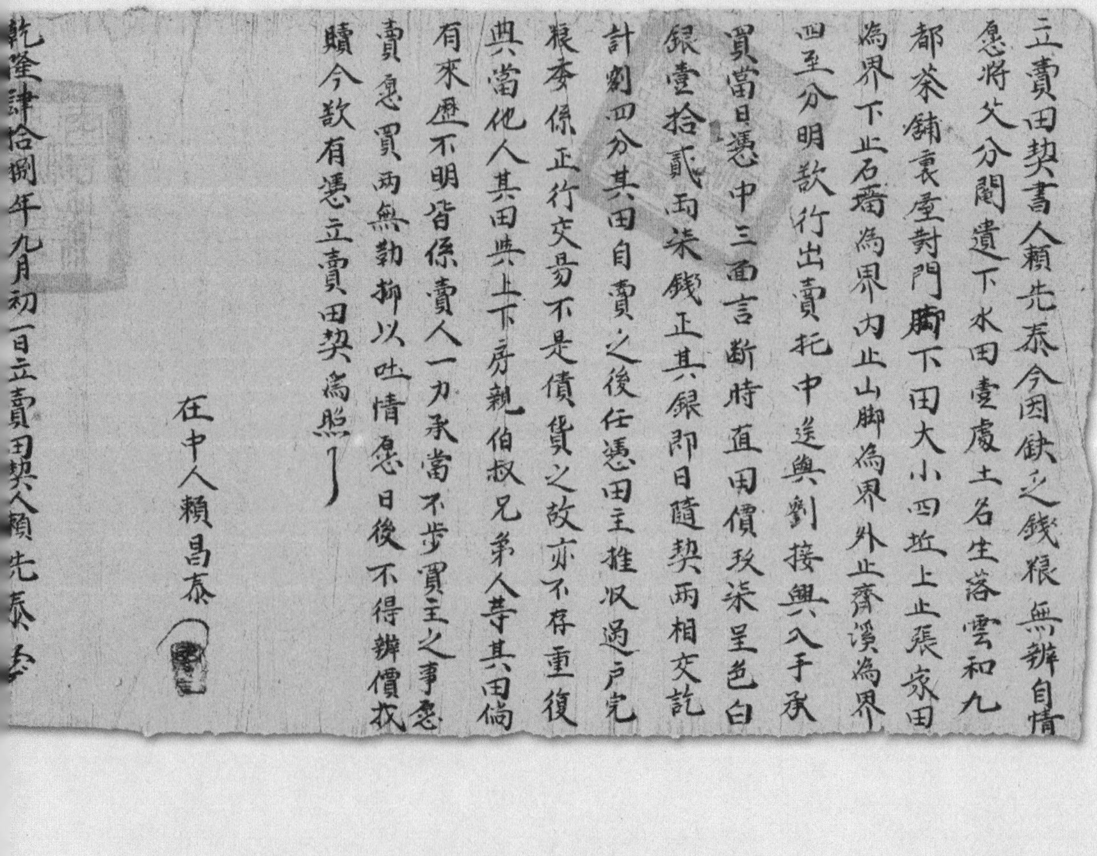

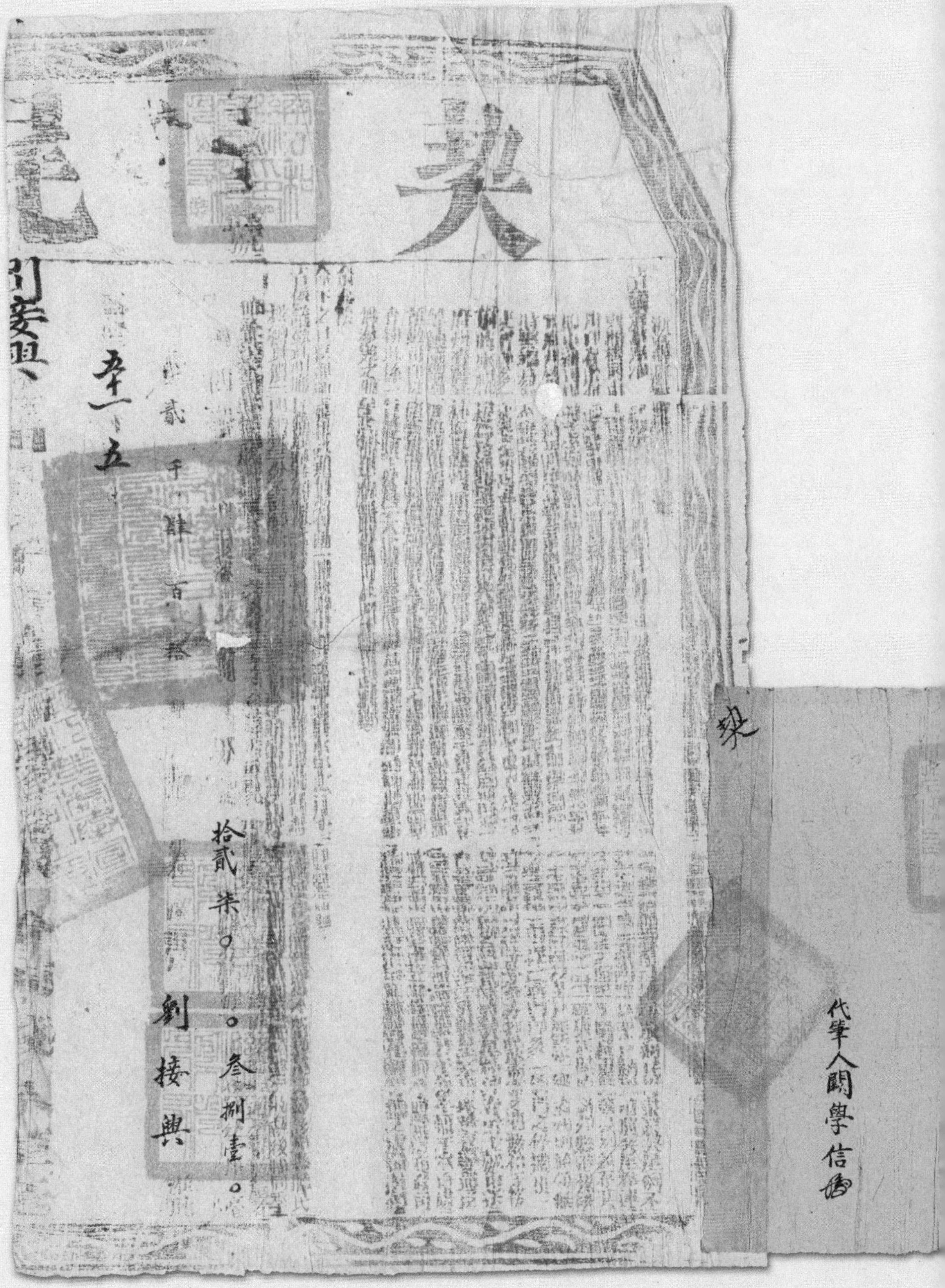
貳千肆百拾

拾貳柒○

劉接興

叁捌壹○

代筆人闞學信押

立賣田契人賴先泰，今因缺乏錢粮無辨［辦］，自情愿將父分鬮遺下水田弍處，計額田五分正，土名坐落松楊［陽］二十一都茶鋪裏大路下，田壹處，大小叁坵，上止［至］大路為界，下止［至］張家田為界，養牛窝水田壹處，大小玖坵，上止［至］荒坪為界，下至石磜為界，左右山脚為界，四至分明，欲行出賣，托中送與劉景端入手承買，時值田價玖柒銀弍拾弍两正，其銀即日隨契两相交訖明白，委係正行交易，不是準折債貨之故，其田與上下房親伯叔兄弟人等並無干碍，亦不存重復典當他人，倘有來歷不明，皆係賣人一力支當，不涉買主之事，自賣之後，異日永不得辨［辦］價取贖，愿賣愿買，以吐情两無逼勒，今欲有憑，立賣田契為照。

在中人　凌正發

盧貴明

在見兄　賴春泰

乾隆肆拾捌年十二月二十二日　立賣田契人　賴先泰

代筆人　闞學信

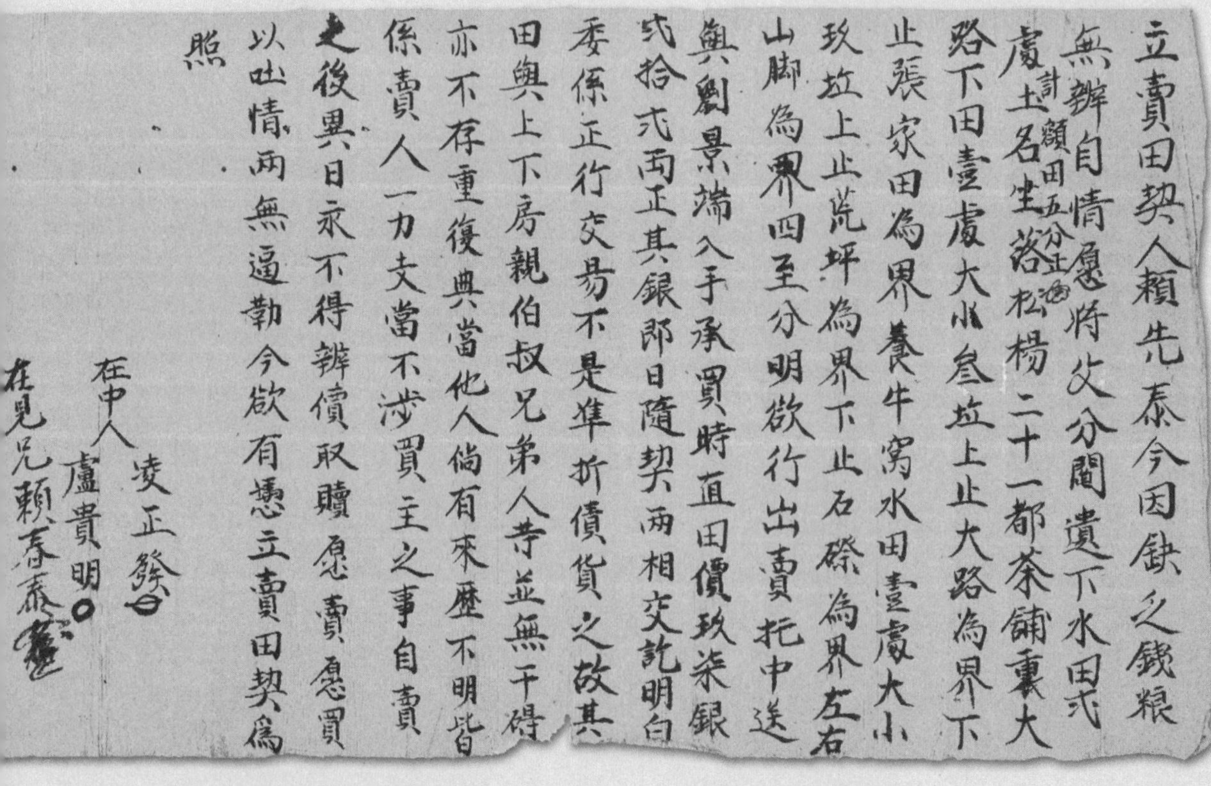

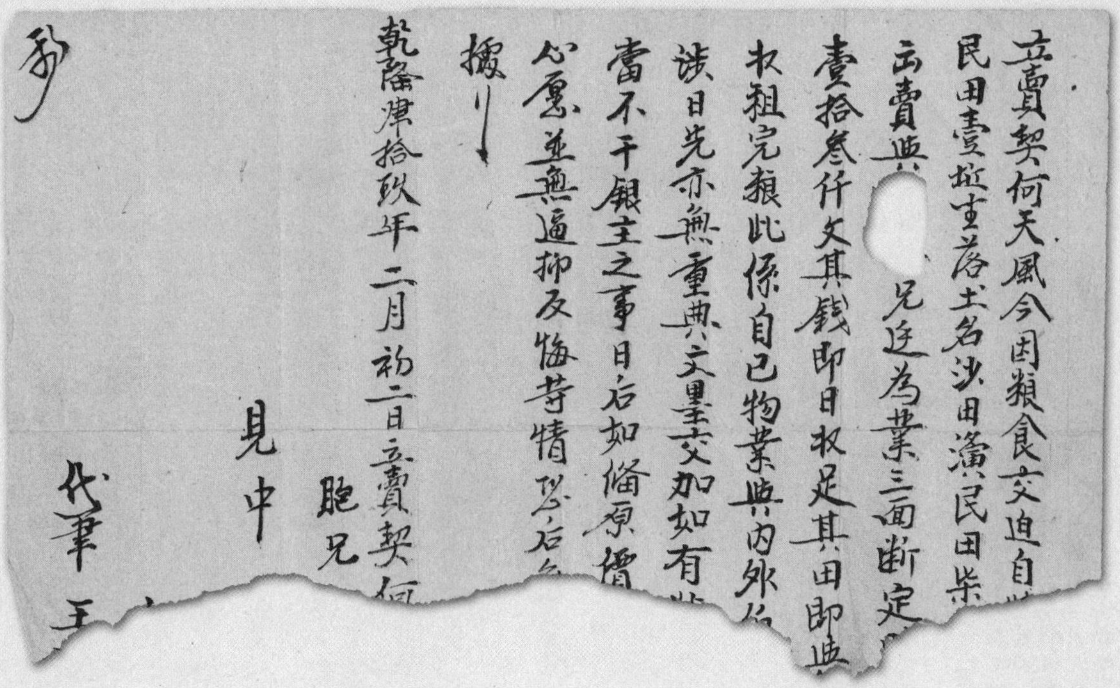

立賣契何天風，今因粮食交迫，自□□□□□
民田壹坵，坐落土名沙田濱民田柒□□□□□
出賣與□□□兄边為業，三面断定□□□□□
壹拾叁仟文，其錢即日收足，其田即與□□□□
收租完粮，此係自己物業，與内外伯□□□□□
涉，日先亦無重典文墨交加，如有□□□□□
當，不干銀主之事，日后如備原價□□□□□
心愿，並無逼抑反悔等情，恐后□□□□□
據。

乾隆肆拾玖年二月初二日　立賣契　何天風
胞兄　□□□
見中　□□□
代筆　王□□

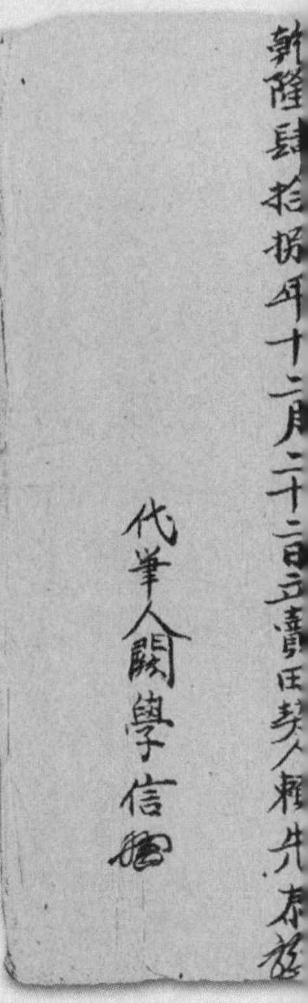
乾隆肆拾捌年十二月二十二日立賣田契人
代筆人闕學信

立賣断絕契人劉景端，今因錢粮無辦，愿将自置水田壹處，土名坐落雲和九都茶鋪水口橋頭大田壹坵，又土名瓦窑塲六坵，又外面橋頭田壹坵，共田三處，計額壹畝正，今託原中送與項士秀入手承買，當日憑中三面言定，時值田價九七銀貳拾两正，其銀即日两相交付足訖明白，不少分文，其田自賣之后，任憑買主推輸過户，完粮起耕管業，賣人不得異言，其田儘［盡］問房親伯叔並無干涉，亦無重典他人，上［倘］有来歷不明，不涉買主之事，賣人一力抵當，此出两家情愿，并無勒逼載［債］貨等情，恐口無憑，立賣契為照。

在見　賴漈泰

原中　闕學賢

劉景和

乾隆四十九年八月初六日　立賣田契人　劉景端

代筆　陳淑惠

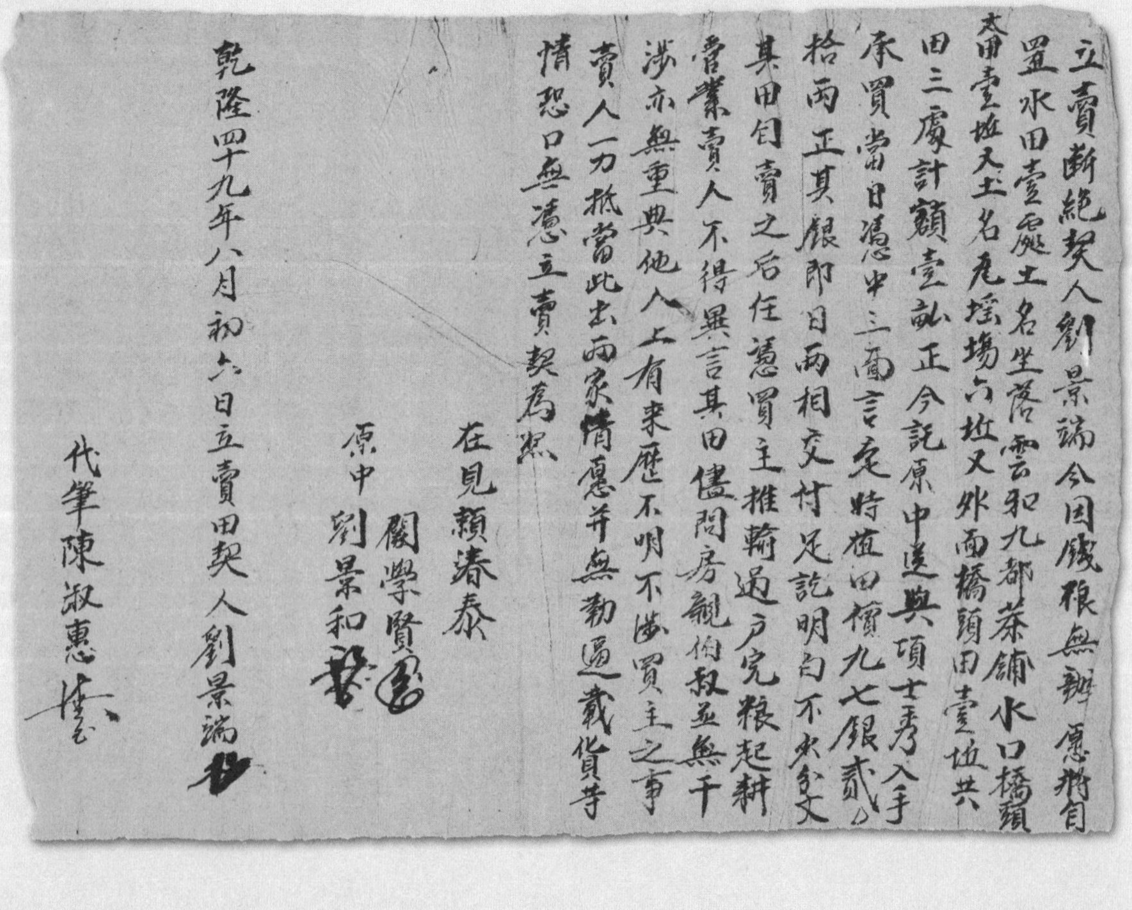
立賣断絕契人劉景端今因錢粮無辦愿將自
置水田壹處土名坐落雲和九都茶鋪水口橋頭
大田壹坵又土名瓦窑塲六坵又外面橋頭田壹坵共
田三處計額壹畝正今託原中送與項士秀入手
承買當日憑中三面言定時值田價九七銀貳拾
両正其銀即日両相交付足訖明白不少分文
其田自賣之后任憑買主推輸過户完粮起耕
管業賣人不得異言其田儘問房親伯叔並無干
涉亦無重典他人上有来歷不明不涉買主之事
賣人一力抵當此出両家情愿并無勒逼載貨等
情恐口無憑立賣契為照
在見賴漈泰
原中　闕學賢
劉景和
乾隆四十九年八月初六日立賣田契人劉景端
代筆陳淑惠

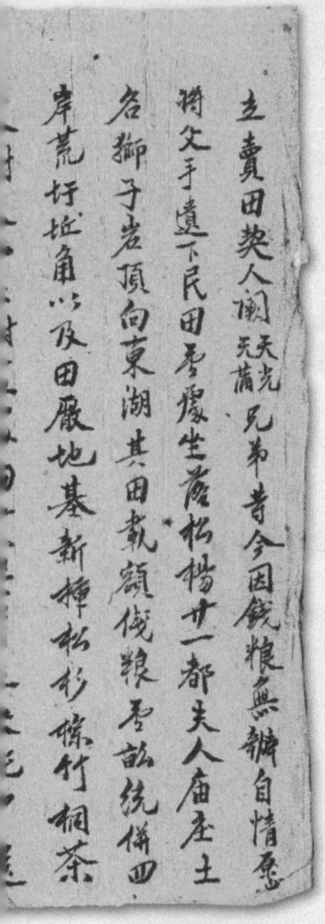
立賣田契人闕天元 天滿 兄弟等今因錢粮無辦自情愿
將父手遺下民田壹處坐落松楊廿一都夫人廟在土
名獅子岩頂向東湖其田載額伐粮壹畝統併四
岸荒圩坵角以及田廠地基新插松杉棕竹桐茶

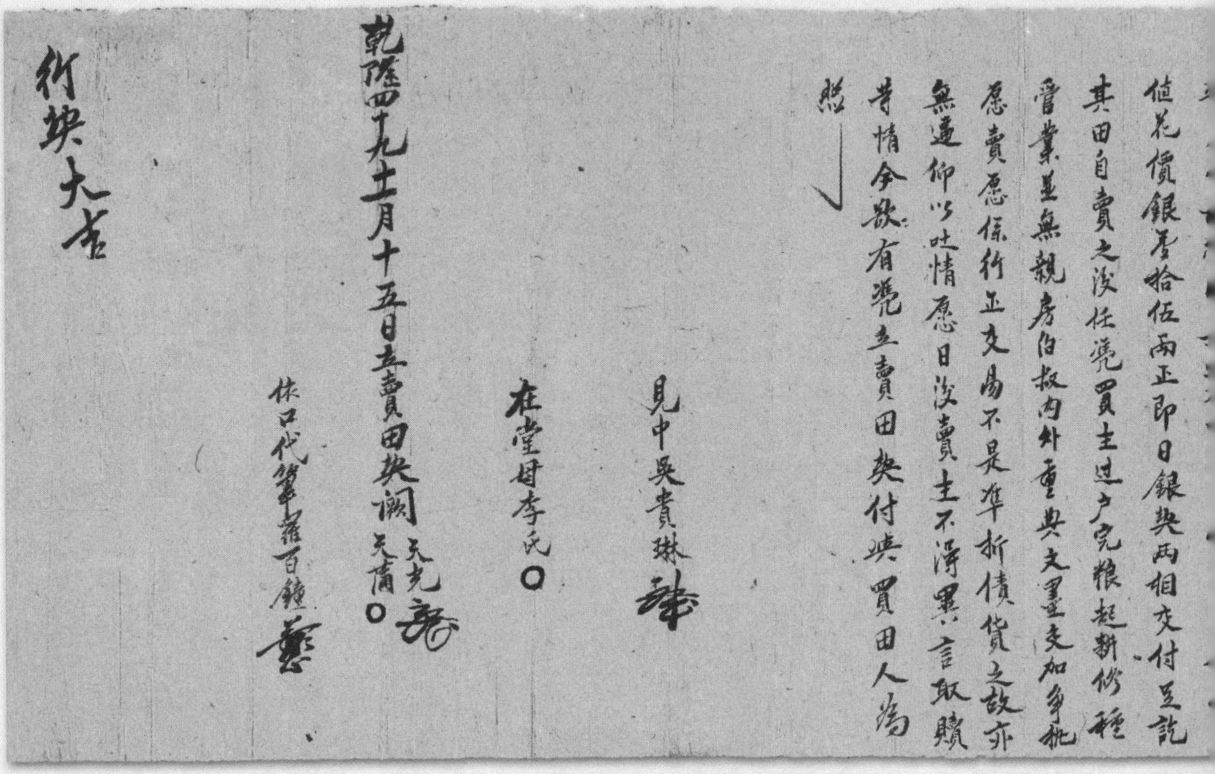
值花價銀壹拾伍兩正即日銀契兩相交付足訖
其田自賣之後任凴買主过户完粮起耕修種
管業並無親房伯叔内外重典文墨交加爭执
愿賣愿係行正交易不是準折債貨之故亦
無逼仰以吐情愿日後賣主不得異言取贖
等情今欲有凴立賣田契付與買田人為
照
見中吳貴琳
在堂母李氏
乾隆四十九年十一月十五日立賣田契闕天光
天滿
依口代筆羅百鐘
行契大吉

立賣田契人闕天光、天滿兄弟等，今因錢粮無辦，自情愿将父手遺下民田壹處，坐落松楊［陽］廿一都夫人庙庄，土名獅子岩頂向東湖，其田載額钱粮壹畝，统併四岸荒圩坵角以及田廠地基，新插松杉棕竹桐茶菓樹，大小梨樹，盡處物業共并立契，托中送與本家闕學賢叔边入手承買，當日三面言定，時值花價銀壹拾伍兩正，即日銀契兩相交付足訖，其田自賣之後，任凴買主过户完粮起耕，修種管業，並無親房伯叔内外重典文墨交加争执，愿賣愿（買），係行正交易，不是準折債貨之故，亦無逼仰［抑］，以吐情愿，日後賣主不得異言取贖等情，今欲有凴，立賣田契付與買田人為照。

見中　吳貴琳

在堂母　李氏

乾隆四十九年十一月十五日　立賣田契　闕天光

天滿

依口代筆　羅百鐘

立賣田契人李荣昇，今因錢粮無办，自情愿將到父遺下民田貳處，土名坐落松邑廿都大陰庄，小土名梏株樹下坑口，田壹處，上至堰頭為界，下至坑為界，左至坑為界，右至山為界，又田壹處，坐落大坑梅子樹下，上至堰頭為界，下至新龍田為界，左至坑為界，右至山為界，共田貳處，計額四畝正，今來情愿託中送與叔李益龍边入手承買，當日憑中三面言断，時值田價紋銀玖拾玖两正，其銀即日隨契交訖明白，不欠分厘，其田自賣之日，任憑買主前去當官［管］推收，過户完粮，起耕改佃，收租管業，賣人不得異言阻擋，其田與上下房親伯叔兄弟子侄人等並無寸土干碍，亦不曾重復典當他人，如有來歷不明，皆係賣人一力支當，不涉買主之事，其田委係正行交易，不是準折債負之故，此賣之後割藤断根，永不得找贖等情，愿賣愿受，出在两家情愿，亦無逼勒等情，恐口無憑，故立賣田契永遠為照。

見中　李喬香

李永來

乾隆伍拾年正月十六日　立賣田契人　李荣昇

代筆男　乾光

立找田契人李荣昇，日先與李益龍交易民田貳處，坐落松邑廿都大陰庄，小土名梏株樹下坑口，田一處，梅子樹下田一處，畝分界至，前立有正契載明，前價足訖，今因口食不給，再託原中相勸業主李益龍邊，找出契外銀貳拾陸两正，其銀即日收訖明白，不

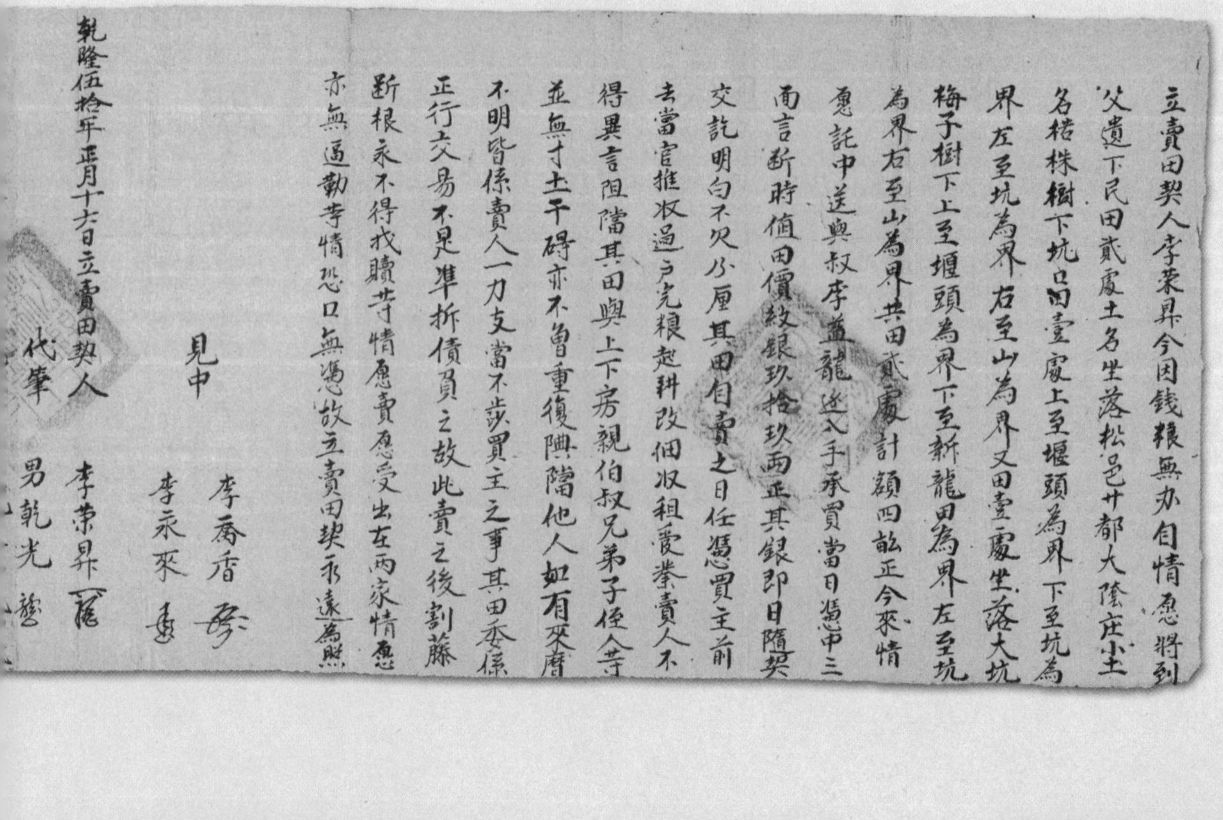

欠分厘，其田自找之後割藤絕根，永遠不得識認，
恐口無憑，立断找田契永遠為照。

原中人　李喬香
　　　　永來

乾隆伍拾年六月十四日　立断找田契人　李荣昇
　　　　　　　　　　　代筆男　乾光

（契尾，乾隆伍拾肆年肆月）

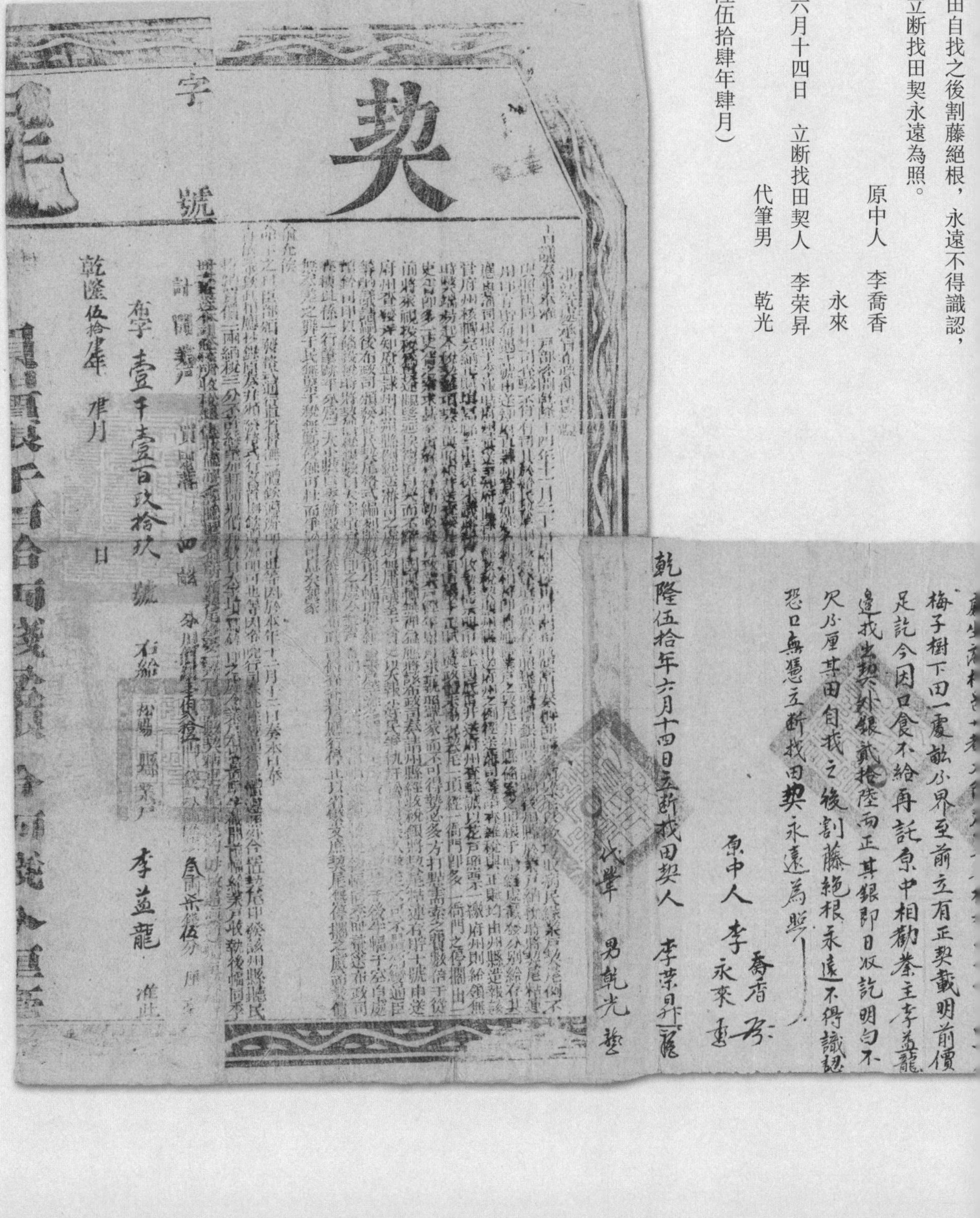

立断截找契人賴登琳，今因父手遺下禾田壹處，原與刘景端交易，其田坵角畝分，俱一正契載明，今因父親身故，不能殯殮，請托原中前去相劝業主，找出契外銅錢陸百三十文，其錢即日親收足訖明白，不欠分文，其田自找之後，任憑業主前去推收過户完粮，起耕改佃，收租管業，賣主不得言称取贖再找等情，所找所受，二家情愿，恐口無憑，立断截找契為據。

見找中　賴昌泰

賴光泰

乾隆伍拾年九月十九日　立断截找契人　賴登琳

代筆人　林才選

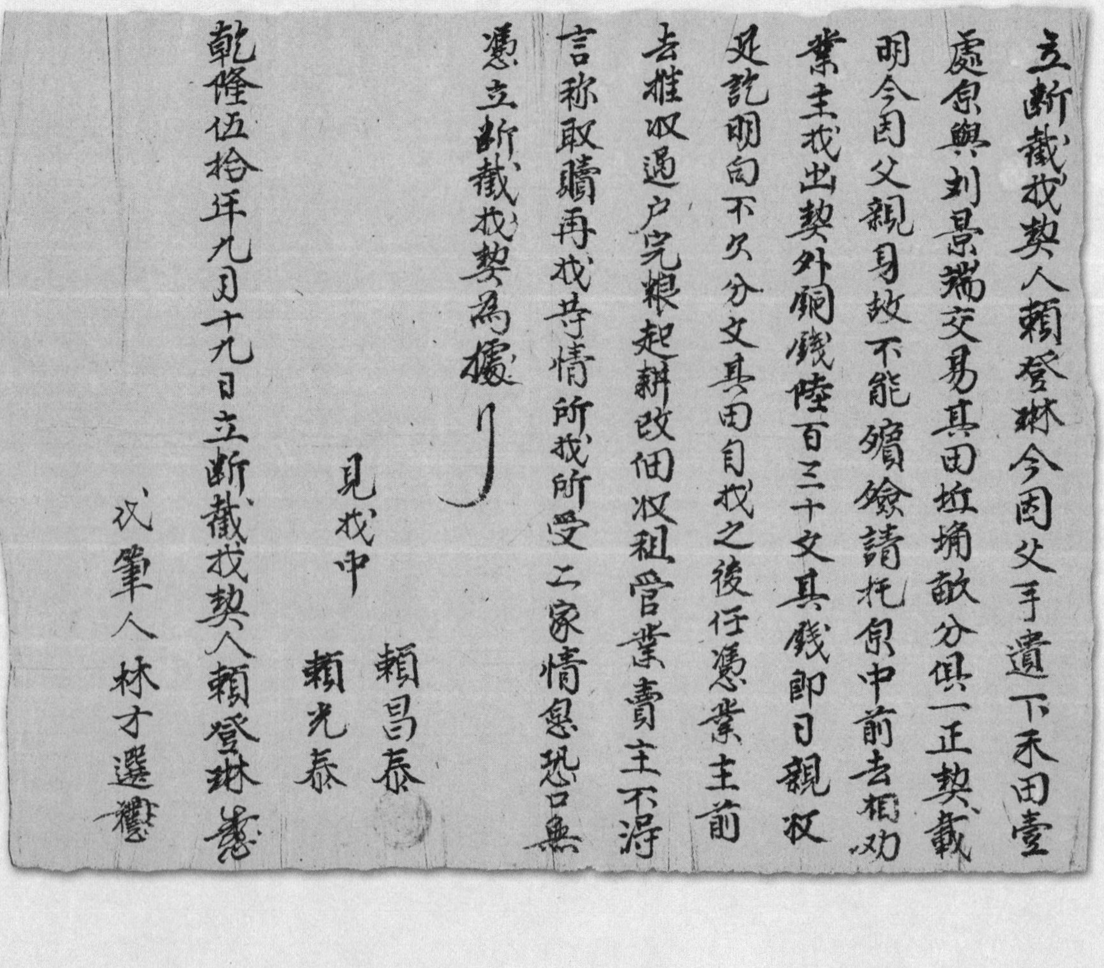
立断截找契人賴登琳今因父手遺下禾田壹處原與刘景端交易其田坵角畝分俱一正契載明今因父親身故不能殯殮請托原中前去相劝業主找出契外銅錢陸百三十文其錢即日親收足訖明白不欠分文其田自找之後任憑業主前去推收過户完粮起耕改佃收租管業賣主不得言称取贖再找等情所找所受二家情愿恐口無憑立断截找契為據

見找中　賴昌泰　賴光泰

乾隆伍拾年九月十九日立断截找契人賴登琳

代筆人　林才選

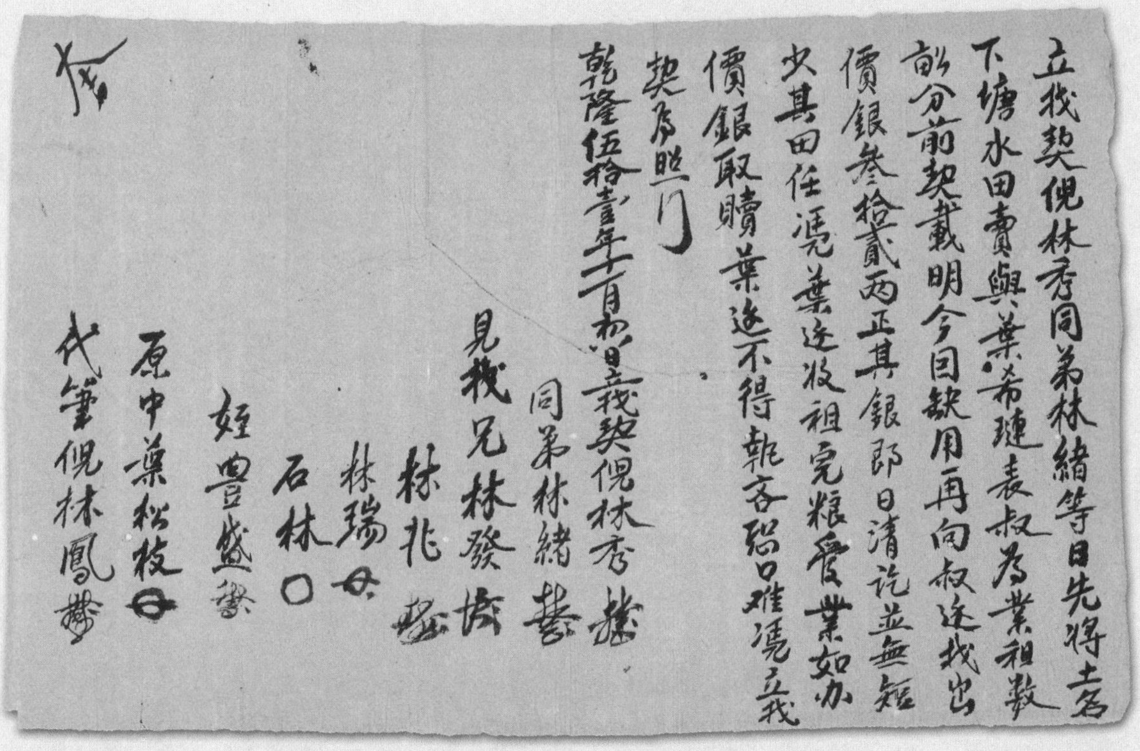

立找契倪林秀同弟林緒等，日先将土名
下塘水田賣與葉希璉表叔為業，租数
畝分，前契載明，今因缺用，再向叔边找出
價銀叁拾貳両正，其銀即日清讫，並無短
少，其田任凴葉边收租完粮管業，如办
價銀取贖，葉边不得執吝，恐口难凴，立找
契為照。

乾隆伍拾壹年十一月初八日　立找契　倪林秀

同弟　林緒

見找兄　林發

林兆

林瑞

石林

姪　豐盛

原中　葉松枝

代筆　倪林鳳

立當田票人郭光松，今因無（錢）使用，自情愿将當田土名坐落芥菜源口，民田弍坵，計額壹畝五分，託中出當與林松興兄边，當出九七色銀拾两正，其銀利谷每年秋收充納弍担正，不敢欠少，如有拖欠，其田任憑銀主完粮過户起耕，當人不得異言阻挡，恐口难信，故立當票為據。

母　鄧氏

乾隆五十一年十二月二十日　立當田票人　郭光松

在見人堂兄　光禄

弟　光華

代筆人　葉石泰

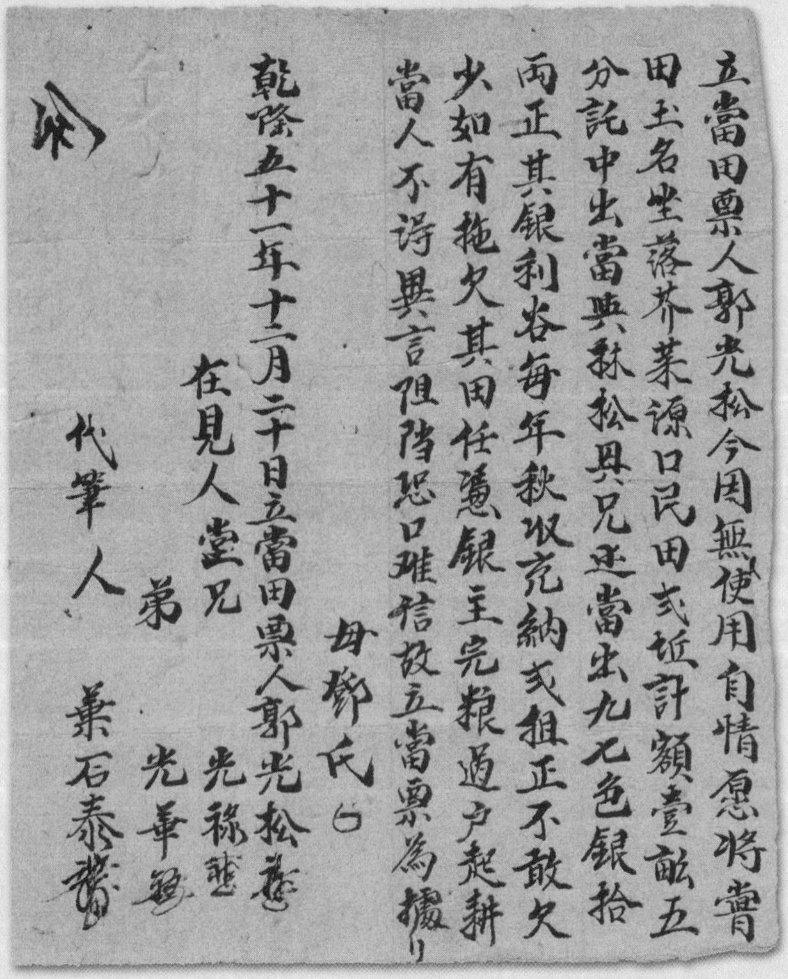
立當田票人郭光松今因無使用自情愿将當田土名坐落芥菜源口民田弍坵計額壹畝五分託中出當與林松興兄边當出九七色銀拾两正其銀利谷每年秋收充納弍担正不敢欠少如有拖欠其田任憑銀主完粮過户起耕當人不得異言阻挡恐口难信故立當票為據

母鄧氏

乾隆五十一年十二月二十日立當田票人郭光松

在見人堂兄　光禄

弟　光華

代筆人　葉石泰

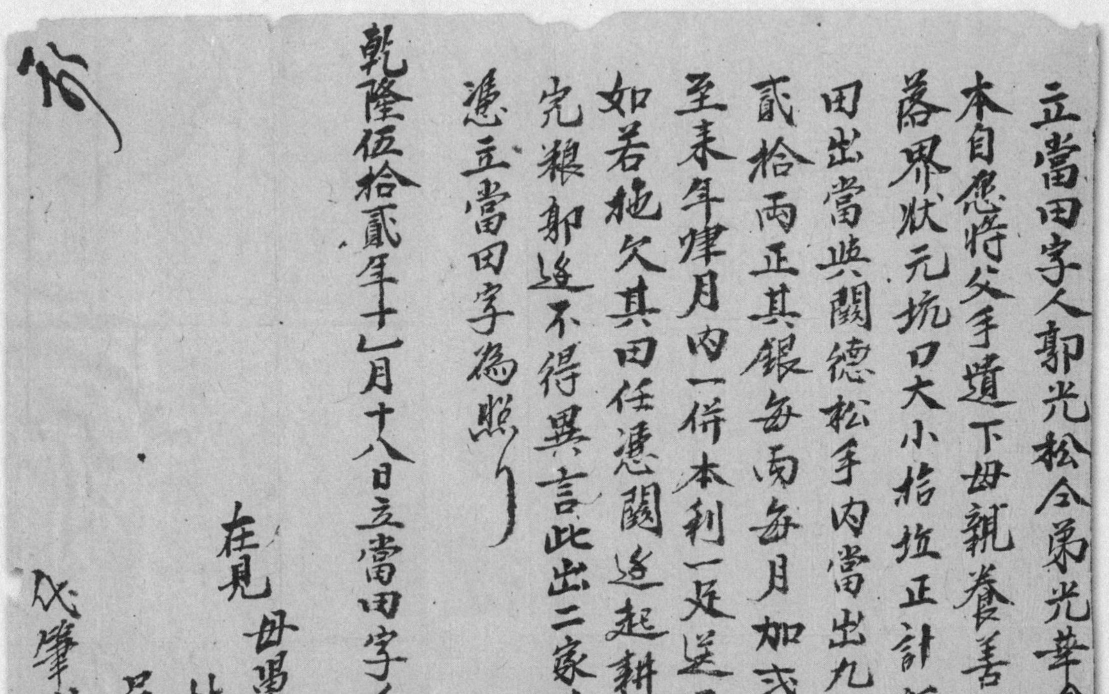

立當田字人郭光松仝弟光華，今因生理缺
本，自愿将父手遺下母親養善［膳］嘗田，土名坐
落界狀元坑口，大小拾坵正，計額叁畝正，其
田出當與闕德松手内，當出九七色銀本
貳拾两正，其銀每两每月加弍伍起息，的
至来年肆月内，一併本利一足送还，不敢欠少，
如若拖欠，其田任憑闕边起耕管業，过户
完粮，郭边不得異言，此出二家情愿，恐口無
憑，立當田字為照。

乾隆伍拾貳年十一月十八日　立當田字人　郭光松
光華
在見母舅　邓富生
林福貴
吴其春
代筆　闕接三

立退殘山骨字程文運，今因缺銀費用無辦，自
情愿將祖父遺下殘砂山骨壹處，土名坐落廿一都石
倉源夫人廟庄，小地名石岩下，現有先年間淘洗缺砂尽
之殘山骨，四至再加，今有四至分明，情愿將殘山一應於中出
退與潘茂盛兄邊向前承去為業，當日憑中面斷山價
銀壹兩弍錢正，其銀即日親收完足，其殘山任從潘邊
前去報升執照，開懇升田管業，程邊一承遠不得異言。
但挑其山係祖父遺下情楚殘業，與上下房親伯叔兄
弟子侄人等並無干碍，日前亦未曾與他人備有來
歷不明，出退人一力听當，不涉承受人之事。一退一承，
此系兩家情愿，並無逼抑等情，自退之後，兩無反
悔等情，恐口無憑，立退字為據。

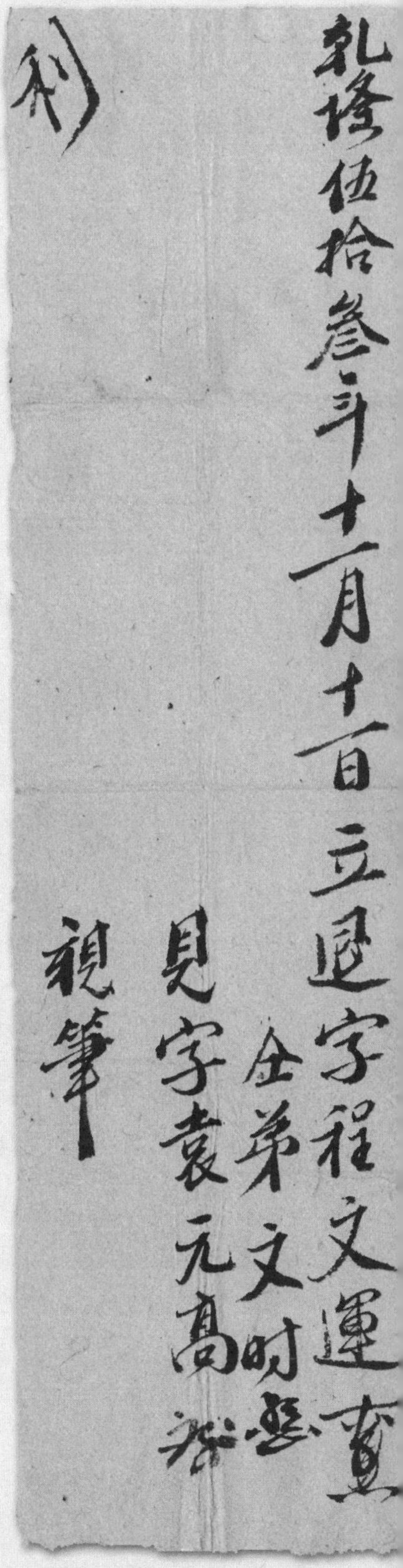
利
乾隆伍拾叁年十一月十一日立退字程文運
仝弟文时
見字袁元高
親筆

立退残山骨字程文運，今因缺銀，费用無辨［辦］，自情愿将祖父遺下殘砂山骨壹处，土名坐落廿一都石倉源夫人庙庄，小地名石岩下，現有先年间淘洗鉄砂尽之残山骨，四至再加，今有四至分明，情愿将残山一应托中出退與潘茂盛兄边向前承等为業，當日凴中面断山價銀壹两弍钱正，其銀即日親收完足，其残山任從潘边前去報粮執照眀懇［墾］粮田管業，程边永遠不得異言阻执，其山係祖父遺下清楚残業，與上下房親伯叔兄弟子侄人等並無干碍，日前亦未典當他人，倘有来歷不明，出退人一力听當，不涉承等人之事，一退一承，此出两家情愿，並無逼抑等情，自退之後，两無反悔等情，恐口無凴，立退字为據。

乾隆伍拾叁年十一月十一日　立退字　程文運

仝弟　文时

見字　袁元高

親筆

立賣會田契人謝亮全勳今因錢粮無办自情愿將祖 永仕公會
田四股均分土名坐落松陽廿一都松樹崗田水頭一接文段下兩長
塅計額錢四分正立契託中送與李梭琳入手承買當日憑中三
面言斷時直田價銀拾兩伍錢正其銀即日隨契收足不欠分文
其田此賣之日任憑買主推收过户完粮收租管業賣人當
衆不敢異言如有上下房親伯叔子侄人等並無干碍委係正
行交易一不是准債即賣之故愿賣愿買兩家情愿並無逼
抑等情恐口难憑立賣田契付與買主子孫永遠為照行

在塲中見 李天琳
馮輝章
乾隆伍拾叁年十一月初十日立賣田契人謝亮全勳
侄 祿生 三 珍
見人亮 富
親筆

（前頁）>>>>>

立賣嘗田契人謝亮全、勳，今因錢粮無办，自情愿将祖永仕公嘗田四股均分，土名坐落松陽廿一都松樹崗田水頭田一接，又坎下两長坵，計額錢四分正，立契託中送與李接琳入手承買，當日凂中三面言断，時直田價銀拾两五钱正，其銀即日隨契收足，不欠分文，其田此賣之日，任凂買主推收过户完粮，收租管業，賣人嘗〔當〕衆不敢異言，如有上下房親伯叔子侄人等，並無干碍，委係正行交易，不是準債即貨之故，愿賣愿買，两家情愿，並無逼抑等情，恐口难凂，立賣田契付與買主子孫永遠為照行。

在場中見　李天琳

馮輝華

乾隆伍拾叁年十二月初十日　立賣田契人　謝亮全

勳

侄　禄生

見人　亮三

珍

富

親筆

立找断腸［塲］截契謝亮全、勳，今因口食不给，日先與李边交易民田，土名坐落松樹崗，田畝圻角，正契載明，情愿請託原中，相勸業主找出契外價銀五两正，其銀即日随契交足明白，不欠分文，其田此找之後，一找千休，永遠割藤断截，賣人不敢異言，愿找断根，两無逼勒，恐口难凴，立找断腸［塲］契付與買主子孫永遠為照。

在塲中見　李天琳

馮輝華

乾隆伍拾四年二月十二日　立找断腸［塲］截契人　謝亮全

勳

見人　亮珍

富

三

親筆侄　禄生

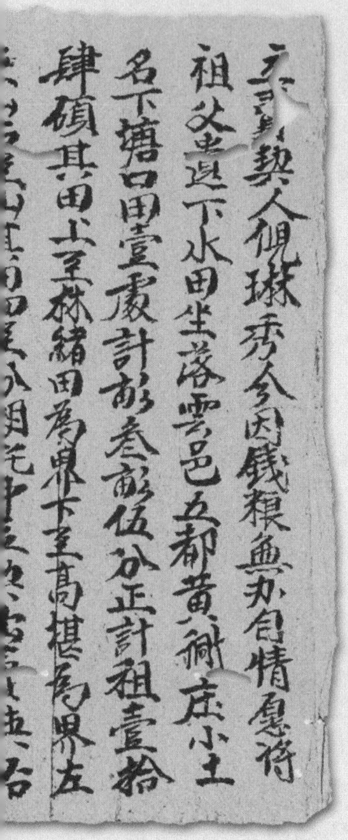

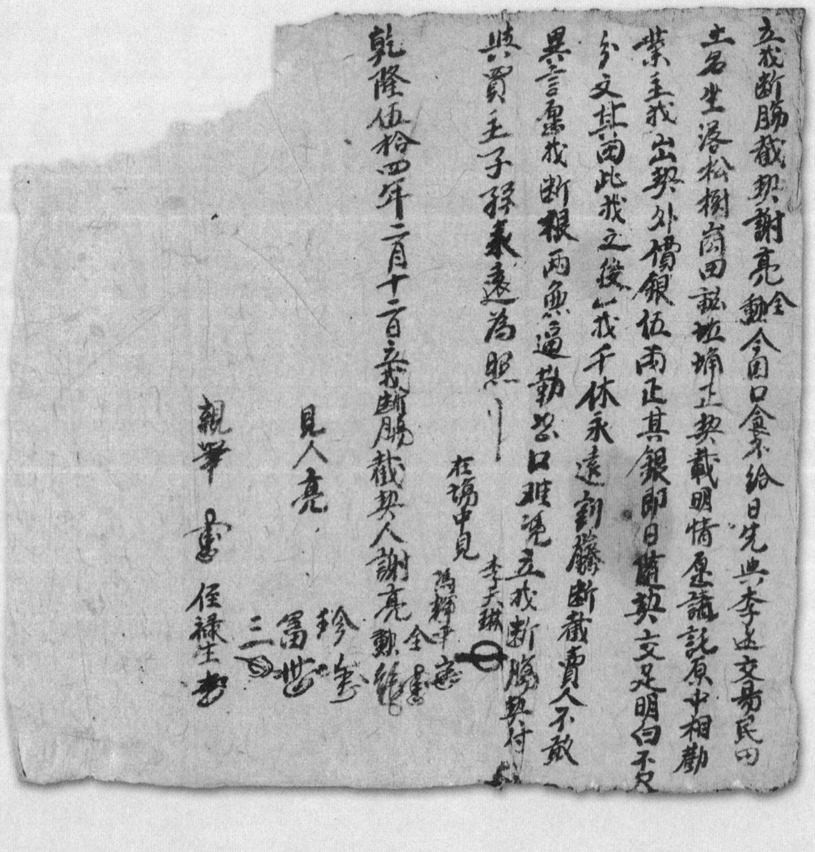

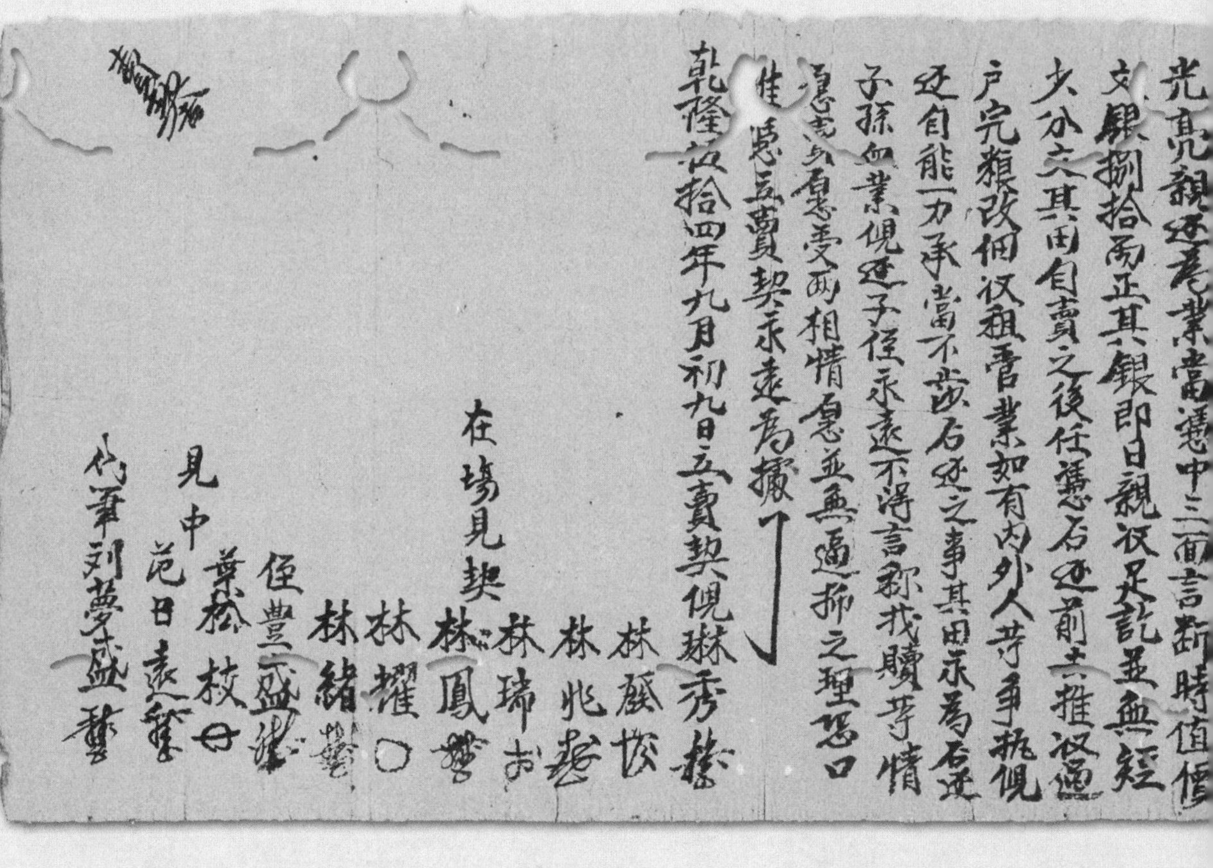

立賣契人倪琳秀，今因錢粮無办，自情愿将祖父遺下水田，坐落雲邑五都黄衕庄，小土名下塘口，田壹處，計畝叁畝伍分正，計租壹拾肆碩，其田上至林緒田為界，下至高坳為界，左至山，右至山，其田四至分明，託中立契出賣與石光亮親边為業，當（日）憑中三面言断，時值價文［紋］銀捌拾两正，其銀即日親收足訖，並無短少分文，其田自賣之後，任憑石边前去推收過户完粮，改佃收租管業，如有内外人等争执，倪边自能一力承當，不涉石边之事，其田永為石边子孫血業，倪边子侄永遠不得言称找贖等情，愿賣愿受，兩相情愿，並無逼抑之理，恐口难憑，立賣契永遠為據。

乾隆伍拾四年九月初九日　立賣契　倪琳秀

林發

林兆

林瑞

在場見契　林鳳

林耀

林緒

見中侄　豐盛

葉松枝

范日遠

代筆　刘夢盛

立斷截找契人倪林秀今因日先曾將水田坐落
五都黃衕下塘田彭祖數俱已前立正契載明
無異請託原中向與石光亮親邊找出足
價銀肆兩正其銀即日親收足訖並無短少
其田自找之後永為石邊子孫血業倪邊子侄
永遠不得言稱重復向找等情永斷葛藤
去根息斷原找兩相情愿並無逼掯[illegible]理
恐口難憑立斷截契永遠為據 丨

乾隆伍拾四年十二月廿日立斷截找契倪林秀（押）

林鎣（押）

見找 林花（押）

林緒（押）

葉松茂（押）

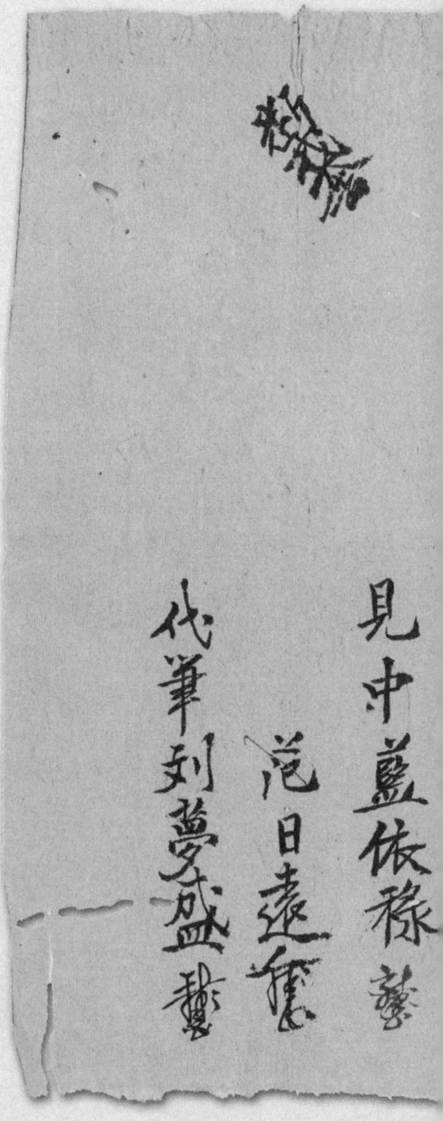
見中藍依祿
范日遠
代筆刘夢盛

立断截找契人倪林秀，今因日先曾将水田坐落五都黄衢下塘，田畝租数，俱已前立正契載明無異，請託原中向與石光亮親边找出足價銀肆两正，其銀即日親收足訖，並無短少，其田自找之後，永為石边子孫血業，倪边子侄永遠不得言称重復向找等情，永断葛藤去根，息断愿找，两相情愿，並無逼抑之理，恐口难憑，立断截契永遠為據。

乾隆伍拾四年十二月廿二日　立断截找契　倪林秀

林發
見找　林兆
林緒
葉松枝
見中　藍依禄
范日遠
代筆　刘夢盛

立賣契人倪林秀，今因錢粮無办，自情愿将
祖父遺下水田，坐落雲邑五都黃衕庄，小土
名下塘口，田壹處，計額叁畝伍分正，計租壹拾
肆碩，其田上至林緒田為界，下至高塴為界，左
至山，右至山，其田四至分明，託中立契出賣與孫
永元親边為業，當日凴中三面言斷，時值價
文［紋］銀捌拾两正，其銀即日親收足訖，並無短
少分文，其田自賣之後，任凴孫边前去推收過
户完粮改佃收租管業，如有內外人等争执，倪
边自能一力承當，不涉孫边之事，其田永為孫边
子孫血業，倪边子侄永遠不得言称找贖等情，
愿賣愿受，两相情愿，並無逼抑之理，恐口
难凴，立賣契永遠為據。

乾隆伍拾四年九月初九日　立賣契　倪琳秀

林發

在中見契　林兆

林緒

林鳳

侄　豐盛

原中　范日遠

葉松枝

代筆　王元甫

立断截找契人倪林秀，今因日先曾将水田坐落
五都黃衕下塘，田畝租数，俱已前立正契載明
無異，請託原中向與孫永元親边找出足
價銀肆两正，其銀即日親收足訖，並無短少，
其田自找之後，永為孫边子孫血業，倪边子侄
永遠不得言称重復向找等情，永断葛藤

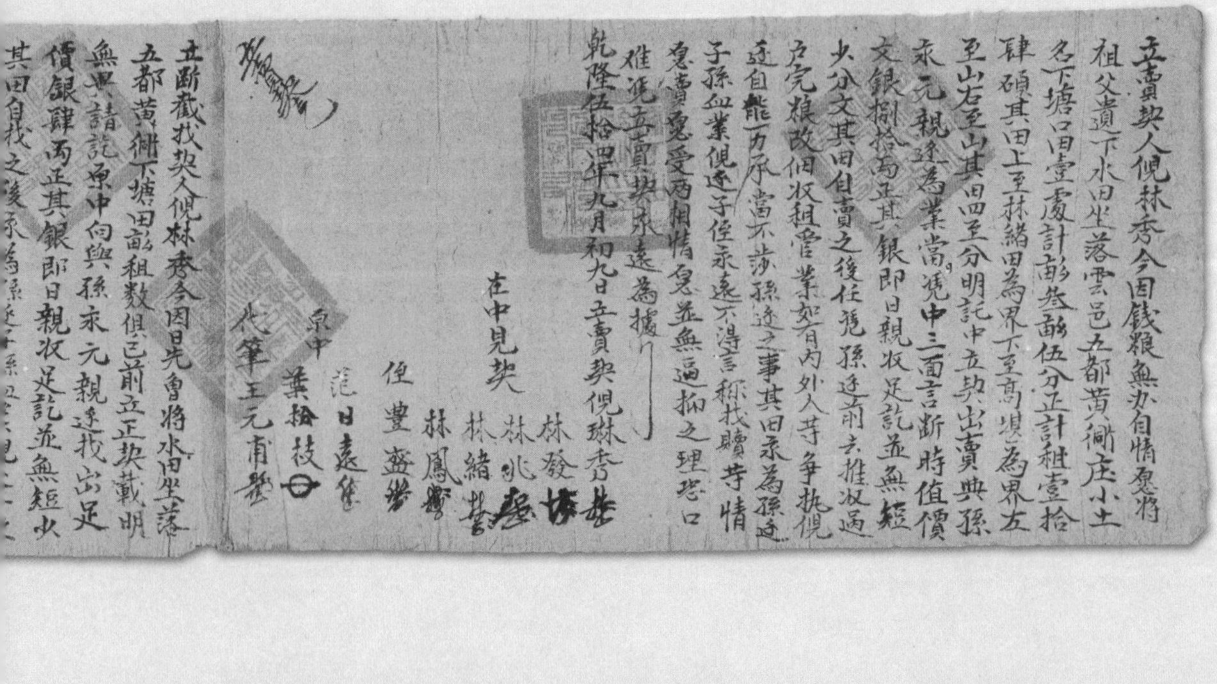

去根，愿断愿找，两相情愿，並無逼抑之理，
恐口难凴，立断截契永遠為據。
乾隆伍拾四年十二月廿二日 立断截找契 倪林秀
林發
見找 林兆
林緒
見中 葉松枝
范日遠
代筆 王元甫

（契尾，乾隆五十七年五月）

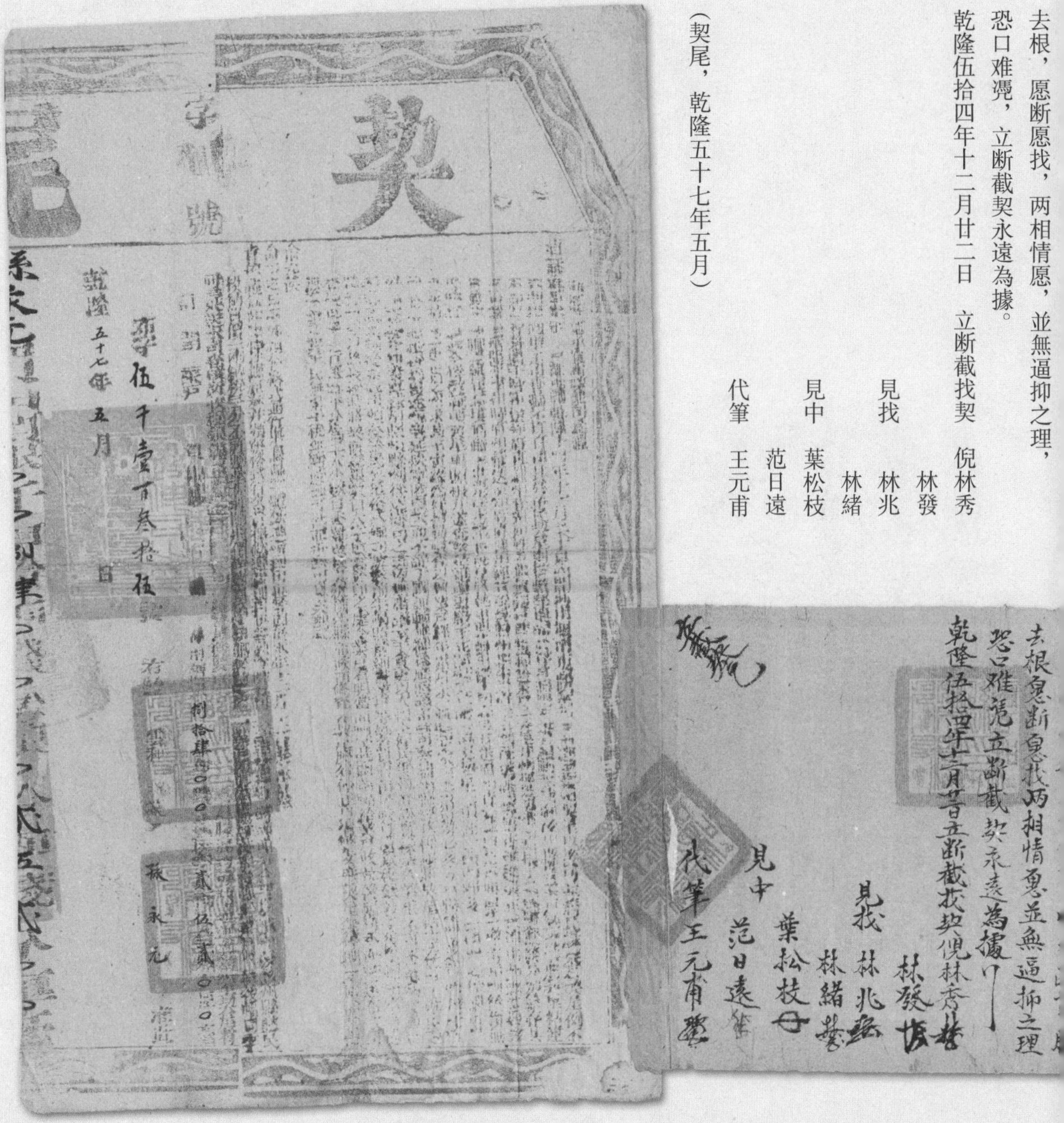

立□□□□劉廣和，今因錢粮無办，自情愿将□□□□□□
坐落松陽廿一都夫人庙庄，土名坳下横坑□□□□□
上至百花洞天鹅捕［孵］蛋山頂，下至双坑口□□□□□□
田大岗值上，右至双坑口獅子岩大岗值□□□□□
芋茆窝，又槽碓窝，又蝦蟆落井□□□□□
至大坑，左右大岗分水為界，今具四□□□□□
與張芳荣承買為業，當日凴中三□□□□□
價銅錢貳拾仟文正，其钱即日随契□□□□□
白，不欠分文，自賣之後，任憑買主推□□□□□
起耕，坎［砍］伐栽種，録［籙］養管業，賣人不得□□□□□□
置清楚物業，與内外人等並無干涉，□□□□□
墨交加，如有来歴不明，賣人一力支當□□□□□
之事，所賣所買，两甘情愿，此係正行□□□□□
足，並無逼抑債貨之故，其山永遠不□□□□□
取贖等情，今欲有憑，立賣契併及□□□□□
買主永遠為據。

乾隆伍拾肆年拾壹月念六日　立賣山契　劉廣和
憑中人　金□□
闕福□
闕利□
郭光□
闕寿□
王宗□
林茂□
闕登□
代筆　闕萬□

（契尾，道光貳拾捌年弍月）

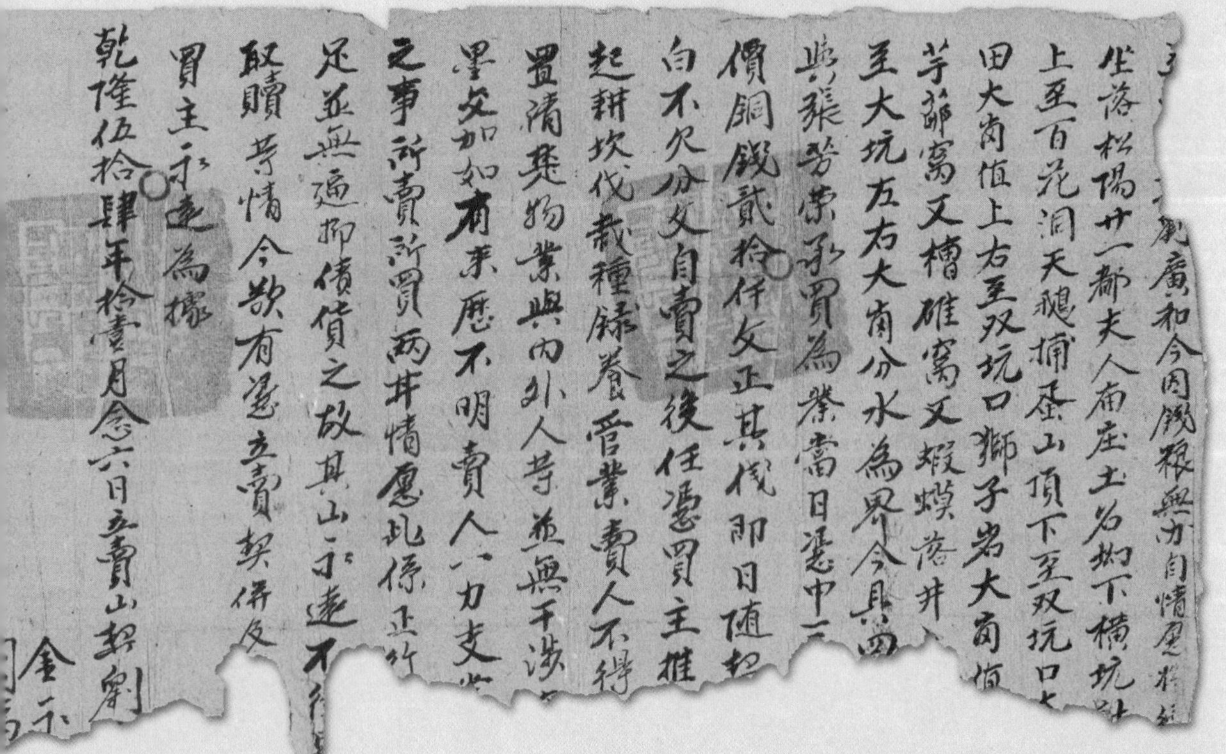

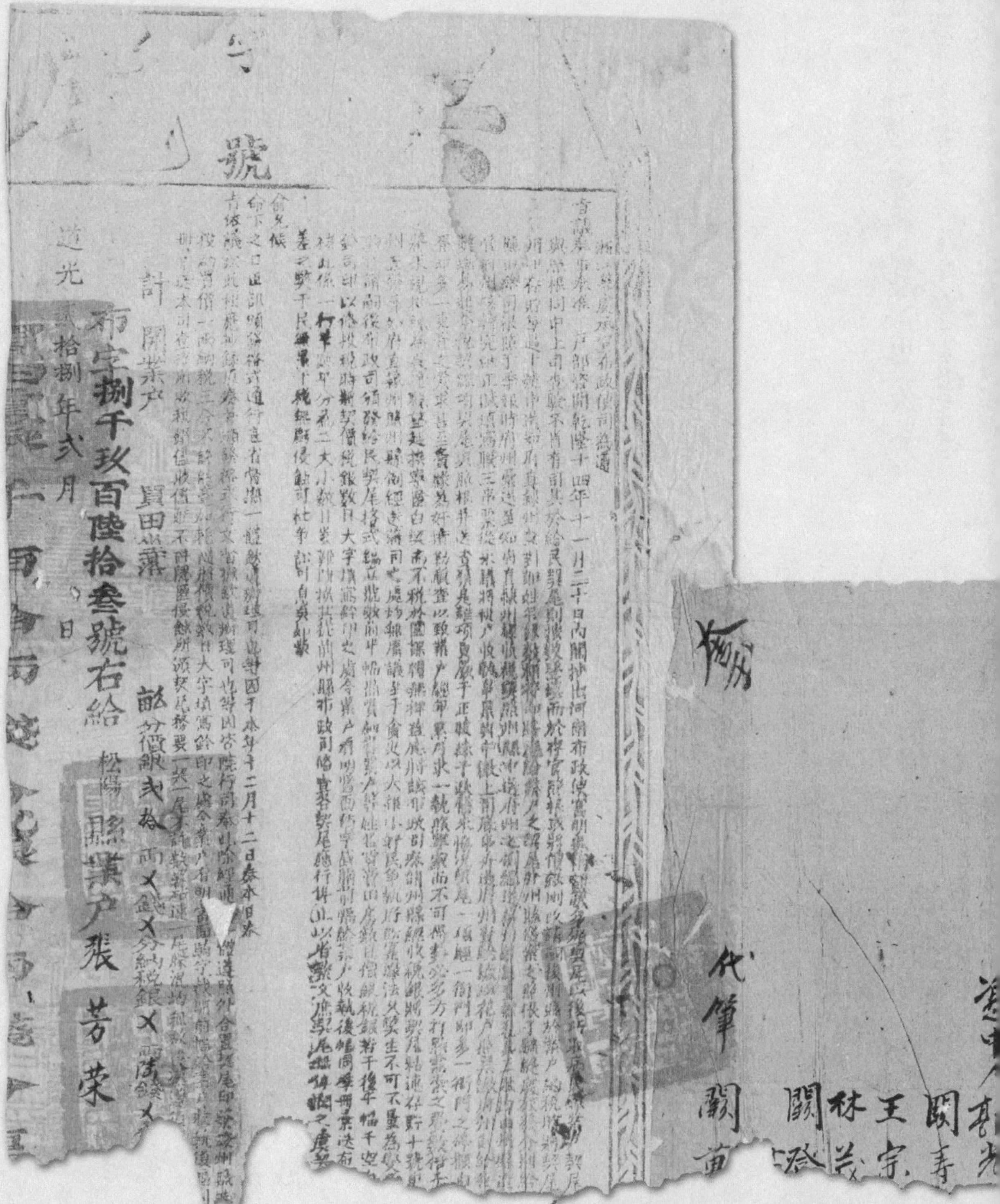
號
布字捌千玖百陸拾叁號右給　松陽縣業户張芳荣
計開業户　買田坐落
畝分徵銀弍
道光貳拾捌年弍月　日
代筆闕

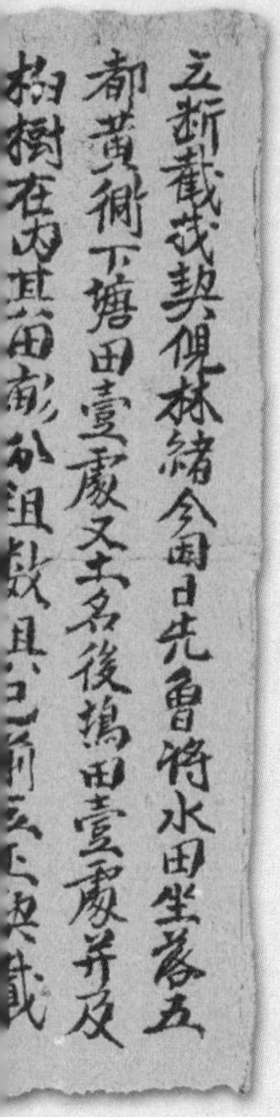
立斷截找契倪林緒今因日先曾将水田坐落五
都黄衕下塘田壹處又土名後塢田壹處并及
杉樹在内其田畝分租数具已前立正契載

立賣契人倪林緒，今因錢粮無办，自情愿将祖
父遺下己分閹内水田，坐落雲邑五都黄衕庄，
小土名下塘，計畝肆畝正，計租壹拾陸碩，其田上至
自田為界，下至林秀田，左右山為界，今有四至明分，
又土名坐落後塢水田壹處，計畝壹畝零，計租
肆碩，計大小柒坵，託中立契出賣與石光亮
親边為業，當日憑中三面言断，時值九七
價銀壹伯壹拾两正，其銀即日親收足訖，並
無短少分文，其田自賣之後，任憑石边前去推收
過户，完粮改佃，收租管業。如有内外人等争执，
倪边自能一力承當，不涉石边之事，其田永為
石边血業，倪边永遠不得言称找贖等情，愿
賣愿受，两相情愿，並無逼抑之理，恐口难憑，
立賣契永遠為據。

乾隆伍拾四年十一月廿七日　立賣契　倪林緒

林發
見兄　林兆
林秀
葉松枝
原中　藍依禄
范日遠
代筆　刘夢盛

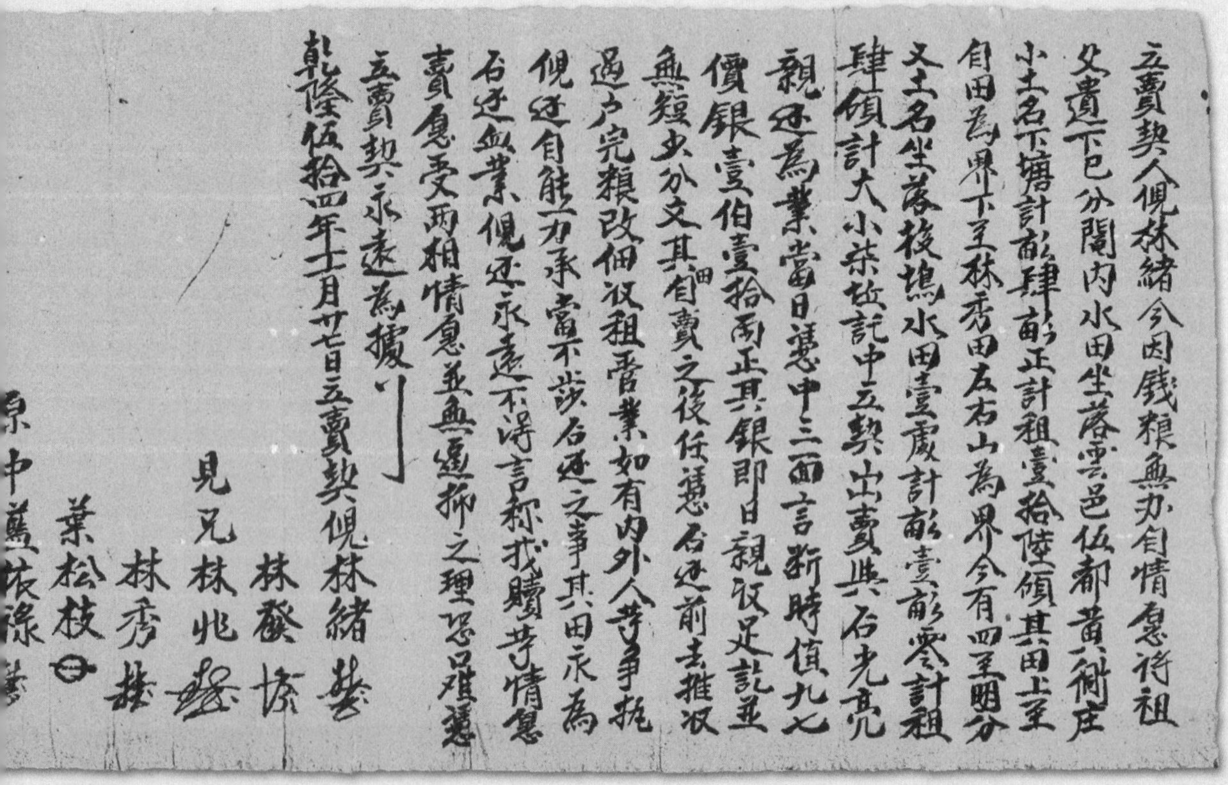
立賣契人倪林緒今因錢粮無办自情愿将祖
父遺下己分閹内水田坐落雲邑伍都黄衕庄
小土名下塘計畝肆畝正計租壹拾陸碩其田上至
自田為界下至林秀田左右山為界今有四至明分
又土名坐落後塢水田壹處計畝壹畝零計租
肆碩計大小柒坵託中立契出賣與石光亮
親边為業當日憑中三面言断時值九七
價銀壹伯壹拾两正其銀即日親收足訖並
無短少分文其田自賣之後任憑石边前去推收
過户完粮改佃收租管業如有内外人等争执
倪边自能一力承當不涉石边之事其田永為
石边血業倪边永遠不得言称找贖等情愿
賣愿受两相情愿並無逼抑之理恐口难憑
立賣契永遠為據
乾隆伍拾四年十一月廿七日立賣契倪林緒
林發
見兄林兆
林秀
葉松枝
原中藍依禄

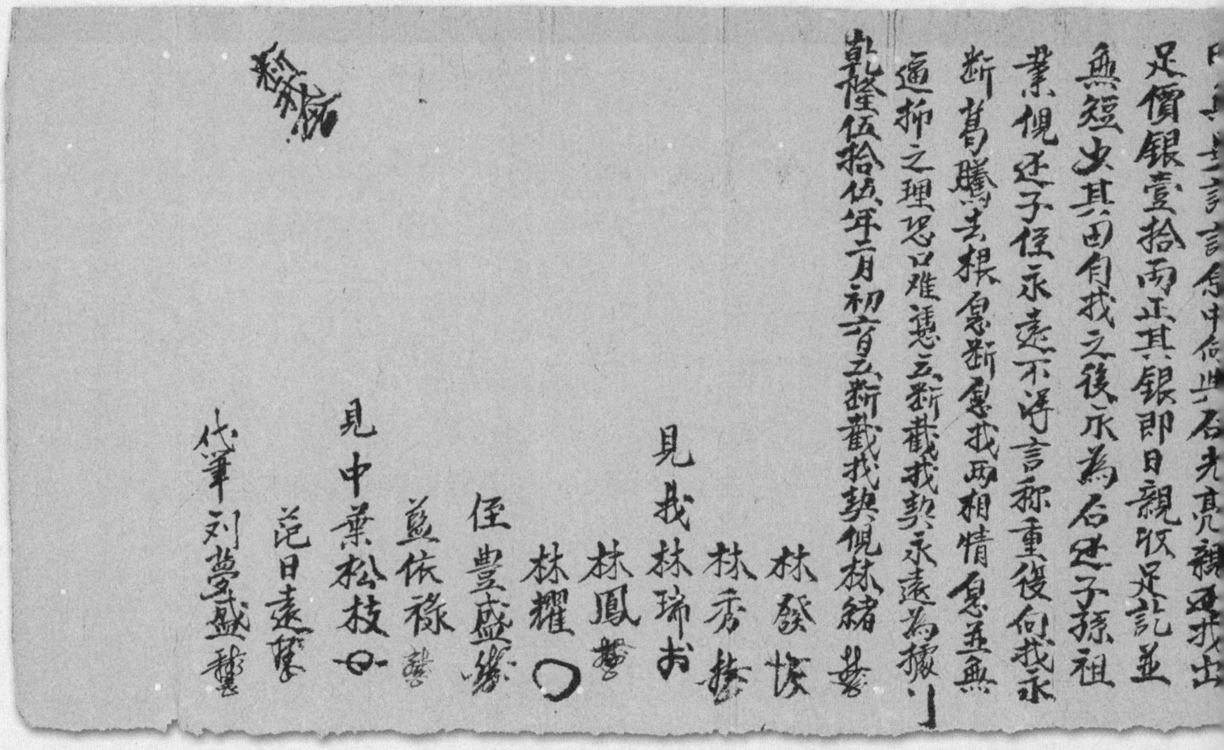

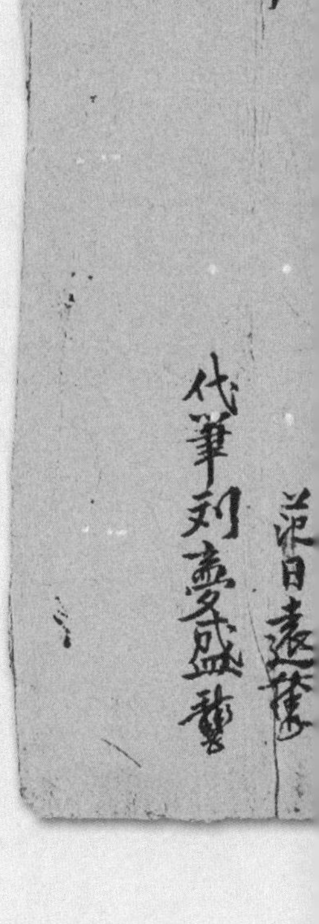

立断截找契倪林緒，今因日先曾将水田，坐落五都黄衕下塘田壹處，又土名後塢田壹處，并及柏樹在内，其田畝分租数，俱已前立正契載明無異，請託原中向與石光亮親边，找出足價銀壹拾兩正，其銀即日親收足訖，並無短少，其田自找之後，永為石边子孫祖業，倪边子侄永遠不得言称重復向找，永断葛藤去根，愿断愿找，两相情愿，並無逼抑之理，恐口难憑，立断截找契永遠為據。

乾隆伍拾伍年二月初六日　立断截找契　倪林緒

林發

林秀

見找　林瑞

林鳳

林耀

侄　豐盛

藍依禄

見中　葉松枝

范日遠

代筆　刘夢盛

立賣断截田契人刘景陽，今因錢粮無办，愿將自置水田壹處，土名坐落雲和九都茶鋪水口橋頭大田壹坵，又土名坐落瓦窑塲田五坵，又外面橋頭田壹坵，共田三處，計額壹畝正，今託中送與本家刘接興入手承買，當日凴中三面言断，時值田價九七銀貳拾两正，其銀即日两相交付明白，其田自賣之后，任買主推割過户完粮管業，其田儘问房親伯叔並無干碍，亦无重復典他人，上［倘］有来歷不明，賣人一力抵當，不涉買主之事，二家情（愿），两無逼勒債貨等情，恐口無凴，立賣田契為照。

一批原連两紙，再照。

中人　闕學賢

　　　賴春泰

　　　邱遠良

乾隆伍十四年十二月十八日　立賣田契　刘景陽

　　　　　　　　　　　　　親筆

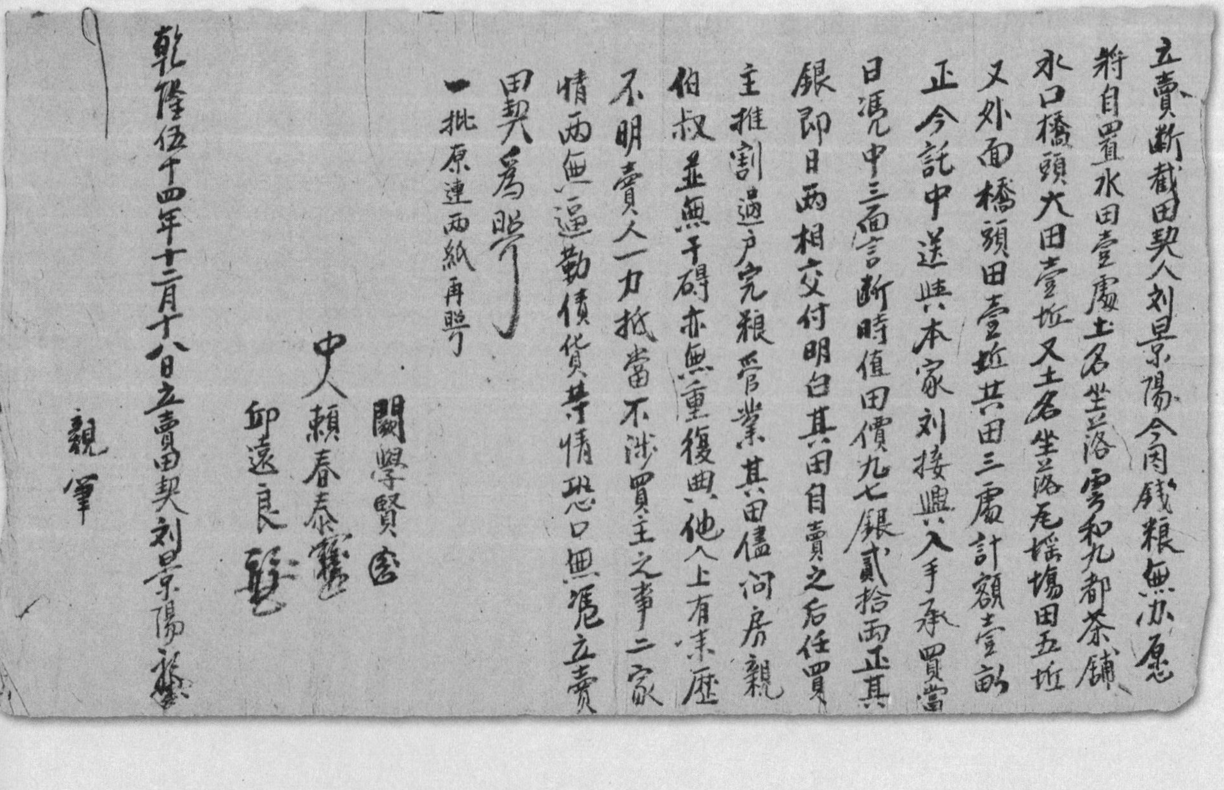

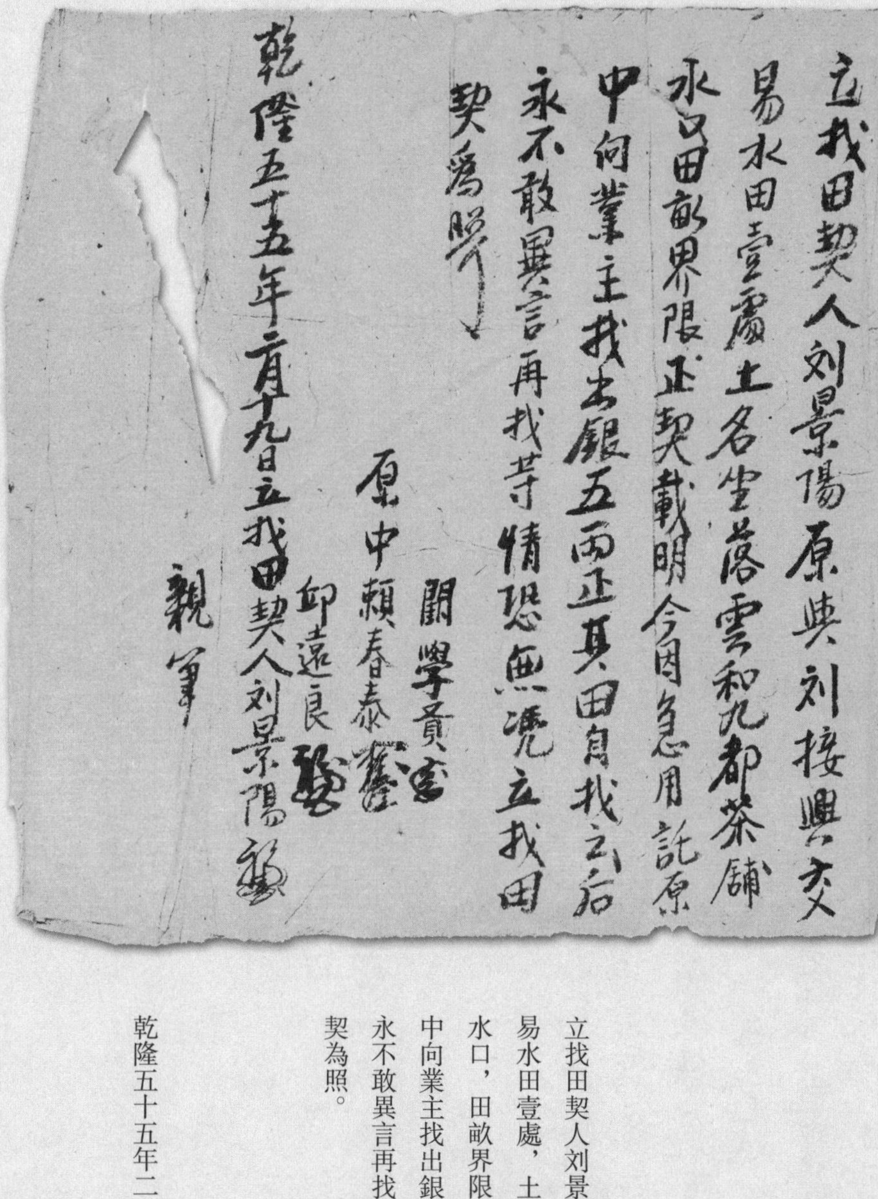

立找田契人刘景陽，原與刘接興交
易水田壹處，土名坐落雲和九都茶鋪
水口，田畝界限正契載明，今因急用，託原
中向業主找出銀五两正，其田自找之后，
永不敢異言再找等情，恐（口）無凴，立找田
契為照。

闕學賢
原中　賴春泰
邱遠良

乾隆五十五年二月十九日　立找田契人　刘景陽
親筆

立断截找契倪林緒，今因日先曾将有水田坐落雲邑五都黄衕庄，水田坐落下塘田，畝分租数界至，俱已前有正契載明無異，請託原中向與孫永元親边，找出足價銀壹拾壹两正，其銀即日親收足訖，並無短少分文，其田自找之後，永為孫边子孫血業，倪边子侄永遠不得言称找贖等情，永断葛藤去根，愿断愿受，出在两家心愿，並無逼（勒）之理，恐口难凴，立断截找契永遠為據。

乾隆伍拾伍年二月初六日　立断截找契　倪林緒

林發

林兆

見找　林秀

林鳳

原中　范日遠

葉松枝

代筆　王元甫

（契尾，乾隆五十七年五月）

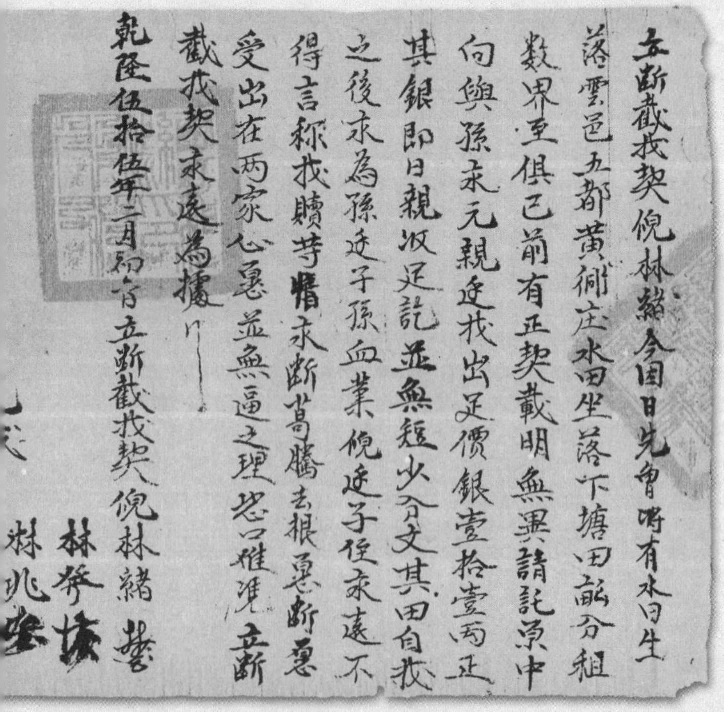

立断截找契倪林緒今因日先曾將有水田生
落雲邑五都黄衕庄水田坐落下塘田畝分租
数界至俱已前有正契載明無異請託原中
向與孫永元親边找出足價銀壹拾壹两正
其銀即日親收足訖並無短少分文其田自找
之後永為孫边子孫血業倪边子侄永遠不
得言称找贖等情永断葛藤去根愿断愿
受出在两家心愿並無逼之理恐口难凴立断
截找契永遠為據
乾隆伍拾伍年二月初六日立断截找契倪林緒
林發
林兆

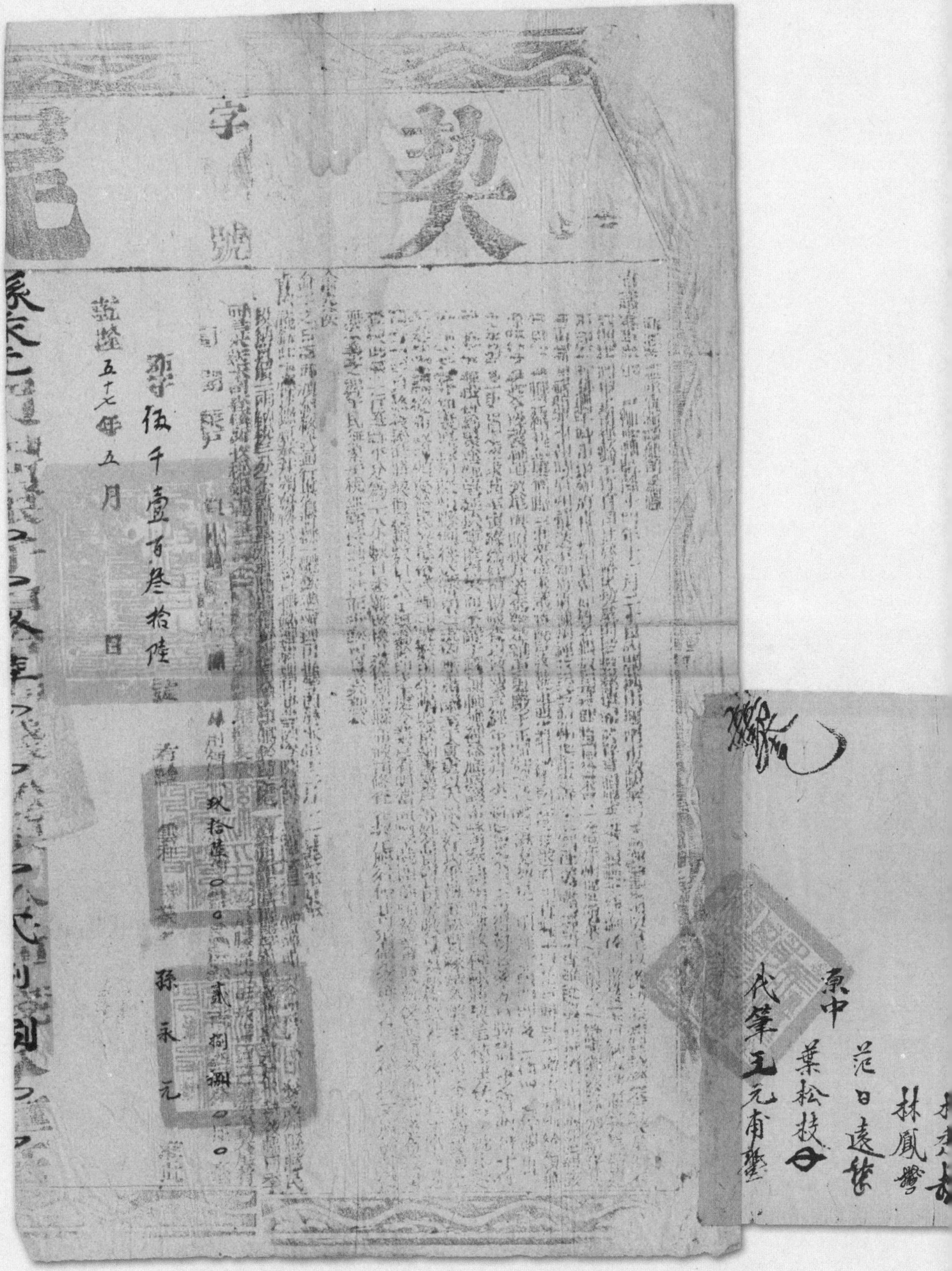
契
字
號
伍千壹百叁拾陸號
乾隆五十七年五月　日
玖拾柒
貳千捌佰
孫永元
原中　葉松技
范日遠
林鳳鸞
代筆王元甫

立當田契字人李接琳，今因口食不足，自情愿将自置水田壹處，土名坐落松邑廿一都大嶺后庄，小土名松樹崗安着，今立契出當與張光華入手，承當出銅錢拾千文正，當日三面言断，每年充納谷利式担正，其钱交清明白，其谷利不得欠少升合，如有欠少，其田任凴當主起耕管業，當人不敢異言阻滯，恐口無凴，立當田契為照。

一批連原契式纸，再照。

在見人 謝亮珍

李天琳

乾隆五十五年三月十三日 立當契人 李接琳

代筆 邱壬生

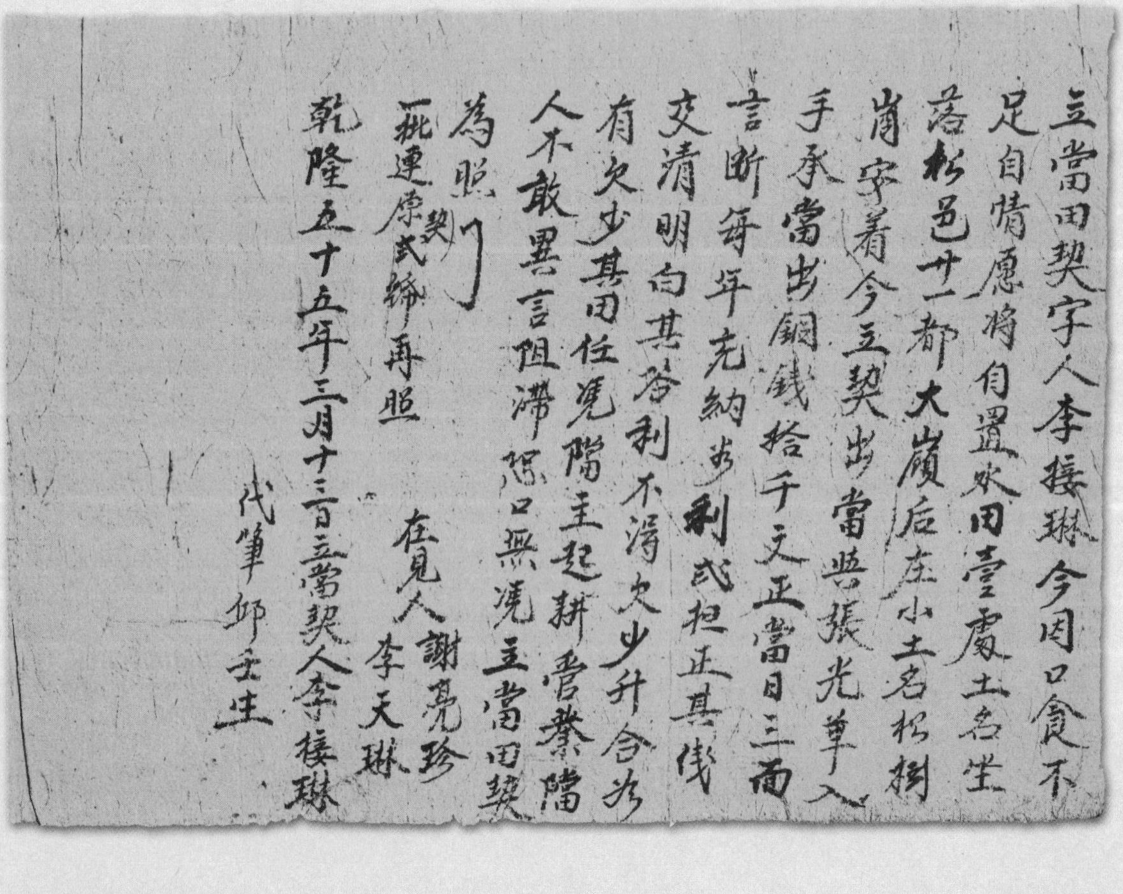

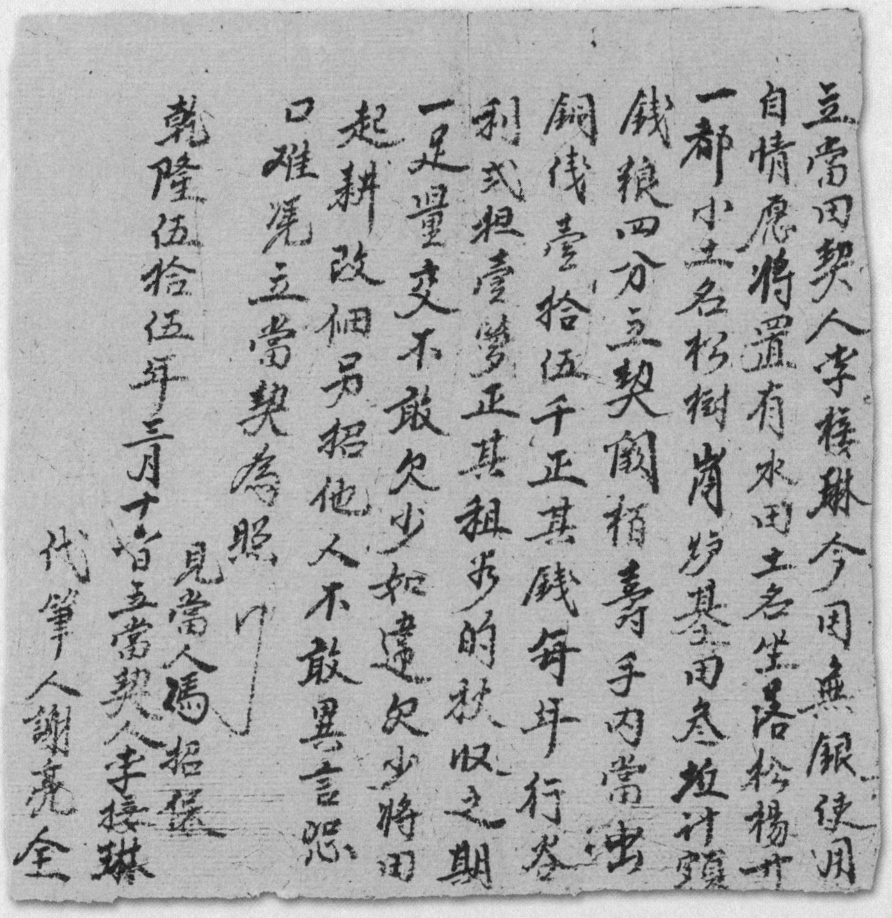

立當田契人李接琳，今因無銀使用，
自情愿将置有水田，土名坐落松楊［陽］廿
一都，小土名松樹崗炉基，田叁坵，计額
錢粮四分，立契闕栢壽手内當出
銅钱壹拾伍千（文）正，其錢每年行谷
利式担壹箩正，其租谷的秋收之期
一足量交，不敢欠少，如違欠少，将田
起耕改佃，另招他人，不敢異言，恐
口难凴，立當契為照。

見當人　馮招保

乾隆伍拾伍年三月十六日　立當契人　李接琳

代筆人　謝亮全

立賣田契人謝禄生，今因缺少钱粮無办，
自情愿将松陽廿一都大嶺口庄，土名松樹峰坟脚下
阄下嘗田壹坵，又米篩林張家田面田弍坵，共田
弍處，大小叁坵，計額伍分正，自愿托中送與闕秀
光入手承買，平〔憑〕中三面言断，價銀拾四两正，其銀
即日隨契交足明（白），不欠分文，其田自賣之後，任
凴買主推收過户，完粮起耕管業，賣主不得
異言，其田上下房親伯叔並無干碍異言，如有
自〔此〕色，賣主一力承當，不碍買主之事，一賣
千休，無找無贖，恐口难憑，立賣田契為照。

中人　謝亮全
　　　　亮富

乾隆伍拾伍年五月廿日　立賣田契人　謝禄生
　　　　　　　　　　代筆人　闕學賢

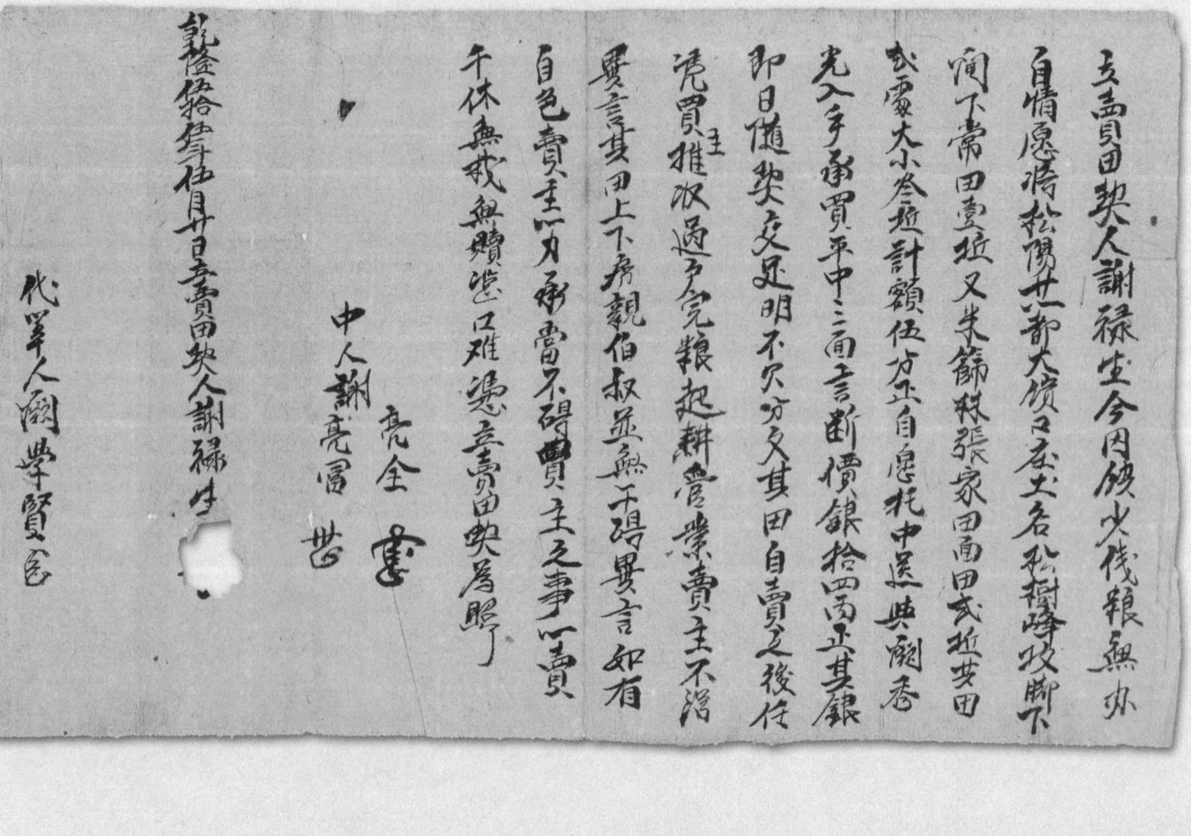

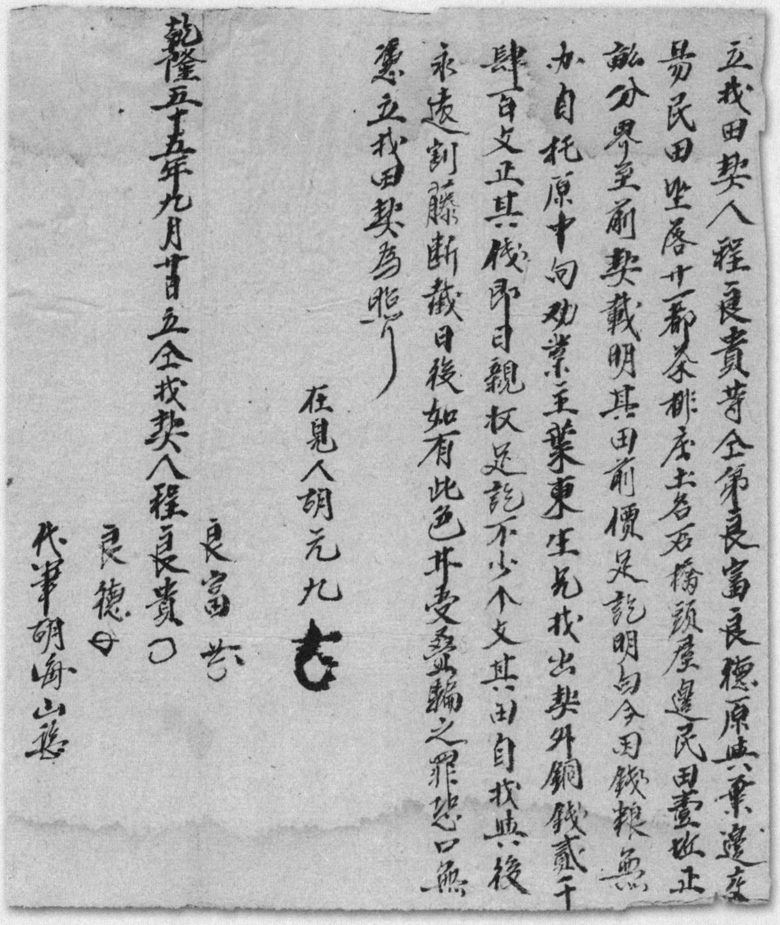

立找田契人程良貴等仝弟良富、良德，原與葉邊交
易民田，坐落廿一都茶排庄，土名石橋頭屋邊民田壹坵正，
畝分界至，前契載明，其田前價足訖明白，今因錢粮無
办，自托原中向劝業主葉東生兄找出契外銅錢貳千
肆百文正，其钱即日親收足訖，不少个文，其田自找與［以］後，
永遠割藤断截，日後如有此色，甘受叠騙之罪，恐口無
憑，立找田契為照。

在見人　胡元九

良富

乾隆五十五年九月廿日　立仝找契人　程良貴

良德

代筆　胡海山

立找田契人葉東生等仝弟九生、侄天貴，原與闞邊交易民田，坐落廿一都茶排庄，土名石橋頭屋邊田貳坵，畝分界至，前契載明，其田前價足訖明白，今因錢粮無办，自托原中向勸業主闞天有邊，找出契外銅錢貳千四百文正，其钱即日收足，不少个文，其田自找與［以］後，永遠割藤断截，日後如有此色，甘受叠騙之罪，恐口無憑，立找田契為照。

在見兄　葉龍生

弟　九生

乾隆五十五年九月廿日　立仝找田契人　葉東生

侄　天貴

代筆　胡海山

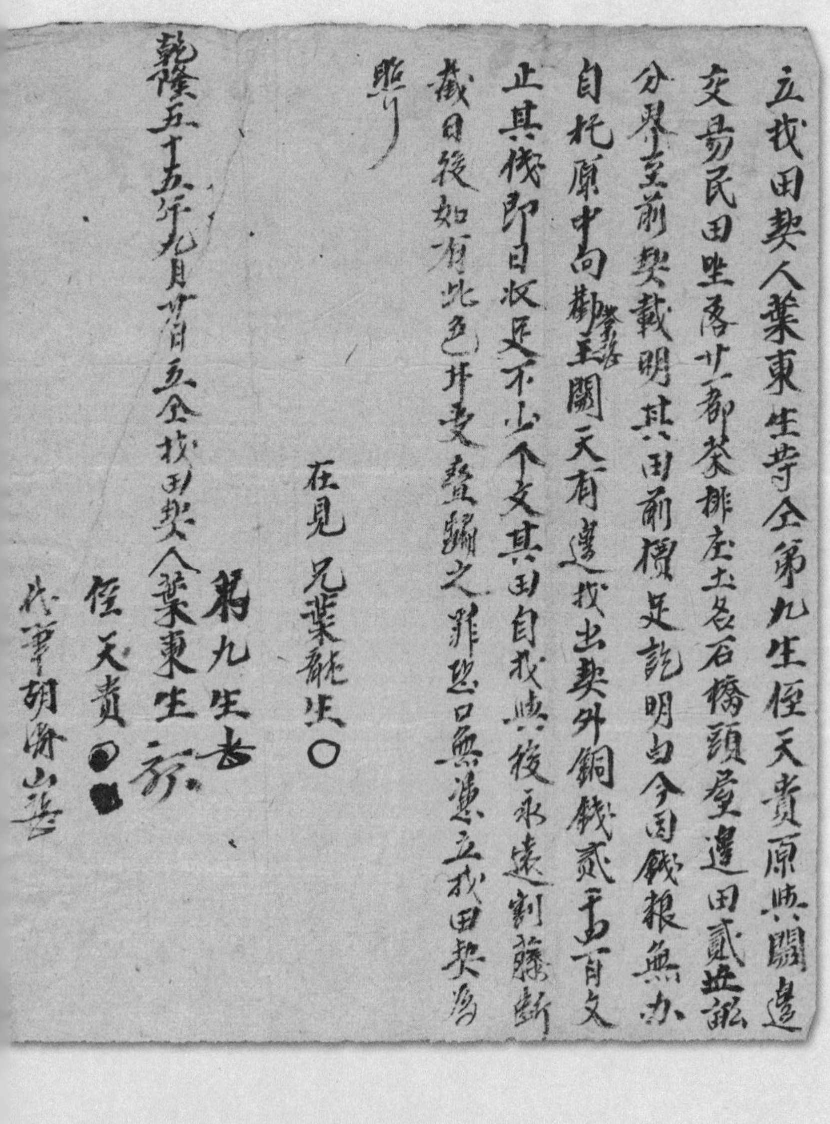
立找田契人葉東生等仝弟九生侄天貴原與闞邊
交易民田坐落廿一都茶排庄土名石橋頭屋邊田貳坵畝
分界至前契載明其田前價足訖明白今因錢粮無办
自托原中向勸業主闞天有邊找出契外銅錢貳千四百文
正其钱即日收足不少个文其田自找與後永遠割藤断
截日後如有此色甘受叠騙之罪恐口無憑立找田契為
照
在見兄葉龍生〇
弟九生
乾隆五十五年九月廿日立仝找田契人葉東生
侄天貴
代筆胡海山

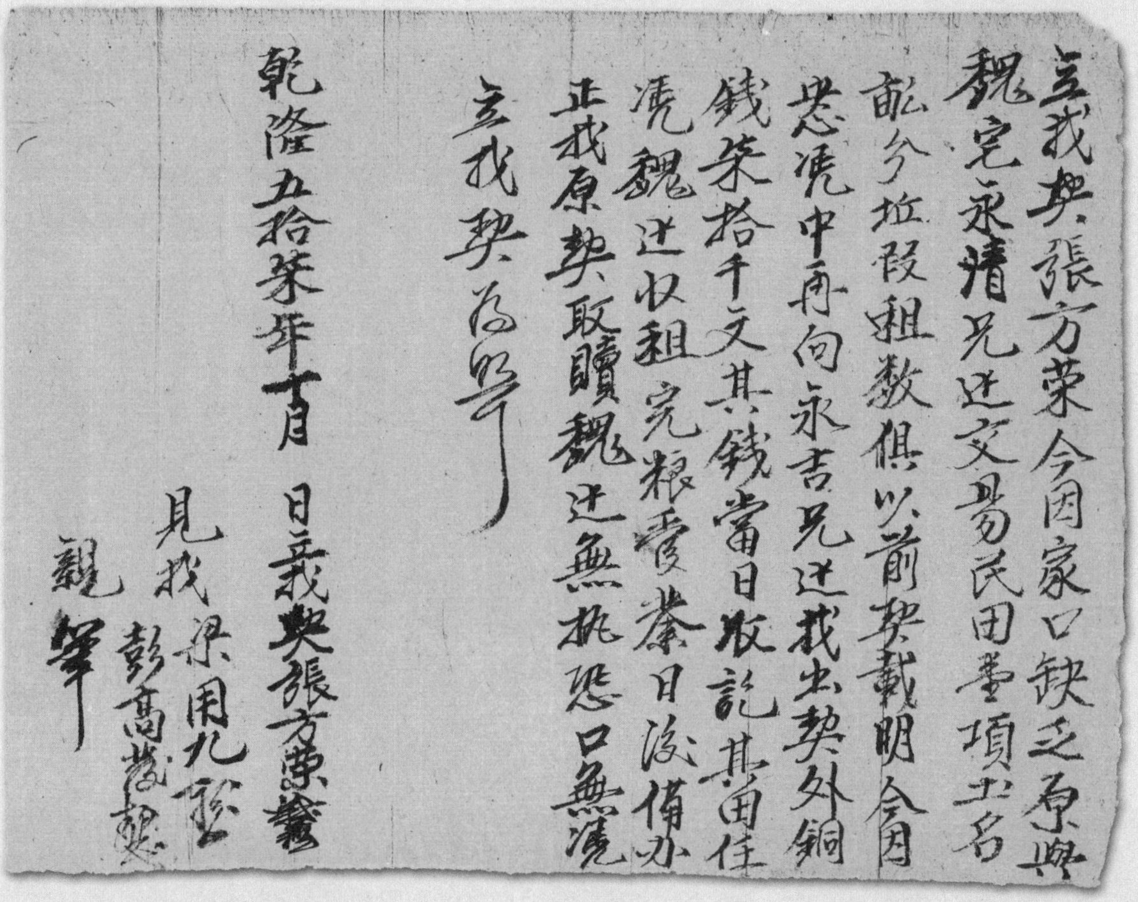

立找契張方荣，今因家口缺乏，原與魏宅永清兄边交易民田壹項，土名畝分坵段租数，俱以前契載明，今因央浼中再向永吉兄边找出契外銅錢柒拾千文，其錢當日收訖，其田任浼魏边收租完粮管業，日後備办正找原契取贖，魏边無执，恐口無凴，立找契為照。

乾隆五拾柒年十月　日　立找契　張方荣

見找　梁用九

彭高發

親筆

立賣山契人胡元利，今因口食不結［給］，自情愿將父遺分下，坐落廿一都茶排庄，土名石橋頭屋後民山壹塊，坐南朝北，東至葉邊界石為界，南至王邊山為界，西北二至闕邊山為界，今具四至分明，計額粮壹分正，託中送與闕天開承買為業，當日凴中三面言定，時值價銅錢貳仟文正，其錢即日隨契兩相交訖，不少个文，其山任凴買主仟［扦］穴籙养松杉竹木管業，賣人並無異言，此係父遺分下清楚物業，與內外伯叔兄弟人等並無干涉，亦無重典文墨交加，如有来歷不明，賣人一力承當，不涉買主之事，所賣所買，正行交易，出在兩甘情愿，永遠不得異言找價取贖等情，今欲有凴，立賣山契付與買主子孫永遠為據。

原中　葉九生

乾隆五十八年二月廿五日　立賣山契人　胡元利

代筆　胡壽堂

立找山契人胡元利，原與闕天開交易民山壹分正，今因口食不结［給］，央託原中向劝業主找出契外銅錢柒百文正，親收足訖，不少个文，其山此找以後，以断割藤，永遠不得異言再找等情，如違甘受叠騙之論，恐口無並［憑］，立找山契永遠為照。

原中　葉九生

乾隆五十八年四月廿六日　立找山契人　胡元利

代筆　胡海山

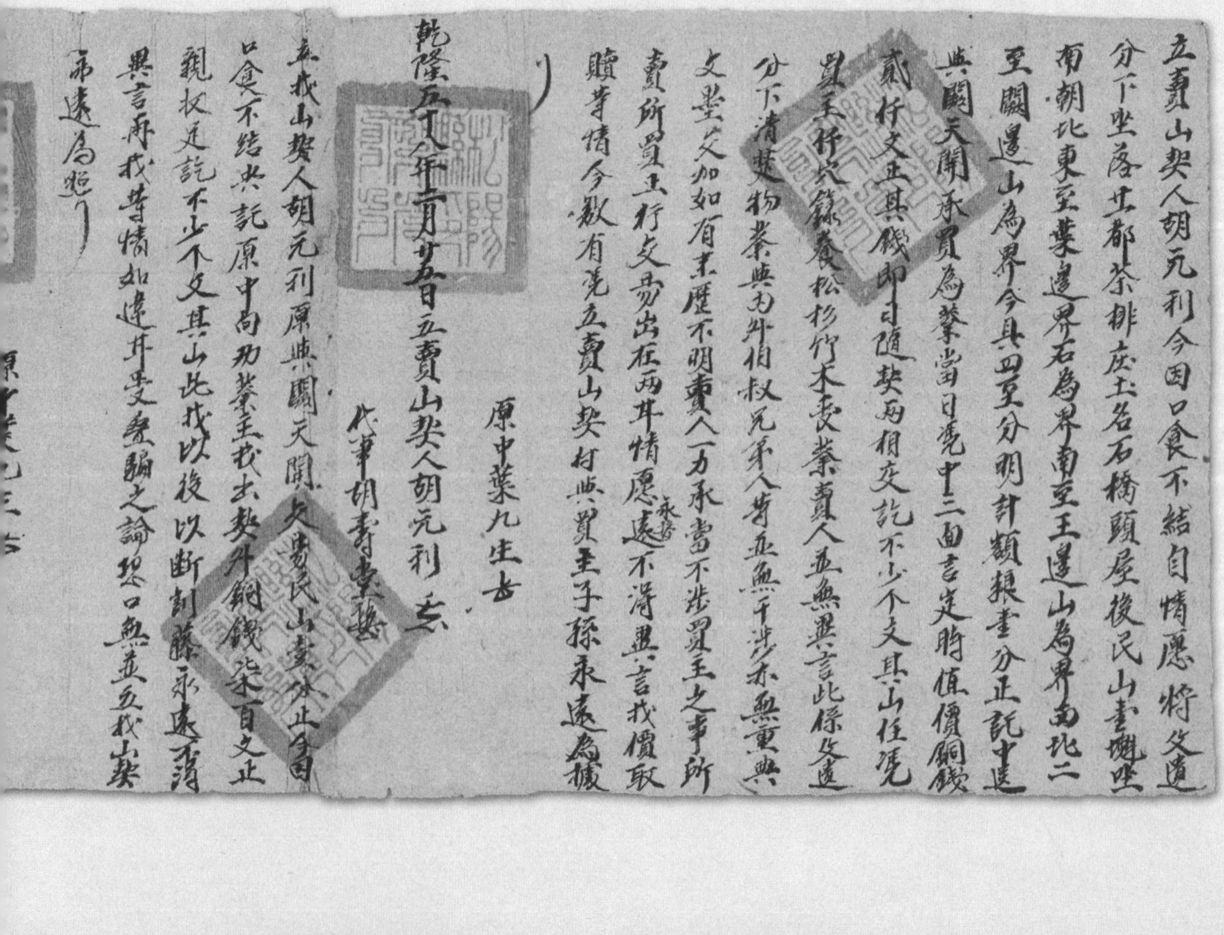

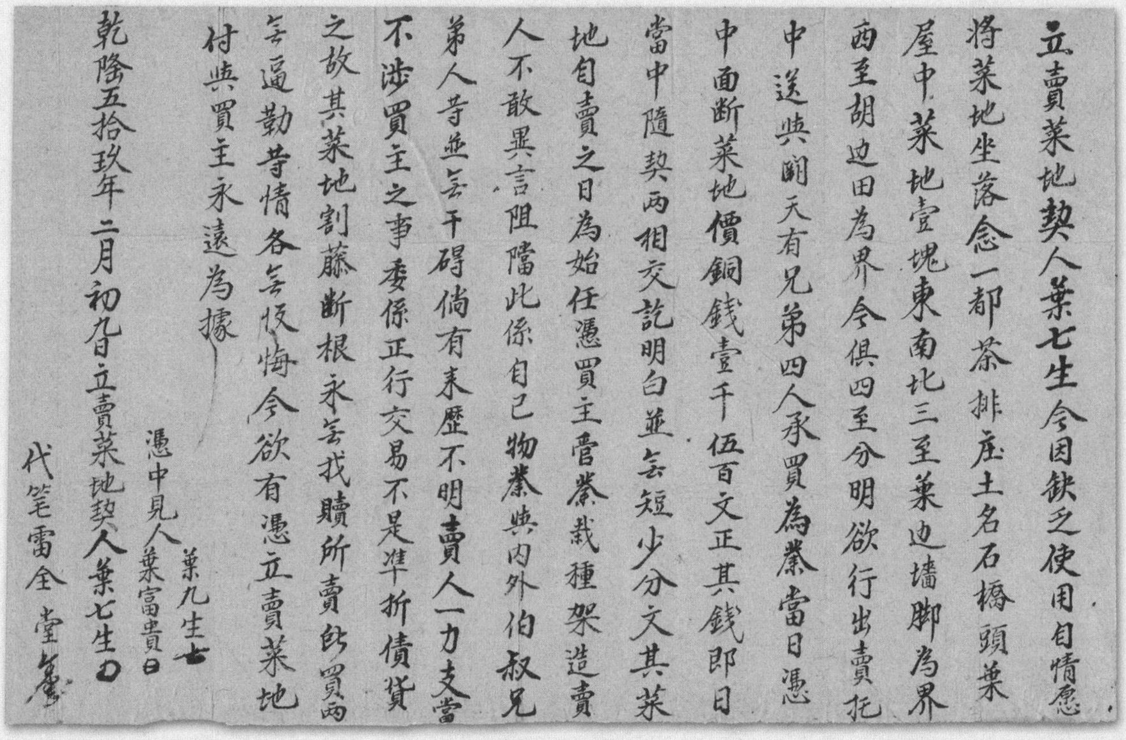

立賣菜地契人葉七生，今因缺乏使用，自情愿
将菜地，坐落念一都茶排庄，土名石橋頭葉
屋中菜地壹塊，東、南、北三至葉边墻脚為界，
西至胡边田為界，今俱四至分明，欲行出賣，托
中送與闕天有兄弟四人承買為業，當日憑
中面断，菜地價銅錢壹千伍百文正，其錢即日
當中隨契两相交訖明白，並無短少分文，其菜
地自賣之日為始，任憑買主管業栽種架造，賣
人不敢異言阻擋，此係自己物業，與内外伯叔兄
弟人等並無干碍，倘有来歷不明，賣人一力支當，
不涉買主之事，委係正行交易，不是準折債貨
之故，其菜地割藤断根，永無找贖，所賣所買，两
無逼勒等情，各無反悔，今欲有憑，立賣菜地
付與買主永遠為據。

憑中見人　葉九生
　　　　　葉富貴

乾隆五拾玖年二月初九日　立賣菜地契人　葉七生
　　　　　　　　　　　代筆　雷全堂

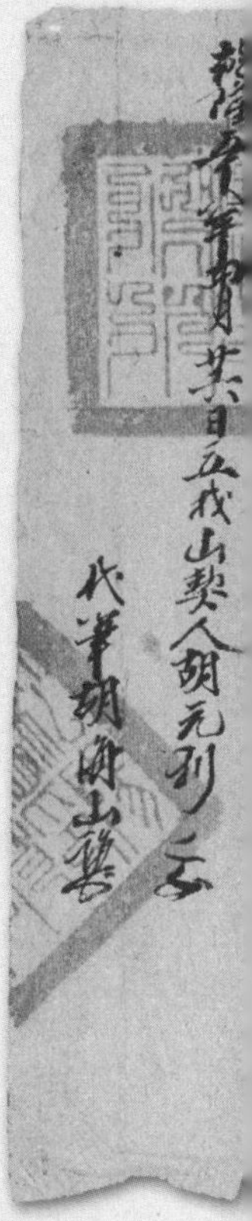

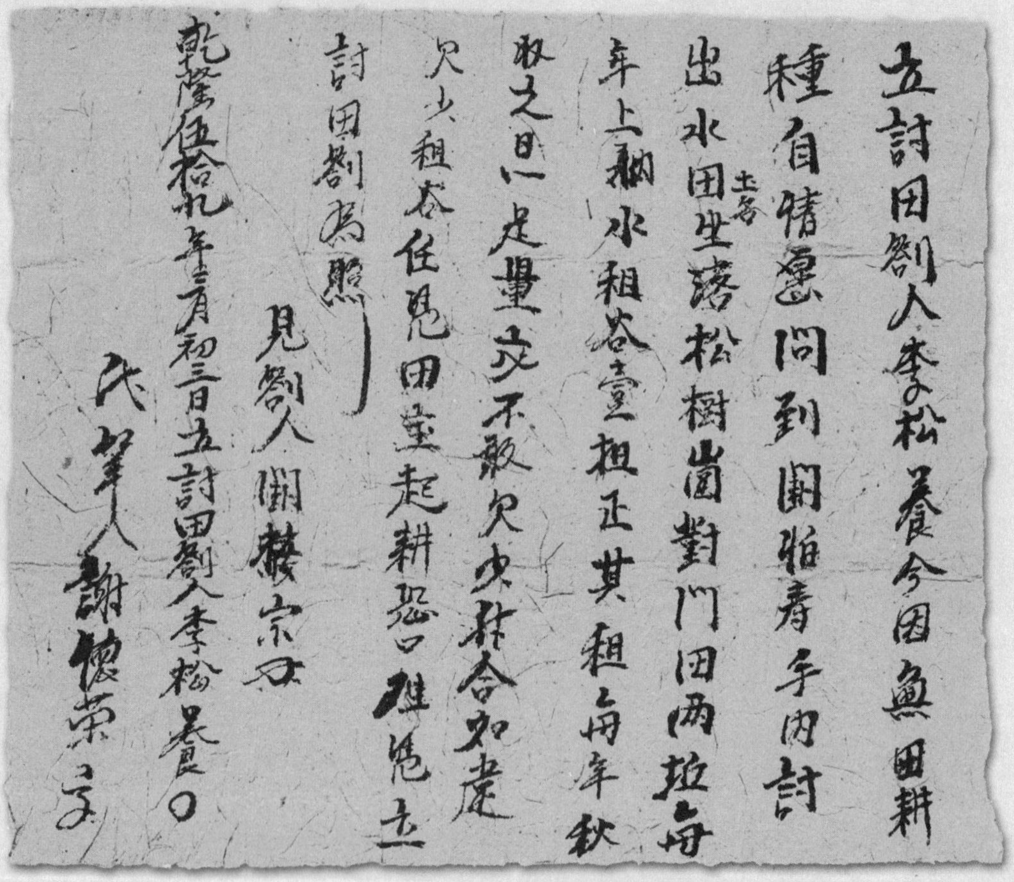

立討田劄人李松養，今因無田耕
種，自情愿问到阙柏寿手内討
出水田，土名坐落松樹崗對门，田两坵，每
年上纳水租谷壹担正，其租每年秋
收之日，一足量交，不敢欠少升合，如違
欠少租谷，任滉田主起耕，恐口难滉，立
討田劄為照。

見劄人 阙楼宗

乾隆伍拾九年三月初三日 立討田劄人 李松養

代筆人 謝懷荣

立找田契人賴學富，原與闕永魁交易民田壹契，坐落廿一都土名坳下，畝分界額，正契載明，今因口食不給，請託原中向業主再找出契外銀柒兩正，其銀即日親收足訖，不欠少分文，自找之後，永遠断根，再不敢異言識認，一找千休，恐口無憑，立找契為照。

乾隆陸拾年润［閏］二月二十玖日　立找契人　賴學富

在場叔　賴登盛

原中人　廖開松

闕思進

代筆　闕萬瑜

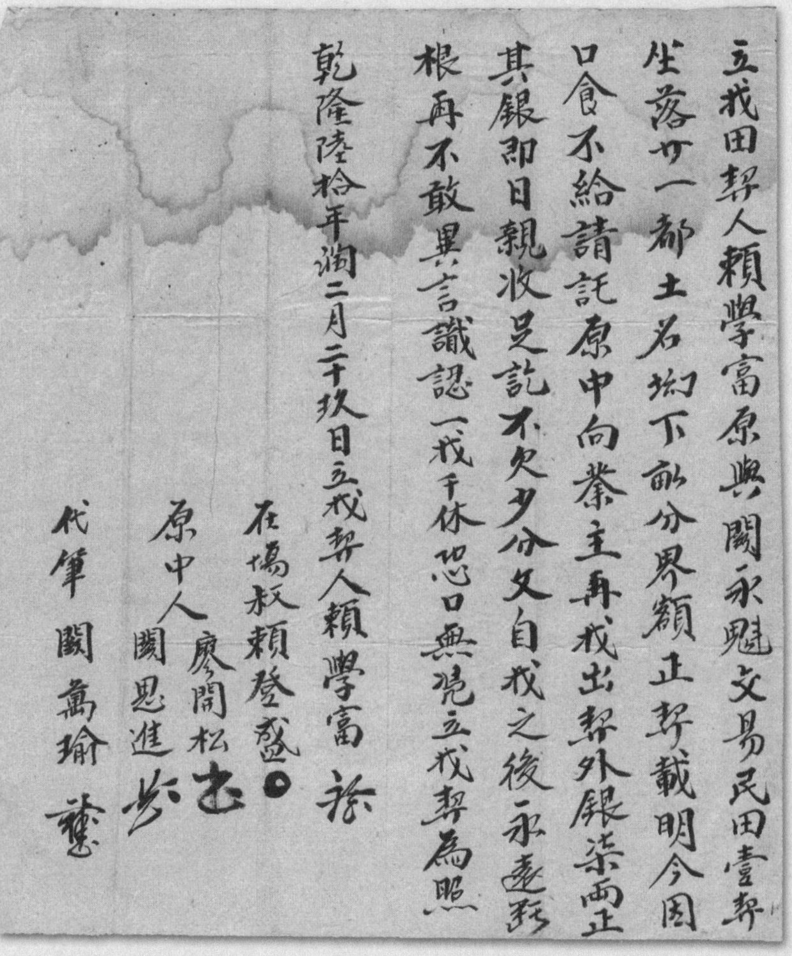
立找田契人賴學富原與闕永魁交易民田壹契坐落廿一都土名坳下畝分界額正契載明今因口食不給請託原中向業主再找出契外銀柒兩正其銀即日親收足訖不欠少分文自找之後永遠断根再不敢異言識認一找千休恐口無憑立找契為照
乾隆陸拾年润二月二十玖日立找契人賴學富
在場叔賴登盛
原中人廖開松
闕思進
代筆闕萬瑜

立承约字人阙永魁，今來向到魏宅永吉、光生边承過水田，坐落廿一都石倉源大片頭庄，土名包處坑，又土名状源［元］頭对面山竹窝，又土名大□坑洋頭崗界［芥］菜園［源］口，又土名状元頭门口，又土名外崗横路下屋门前，又土名安袋［岱］崗，又土名大嶺後松樹崗炉場，共田拾處，计水租肆十七担正，其租每年秋收交清，不得欠少，恐口無信，立承约字為照。

乾隆六十年八月初七日　立承约　阙永魁

见字　阙永茂

张發龍

代筆　龔相龙

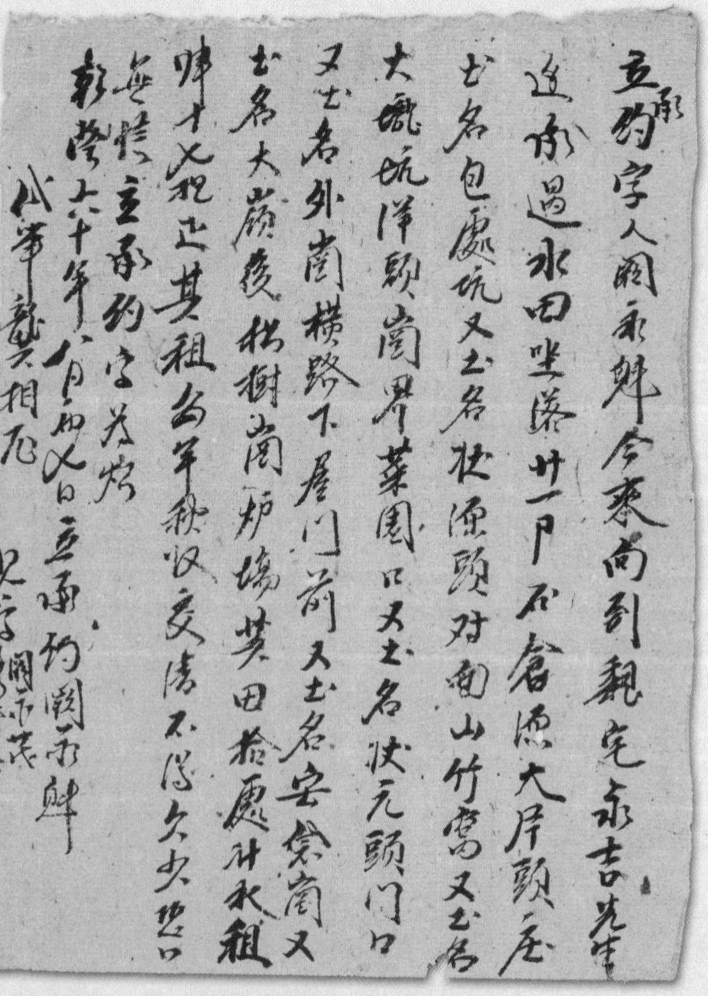

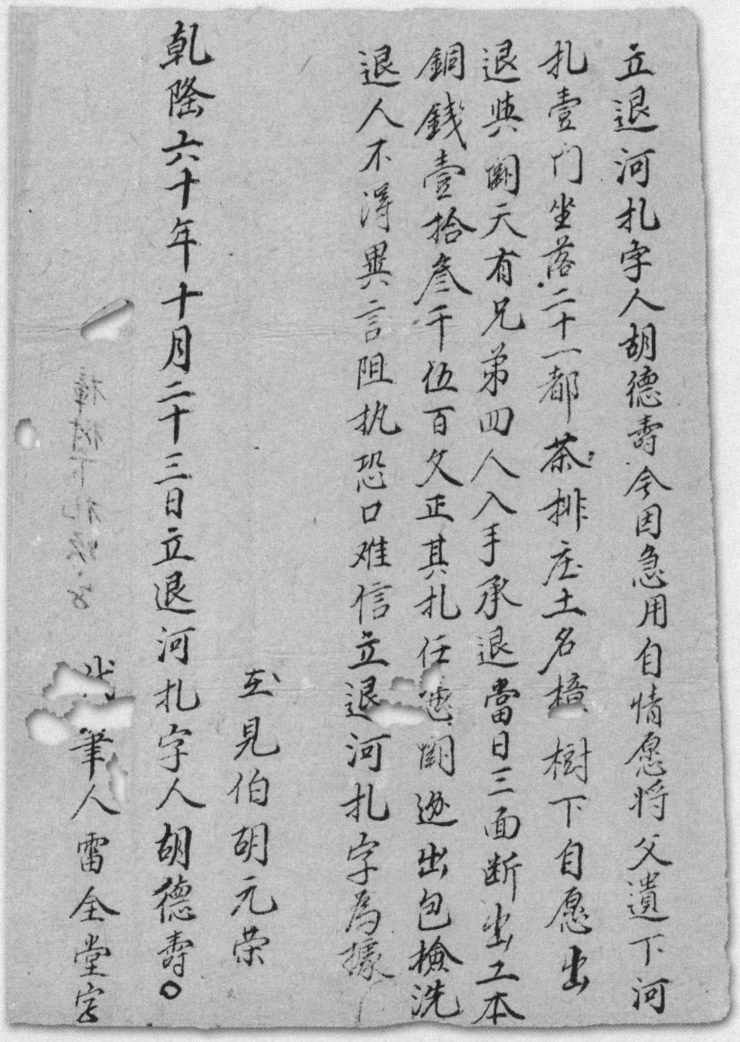

立退河扎字人胡德壽，今因急用，自情愿将父遺下河
扎壹门，坐落二十一都茶排庄，土名樟樹下，自愿出
退與闕天有兄弟四人入手承退，當日三面断出工本
銅錢壹拾叁千伍百文正，其扎任憑闕边出包撿洗，
退人不得異言阻执，恐口难信，立退河扎字為據。

在見伯　胡元荣

乾隆六十年十月二十三日　立退河扎字人　胡德壽

代筆人　雷全堂

立賣斷契人闕天富今因錢粮無办自情愿将父手遺下分闈内民田坐落二十一都茶排庄土名老屋門口水田上壹坵計額肆分正又老屋下手倉屋壹間客軒壹間上連瓦桷下及地基門路俱已在内自愿情托中人送與本家 天有兄弟四人等入手承買為業當日憑中三面言斷時值價銅錢拾捌仟文正其錢即日當中交訖不少個文自賣之後為始任憑買主前去推收過户完粮起耕改佃收租管業賣人不得異言阻陸乃係自己清楚物業與内外伯叔侄人等亦無干碍並無文墨重典他人如有來歷不明賣人一力支當不涉買主之事此係正交易不是准折債貨之故契載割藤斷根永不得取贖所賣所買兩無逼勒等情二家情愿并肯各無反悔今欲有憑付與買主永遠為照

乾隆六十年十月廿六日

立賣契人闕天富(押)

三有(押)

憑中人闕天龍(押)

立找斷截契人闕天富原與本家　天有兄弟四人等進交易民田契
并倉屋在内坐落廿一都茶排庄土名老屋門口訖乡界至前契載明今
因口食不給再託原中相勸叅主找出契外銅錢柒仟文正其錢即
日親收足訖不欠個文自找之後割藤斷絕永遠子孫無得異言
等情一找千休如有此色再受重復叠騙之辜恐口無憑立找斷截
契為據

乾隆六十年十二月初九日

立找斷截契闕天富（押）

三有　出
天龍　號
原中闕　德瑀　出
德瓊　出
代筆　德琳（押）

代筆　德琳（押）
德瓊　出

（前頁）>>>>>

立賣断契人闕天富，今因錢粮無办，自情愿将父手遺下分阄内民田，坐落二十一都茶排庄，土名老屋門口水田上壹坵，計額肆分正，又老屋下手倉屋壹間，客軒壹间，上連瓦桷，下及地基門路，俱已在内，自愿請託中人送與本家天有兄弟四人等入手承買為業，當日憑中三面言断，時值價銅錢拾捌仟文正，其錢即日當中交訖，不少個文，自賣之後為始，任憑買主前去推收過户完粮，起耕改佃，收租管業，賣人不得異言阻挡，乃係自己清楚物業，與内外伯叔侄人等亦無干碍，並無文墨重典他人，如有來歷不明，賣人一力支當，不涉買主之事，此係正（行）交易，不是準折債貨之故，契載割藤断根，永不得取贖，所賣所買，兩無逼勒等情，二家情愿甘肯，各無反悔，今欲有憑，付與買主永遠為照。

乾隆六十年十月廿六日　立賣契人　闕天富

三有

憑中人　闕天龍

德瓊

代筆　德琳

（前頁）>>>>>

立找断截契人闞天富，原與本家天有兄弟四人等边交易民田一契，并倉屋在内，坐落廿一都茶排庄，土名老屋門口，畝分界至，前契載明，今因口食不給，再託原中相勸業主找出契外銅錢柒仟文正，其錢即日親收足訖，不欠個文，自找之後，割藤断絕，永遠子孫無得異言等情，一找千休，如有此色，甘受重復叠騙之辜，恐口無凴，立找断截契為據。

乾隆六十年十二月初九日　立找断截契　闞天富
三有
原中　闞天龍
德痗
德瓊
代筆　德琳

立退字人温荣林，今因故父日先賣有水田，土名坐落雲邑五都橋頭金竹壋，田壹處，田边有荒坪田角，壹應退與藍士雲手內，退出銅錢壹仟捌百文正，其钱即日交清，並無短少，其荒坪自退之後，任凭藍边前去開垦陞科，應册管業，温边子侄永遠不得言称識認，愿退愿受，出在两相情愿，並無逼抑之理，恐口难凭，立退字存照。

乾隆六拾年十二月廿八日　立退字人　温荣林

在見退叔　習遠

兄　福林

衣［依］口代筆　刘恩賜

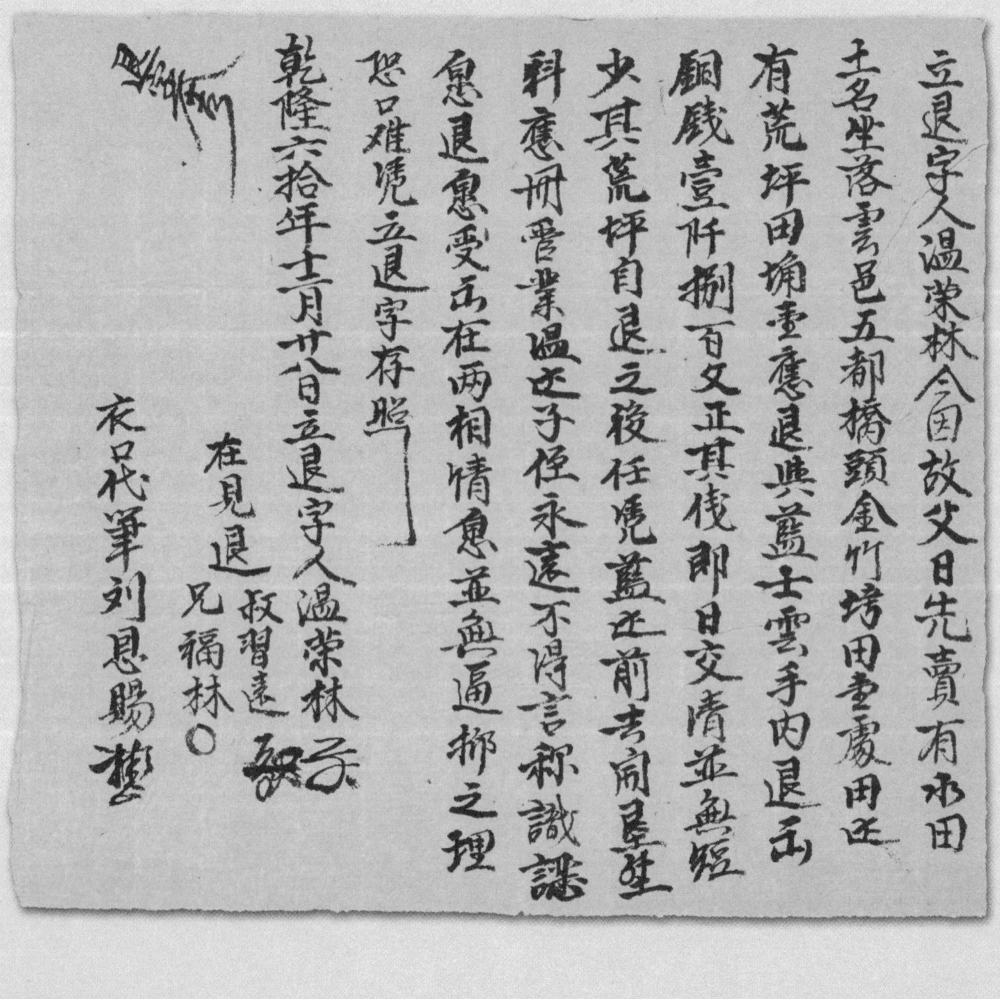
立退字人温荣林今因故父日先賣有水田土名坐落雲邑五都橋頭金竹壋田壹處田边有荒坪田角壹應退與藍士雲手內退出銅錢壹仟捌百文正其钱即日交清並無短少其荒坪自退之後任凭藍边前去開垦陞科應册管業温边子侄永遠不得言称識認愿退愿受出在两相情愿並無逼抑之理恐口难凭立退字存照
乾隆六拾年十二月廿八日立退字人温荣林
在見退叔習遠
兄福林
衣口代筆刘恩賜

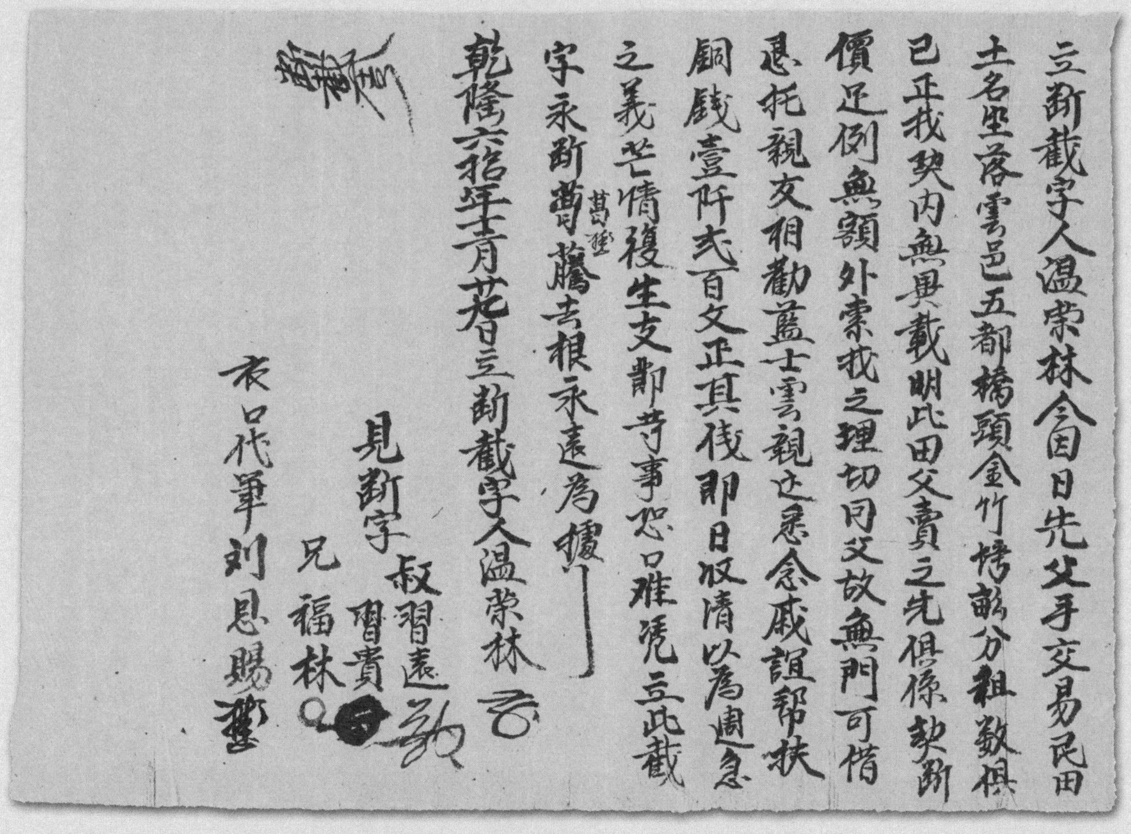

立断截字人温荣林，今因日先父手交易民田，
土名坐落雲邑五都橋頭金竹塆，畝分租数，俱
已正找契内無異載明，此田父賣之先，俱係契断
價足，例無額外索找之理，切因父故，無門可借，
懇托亲友相勸藍仕雲親边悉念戚誼，帮扶
銅錢壹阡［仟］式百文正，其钱即日收清，以为週急
之義，芒情復生支節等事，恐口难凴，立此截
字永断葛藤去根，永遠為據。

乾隆六拾年十二月廿九日　立断截字人　温荣林

見断字叔　習遠

習貴

兄　福林

衣［依］口代筆　刘恩賜

立賣田契人賴敦琳，今因錢粮無办，情愿将到祖父遺下田，土名坐落雲邑九都茶鋪，小土名樟樹背田壹處，下塅共計坑边小坵貳拾壹坵，又山脚田小坵壹坵，共大小田貳拾陸坵，計額貳畝五分正，上至賣主四方坵田為界，下至石角為界，左至大溪為界，右至山脚為界，又土名賴其成坟脚田叁坵正，今俱四址分明，托中立契出賣與劉接興入手承買，當日憑中三面言断，時值價銀伍拾两正，其銀即日隨契两相交付足訖，並無短少分文，其田未賣之先，並無文墨交加，至買［賣］之後，亦無房親伯叔兄弟人等『並無』争執，倘有来歷不明，皆賣主一力承當，不涉買主之事，其田自（賣）之後，任憑買主推收過户，完粮管業，日後無找無贖等情，此乃係清課清業，愿賣愿買，各無逼抑之理，今欲有憑，立賣田契付與劉邊永遠子孫管業為據。

在中 王德興
闕學賢
張田牧
楊泰
伯 興泰
春泰

嘉慶元年正月廿日 立賣田契人 賴敦琳
依口代笔 林新龍

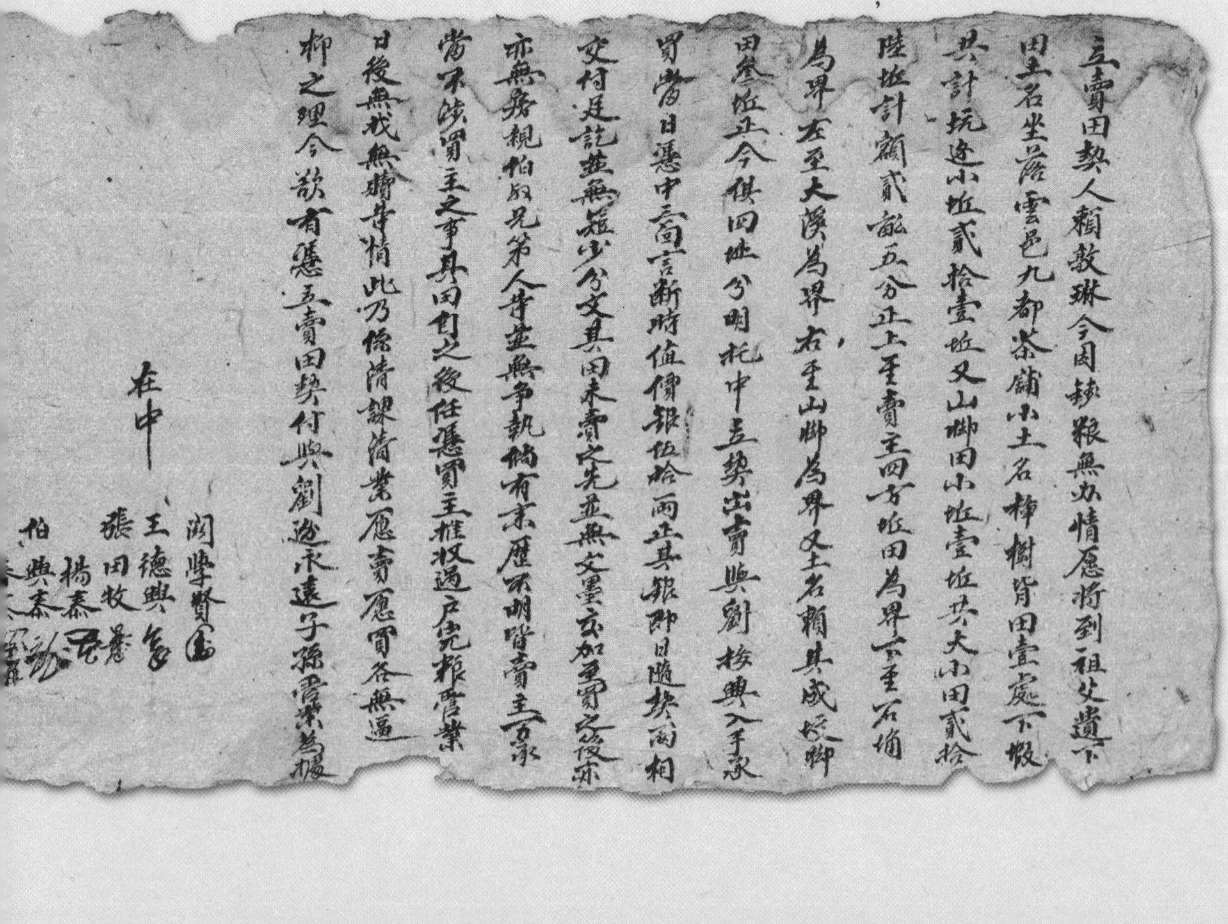

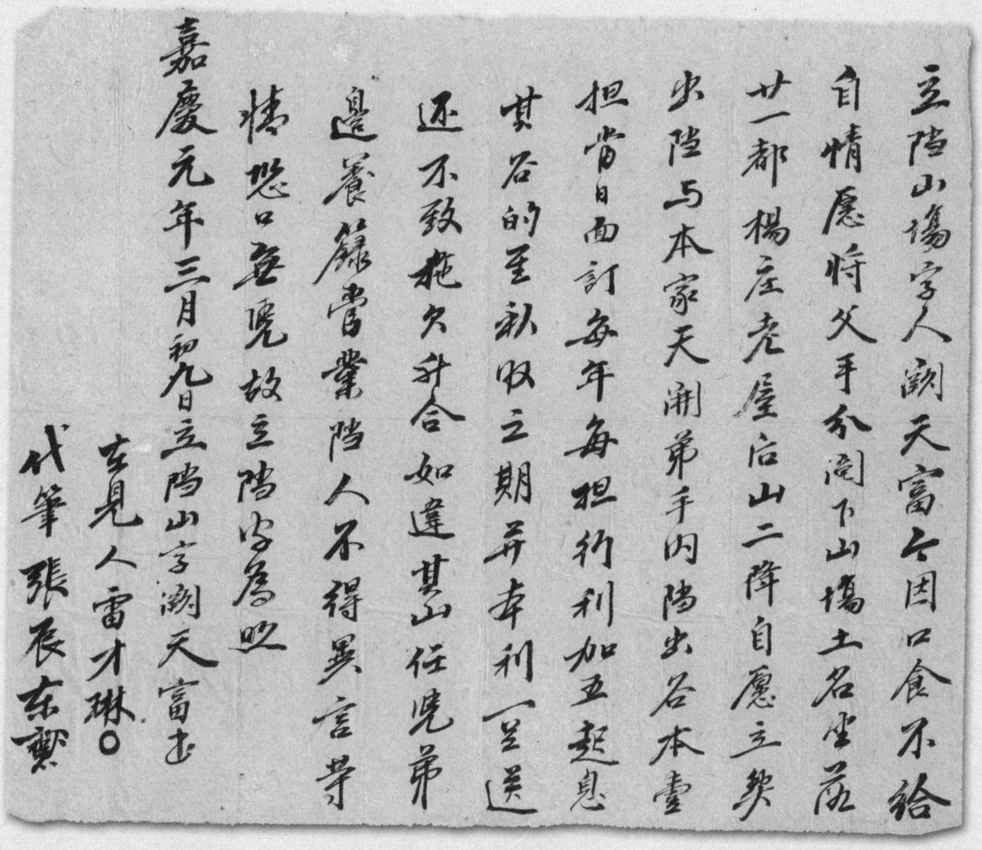

立当山場字人闕天富，今因口食不给，
自情愿将父手分阄下山場，土名坐落
廿一都楊庄老屋后山二降，自愿立契
出当与本家天閞弟手内，当出谷本壹
担，當日面訂，每年每担行利加五起息，
其谷的至秋收之期并本利一足送
还，不致拖欠升合，如違，其山任凴弟
邊養籙管業，当人不得異言等
情，恐口無凴，故立当字為照。
嘉慶元年三月初九日　立当山字　闕天富
在見人　雷才琳
代筆　張辰东

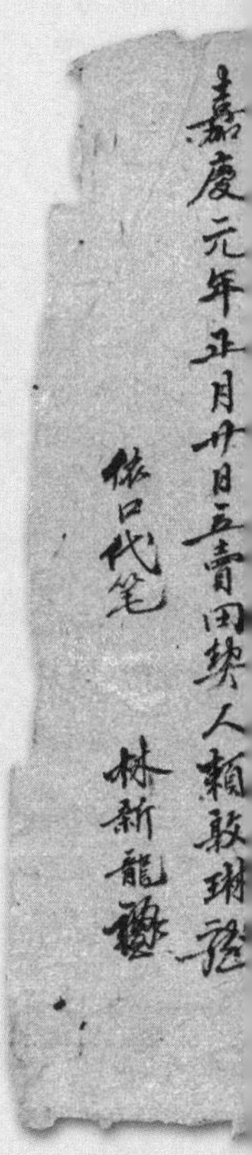

立賣田契人許福興，今因錢粮無办以及吉［急］（用），自情愿将父手遺下民田壹處，坐落廿都横水口庄，小土名白風洋塅，計田壹坵正，計額粮捌分正，其田上至自己田為界，下至周邊田為界，内至山為界，外至河墈為界，今俱四至分明，自愿立契出賣，託中送與周文喜入手承買為業，當日凴中三面言断，時值田價銅錢壹拾叁千文正，其錢隨契两相交訖明白，不欠分文，其田自賣之後，任從買主起耕推收，投税過戶，完粮收租，自種管業，賣人不得異言阻挡，其田乃係自己清業，亦無重典文墨交加，如有此情，賣人一力承當，不涉買主之事，愿買愿賣，两無逼勒，二比甘愿等情，恐口难信，立賣田契為照。

在塲凴中人　鄒德龍

嘉慶元年十二月初四日　立賣田契人　許福興

代筆人　鄒玉彩

立找田契人許福興，今因原與周宅交易民田壹契，坐落廿都横水口庄，小土名白風洋塅，計田壹坵正，其田畝分界至，前契載明，今来託原中向前相勸買主周文喜手内找出契外田價銅錢肆千文正，其錢隨契两相交訖，不欠分文，其田自找之後，日后無得再找，只許原契價取贖，二比情愿，恐口难信，立找田契為據。

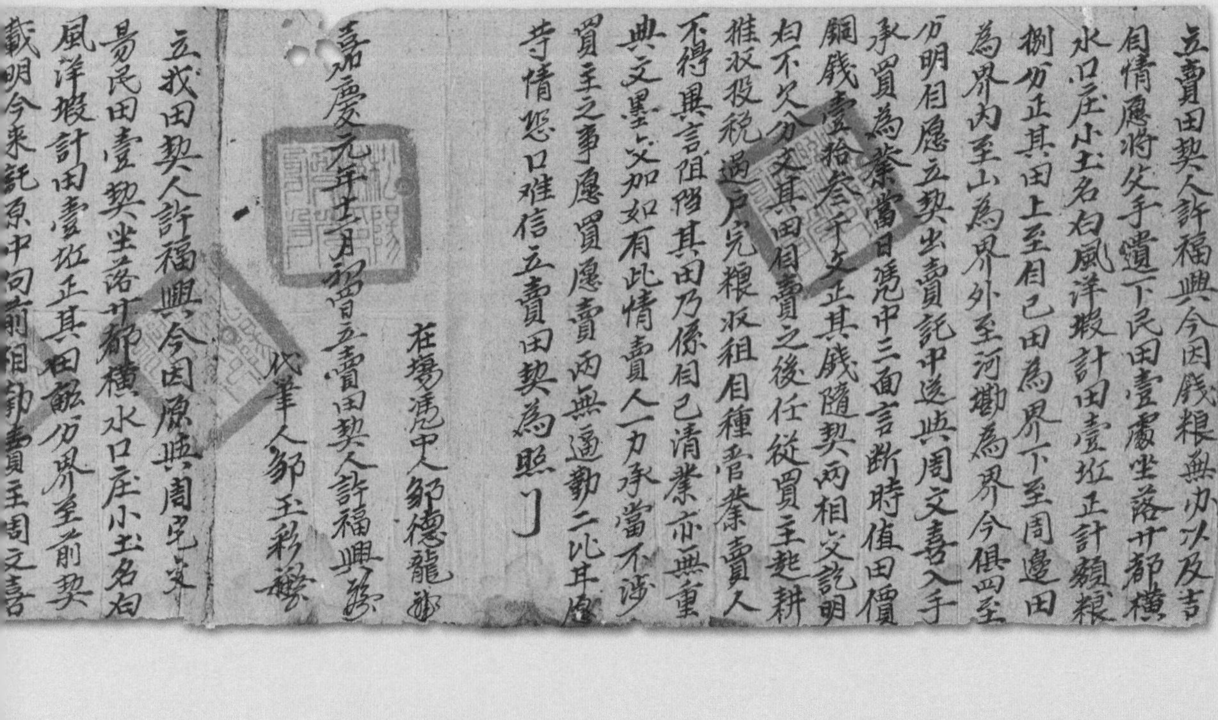

在場原中人　邹德龍

嘉慶元年十二月初四日　立找田契人　許福興

代筆人　邹玉彩

（契尾，嘉庆拾伍年拾壹月）

立賣田契人包金滿，今因錢粮無办，自情愿将父遺分下坐落廿一都茶排庄，土名石橋頭塅内民田壹坵正，計額粮伍分正，東至路為界，南至刘邊田為界，西至闕边田為界，北至闕己田為界，今具四至分明，託中送與闕天開承買為業，當日凴中三面言断，時值價銅錢壹拾伍仟文正，其錢即日隨契兩相交訖，不少个文，其田任凴買主推收過户，完粮收租，起耕管業，賣人並無異言，此係父遺分下清楚物業，與内外叔伯兄弟人等並無干涉，亦無重典文墨交加，如有來歷不明，賣人一力承當，不涉買主之事，所賣所買，正行交易，出在兩甘情愿，並無逼抑債貨之故，其田不限年数，原價取贖，今欲有憑，立賣田契付與買主子孫永遠為據。

在場兄　金開

嘉慶貳年十一月十一日　立賣田契人　包金滿

代筆　胡壽堂

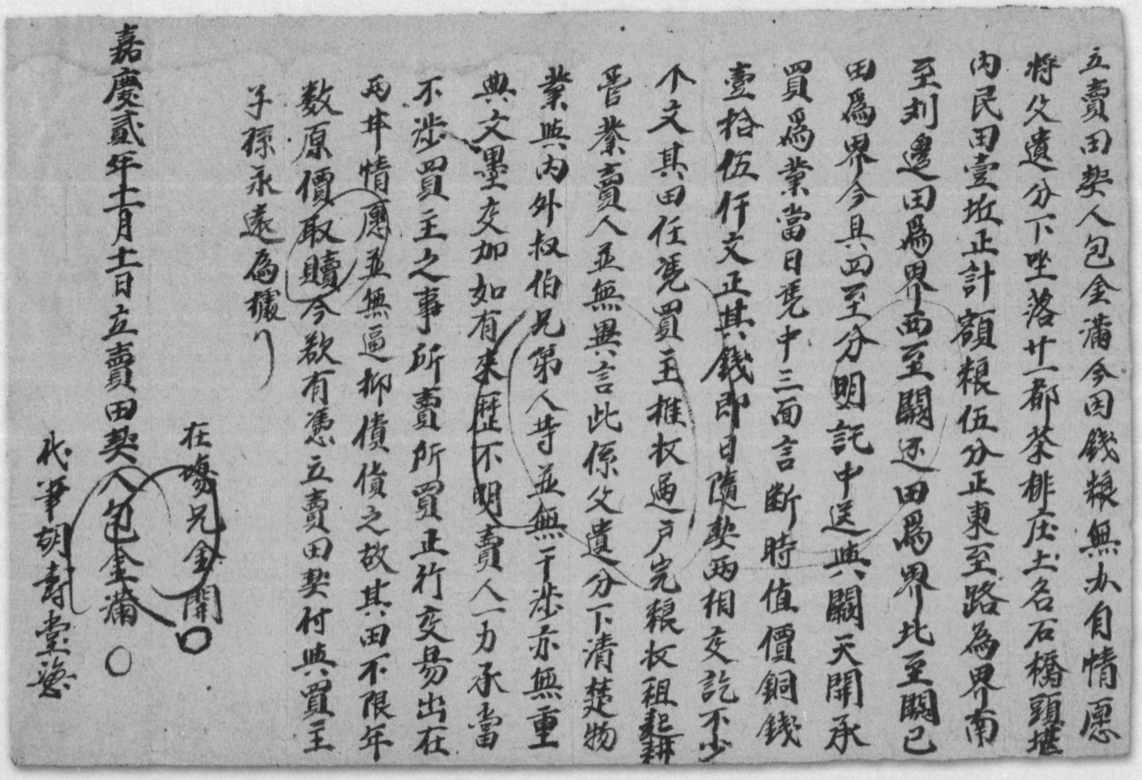

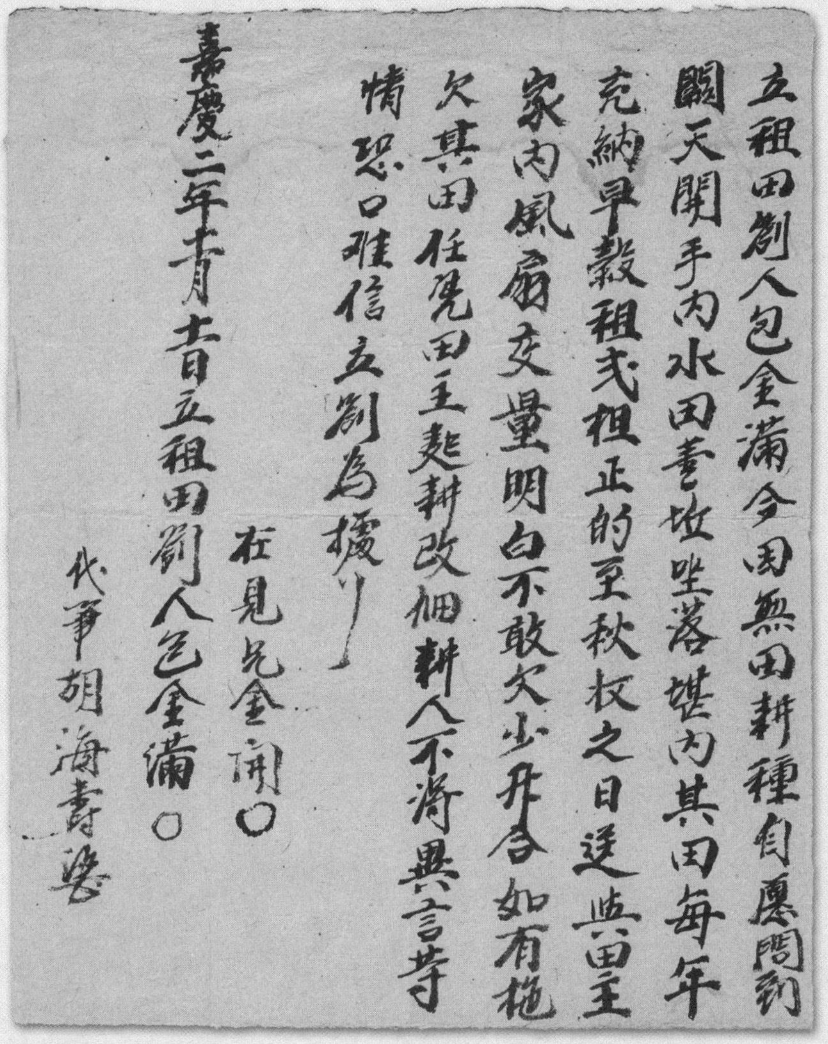

立租田劄人包金滿，今因無田耕種，自愿問到
闞天開手内水田壹坵，坐落㙮内，其田每年
充納早穀租弍担正，的至秋收之日，送與田主
家内風扇交量明白，不敢欠少升合，如有拖
欠，其田任凴田主起耕改佃，耕人不得異言等
情，恐口难信，立劄為據。

在見兄　金閅

嘉慶二年十一月十一日　立租田劄人　包金滿

代筆　胡海壽

立租田劄人雷永元，今因無田耕種，自惠問到念壹都茶排闕天開兄邊租得民田坐落本都大片頭庄小土名倉源坑，其田面斷每年秋收充納還租谷伍担壹籮正，送至田主倉口風扇交量明白，不得欠少升合。如若欠少租谷，其田任憑田主起耕另佃種人，不得異言。恐口难憑，立租劄為照。

一批粮額叁畝，當日面斷每年扣除租谷壹籮正，典賣人完納雜費俱已在內，不涉買主之事，再照。

嘉慶叁年十二月十六日立租田劄人雷永元（押）

見劄人　鄧招喜（押）

鄧寧遠（押）

代筆　鄧寧嵩（押）

（前頁）>>>>>

立租田劄人雷永元，今因無田耕種，自愿问到念壹都茶排闕天闬兄边租得民田，坐落本都大片頭庄，小土名倉源坑，其田面断，每年秋收充納湿租谷伍担壹籮正，送至田主倉口風扇交量明白，不得欠少升合，如若欠少租谷，其田任凴田主起耕易佃，種人不得異言，恐口难信，立租劄為照。

一批粮額叁畝，當日面断，每年扣除租谷壹箩正，與賣人完納，雜費俱已在内，不涉買主之事，再照。

嘉慶叁年二月十六日　立租田劄人　雷永元

見劄人　郑招喜

鄧寧遠

代筆　鄧寧嵩

立斷找契人雷卷禄，父手交易民田壹契，坐落二十一都蔡宅庄張家壿，土名大陰嶺，又中心崗，又屋邊，共田叁處，畝分界至，俱已正契載明，當日價足本無可找，今因父喪迫用，再托原中相勸業主闞天閈叔手内找出契外銅錢貳千陸伯文正，其錢即日交收足訖明白，不少個文，其田自找之後，永為闞邊血業，雷邊永不得再找等情，如有此色，甘受疊騙之論，所找所受，此出两相情愿，並無逼抑等情，今欲有滉，故立找契付與闞邊永遠管業存照。

嘉慶叁年六月十八日　立斷找契人　雷卷禄

原中人　雷保壽

天壽

代筆　張辰東

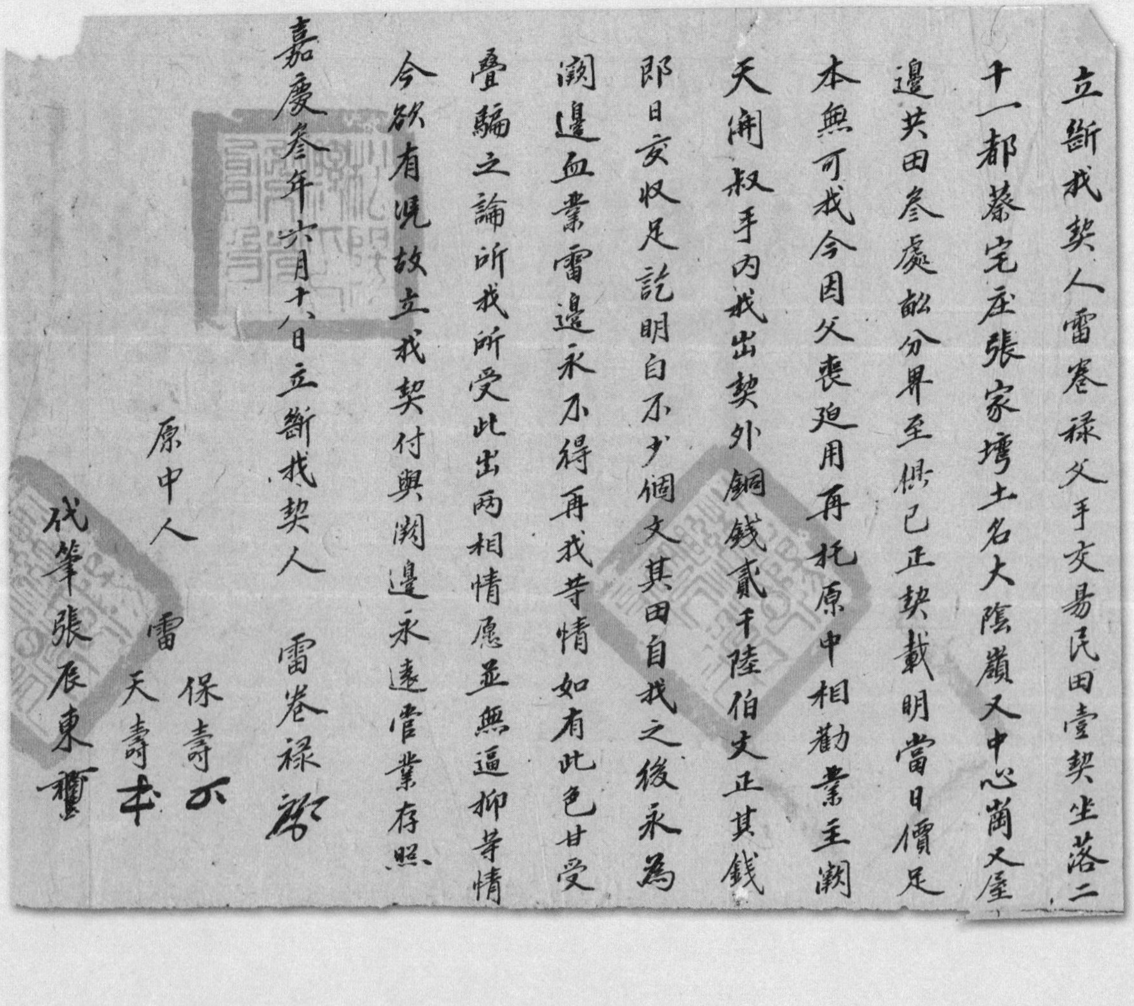

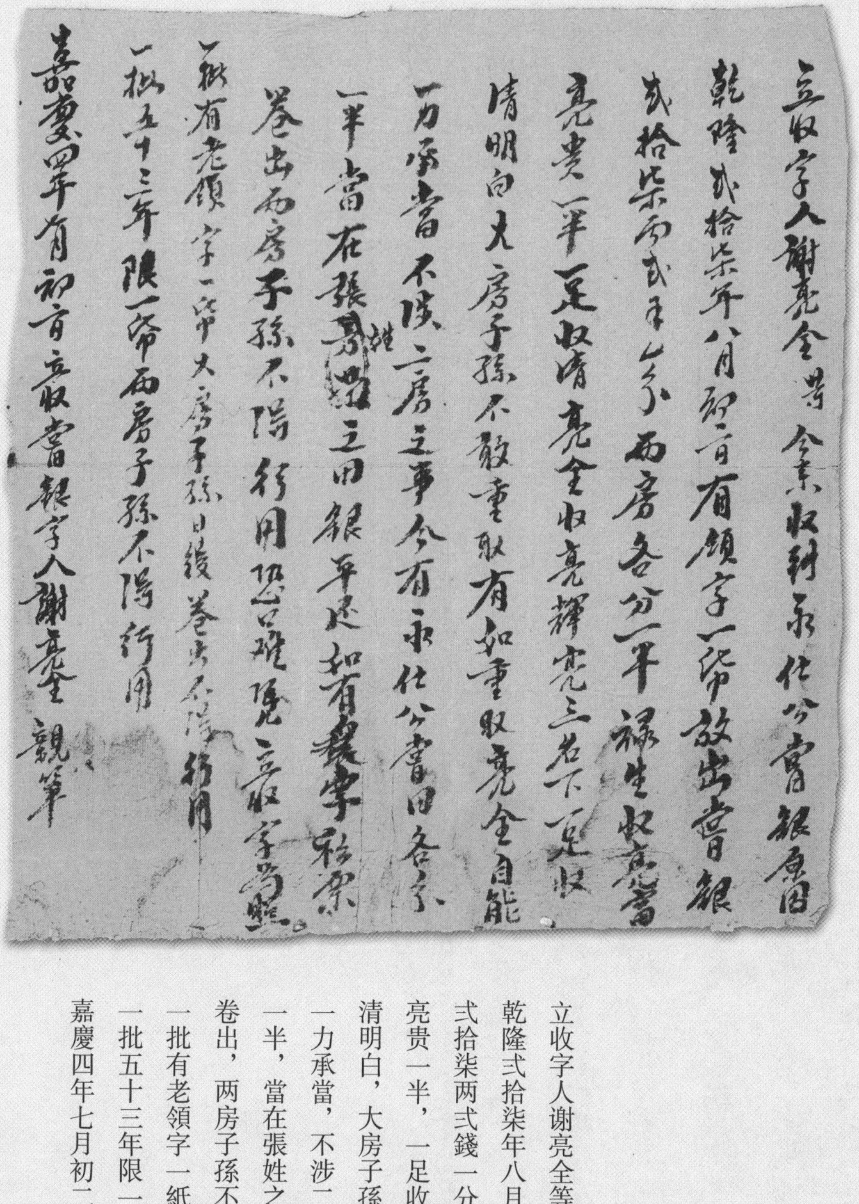

立收字人谢亮全等，今来收到永仕公嘗銀，原因乾隆式拾柒年八月初二日有領字一紙，故出嘗銀式拾柒两式錢一分，两房各分一半，禄生收亮富、亮贵一半，一足收清，亮全收亮輝、亮三名下，一足收清明白，大房子孫不敢重取，有如重取，亮全自能一力承當，不涉二房之事，今有永仕公嘗田，各分一半，當在張姓之田，銀平还，如有衆字衫票卷出，两房子孫不得行用，恐口难凴，立收字為照。

一批有老領字一紙，大房子孫日後卷出不得行用。

一批五十三年限一紙，两房子孫不得行用。

嘉慶四年七月初二日　立收嘗銀字人　谢亮全　親筆

立賣契人金永官，今因錢粮無办，自愿将己置砂坪扎塲壹處，坐落廿一都夫人庙庄，土名西山岗弍坑砂坪，計額壹分正，上至西山岗頭坑嫩扎尾為界，下至坑口為界，东至闕永魁田脚為界，西至小坑為界，今具四至分明，託中欲行立契，出賣與賴新全承買為業，當日憑中言断，時值價錢壹千捌伯文正，其錢即日随契交訖明白，自賣之后，任憑買主推收過户，完粮管業，倘若日後頭坑歇業之日，任賴边闲北〔辟〕成田，界内耕管，賣人不得異言争論，此係己置清楚物業，以〔與〕内外人等（無）干碍，亦無重典文墨交加，如有来歷不明，賣人一力支當，不涉買主之事，所賣所買，出在两甘情愿，此係正行交易，契明價足，並無逼抑債負之故，其坑塲永遠不得異言找贖等情，今欲有憑，立賣（契）付與買主永遠為據。

嘉慶四年十一月念四日　立賣契人　金永官

憑中　闕永魁

代筆　闕萬瑜

（契尾，嘉慶柒年拾貳月）

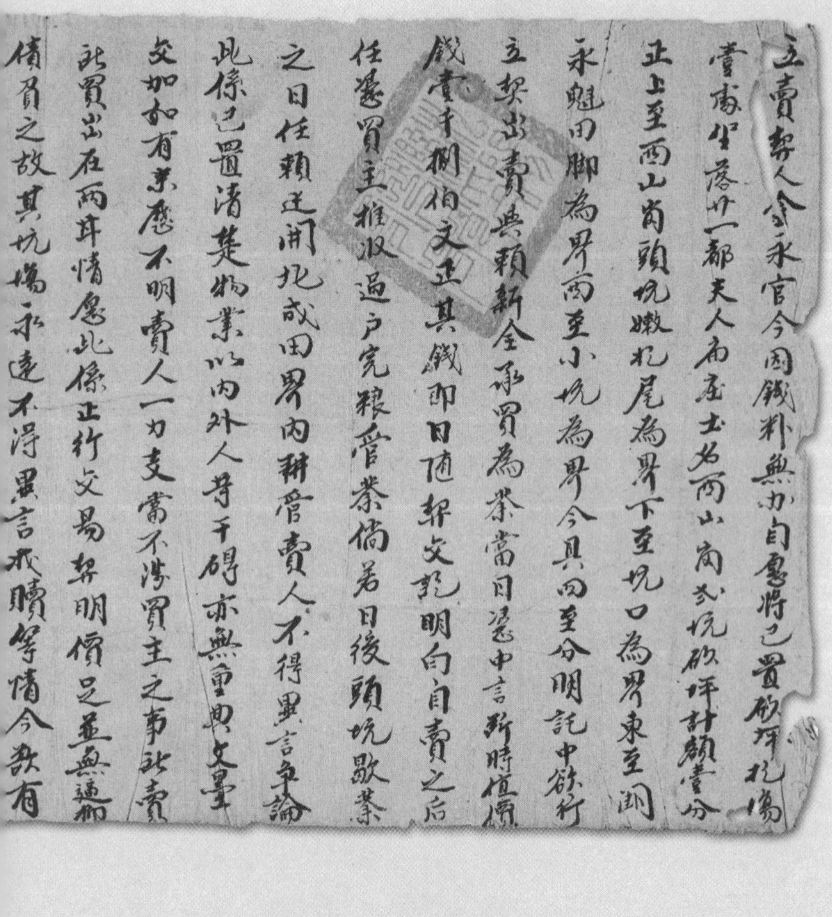

契
字
號
嘉慶柒年拾貳月
叁千肆百玖拾陸
松陽
賴新全
壹兩捌錢
伍分肆
道立賣付與買主永遠為據
嘉慶四年十一月念四日立賣契人金永官
憑中闕永魁
代筆闕高瑜

立賣田契人闕德環，今因無錢使用，自情愿將
自置民田，土名坐落念一都茶排庄夢嶺脚葉
麻洋，水田柒坵，東至闕姓田為界，南至闕姓田
為界，西至闕邊田為界，北至山為界，又山门田
伍坵，并及荒地弍塊，東至坑為界，南至坑為界，
西至周邊山為界，北至坑為界，今俱四至分明，計
額式分正，自请託中送與闕德琳與王成隆关王
會内人等承買為業，當日憑中三面言断，時值田
價銅錢式仟文正，其錢即日當中隨契兩相交訖
明白，不少個文，其田自賣之後为始，任憑田主推收
過户完粮，起耕改佃，收租管業，賣人不敢異言阻
擋，此係自己清楚物業，與房親叔伯兄弟人等並
無文墨重典加交等情，倘有来歷不明，皆系賣人
一力支當，不涉買主之事，所買所賣，出在两甘情愿，
此係正行交易，契明價足，不是準折債貨之故，
其田割藤断根截賣，永無找價取贖之理，今欲
有憑，立賣田契付與賣〔買〕主永遠存據。

在場胞弟　建滿
憑中堂弟　德瓊
嘉慶肆年拾弍月初二日　立賣田契人　闕德環
代筆人　德璁

立找断截契人闕德環，日前原與闕德琳关王會
内人等交易民田壹契，土名夢嶺脚，土名界至額（數）
俱已於前契内載明，再託原中相勸業主面前
找過契外銅錢壹仟文正，其錢即日收訖，不少個文，

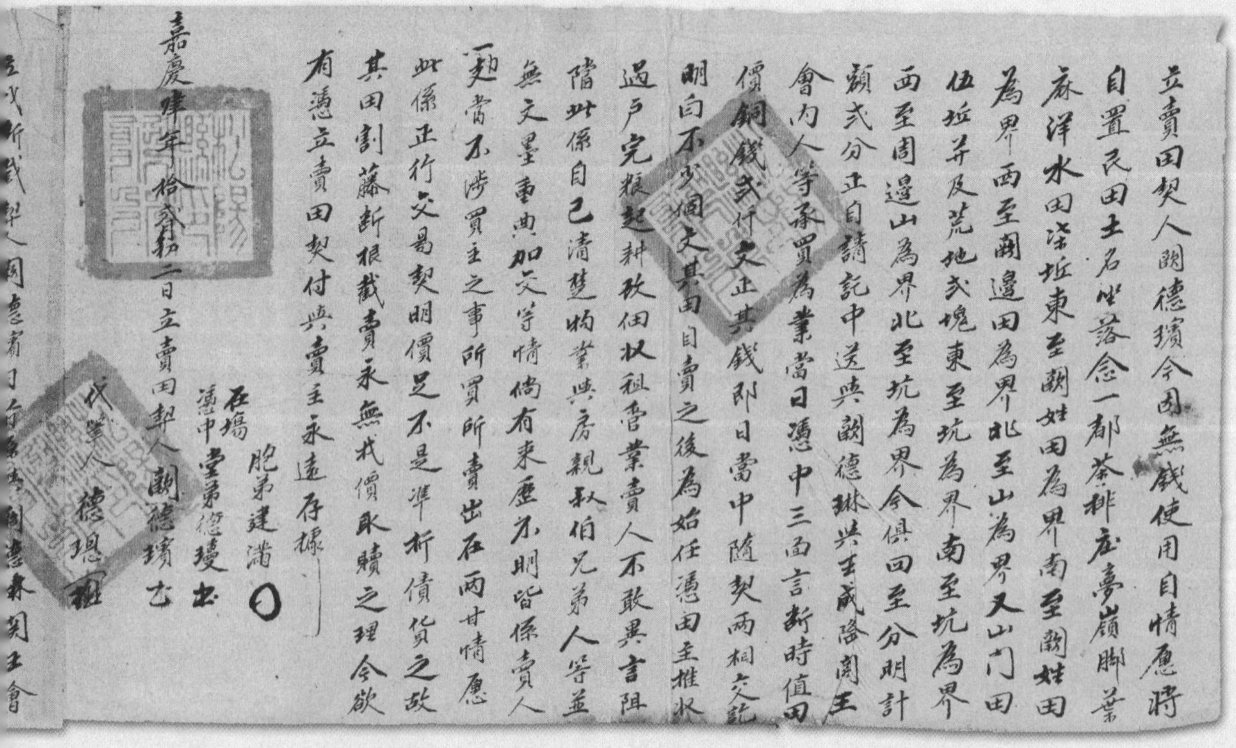

其田自找之后，再不敢異言阻挡再找，如有此色，甘
受叠騙之論，恐口無憑，立找断截契存照。

原中　德瓊

嘉慶伍年弍月十三日　立找断截契人　闕德瓆

代筆　德璁

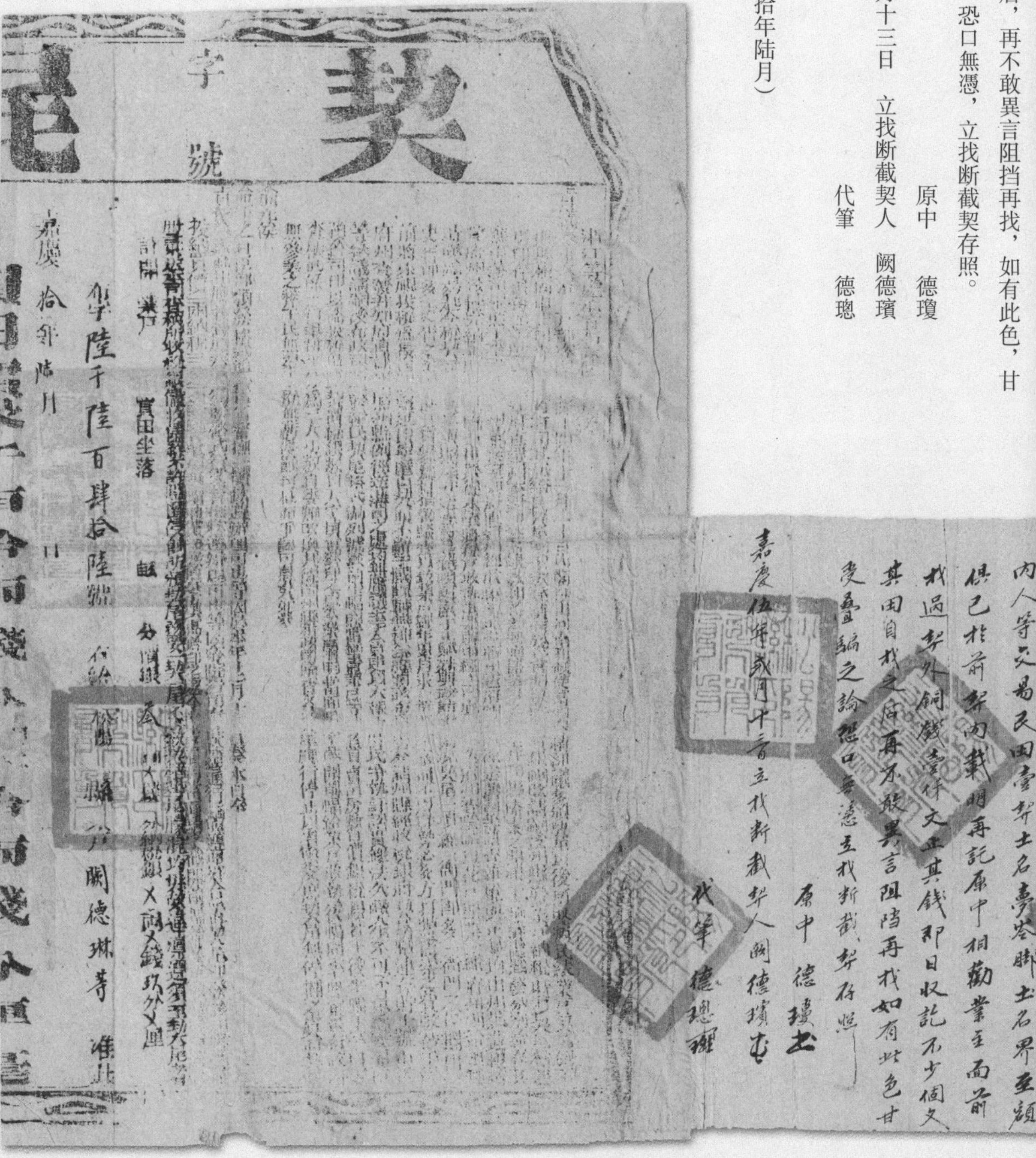

（契尾，嘉慶拾年陸月）

立賣田契劉景揚今因錢粮無办自情愿將父遺下均分閣内民田一
塅坐落石倉源廿一都茶排庄土名石橋内田大小叁坵計額貳畝正
今具分明託中立契出賣與林新福禄承買為業當日憑中三面言
斷時值田價錢伍拾千文正其錢即日随契兩相交訖自賣之後任
憑買主推收過戶完粮起耕收租管業賣人無得異言此係父遺
均分閣下清楚物業與内外人等並無干涉亦無重典文墨交加
如有來歷不明賣人一力承當不涉買主之事所賣所買兩相情
愿此係正行交易契明價足並無債負準折之故其田一賣永遠不
敢異言取贖等情今欲有憑立賣契永遠為據

嘉慶肆年拾貳月念貳日立賣契劉景揚

一批後金坑口石橋頭外併在内田沿樹木随田管業再照

憑中　闕有禑
　　　闕道九
　　　李元龍
　　　李盛龍
　　　闕三有
　　　朱長寿

代筆　闕萬瑜

（前頁）>>>>>

立賣田契劉景揚，今因錢粮無办，自情愿将父遺下均分閹内民田一項，坐落石倉源廿一都茶排庄，土名石橋内，田大小叁坵，計額貳畝正，今具分明，託中立契出賣與林新福、禄承買為業，當日憑中三面言斷，時值田價錢伍拾千文正，其錢即日随契两相交訖，自賣之後，任憑買主推收過户，完粮起耕，收租管業，賣人無得異言，此係父遺均分閹下清楚物業，與内外人等並無干涉，亦無重典文墨交加，如有来歷不明，賣人一力承當，不涉買主之事，所賣所買，两甘情愿，此係正行交易，契明價足，並無債負準折之故，其田永遠不敢異言取贖等情，今欲有憑，立賣契永遠為據。

嘉慶肆年拾貳月念貳日　立賣契　劉景揚

一批後金坑口石橋頭外併在内，田沿樹木随田管業，再照。

闕有禞
闕道九
憑中　李元龍
李盛龍
闕三有
朱長寿
代筆　闕萬瑜

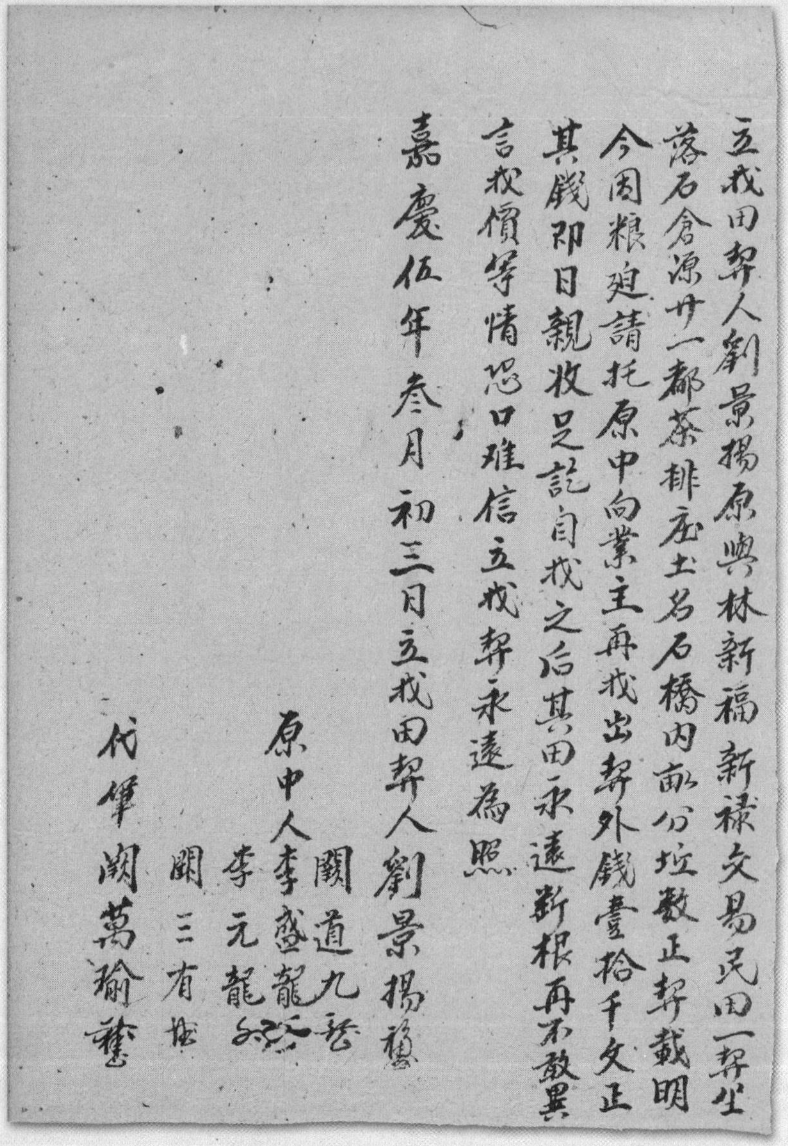

立找田契人劉景揚，原與林新福、新禄交易民田一契，坐落石倉源廿一都茶排庄，土名石橋内，畝分坵数，正契載明，今因粮迫，請托原中向業主再找出契外錢壹拾千文正，其錢即日親收足訖，自找之后，其田永遠断根，再不敢異言找價等情，恐口难信，立找契永遠為照。

嘉慶伍年叁月初三日　立找田契人　劉景揚

原中人　闕道九

李盛龍

李元龍

闕三有

代筆　闕萬瑜

立繳契魏廷桂，自愿将父遺股下松邑張方荣所賣水田数項，今因管業不便，并張姓正找二契，憑中立契繳與闕天開边為業，其所有銅錢俱照原價收訖，其土名坵段額数，依照原契歸與闕姓推收過户，完粮管業，恐口無據，立繳契存照。

嘉慶五年五月初二日　立繳契　魏廷桂

見契叔　永淙

憑中　闕登庸

代筆　陳永清

其契存在有南

即日付錢壹百十千文，去有南钱单弍百廿千，

仍该魏边價钱五十千文。

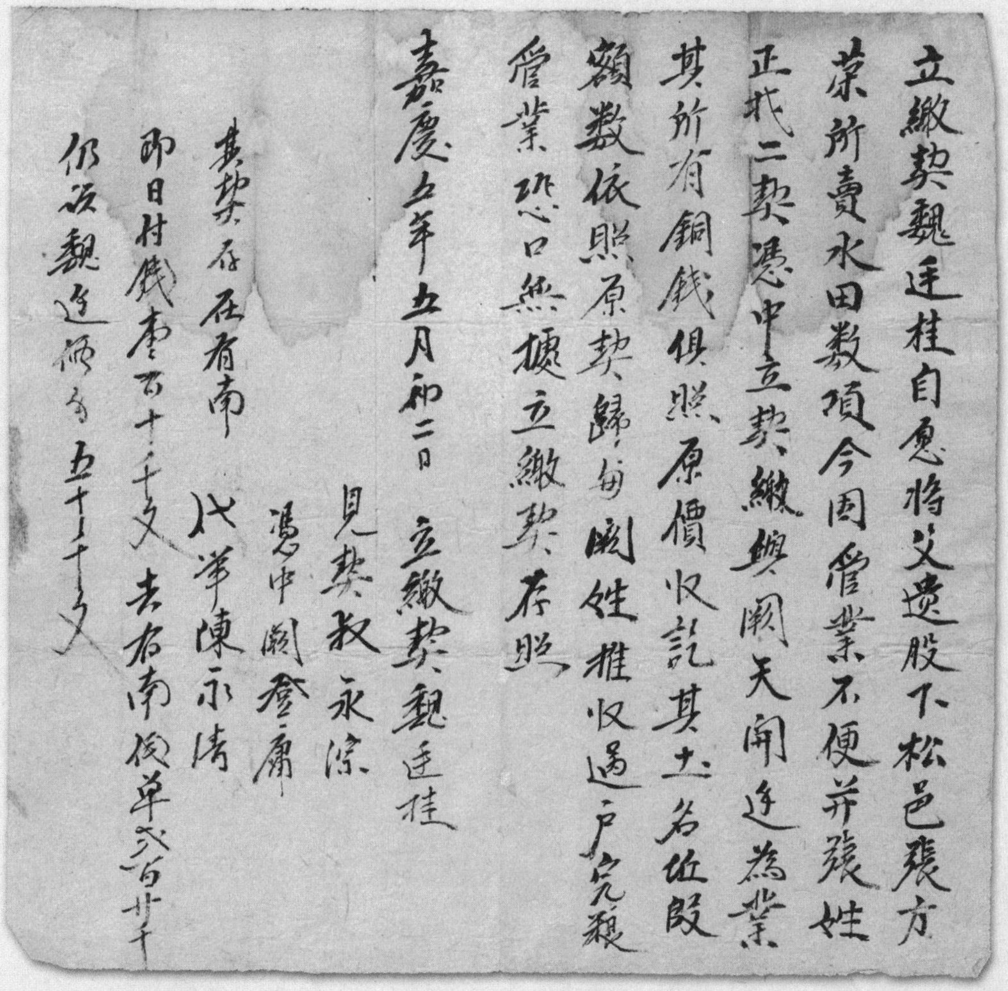

立賣田契人闕財魁今因錢粮無办自情愿祖父
遺分下自己閫內民田壹處坐落廿一都夫人庙庄
土名周領脚小湖水田貳坵計額粮伍分正東至路
為界西至濁水坑壠為界上至林明通田為界下至
坑壠為界今俱四分明托中送與林天興入手承
買為業當日憑中時值田價銅錢捌仟文正其錢即
日隨契相交訖明白不欠個文其田自賣之後任听
買主過户推收完粮收租壹業賣人不得異言但當
此係正行交易並無債負準折之故乃是自己清業
乃與上下房親伯叔兄弟內外人等並無干碍亦無與
他人重叠交加文墨倘有來歷不明此係賣人一力支當
不涉買主之事所買所賣兩相情愿相言並無逼
勒等情自賣之後倘办原價取贖買主不得異言但执
恐口难信立賣田契為據

回贖還賣契

嘉慶陸年貳月拾叁日立賣田契人 闕財魁（押）

立賣田契人闞財魁，今因錢粮無办，自情愿（將）祖父遺分下自己阄内民田壹處，坐落廿一都夫人庙庄，土名周嶺脚小湖，水田貳坵，計額粮伍分正，東至路為界，西至濁水坑壠為界，上至林明通田為界，下至坑壠為界，今俱四（至）分明，托中送與林天興入手承買為業，當日憑中，時值田價銅錢捌仟文正，其錢即日随契（兩）相交訖明白，不欠個文，其田自賣之後，任听買主過户，推收完粮，收租管業，賣人不得異言阻擋，此係正行交易，並無債負準折之故，乃是自己清業，乃與上下房親伯叔兄弟内外人等並無干碍，亦無與他人重叠交加文墨，倘有来歷不明，此係賣人一力支當，不涉買主之事，所買所賣，两甘情愿甘肯，並無逼勒等情，自賣之後，倫办原價取贖，買主不得異言阻执，恐口难信，立賣田契為據。

回贖還費契。

嘉慶陸年貳月拾叁日　立賣田契人　闞財魁

在場伯　闞栢壽

在見中人　葉玉富

代筆人　闞金魁

立賣山契張方榮，今因錢粮無办，自情愿将自置民山壹處，坐落松陽念一都夫人庙庄，土名坳下横坑，計額伍畝正，上至百花洞天鵝捕蛋山頂，下至双坑口大坑，左至胡姓山，其坑直上，右至双坑口獅子岩大崗值上山頂為界，今俱四至分明，託中送與闕宅永魁边承買為業，當日憑中三面言断時值山價銅錢壹拾仟文正，其錢即日隨契两相交訖明白，不欠分文，自賣之後，任憑買主推收過户，完粮砍伐，栽種籙养管業，賣人不得異言，此係親置清楚物業，與内外人等並無干涉，亦無重典文墨交加，如有来歷不明，賣人一力支當，不涉買主之事，所賣所買，两甘情愿，此係正行交易，並無逼抑債貨之故，其山永遠不得異言找價取贖等情，今欲有憑，立賣山契併及原連付買主永遠為據。

嘉慶陸年十月廿四日　立賣山契　張方荣

憑中　吴貴琳

胡學荣

代筆　龔相龍

（契尾，嘉慶玖年捌月）

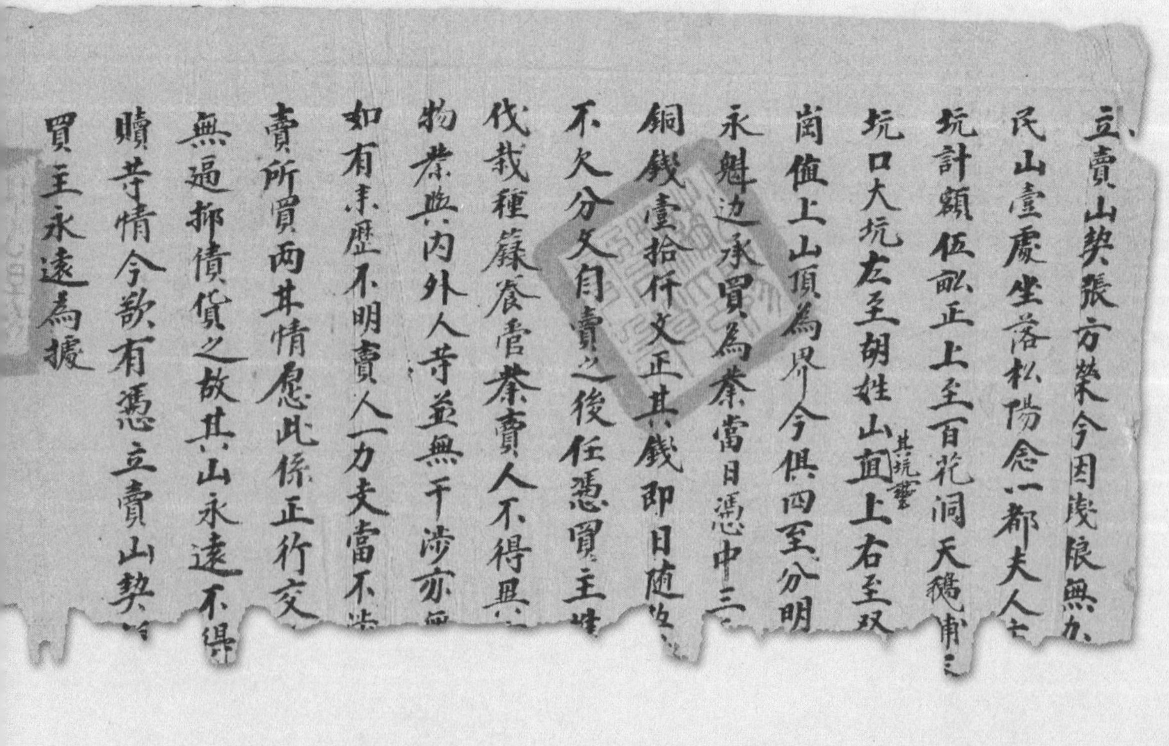

契

嘉慶玖年捌月

伍千叁百伍拾叁號

闕永魁

憑中　吳貴

胡學

代筆　龔相

張方

立賣山契人張方榮今因錢粮無办自情愿將自置
民山壹處坐落松陽念一都夫人廟庄土名坳下横坑
計額伍畝正上至百花洞天鵝捕蛋山頂下至双坑口大
坑左至胡姓山其坑直上右至双坑口獅子岩大崗值
上山頂為界今俱四至分明託中送與闕宅承邊
承買為業當日憑中三面言斷時值山價銅錢壹拾
仟文正其錢即日隨契兩相交訖明白不欠分文自賣
之後任憑買主推收過户完粮砍伐栽種蓄養管
業賣人不得異言此係親置物業與内外人等並無干
涉亦無重典文墨交加如有來歷不明賣人一力支當
不涉買主之事所賣所買兩甘情愿此係正行交易
契明價足並無逼抑債貨之故其山永遠不得異言
找價取贖等情今欲有憑立賣山契併及原連付
買主永遠為據

嘉慶六年十月廿四日立賣山契　張方榮　押

憑中　吴貴琳　押

胡學榮　押

代筆　龔朋龍　押

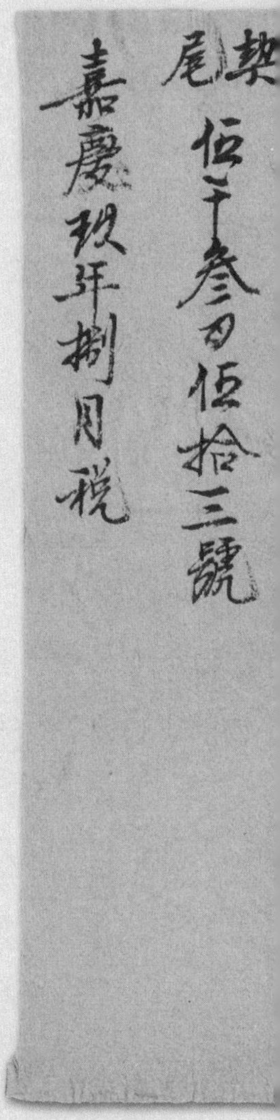

立賣山契張方荣，今因錢粮無办，自情愿将自置民山壹處，坐落松陽念一都夫人庙庄，土名坳下横坑，計額伍亩正，上至百花洞天鵝捕蛋山頂，下至双坑口大坑，左至胡姓山，其坑直上，右至双坑口獅子岩大岗值上山頂為界，今俱四至分明，託中送與闕宅永魁边承買為業，當日憑中三面言断，時值山價銅錢壹拾仟文正，其錢即日隨契两相交訖明白，不欠分文，自賣之後，任憑買主推收過户完粮，砍伐栽種，籙养管業，賣人不得異言，此係親置清楚物業，與内外人等並無干涉，亦無重典文墨交加，如有来歷不明，賣人一力支當，不涉買主之事，所賣所買，两甘情愿，此係正行交易，契明價足，並無逼抑債貨之故，其山永遠不得異言找價取贖等情，今欲有憑，立賣山契併及原連付買主永遠為據。

嘉慶六年十月廿四日　立賣山契　張方荣

憑中　吴貴琳

胡學荣

代筆　龔相龍

契尾，伍千叁百伍拾三號

嘉慶玖年捌月税

立找断絕田契人闕德瓆，今因原與蔡子英兄
交易民田一契，坐落廿一都茶排庄，土名水江塆，田
一處，畝分界至俱既正契載明，今因口食不結［給］，請
托原中相勸業主，找出正契外錢貳拾九千文正，
其錢即日交足明白，不少個文，其田自找之後為
始，永遠割藤断根，『載』再不敢異之［言］識認，如
有此色，甘受叠騙之論，一找千休，恐口無憑，立
找田契永遠為據。

嘉慶六年十二月廿四日　立找断絕契人　闕德瓆

原中人　闕三有

闕天龍

陳辛养

蔡子有

闕元荣

代筆　闕德琳

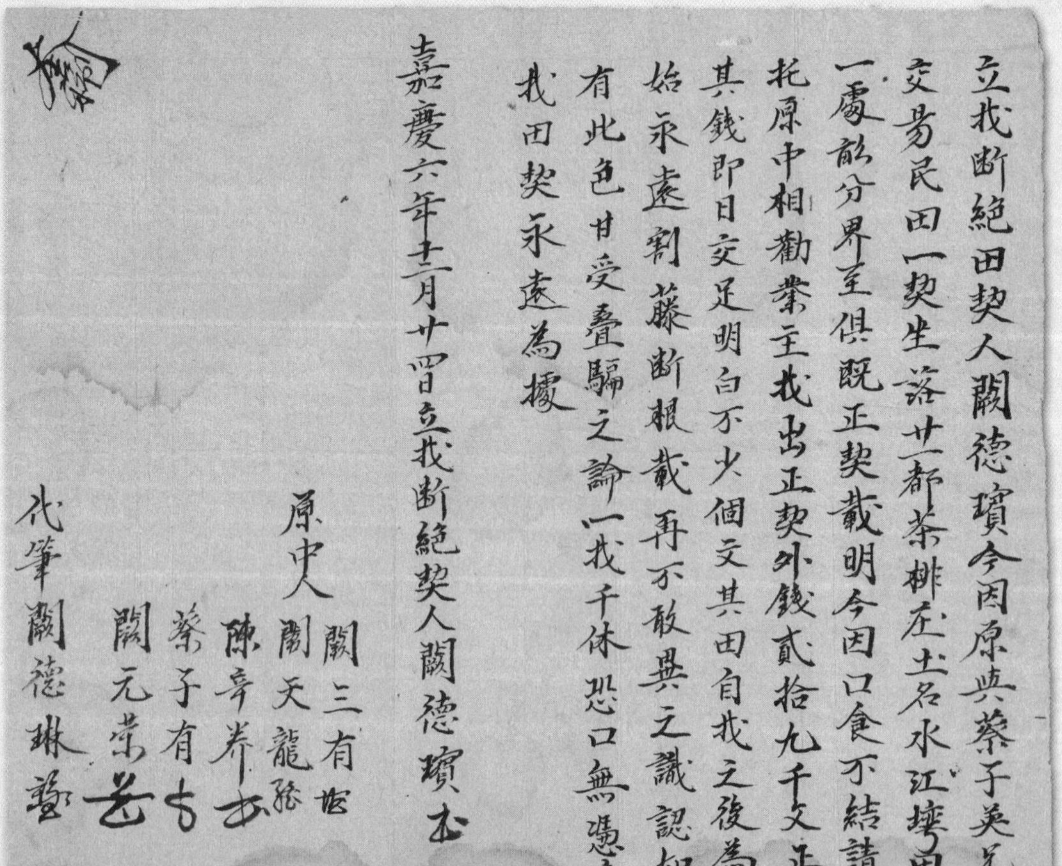
立找断絕田契人闕德瓆今因原與蔡子英兄
交易民田一契坐落廿一都茶排庄土名水江塆田
一處畝分界至俱既正契載明今因口食不結請
托原中相勸業主找出正契外錢貳拾九千文正
其錢即日交足明白不少個文其田自找之後為
始永遠割藤断根載再不敢異之識認如
有此色甘受叠騙之論一找千休恐口無憑立
找田契永遠為據
嘉慶六年十二月廿四日立找断絕契人闕德瓆
原中人　闕三有　闕天龍　陳辛养　蔡子有　闕元荣
代筆闕德琳

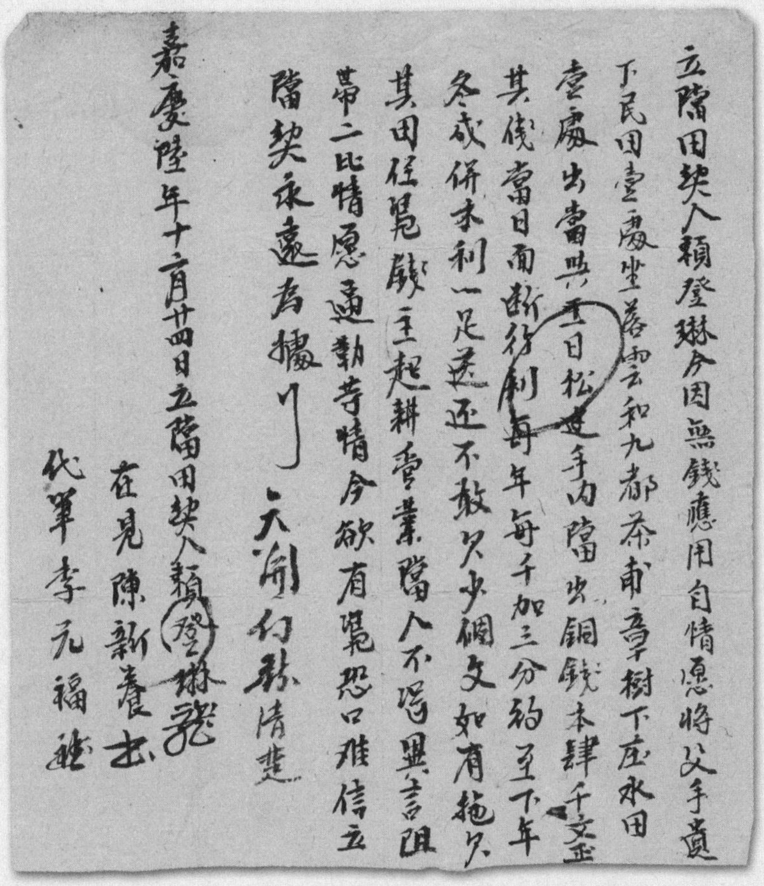

立當田契人賴登琳，今因無錢應用，自情愿将父手遺
下民田壹處，坐落雲和九都茶甫［鋪］章［樟］樹下庄，水田
壹處，出當與王日松边手内，當出銅錢本肆千文正，
其钱當日面断，行利每年每千加三分，約至下年
冬成併本利一足送还，不敢欠少個文，如有拖欠，
其田任凴錢主起耕管業，當人不得異言阻
滯，二比情愿，（無）逼勒等情，今欲有凴，恐口难信，立
當契永遠為據。

天闲面断清楚

嘉慶陸年十二月廿四日　立當田契人　賴登琳

在見　陳新養

代筆　李元福

賣山契人闕光樹裕樹金樹今因錢粮無办自情愿將祖父遺
壹処坐落廿一都夫人廟庄芥菜𡍼內土名騎馬崗上至當衆埋
展為界左至騎馬崗隨砍路為界右至當衆埋石為界計額弍分
中欵行立契出賣與林登養承買為業當日憑中言斷
四百文正其錢即日隨契兩相交訖不少個文自賣之後
完粮起耕前去栽種蓄𧾷樹木賣人無得異言此係祖遺下遺
字並無干碍亦無重典文墨交加如有來歷不明賣人一力支當
賣所買兩坪情愿此係正行交易契明價足並無逼抑債召
再不敢異言找贖等情今欲有憑立賣契永遠為據

嘉慶拾年三月拾伍日　立賣山契人　闕光樹
裕樹
金樹

憑中　張清全
石日才
鄭光崇
黃發清
張朝選
闕永倭
柏松
永忠
永台

代筆闕萬

（前頁）>>>>>

立賣山契人闕光樹、裕樹、金樹，今因錢粮無办，自情愿将祖父遺下民山壹处，坐落廿一都夫人庙庄芥菜園内，小土名騎馬崗，上至當衆埋□脚為界，左至騎馬崗随砂路為界，右至当衆埋石為界，計額式分□□□□□中欲行立契，出賣與林登養承買為業，當日憑中言断□□□□□□□□四百文正，其錢即日随契两相交訖，不少個文，自賣之後，□□□□□完粮起耕，前去栽種蓄録樹木，賣人無得異言，此係祖遺下清□□□□□人等並無干碍，亦無重典文墨交加，如有来歷不明，賣人一力支當，□□所賣所買，两甘情愿，此係正行交易，契明價足，並無逼抑債負□□□□再不敢異言找贖等情，今欲有憑，立賣契永遠為據。

裕樹

嘉慶柒年三月拾伍日　立賣山契人　闕光樹

金樹

張清全

石日才

憑中　郭光崇

黄發清

張朝選

闕永接

柏松

永忠

永台

代筆　闕萬瑜

立賣屋契人胡增山今因缺乏自情愿將嗣叔公手置造平屋壹堂坐落廿一都茶排
庄土名石橋頭內坐西向東叁植貳客軒右手魚塘左手灰蓀(?)東至闕廷田屋為界
南至闕廷菜地為界西至山脚為界北至闕廷田為界左手披厢壹植合俱四至分明上連
瓦桷下及基地併及柱磉門窗戶𦨏門路出入四圍板壁踩踏分明託中欵行立契出賣
與闕天有兄弟等四人承買為業當日憑中言斷時值屋價銅錢肆拾千文正其錢即日
隨契兩相交訖不少個文自賣之後任憑買主修整改造居住賣人無得異言其屋基此
係嗣繼公自置清楚物業以及叔伯兄弟子姪內外人等並無干涉亦無重典文墨文加如有來
歷不明賣人一力支當不涉買主之事此(?)係賣所買出在兩廿情愿此係正行交易契明價足
並無逼抑債貨準折之故其屋基永遠不敢異言找贖等情今欲有憑立賣契永遠為據
一批界內菜樹以及基小(?)隨闕廷萬歸管業再照
嘉慶柒年陸月拾陸日 立賣屋契人 胡增山〇

在場叔姪胡元榮 元德 永興 德聖〇 有琳 有全〇 有三

憑中人 李德元 單正立 闕德梅 闕德瓔 闕德發

代筆 闕萬瑜

立找屋契人胡增山原典闕天有兄弟等交易平屋一堂坐落廿一都茶排庄土名石橋頭內
坐西向東俱概界至正契載明今因粮迫請託原中向勸業主再找出契外錢壹拾貳千文
正其錢即日親收足訖不少個文自找之后其屋基意滿價足永遠斷根再不敢異言
找價等情一找千休今欲有憑立找契付與闕廷永遠為照
嘉慶柒年陸月拾叁日 立找屋契人胡增山〇

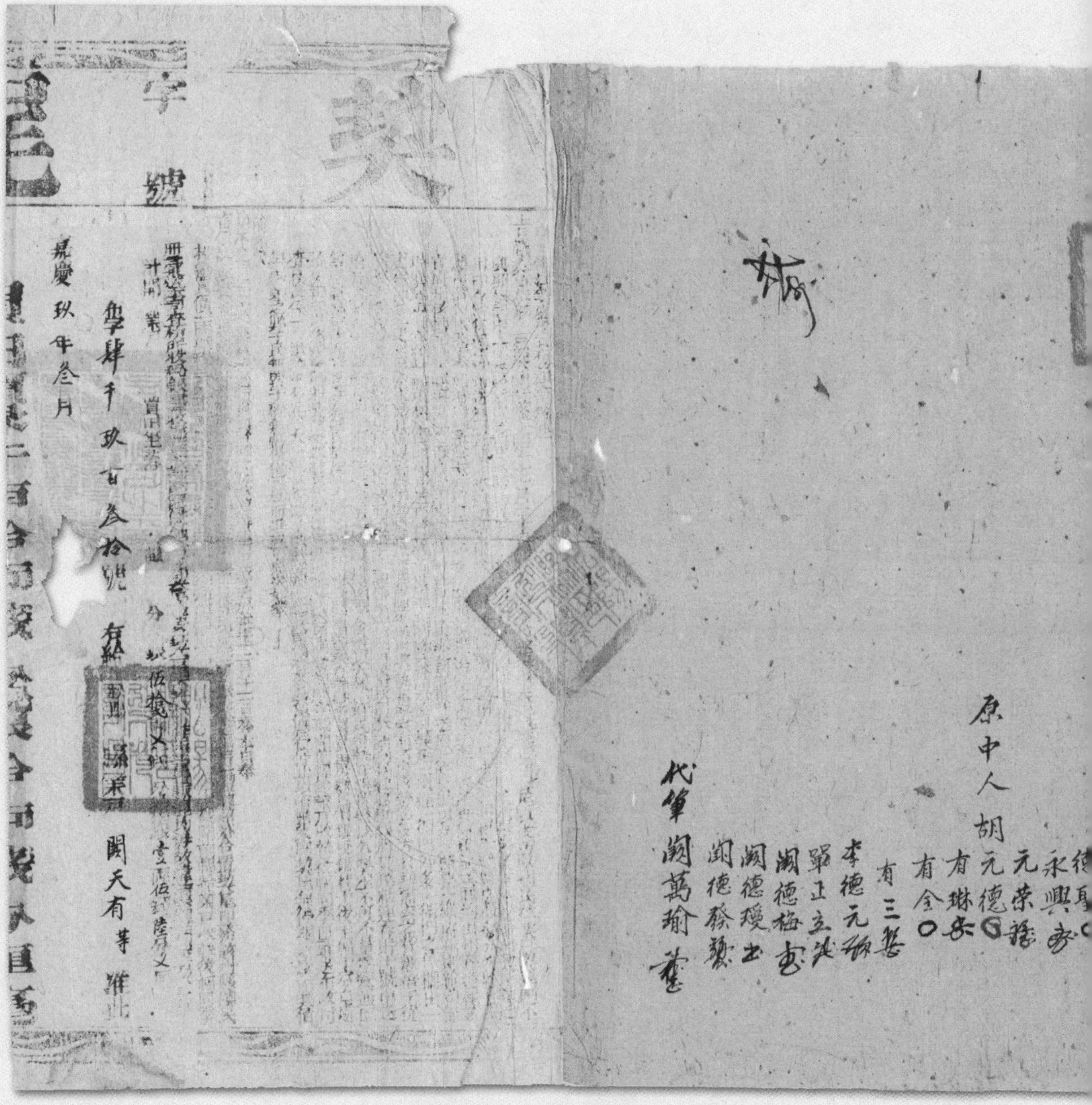

字號

嘉慶玖年叁月

魚學肆千玖百叁拾號

闕天有等 准此

原中人 胡元德（押）

德□

永興（押）

元榮（押）

有琳（押）

有全 〇

有三（押）

李德元（押）

單正立（押）

闕德梅（押）

闕德煖（押）

闕德發（押）

代筆 闕萬瑜（押）

（前頁）>>>>>

立賣屋契人胡增山，今因缺乏，自情愿将嗣叔公手置造平屋壹堂，坐落廿一都茶排庄，土名石橋頭内，坐西向東，叁植式客軒，右手鱼塘，左手灰寮，東至闕边田屋為界，南至闕边菜地為界，西至山脚為界，北至闕边田為界，左手披晒壹植，今俱四至分明，上連瓦桷，下及基地，併及柱磉门窗户扇，门路出入，四圍板壁，踩踏分明，託中欲行立契，出賣與闕天有兄弟等四人承買為業，當日憑中言断，時值屋價銅錢肆拾千文正，其錢即日随契两相交訖，不少個文，自賣之後，任憑買主修整改造居住，賣人無得異言，其屋基此係嗣继（叔）公自置清楚物業，以及叔伯兄弟子姪内外人等並無干涉，亦無重典文墨交加，如有来歷不明，賣人一力支當，不涉買主之事，所賣所買，出在两甘情愿，此係正行交易，契明價足，並無逼抑債負準折之故，其屋基永遠不敢異言找贖等情，今欲有憑，立賣契永遠為據。

一批界内桑樹以及雜木，随闕边蓄籙管業，再照。

嘉慶柒年陸月拾陸日　立賣屋契人　胡增山

元荣

在場叔姪　胡元德

永興

德聖

有琳

有全

有三

李德元

憑中人　單正立

闕德珻

闕德瓊

闕德發

代筆　闕萬瑜

（前頁）>>>>>

立找屋契人胡增山，原與闕天有兄弟等交易平屋一堂，坐落廿一都茶排庄，土名石橋頭内，坐西向東，俱概界至正契載明，今因粮迫，請託原中向勸業主，再找出契外錢壹拾弍千文正，其錢即日親收足訖，不少個文，自找之后，其屋基意滿價足，永遠断根，再不敢異言找價等情，一找千休，今欲有憑，立找契付與闕边永遠為照。

嘉慶柒年陸月拾陸日　立找屋契人　胡增山

德聖

永興

元榮

原中人　胡元德

有琳

有全

有三

李德元

單正立

闕德珻

闕德瓊

闕德發

代筆　闕萬瑜

立退田字王元周，今因缺錢應用，自情愿将自置開墾田，坐落雲邑伍都徐河庄，小土名圓崗背，水田壹處，共計額伍分伍厘弍丝伍忽正，其田上至李姓田為界，下至藍邊自己老田為界，左至山為界，右至李姓田為界，今俱四至分明，托中親友退與藍仕雲兄邊入手承退，當日凴中三面言断，册費工資錢拾伍千文，其錢即日隨退收足，並無短少分文，其田自退之日，本年陞科立户應册壹本，今将原册缴與藍边行用，王边永遠不得異言，任凴藍边推收過户完粮，起耕改佃，收租管業，倘有内外人等争执，退人自能一力支當，不涉藍边之事，愿退愿受，出在两相情愿，並無逼抑之理，今欲有凴，立退田字付與藍边永遠子孫為據。

嘉慶柒年拾月初八日　立退田字　王元周

在塲父叔　王可福

禄

藍倚禄

范發旺

在見字　倪豐荣

闞承荣

王開生

代筆　李天福

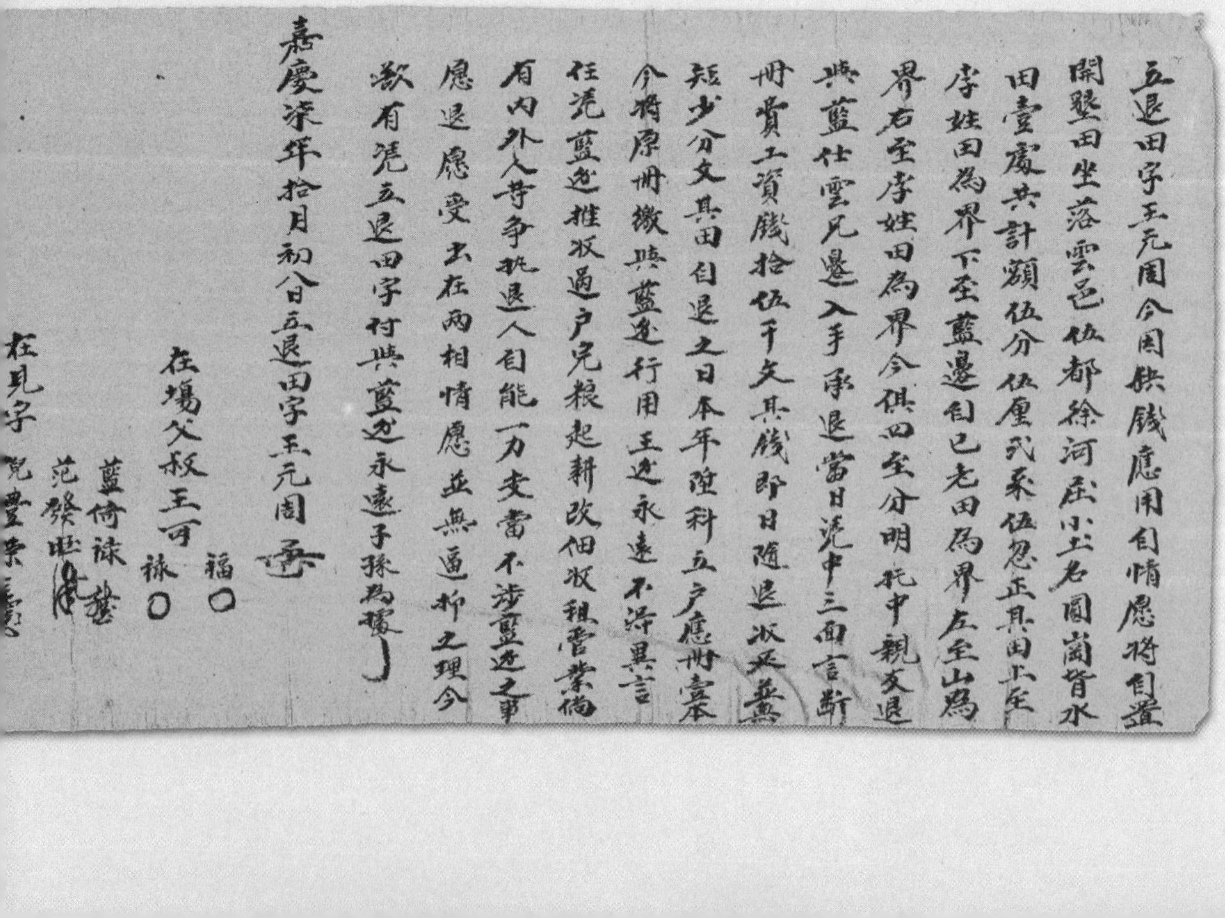

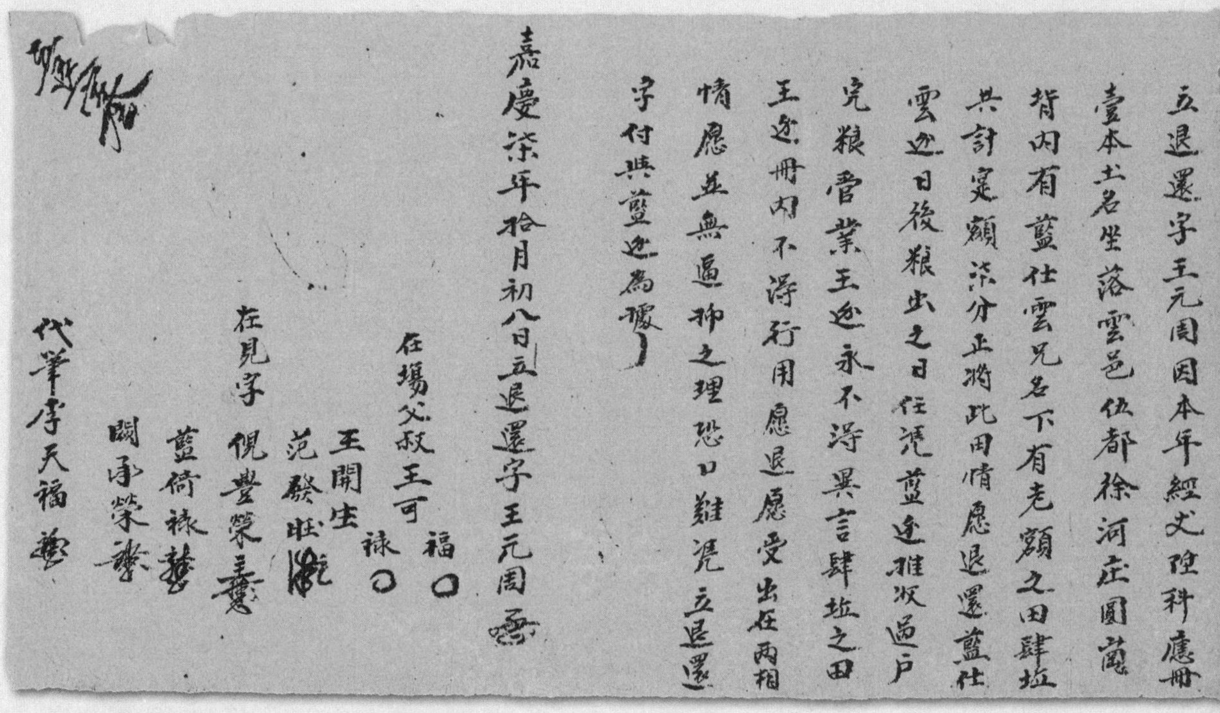

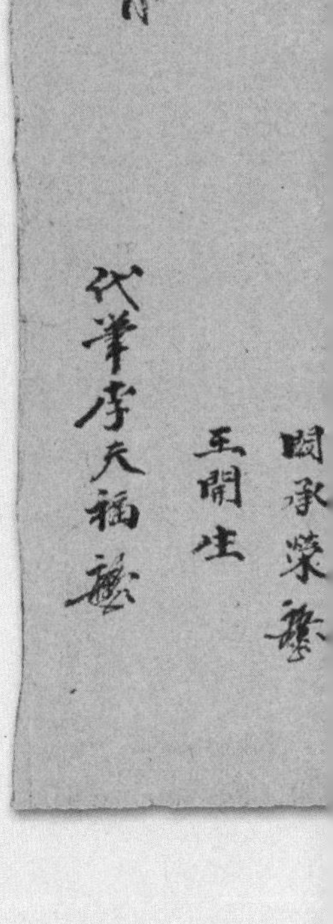

立退還字王元周，因本年經丈陞科應册
壹本，土名坐落雲邑伍都徐河庄圓崗
背内，有藍仕雲兄名下有老額之田肆坵，
共計寔額柒分正，将此田情愿退還藍仕
雲边，日後粮出之日，任凴藍边推收過户
完粮管業，王边永不得異言，肆坵之田，
王边册内不得行用，愿退愿受，出在两相
情愿，並無逼抑之理，恐口難凴，立退還
字付與藍邊為據。

嘉慶柒年拾月初八日　立退還字　王元周

在場父叔　王可福

禄

王開生

范發旺

在見字　倪豐榮

藍倚禄

闕承榮

代筆　李天福

立賣山契人周應福今因無錢使用自情愿將祖父遺緣養民山壹處坐
落廿都横水口庄土名葦麻潭坐西朝東上至山頂為界下至田為界左至金竹
崗分水為界右至路亭大坑與鄒逗山合水為界今俱四至分明計額山粮壹畝
正自情愿托中送與廿都茶排庄李德元兄邊為業入手承買當日憑中三
面言斷時值山價銅錢貳拾弍仟文正其錢即日當中隨契兩相交訖明白不
欠個文其山自賣之後爲始任憑買主前去扦葬緣養松竹雜木亮坪栽種
推收过户完粮管業周及不得異言阻㽞此係自己清物業與房親伯叔兄
弟子侄人等並無墨重典交加等情倘有來歷不明皆係賣人一力承當不涉買
主之事所賣所買出在兩甘情愿乃係正行交易契明價足其山永無找贖
之理今欲有憑立賣山契付與買主永遠爲據

嘉慶捌年閏二月初六日立賣山契人周應福（押）

在場叔周文泰（押）

憑中人馬惟廷（押）

代筆人關德琳（押）

仝弟周盛夏（押）

應坤（押）

應萬（押）

應清（押）

應通（押）

應朋（押）

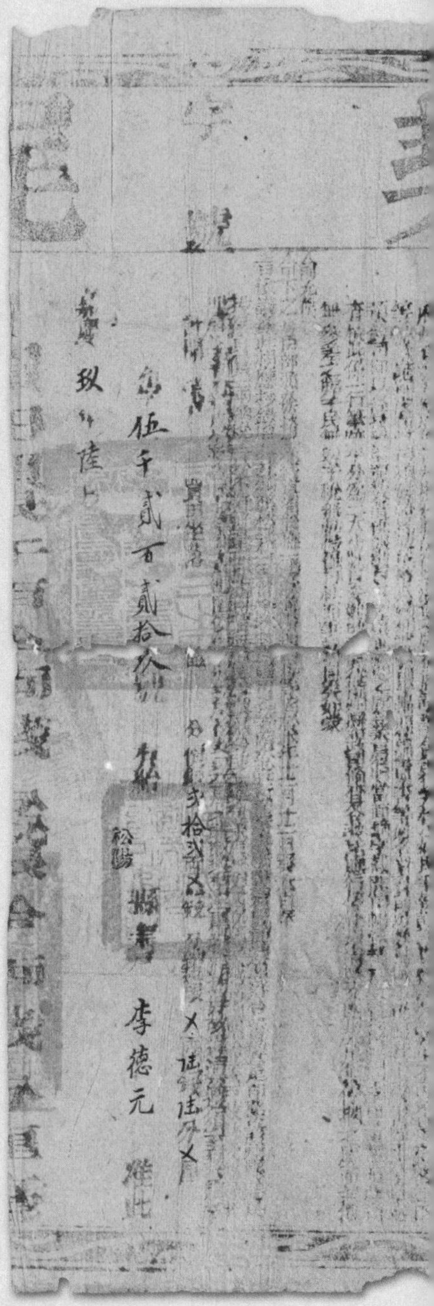

立賣山契人周應福，今因無錢使用，自情愿将祖父遺綠〔籙〕養民山壹處，坐落廿都横水口庄，土名葉麻洋，坐西朝東，上至山頂為界，下至田為界，左至金竹崗分水為界，右至路亭大坑與鄰边山合水為界，今俱四至分明，計額山粮壹畝正，自情愿托中送與廿一都茶排庄李德元兄边為業入手承買，當日憑中三面言断，時值山價銅錢貳拾弍仟文正，其錢即日當中隨契两相交訖明白，不欠個文，其山自賣之後为始，任憑買主前去扦葬綠〔籙〕養松竹雜木，荒坪栽種，推收过户，完粮管業，周边不得異言阻挡，此係自己清（楚）物業，與房親伯叔兄弟子姪人等並無（文）墨重典交加等情，倘有來歷不明，皆係賣人一力承當，不涉買主之事，所賣所買，出在两甘情愿，乃係正行交易，契明價足，其山永無找贖之理，今欲有憑，立賣山契付與買主永遠為據。

嘉慶捌年閏二月初六日　立賣山契人　周應福

仝弟　盛夏

應坤

應萬

周應清

應通

應朋

在場叔　周文泰

憑中人　馬惟廷

代筆人　闕德琳

（契尾，嘉慶玖年陸月）

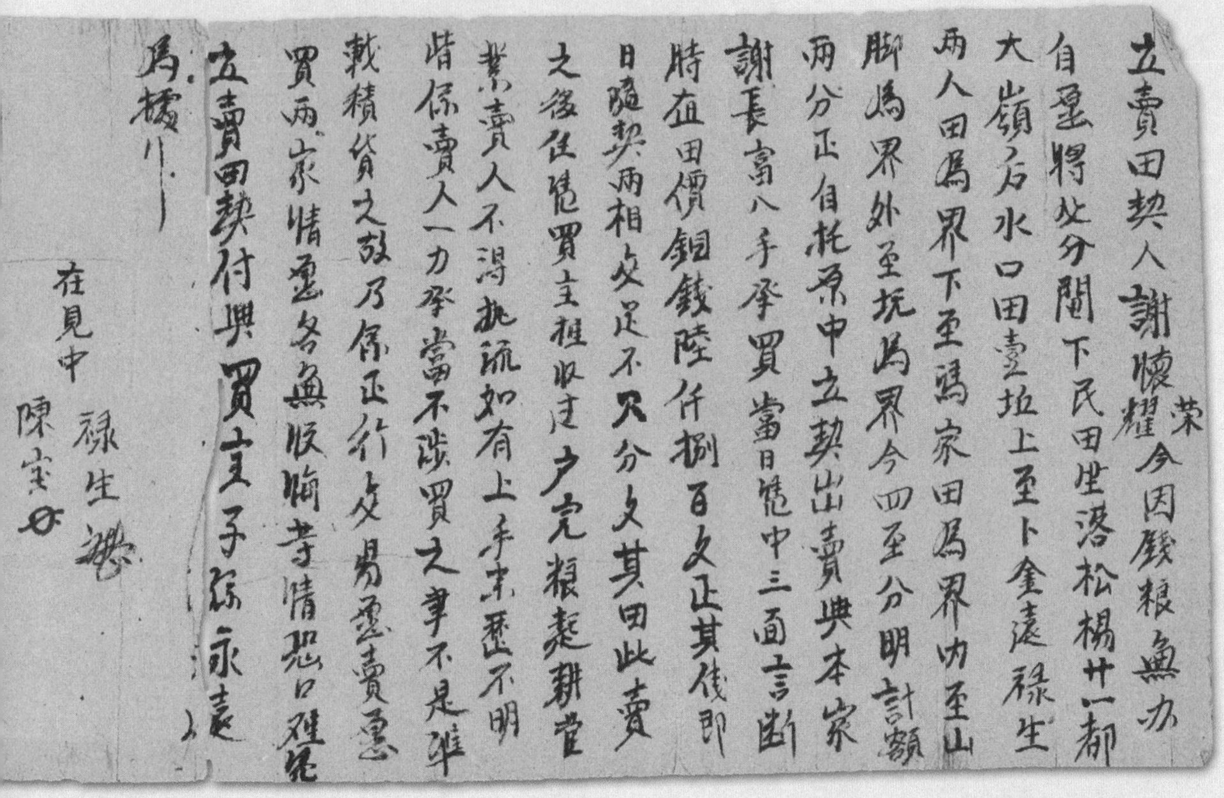

立賣田契人謝懷荣、耀，今因錢粮無办，
自愿将父分閹下民田，坐落松楊［陽］廿一都
大嶺后水口，田壹坵，上至卜金遠、禄生
兩人田為界，下至馮家田為界，內至山
脚為界，外至坑為界，今四至分明，計額
兩分正，自托原中立契出賣與本家
謝長富入手承買，當日凴中三面言断，
時直田價銅錢陸仟捌百文正，其钱即
日隨契两相交足，不欠分文，其田此賣
之後，任凴買主推收过户完粮，起耕管
業，賣人不得执流［留］，如有上手来歷不明，
皆係賣人一力承當，不涉買（主）之事，不是凖
載［折］積［債］貨之故，乃係正行交易，愿賣愿
買，兩家情愿，各無反悔等情，恐口难凴，
立賣田契付與買主子孫永遠
為據。

在見中　禄生
陳宝

一批其田賣主與办原價自贖，再照。

嘉慶捌年十月廿六日　立賣田契人　謝懷荣
耀
親筆

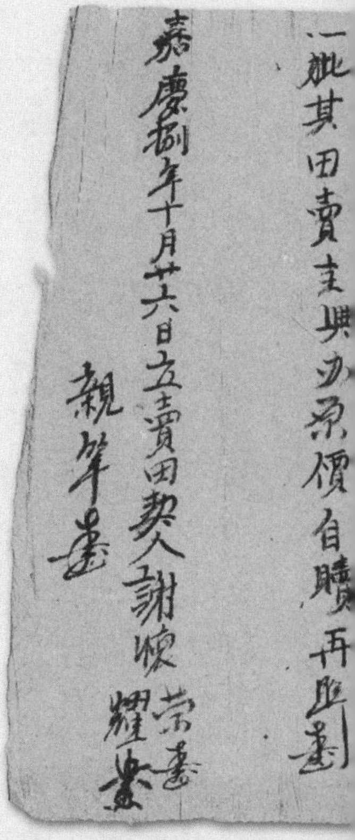

立限字人李松養，今来到闕天開叔手内銅錢两千四百文，其钱的至来年四月付清，不得过期，如有過期，每千每行利廿五文，恐口难信，立限字為用。

在見人　闕天龍

嘉慶捌年十一月　立限字人　李松養

代筆　謝懷荣

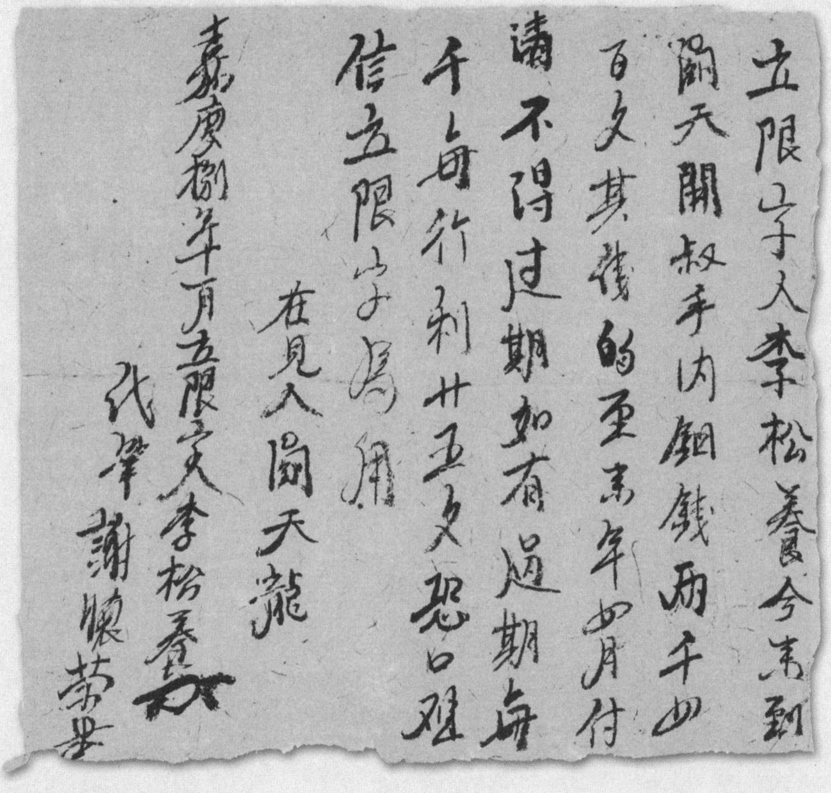

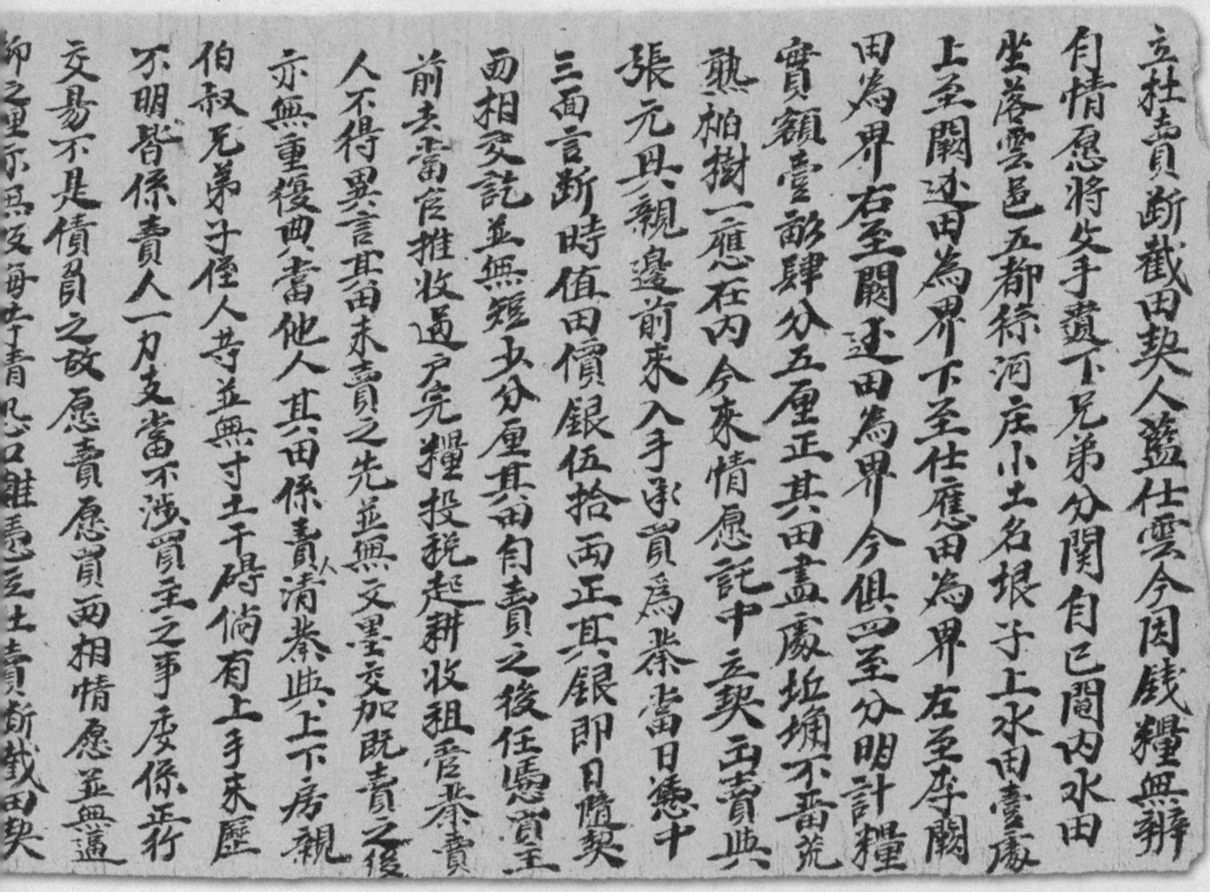

立杜賣斷截田契人藍仕雲今因錢糧無辦
自情愿將父手遺下兄弟分閹自己閹內水田
坐落雲邑五都徐洞庄小土名根子上水田壹處
上至闕述田為界下至仕應田為界左至孝闕
田為界右至闕述田為界今俱四至分明計糧
實額壹畝肆分五厘正其田盡處坵塝不留荒
熟柏樹一應在內今來情愿託中立契出賣與
張元興親邊前來入手承買為業當日憑中
三面言斷時值田價銀伍拾兩正其銀即日價契
兩相交訖並無短少分厘其田自賣之後任憑買主
前去當官推收過户完糧投稅起耕收租管業賣
人不得異言其田未賣之先並無文墨交加既賣之後
亦無重復典當他人其田係賣人清楚與上下房親
伯叔兄弟子侄人等並無寸土干碍倘有上手來歷
不明皆係賣人一力支當不涉買主之事此係平行
交易不是債負之故愿賣愿買兩相情愿並無逼
抑之理亦恐[illegible]口難憑立此賣斷截田契

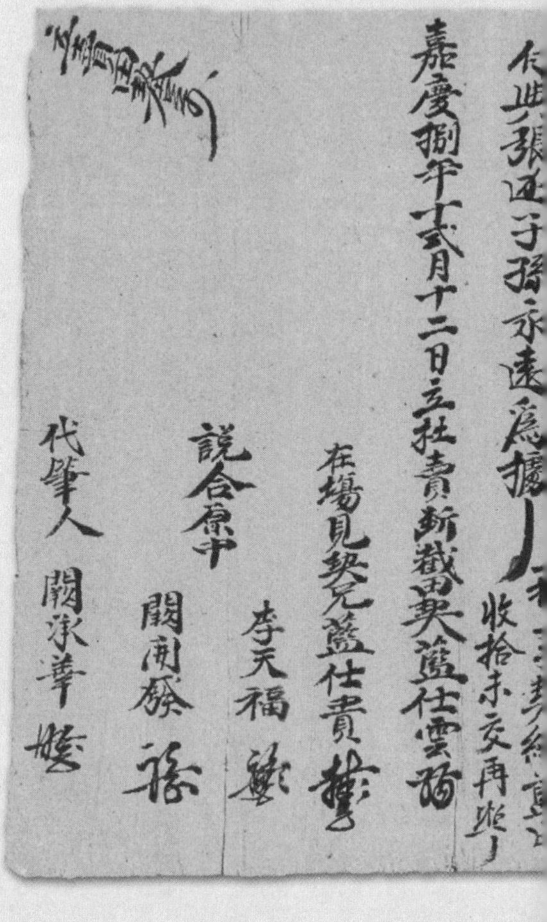

立杜賣断截田契人藍仕雲，今因錢糧無辦，自情愿将父手遺下兄弟分關自己鬮内水田，坐落雲邑五都徐河庄，小土名垠子上，水田壹處，上至鬮边田為界，下至仕應田為界，左至李、鬮田為界，右至鬮边田為界，今俱四至分明，計糧實額壹畝肆分五厘正，其田盡處坵角不留，荒熟柏樹一應在内，今來情愿託中立契出賣與張元興親邊前來入手承買為業，當日憑中三面言断，時值田價銀伍拾两正，其銀即日隨契两相交訖，並無短少分厘，其田自賣之後，任憑買主前去當管，推收過户，完糧投税，起耕收租管業，賣人不得異言，其田未賣之先，並無文墨交加，既賣之後，亦無重復典當他人，其田係賣人清業，與上下房親伯叔兄弟子侄人等並無寸土干碍，倘有上手来歷不明，皆係賣人一力支當，不涉買主之事，委係正行交易，不是債負之故，愿賣愿買，两相情愿，並無逼抑之理，亦無反悔等情，恐口難憑，立杜賣断截田契付與張边子孫永遠為據。

一批上手契紙，藍边收拾未交，再照。

嘉慶捌年十弍月十二日　立杜賣断截田契　藍仕雲

在場見契兄　藍仕貴

説合原中　李天福

鬮開發

代筆人　鬮承華

立杜找断截田契人藍仕雲，日先與張边交易水田，坐落雲邑五都徐河庄，小土名垊子上，田壹處，其田畝分界至，正契載明無異，田清粮明，契断價足，今因口食不給，再託原中相勸業主张元兴手内找出契外銀伍两正，其銀即日隨契两相交訖，並無短少分厘，自找之後，永遠割藤断根断絕，藍边日後子侄永不得言稱找贖另生枝節等情，如有此情，賣人甘任叠騙之論，愿找愿断，两相情愿，亦無逼抑之理，恐口難憑，立杜找断截田契付與張边子孫永遠為據。

嘉慶玖年十月初六日　立杜找断截田契　藍仕雲

在場見契兄　藍仕貴

說合原中　李天福

闕佣發

代筆人　闕承華

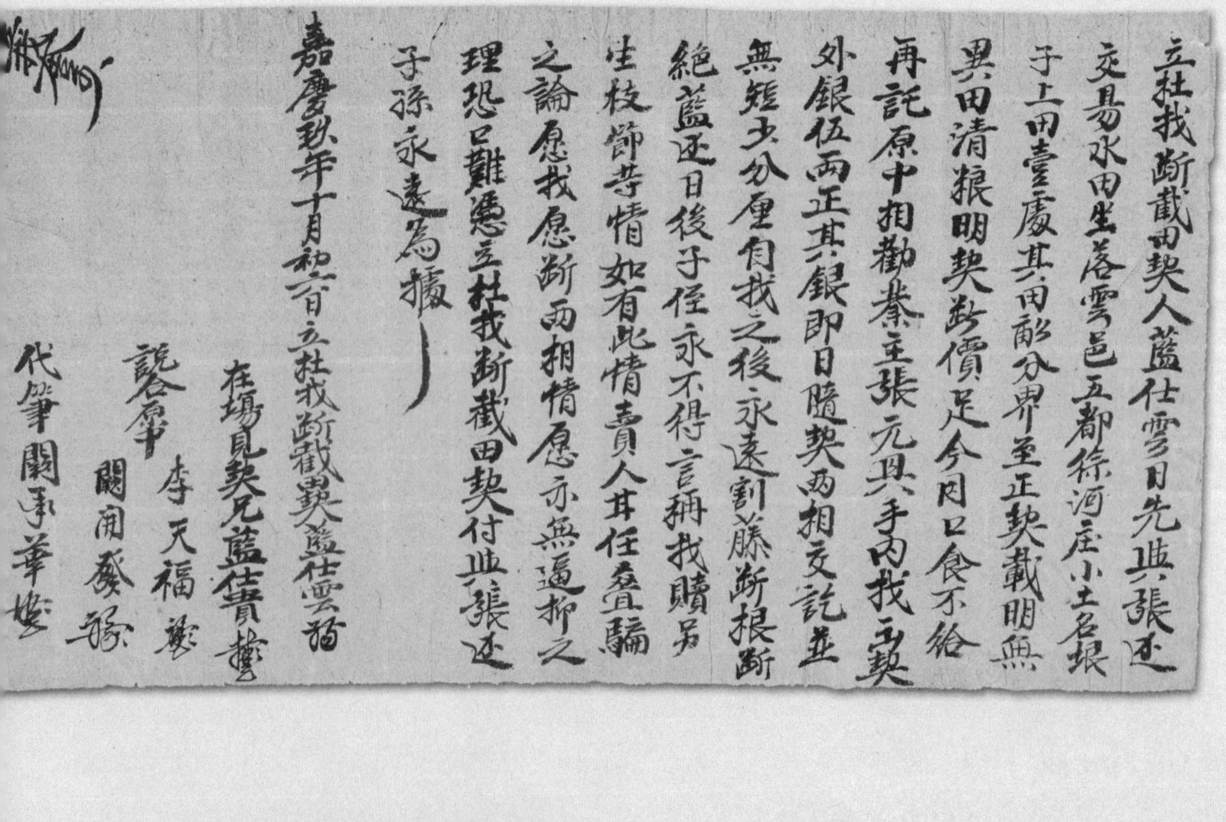

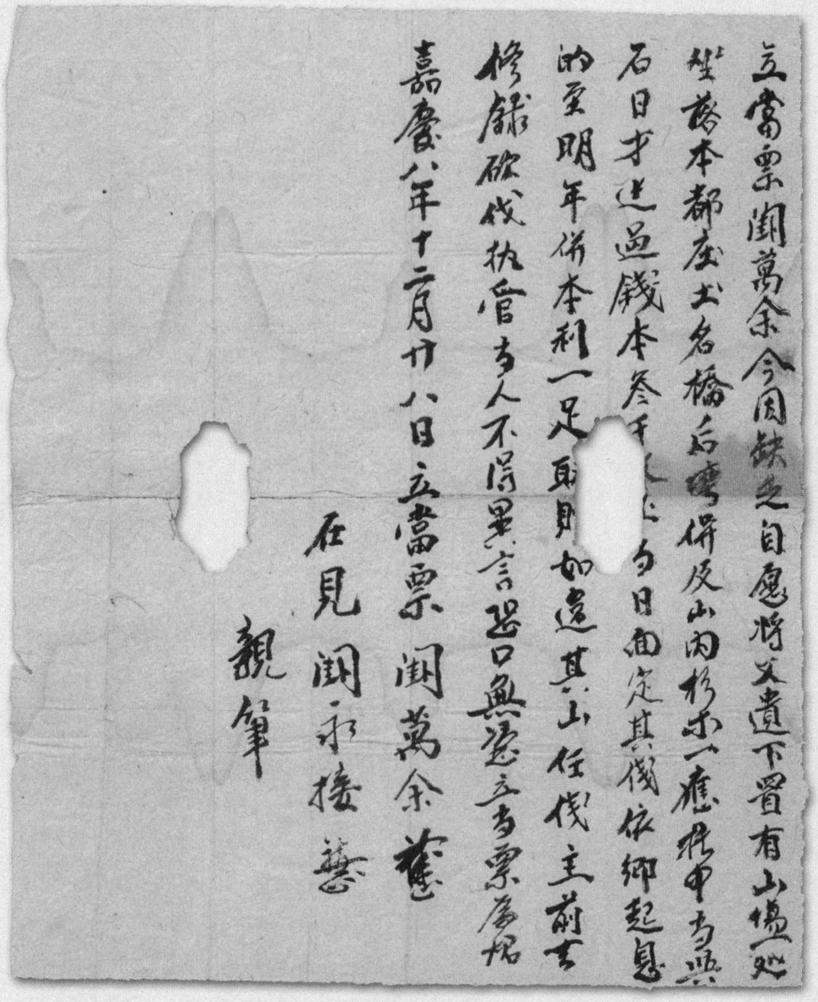

立當票闕萬余，今因缺乏，自愿将父遺下置有山場一处，
坐落本都庄，土名橋后壿，併及山内杉木，一應托中当與
石日才边，（當）過錢本叁千文正，当日面定，其钱依鄉起息，
的至明年併本利一足取贖，如違，其山任钱主前去
修録［籙］砍伐执管，当人不得異言，恐口無憑，立当票為照。
嘉慶八年十二月廿八日　立當票　闕萬余
在見　闕永接
親筆

立賣田契人謝長貴今因錢粮無办自情愿將自置民田坐落本邑廿一都大嶺后庄土名米歸林大石頭下大田弍坵上至大石下為界下至長福田為界左右山脚為界四至有界分明計額五厘正自愿請託憑中三面踩踏清楚立出文契送與闗天開入手承買為業當日憑中三面斷時直田價銅錢玖千文正其錢當中即日交訖明白不少個文自賣之後為始任憑買主前去推收過户完粮起耕改佃收租管業賣人無得異言阻滯乃係清楚物業與內外伯叔兄侄人等亦無干碍並無文墨重典他人如有來歷不明賣人一力支當不涉買主之事此係正行交易不是準折債貨之故其田契載將办原價取贖田主不得執留此賣此買兩無逼勒二比情愿并肯各無反悔今欲有憑立契付與買主永遠為照

嘉慶玖年正月弍拾叁日立賣田契人　謝長貴

憑中弟　謝長富

代筆　闗正興

立找斷截田契人謝長貴原與闗天開交易民田壹契坐落廿一都大嶺后庄土名米歸林安着畝分界至前有正契載明今因口食給迫請託原中相勸業主找出契外銅錢弍仟文正其錢即日親收足訖不得短少個文自找之後割藤斷絕永遠子孫無得異言識認等情一找千休永有此色并受重復叠騙之論恐口難憑立找斷截田契付與闗迷永遠子孫為照

謝長貴

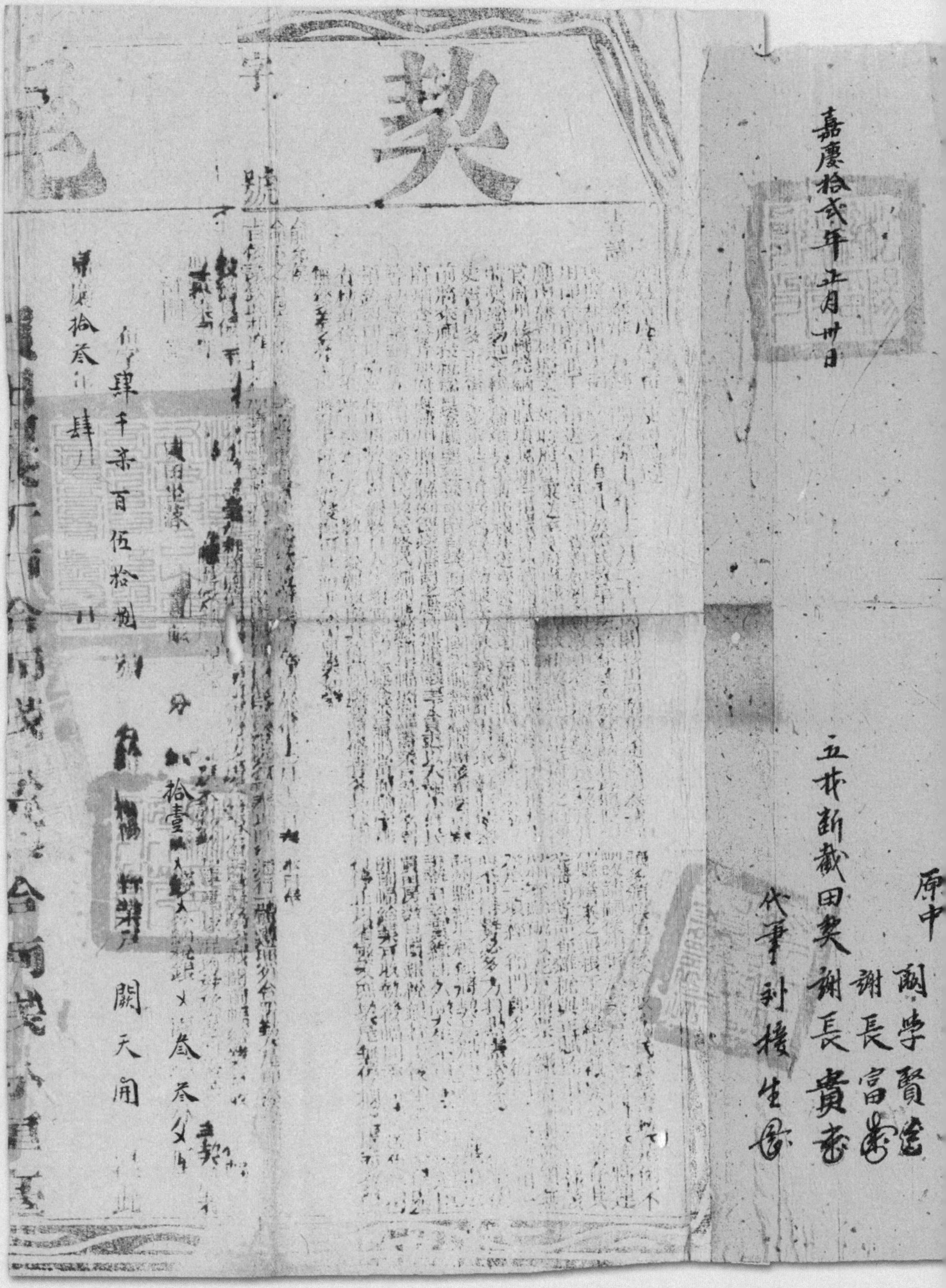
契
嘉慶拾式年五月卄日
五都斷截田契謝長貴
原中 闕學賢
謝長富
代筆 利樓生
嘉慶拾叁年
闕天開

（前頁）>>>>>

立賣田契人謝长貴，今因錢粮無办，自情愿将自置民田，坐落本邑廿一都大嶺口庄，土名米篩林大石頭下，大田式坵，上至大石下為界，下至長福田為界，左右山脚為界，四至有界分明，計額五分正，自愿請託憑中三面踩踏清楚，立出文契送與闕天開入手承買為業，當日憑中三面（言）断，時直田價銅錢玖千文正，其錢當中即日交訖明白，不少個文，自賣之後为始，任憑買主前去推收过户完粮，起耕改佃，收租管業，賣人無得異言阻滯，乃係清楚物業，與内外伯叔兄侄人等亦無干碍，並無文墨重典他人，如有来歷不明，賣人一力支當，不涉買主之事，此係正行交易，不是準折債貨之故，其田契載俻办原價取贖，田主不得执留，所賣所買，兩無逼勒，二比情愿甘肯，各無反悔，今欲有憑，立契付與買主永遠為照。

憑中弟　謝長富

嘉慶玖年正月式拾叁日　立賣田契人　謝長貴

代筆　闕正興

（前頁）>>>>>

立找断截田契人謝長貴，原與闕天𠀤交易民田壹契，坐落廿一都大嶺后庄，土名米篩林安着，畝分界至，前有正契載明，今因口食给迫，請託原中相勸業主找出契外銅錢貳仟文正，其钱即日親收足訖，不得短少個文，自找之後，割藤断绝，永遠子孫無得異言識認等情，一找千休，如有此色，甘受重復叠騙之論，恐口难凴，立找断截田契付與闕边永遠子孫為照。

謝長貴

原中　闕學賢

謝長富

嘉慶拾弍年正月卅日　立找断截田契　謝長貴

代筆　刘接生

（契尾，嘉慶拾叁年肆月）

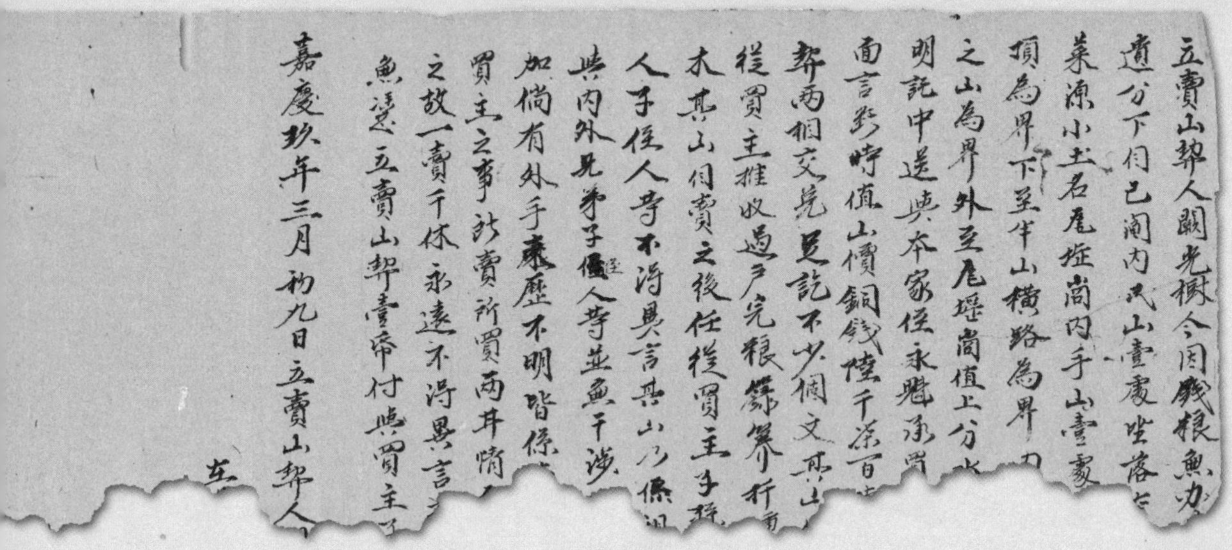

立賣山契人闞光樹，今因錢粮無办，□□□□
遺分下自己阄内民山壹處，坐落□□□□
菜源，小土名瓦窑崗内手山壹處，□□□□
頂為界，下至半山横路為界，内□□□□
之山為界，外至瓦窑崗值上分水□□□□
明託中送與本家侄永魁承買□□□□
面言斷，時值山價銅錢陸千柒百□□□□
契兩相交兑足訖，不少個文，其山□□□□
從買主推收過户完粮籙養扦□□□□
木，其山自賣之後，任從買主子孫□□□□
人子侄人等不得異言，其山乃係□□□□
與内外兄弟子侄人等並無干涉，□□□□
加，倘有外手来歷不明，皆係□□□□
買主之事，所賣所買，兩甘情愿□□□□
之故，一賣千休，永遠不得異言□□□□
無憑，立賣山契壹紙付與買主□□□□
嘉慶玖年三月初九日　立賣山契人　闞光樹

立賣田契人雷卷祿□□□□一都蔡宅庄，土名大蔭嶺民
田壹處，大小肆坵，上至□□□□計額式分正，自愿請託憑中，三面
踩踏清楚，今具四至分明□，當日憑中三面言断，時值田價銅錢
玖千文正，其錢當中□□，□□□任憑買主前去推收過户完粮，起耕
改佃，收租管業，賣□□兄姪人等並無干碍，日前並無文
墨重典他人，如□□□□正行交易，不是準折債貨之
故，其田契載□□□□愿甘肯，各無反悔，今欲有憑，付
與買主永遠□□□□。

□人　雷保壽
斗琳

嘉慶九年三月十□日　□□□契人　雷卷禄
代筆　□開瑞

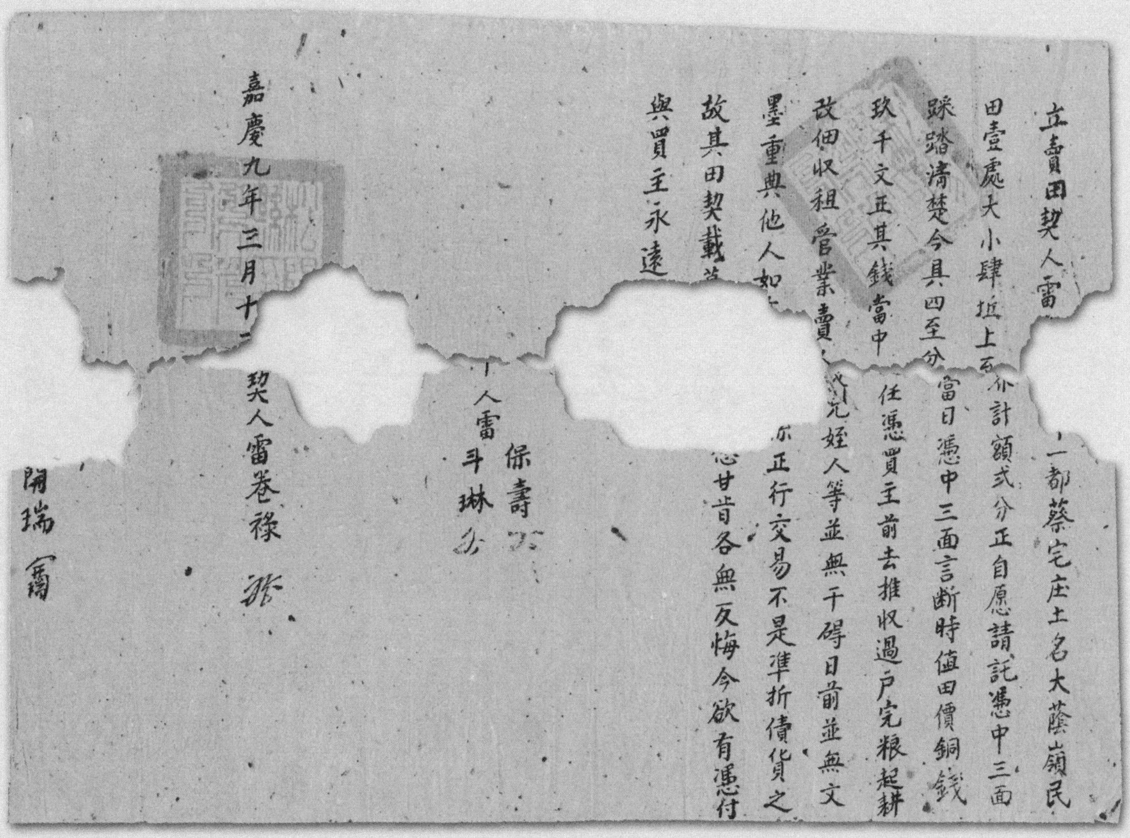

立討田劄人劉元周，今因無田耕種，自情愿問到闕天開叔手水田，土名坐落云邑今［金］村庄茶鋪騎馬降杉木坑，水田一處，當日三面言断，每年上納田租谷叁担正，其谷的至八月秋收之日一足送至田主家中車净交量，不敢欠少，恐口無憑，立劄為照。

見劄人　劉全周
立劄人　劉元周
代筆人　闕雲龍

嘉慶拾年正月十四日

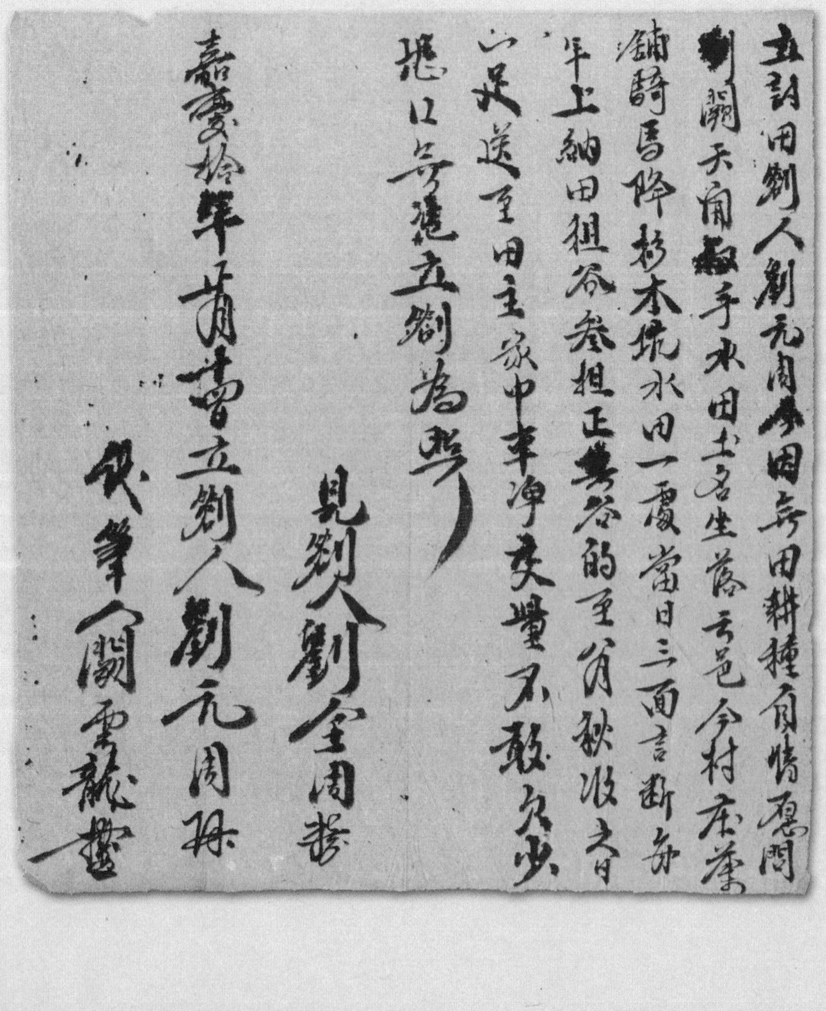

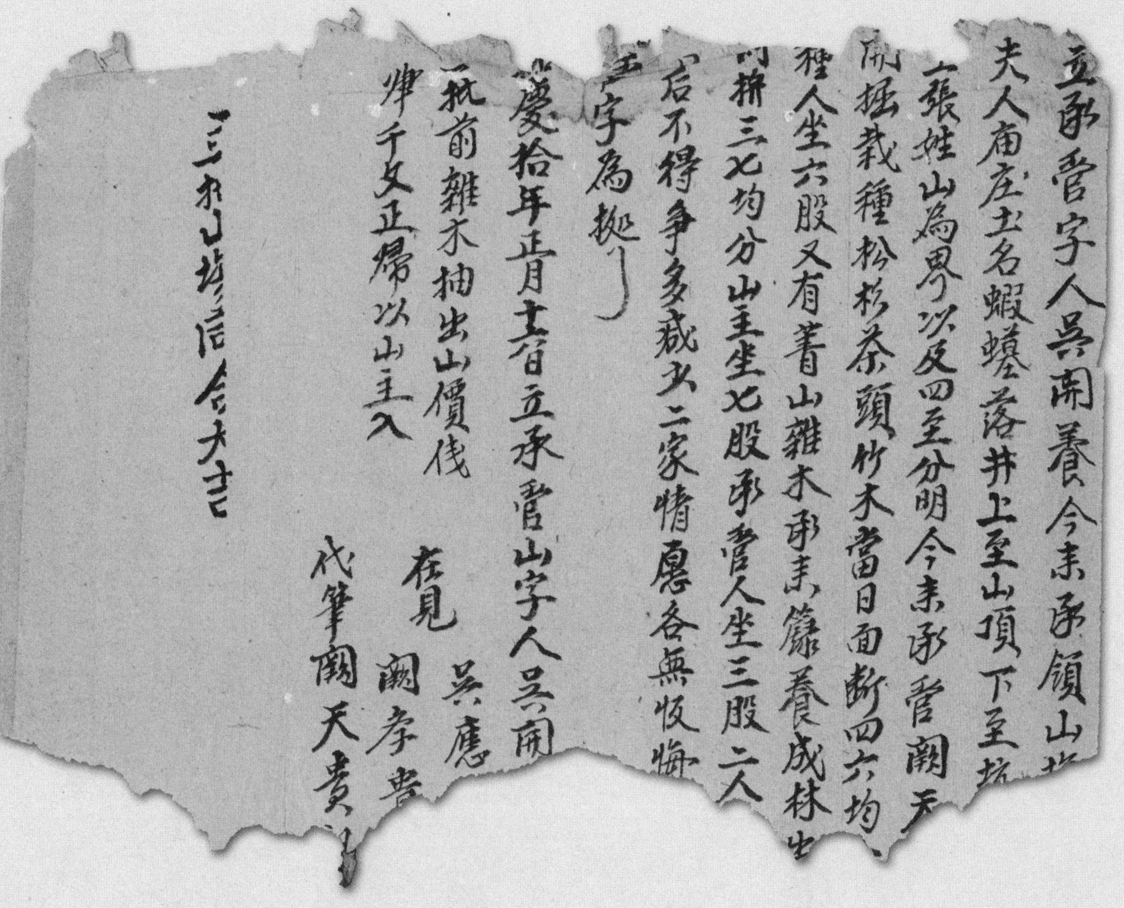

立承管字人吴閈養，今来承領山塲□□□□
夫人庙庄，土名蝦蟆落井，上至山頂，下至坑□□□□□
□張姓山為界，以及四至分明，今来承管闕天□□□□□
閈掘栽種松杉茶頭竹木，當日面断，四六均分□□□□□
種人坐六股，又有菁山雜木承来籙養成林，出□□□□□
□拚三七均分，山主坐七股，承管人坐三股，二人□□□□□
□后不得争多減少，二家情愿，各無反悔，□□□□□
□字為據。

嘉慶拾年正月十六日　立承管山字人　吴閈養

一批前雜木抽出山價钱　在見　吴應□

闕學貴

肆千文正，歸以山主入。　代筆　闕天貴

立賣田契闞松奎，今因無錢使用，自愿將父手遺下民田壹处，坐落本都夫人庙，土名塢頭脚，計額叁畝正，托中親立文契，出賣典本家房伯永燦边承買為業，當日三面言斷，值價錢伍拾陸仟文正，其錢即日交足，其田自賣之後，任凭起耕管業，此係己分物業，與內外人等無涉，亦無重典文墨加外，如有來歷不明，賣人一力承當，不干買主之事，其田倫办原價不限年月取贖，買主不得执留，此出兩相情愿，並無逼抑等情，恐口(难)信，故立賣契為據。

一批錢粮賣人自办再照

嘉慶拾年十二月初十日立賣田契闞松奎

回贖還買契還

在場弟 顯奎 书

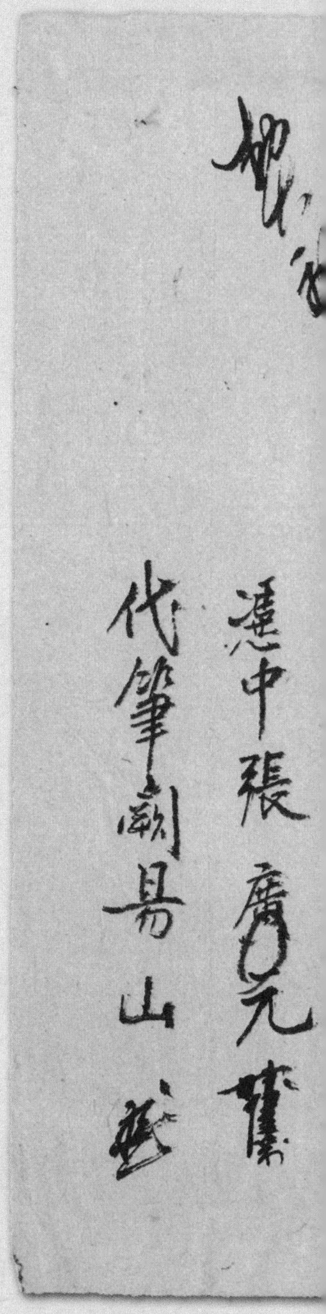

立賣田契闞松奎，今因無錢使用，自愿将父手遺下民田壹处，坐落本都夫人庙土名塢領［嶺］脚，計額叁畝正，托中親立文契，出賣与本家房伯永燦边承買為業，當日三面言断，值價錢伍拾陸仟文正，其錢即日交足，其田自賣之後，任凴起耕管業，此係己分物業，與内外人等無涉，亦無重典文墨加外，如有来歷不明，賣人一力承當，不干買主之事，其田倫办原價，不限年月取贖，買主不得执留，此出两相情愿，並無逼抑等情，恐口难信，故立賣契為據。

一批錢粮賣人自办，再照。

嘉慶拾年十一月初十日　立賣田契　闞松奎

回贖還费契還　在場弟　顕奎

憑中　張廣元

代筆　闞易山

立找杜截田契人倪林緒，日先與孫永元親邊有民田交易壹處，坐落雲邑五都黄衕庄，土名下塘安着，田坵亩分界址，俱已正契載明，契杜價足，無可再找，今因口食無办，請托親友再向與孫永元親边相勸找出契外員絲銀壹拾两正，其銀三面当日收讫，無短分厘，其田自找之後，永為孫边子孫血業，倪边永不得言称再找之理，永断割藤，去根断截，既找千休，並無逼勒等情，愿找愿杜，两相情愿，今欲有凴，故立找截田契付與孫边永遠為據。

嘉慶拾年拾一月十一日　立找杜截田契　倪林绪

在見人　李天福

闕天開

代筆侄　日和

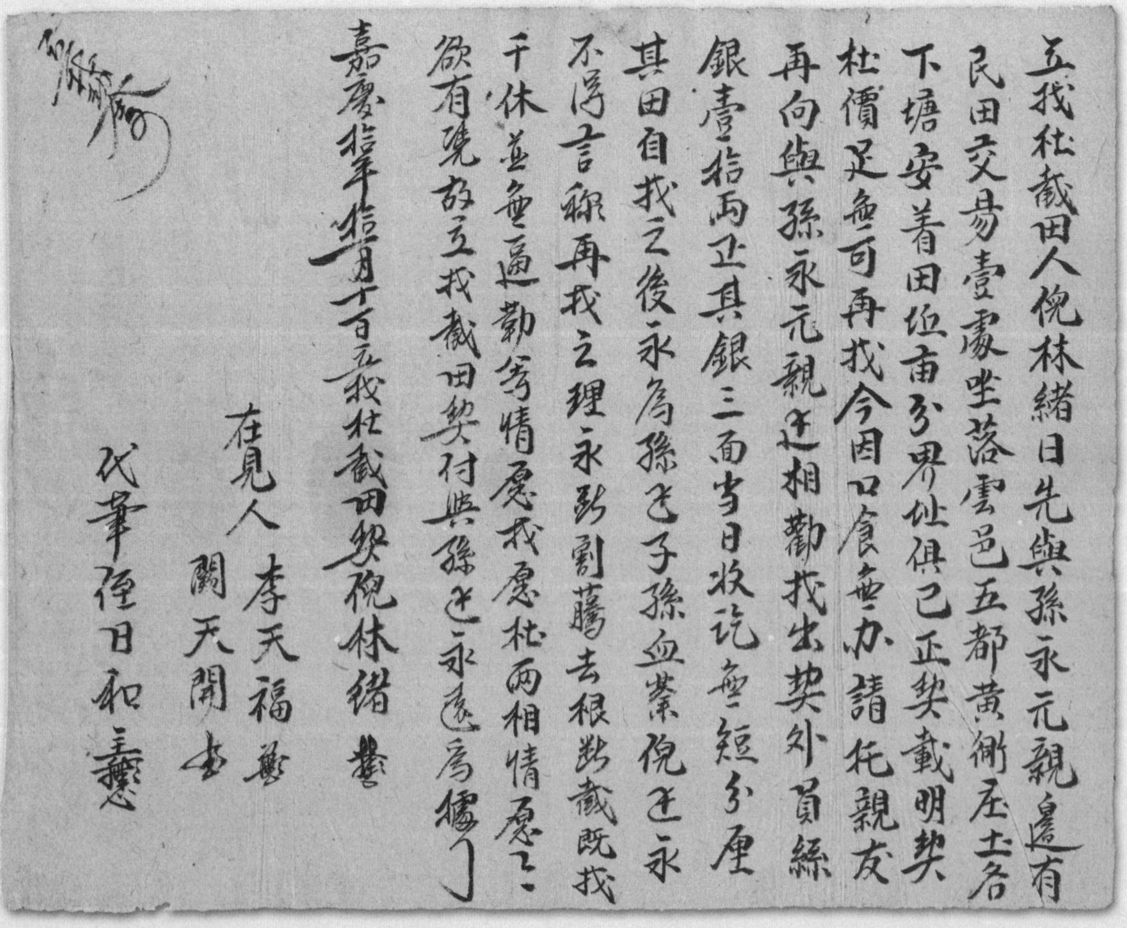

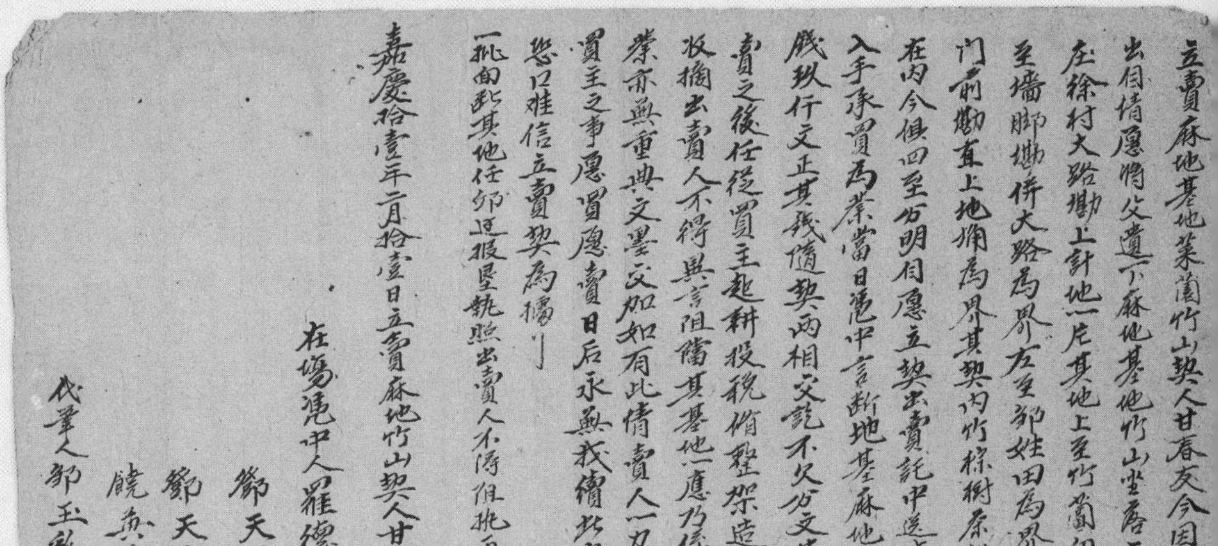

立賣麻地基地菜園竹山契人甘春友，今因兄故無從所出，自情愿将父遺下麻地基地竹山，坐落二十都横水庄徐村大路墈上，計地一片，其地上至竹園面坪為界，下至墻脚墈併大路為界，左至邹姓田为界，右至羅边门前墈直上地角為界，其契内竹、棕樹、茶樹、柏木俱應在内，今俱四至分明，自愿立契出賣，託中送與邱興貴入手承買為業，當日凴中言断，地基麻地竹山價銅錢玖仟文正，其錢隨契两相交訖，不欠分文，其他一概自賣之後，任從買主起耕投税，修整架造，耕種籙養收摘，出賣人不得異言阻擋，其基地一應乃係自己清楚物業，亦無重典文墨交加，如有此情，賣人一力承當，不涉買主之事，愿買愿賣，日后永無找續［贖］，此出两家情愿，恐口难信，立賣契為據。

一批面断其地任邱边报垦執照，出賣人不得阻执，再照。

嘉慶拾壹年二月拾壹日　立賣麻地竹山契人　甘春友

在塲凴中人　羅德福

鄧天財

鄧天應

饒英能

代筆人　邹玉彩

立賣田契人朱藍寿今因錢粮無办自情愿将父手遺下分闔内民田坐
落廿一都五合圩庄豪嶺頭大㭊背田壹處四至山為界併安
田沿樹樹雜木田頭坑塝俱已一應在内計額伍分正自愿請託
憑中三面踩踏清楚今計四至分明凈處不留立出文契送與闕天
開入手承買為業當日憑中三面言定時值田價錢捌千文正
其錢當日憑中三面即日交訖明白不少分文自賣之後為始任憑
買主前去推收過户完粮起耕收租管業賣人不得與言阻擋仔
係清楚物業與内外房親伯叔兄弟子侄人等並無寸土干碍
日前並無文墨交加亦無重典他人如有來歷不明皆係賣
人一力承當涉買主之事此係正行交易不是準折債貨之故其
田契載割藤斷根日後子孫永無找贖等情所賣所買兩造情愿
二比甘心並無逼勒之理今欲有憑故立賣田契付與闕述家遠子
孫為照

憑中 謝長富（押）
朱東龍（押）
朱石富〇

嘉慶拾壹年四月初二日 立賣田契人朱藍寿〇
代筆人朱長寿（押）

立找斷截田契人朱藍寿原與闕天開交易田壹契坐落廿一都五合圩
庄豪嶺頭土名大㭊背畝分界至前有正契載明今因食艮不給
請三面[illegible]

契

字　號

嘉慶拾壹年陸月　日

買田　坵　畝　分　價銀拾兩伍錢

李玖千陸百叁拾號　布給　縣業户闕天開　准此

一我千休，如有此色，开受重復叠騙之論，恐口無凭，故立我田

契付與闕还永遠子孫為據

原中　謝長富　朱東龍　朱石富

嘉慶拾壹年五月初二日立我田契人朱藍寿

代筆人朱長寿

（前頁）>>>>>

立賣田契人朱藍寿，今因錢粮無办，自情愿将父手遺下分閹内民田，坐落廿一都五合圩庄夢嶺頭大㟎背，田壹處，四至山為界，併及田沿柏樹雜木田頭荒角，俱已一應在内，計額伍分正，自愿請託憑中三面踩踏清楚，今計四至分明，净處不留，立出文契，送與阙天開入手承買為業，當日凴中三面言定，時值田價錢捌千文正，其錢當日凴中三面即日交訖明白，不少分文，自賣之後为始，任凴買主前去推收過户完粮，起耕收租管業，賣人不得異言阻挡，乃係清楚物業，與内外房親伯叔兄弟子侄人等並無寸土干碍，日前並無文墨交加，亦無重典他人，如有来歷不明，皆係賣人一力承當，（不）涉買主之事，此係正行交易，不是準折債貨之故，其田契載割藤断根，日後子孫永無找贖等情，所賣所買，两造情愿，二比甘心，並無逼勒之理，今欲有凴，故立賣田契付與阙边永遠子孫為照。

謝長福

凴中　朱東龍

朱石富

嘉慶拾壹年四月初二日　立賣田契人　朱藍寿

代筆人　朱長寿

（前頁）>>>>>

立找断截田契人朱藍寿，原與闕天開交易田壹契，坐落廿一都五合圩庄夢嶺頭，土名大佘背，亩分界至，前有正契載明，今因（口）食不給，請託原中相勸業主，找出錢貳千伍百文正，其錢即日收足明白，不少分文，自找之後，割藤断絕，永遠子孫無得異言識認等情，一找千休，如有此色，甘受重復叠騙之論，恐口無憑，故立找田契付與闕边永遠子孫為據。

原中 謝長富
朱東龍
朱石富

嘉慶拾壹年五月初二日 立找田契人 朱藍寿
代筆人 朱長寿

（契尾，嘉慶拾壹年陸月）

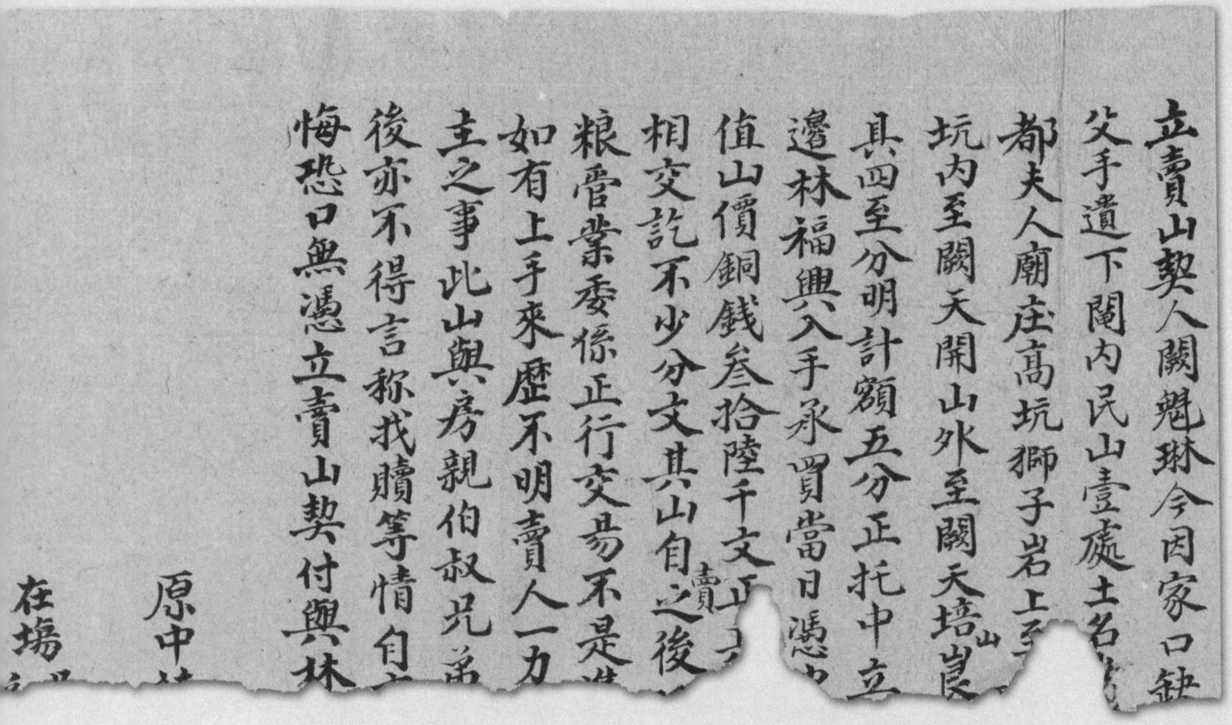

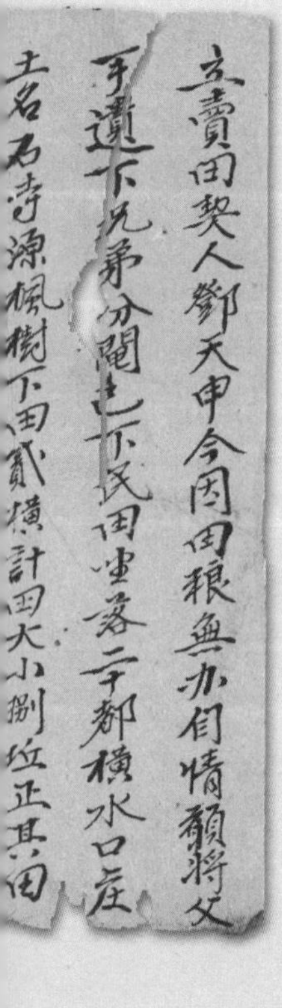

立賣山契人闕魁琳，今因家口缺□□□□□
父手遺下閹内民山壹處，土名□□□□□
都夫人廟庄高坑獅子岩，上至□□□□□
坑内至闕天開山，外至闕天培山崀□□□□□
具四至分明，計額五分正，托中立□□□□□
邊林福興入手承買，當日憑中□□□□□
值山價銅錢叁拾陸千文正，其□□□□□
相交訖，不少分文，其山自賣之後，□□□□□
粮管業，委係正行交易，不是□□□□□
如有上手來歷不明，賣人一力□□□□□
主之事，此山與房親伯叔兄弟□□□□□
後亦不得言称找贖等情，自□□□□□
悔，恐口無憑，立賣山契付與林□□□□□。

原中 □□□

在場 □□□

□□□

嘉慶拾壹年十二月十三日　立賣山□□ □□□

代筆 □□□

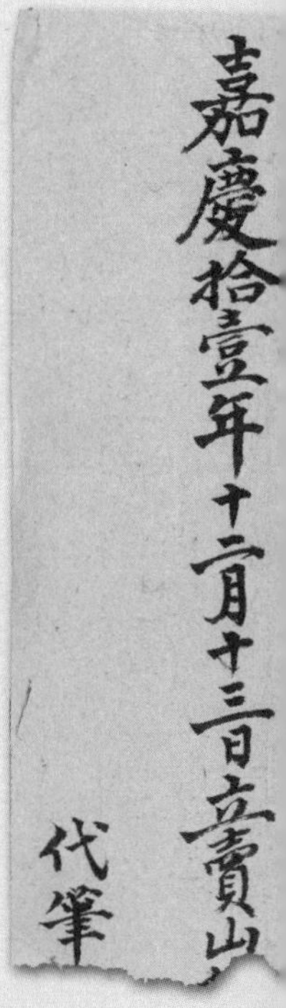

立賣田契人鄧天申，今因田粮無办，自情願将父手遺下兄弟分閹己下民田，坐落二十都横水口庄，土名石寺源楓樹下，田貳横，計田大小捌坵正，其田上至嫡弟田出賣林邊田為界，下至葉姓田為界，内（至）楓樹邊小坑為界，外至路為界，又葉姓田面長坵田壹坵，以上共計額壹畝伍分正，今俱坵角四至分明，自願立契托中出賣與周文喜邊入受承買為業，當（日）憑中面断，時值田價銅錢叁拾捌千文正，其錢當日交兑足訖，不少個文，其田自賣之後，任從買主起耕易佃报税，推收入册完粮，执契管業，賣人無得異言阻执之理，此係己下清業，與兄子弟姪内外人等並無干碍，如有此色，賣人自能一力承當，不干買主之事，委係正行，不是準拆債負之故，從前亦無重典文约交加他人之事，其田此出賣買两家割截，日後無敢異言找贖之故，此出两相心願，各無反悔，並無逼抑等情，恐口难信，故立賣田契為據。

嘉慶拾貳年十月初九日　立賣田契人　鄧天申

在場中人　王福生

鄧天有

親筆

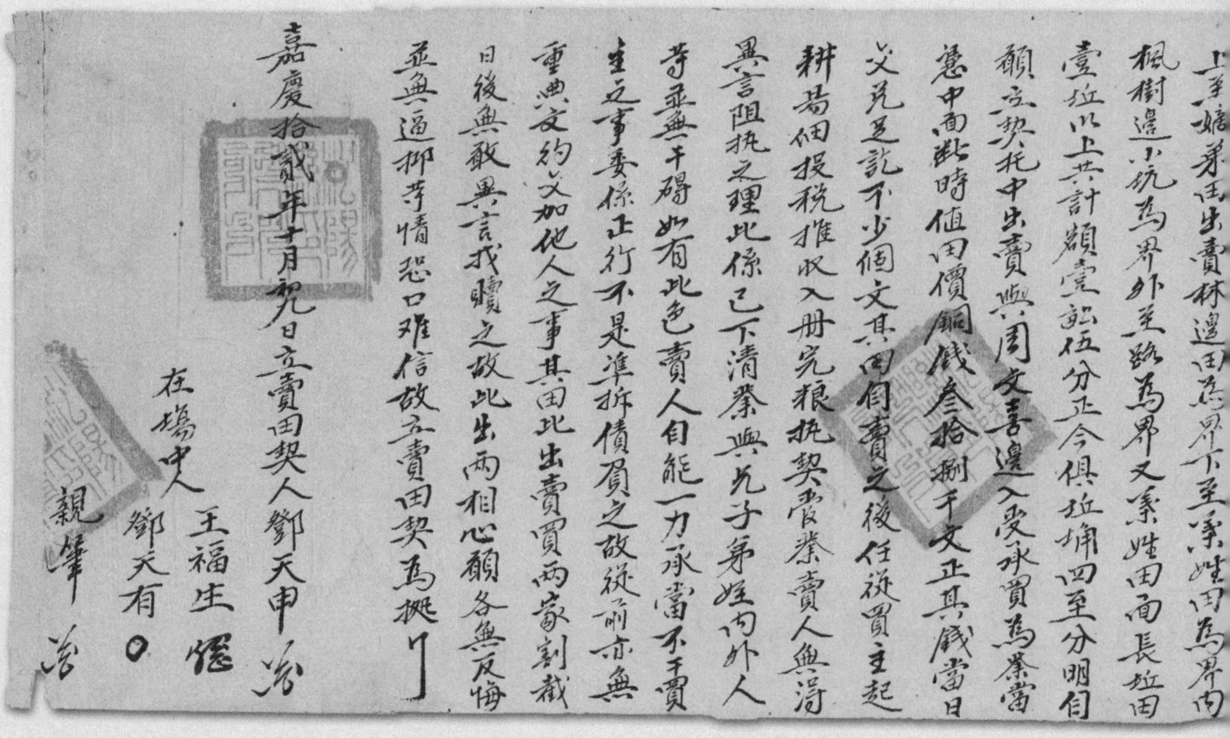

立找田契人鄧天申，原與周宅交易民田壹契，
坐落二十都横水口庄，土名石寺源楓樹下，又土名
葉姓田面，共計田弍處，其田畝額四至，前有原契
載明，先経契明價足，今因口食急迫，自托原
中向前勸到業主周文喜手内找過契外銅
錢肆千文正，其錢當日親收足訖，不短個文，其
田自找之後，任凴周邊执契永遠管業，鄧邊
子姪孫人等永無異言阻执之理，其田此出賣
人心願，自甘断截，日後無得再行找贖之故，一
找千休，永截割断，此出两相情願，各無反悔，
並無逼抑等情，恐口难信，故立找田契為據。
嘉慶拾肆年三月初六日　立找田契人　鄧天申
原中人　王福生
鄧天有
代筆人　鄧天申

（契尾，嘉慶拾伍年拾壹月）

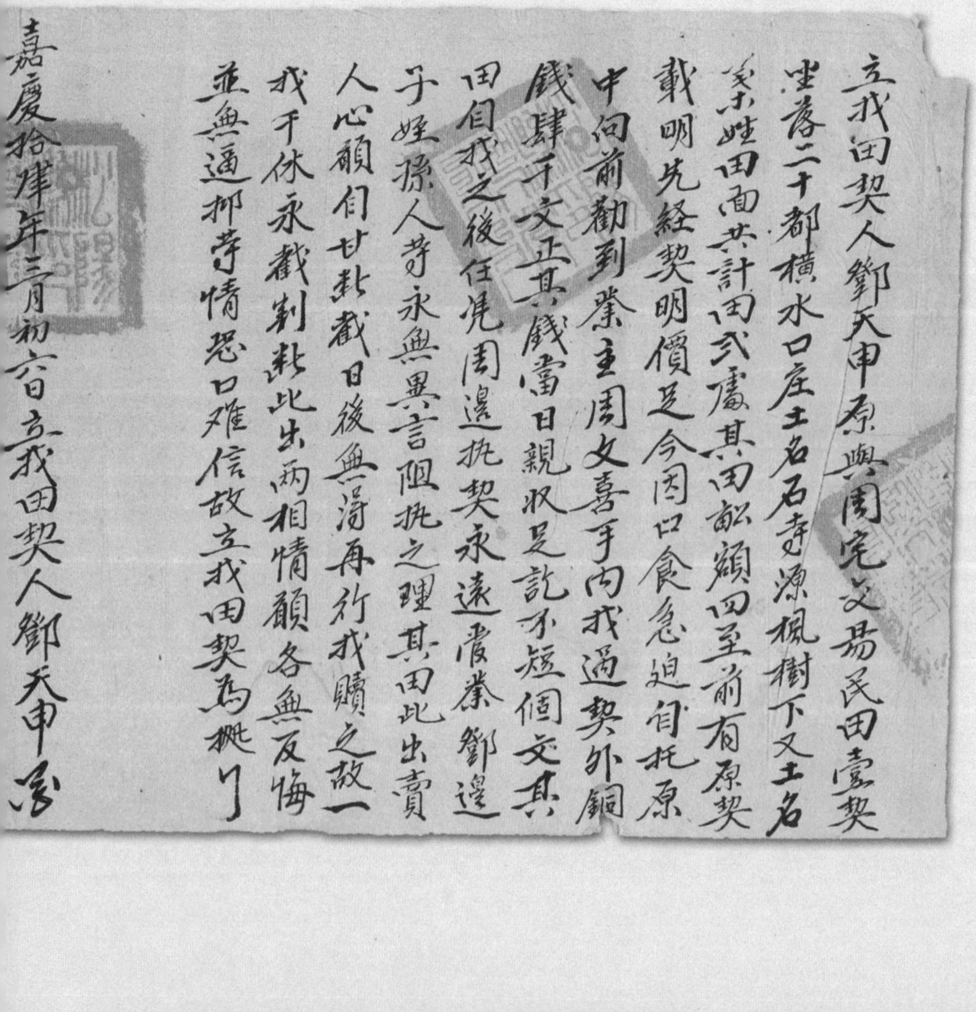
立找田契人鄧天申原與周宅交易民田壹契
坐落二十都横水口庄土名石寺源楓樹下又土名
葉姓田面共計田弍處其田畝額四至前有原契
載明先経契明價足今因口食急迫自托原
中向前勸到業主周文喜手内找過契外銅
錢肆千文正其錢當日親收足訖不短個文其
田自找之後任凴周邊执契永遠管業鄧邊
子姪孫人等永無異言阻执之理其田此出賣
人心願自甘断截日後無得再行找贖之故一
找千休永截割断此出两相情願各無反悔
並無逼抑等情恐口难信故立找田契為據
嘉慶拾肆年三月初六日立找田契人鄧天申

契尾

字　號

浙江等處承宣布政使司為遵
旨議奏事。奉准户部咨開乾隆十四年十二月[illegible]日內閣抄出河南布政使富明奏稱[illegible]
[illegible]
卿多[illegible]之案求其至實，綠為奸猾勒索者[illegible]業户經年累月求一[illegible]照而不可得，勢必多方打點[illegible]
倍于從前，將來[illegible]投稅為畏途，觀望延挨[illegible]無裨[illegible]應將[illegible]奏請州縣
十號申送府州查驗，并知府直隸州照州縣例經送藩司之處均無庸議，至于[illegible]貪吏以大報小，奸民爭[illegible]
為變通，臣等酌議請嗣後布政使頒發給民契尾格式，編列號數，前半幅照[illegible]細書業户等姓名買賣[illegible]
一後半幅于空白處預鈐司印，以備投稅時將契價稅銀數目大字填寫鈐印之處，令業户看明，當面騎字截開，前幅給業户收執，後幅
同季冊彙送布政司查核。此係一行筆跡，平分為二，大小數目委難改換，其從前州縣布政司備查各契尾應行停止，以省繁文。如此
無缺撕之處，而契價無參差之弊，于民無累，于稅無虧，侵蝕可杜，爭訟可息矣。如蒙
俞允俟
命下之日，臣部頒發格式，通行直省督撫欽遵辦理可也等因。于本年十二月十二日奏，本日奉
旨依議。欽此。相應抄錄原奏并頒發格式，行文督撫欽遵辦理可也等因到院，行司奉此，除經通行遵照外，合[illegible]該州縣給民投稅
價一兩納稅三分，不許私毫[illegible]，務將契價稅銀數目大字填寫鈐印之處，令業户看明，當面騎字截開，前幅給業户收執，後幅同季冊繳
本司查核，所收稅銀儘收儘解[illegible]契尾不許數契[illegible]，均無致違滯遲，須至契尾者。

計開業户　周文喜　買田坐落[illegible]都　分，用價銀肆拾[illegible]兩[illegible]錢[illegible]分，納稅銀壹兩[illegible]錢[illegible]分　釐　毫

布字壹千壹百捌拾壹號　右給　松陽縣業户　周文喜　准此

嘉慶拾伍年拾壹月　日

原中人　王福生（押）
鄧天有 ○
代筆人　鄧天申（押）

立截田契人王福生仝弟德正日前父手遗下口長泰田貳標
坐落松陽廿都山頭脚地坊土名標畝租碩拾數前立契俱
已截明今因母故使用錯錢不及即托中人再向周廷
截出價錢伍仟文其錢即時收足並無欠少其田自
截以后租碩每年不得欠少升粒如有拖欠任憑周
廷易佃耕種過割完粮王廷不得異言如王廷办得
原價取贖周廷不敢執契恐口無憑立截契存照

嘉慶拾貳年十二月十二日立截契人王福生（押）
仝弟 德正

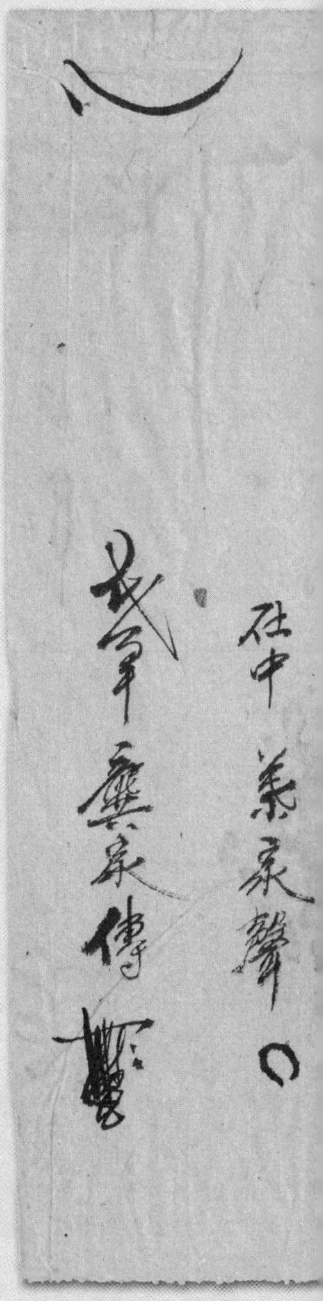

立找田契人王福生仝弟德正，日前父手遺下口食祭田貳標，坐落松陽廿都嶺脚地坊［方］，土名標亩租碩垢数，前正契俱已載明，今因母故，使用銀錢不及，即托中人再向周边找出價錢伍仟文，其钱即時收足，並無欠少，其田自找以后，租碩每年不得欠少升粒，如有掛欠，任憑周边易佃耕種，過割完粮，王边不得異言，如王边办得原價取贖，周边不敢执契，恐口無憑，立找契存照。

嘉慶拾貳年十一月十一日　立找契人　王福生

仝弟　德正

在中　葉家聲

代筆　龔家傳

立賣田契人王福生，今因錢粮無办，自情愿將父手民田，坐落二十都嶺脚庄，小土名烏大石下，田肆坵，又土名竹園田，内外共田弍坵，其田弍處，共計大小陆坵正，計額粮壹畝五分正，今俱坵畮畝額載明，自愿立契出賣與周增起邊入受承買為業，當日憑中面断，時值田價錢貳拾捌千文正，其錢隨契两相交足，不欠個文，其田自賣之後，任從周邊過戸投税，種作易佃，执契管業，王邊不得異言阻执，其田乃係父清業，與伯叔兄弟子姪内外人等並無干碍，倘有上首来歷不明，并有致爭，皆係賣人一力承當，不涉買人之事，此出買賣正行交易，不是準折債負之故，從前亦無重典文墨交加，此出两相情願，並無逼勒等情，恐口难信，故立賣田契為據。

嘉慶拾叁年二月初五日　立賣田契人　王福生

憑中人　周增基

王德寶

代筆人　鄧天申

立找田契人王福生，原與周宅交易民田壹契，坐（落）二十都嶺脚庄，小土名烏大石下，并及竹園，共田陆坵正，畝額前有正契載明，今因口食無办，自請原中相前勸到業主周增起邊找過契外田價錢五千文正，其錢即日憑中两相交足，不短個文，其田自找之後，任從周邊执契永遠管業，出賣（人）不得異言，其田此係（買）賣两相情願自甘，一找千休，其田日后有贖

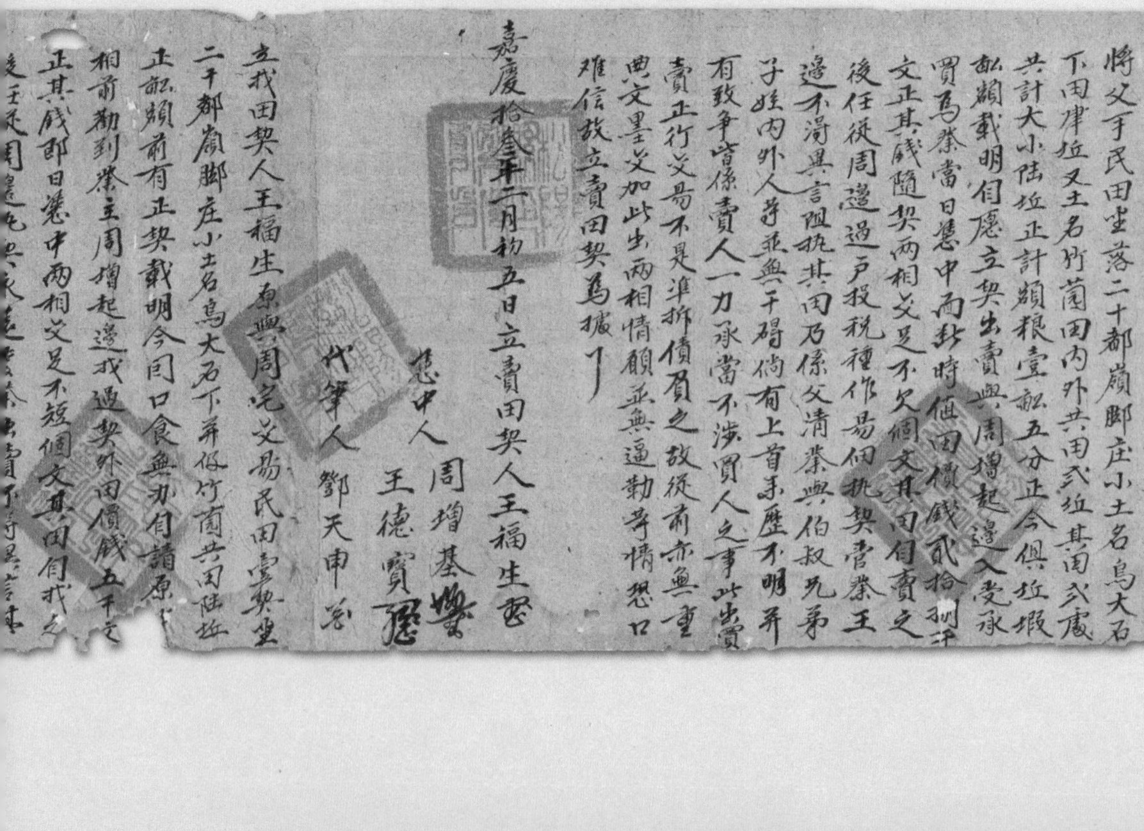

無找，王邊不得再言勒找等情，此出两家心願，各無反悔，並無逼抑，恐口难信，故立找田契為據。

嘉慶拾叁年十二月初五日　立找田契人　王福生

原中人　周增基

王德寳

代筆人　鄧天申

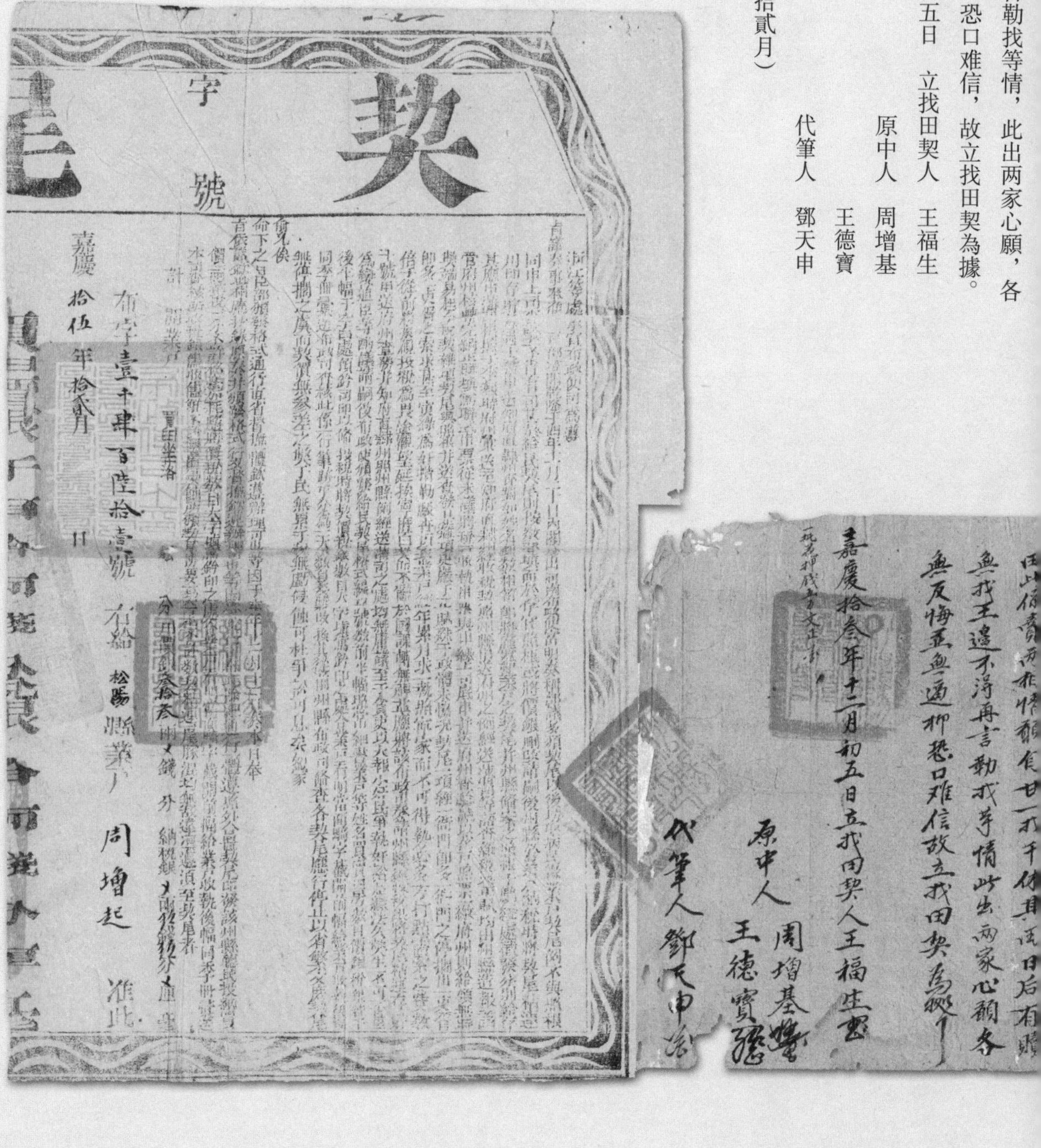

（契尾，嘉慶拾伍年拾貳月）

立賣田契德琮今因錢粮無办自愿將父遺下均分闔内民田壹坵坐落本都茶排庄土名樟樹下水碓边上至水碓墻脚為界下至賣人自己田塍為界外至水圳為界内大路為界計額伍分正田沿樹木随田管業今俱四至分明託中欵行立契出賣與本家天開叔承買為業當日憑中言斷時值田價錢壹拾貳千文正其錢即日随契兩相交訖自賣之後任凭買主推收過户完粮管業架造賣人無得異言此係父遺均分清楚物業與内外人等並無干涉并無重典文墨交加如有來歷不明賣人自能支當不涉買主之事所賣所買兩廿情愿此係正行交易并明價足並無逼抑準折之故其田永遠斷根不敢異言找贖廿情今欲有憑立賣契付與買主永遠為照

嘉慶拾叁年玖月初七日　立賣田契人德琮（押）

在堂父三有（押）

胡有全○

憑中人　瞷天進（押）

德璜（押）

德琳（押）

永明（押）

代筆□用萬俞□

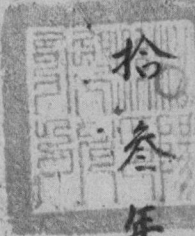

立找田契人德琮原與本家天開叔述文易民田一契坐落本都茶排庄土名樺樹下
水碓述前分界額正租載明今因口食不給自愿請托原中向業主家再找出契外銅錢
陸千文正其錢當日找人親收足訖不少個文自找之后其田價滿意足永遠斷根
再不得异言找價𢃄情今歎有憑立找契付與買主永遠爲拠

嘉慶拾叁年拾月初玖日

立找田契　德琮

憑中人　闕天進
胡有全
德璜
德琳
秉明

代筆　闕萬瑜

（前頁）>>>>>

立賣田契德琮，今因錢粮無办，自愿将父遺下均分鬮内民田壹接，坐落本都茶排庄，土名樟樹下水碓边，上至水碓墻脚為界，下至賣人自己田塝為界，外至水圳為界，内大路為界，計額伍分正，田沿樹木随田管業，今俱四至分明，託中欲行立契，出賣與本家天開叔承買為業，當日憑中言断，時值田價錢壹拾貳千文正，其錢即日随契兩相交訖，自賣之後，任凴買主推收過户，完粮管業架造，賣人無得異言，此係父遺均分清楚物業，與内外人等並無干涉，亦無重典文墨交加，如有来歷不明，賣人自能支當，不涉買主之事，所賣所買，兩甘情愿，此係正行交易，契明價足，並無逼抑準折之故，其田永遠断根，不敢異言找贖等情，今欲有憑，立賣契付與買主永遠為照。

嘉慶拾叁年玖月初七日　立賣田契人　德琮

在堂父　三有

胡有全

憑中人　闕天進

德瓆

德琳

永明

代筆　闕萬瑜

（前頁）>>>>>

立找田契人德琮，原與本家天開叔边交易民田一契，坐落本都茶排庄，土名樟樹下水碓边，畝分界額，正契載明，今因口食不給，自愿請托原中向業主家再找出契外銅錢陸千文正，其錢當日找人親收足訖，不少個文，自找之后，其田價滿意足，永遠断根，再不得异言找價等情，今欲有憑，立找契付與買主永遠為據。

嘉慶拾叁年十月初玖日　立找田契　德琮

胡有全

憑中人　闕天進

德瓚

德琳

永明

代筆　闕萬瑜

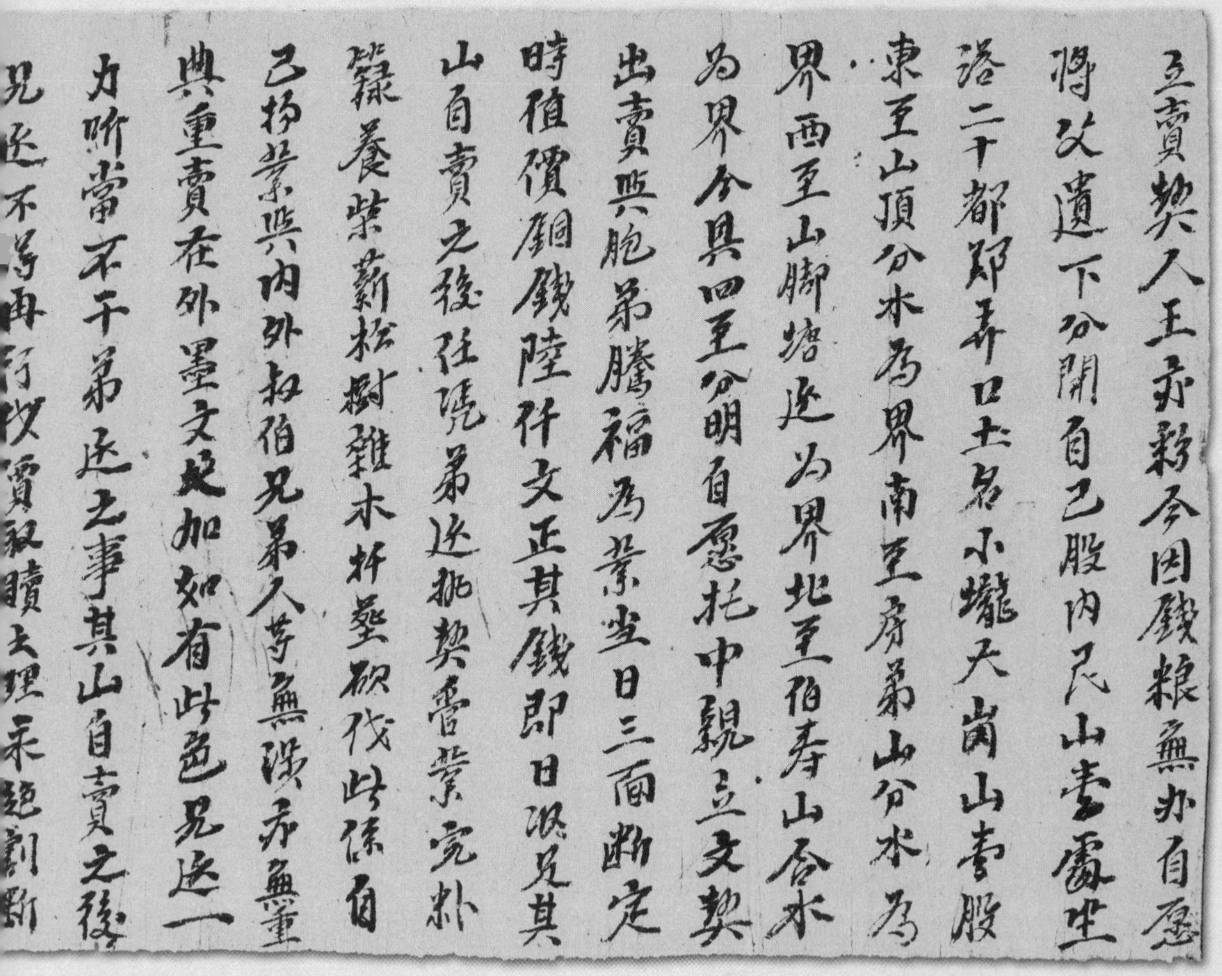

立賣契人王亦彩今因錢粮無办自愿
將父遺下分開自己股内民山壹處坐
落二十都鄭弄口土名小壠天崗山壹股
東至山頂分水為界南至房弟山分水為
界西至山脚塘迹為界北至伯寿山合水
為界今具四至分明自愿托中親立文契
出賣與胞弟騰福為業當日三面斷定
時值價銅錢陸仟文正其錢即日收足其
山自賣之後任憑弟迹批契管業完粮
蓄養柴薪松樹雜木扦藝砍伐此係自
己物業與内外叔伯兄弟人等無涉亦無重
典重賣在外墨文如加如有此色兄迹一
力所當不干弟迹之事其山自賣之後
兄迹不得再行找價取贖去理永絕割斷

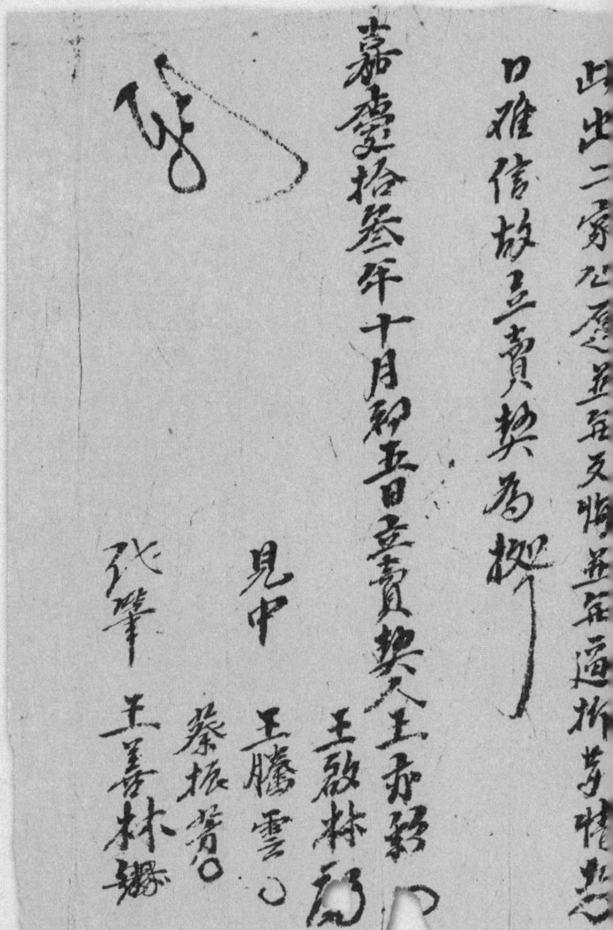
此出二家心愿並無反悔並無逼抑等情恐
口难信故立賣契為據
嘉慶拾叁年十月初五日立賣契人王亦彩
王啟林
見中　王騰雲
葉振芳
代筆　王善林

立賣契人王亦彩，今因錢粮無办，自愿
将父遺下分關自己股内民山壹處，坐
落二十都郑弄口，土名小壠大岗山壹股，
東至山頂分水為界，南至房弟山分水為
界，西至山脚塘边为界，北至伯寿山合水
为界，今具四至分明，自愿托中親立文契，
出賣與胞弟騰福為業，当日三面断定，
時值價銅錢陸仟文正，其錢即日收足，其
山自賣之後，任凴弟边执契管業完粮，
籙養柴薪松树雜木，扦葬砍伐，此係自
己物業，與内外叔伯兄弟人等無涉，亦無重
典重賣在外，墨文交加，如有此色，兄边一
力听［支］當，不干弟边之事，其山自賣之後，
兄边不得再行找價取贖之理，永绝割断，
此出二家心愿，並無反悔，並無逼抑等情，恐
口难信，故立賣契為據。

嘉慶拾叁年十月初五日　立賣契人　王亦彩

王啟林

見中　王騰雲

葉振芳

代筆　王善林

立賣田契人闕松奎仝弟等，今因錢粮無办，自
情願将廿一都祖父遺下民田叁處，土名坐落梨樹
崗田壹处，共捌横，大小四拾叁坵，上至左手闕姓田，右手
雷姓田為界，下至林姓田，右至中秋會田，左至砂壒高
塝為界，又砂壒内水圳頭田壹坵，又土名坐落大片頭
庄田壹处，共大小叁拾叁坵，上至左手張姓田，右手李姓
田為界，下至左手王姓田，右手李姓田，左至山，右至李姓
田為界，又土名坐落夫人廟庄塢嶺脚田壹处，共捌横，
大小弍拾弍坵，上至永壽田為界，下至天開田，左至砂壒，
右至小坑，又右至外小坑對面坐田四坵，上至山，下至喬生
田，左至坑，右至永寿田為界，共田叁處，計額拾畝正，今
載四至分明，托中立契出賣與本家叔公闕其雄边承
買為業，當日三面言断，時值田價錢貳伯捌拾千文
正，其錢随契两相交訖，不少分文，其田自賣之後，任
凴買主推收過户，起耕完粮，此係己分物業，與
内外人等無涉，日先亦無重典交加，如有來歷不
明，賣人一力支當，不干買主之事，此出二家心願，日
後並無找贖等情，恐口無凴，立賣田契永遠為據。
一批土名梨樹崗併塢壿柏樹雜木随田管業，再照。
嘉慶拾叁年十月初九日　立賣田契人　闕松奎
仝弟　献奎
耀奎
叔　永魁
凴中　闕永明
闕其正
張廣元
闕永昱
代筆　葉枝挺

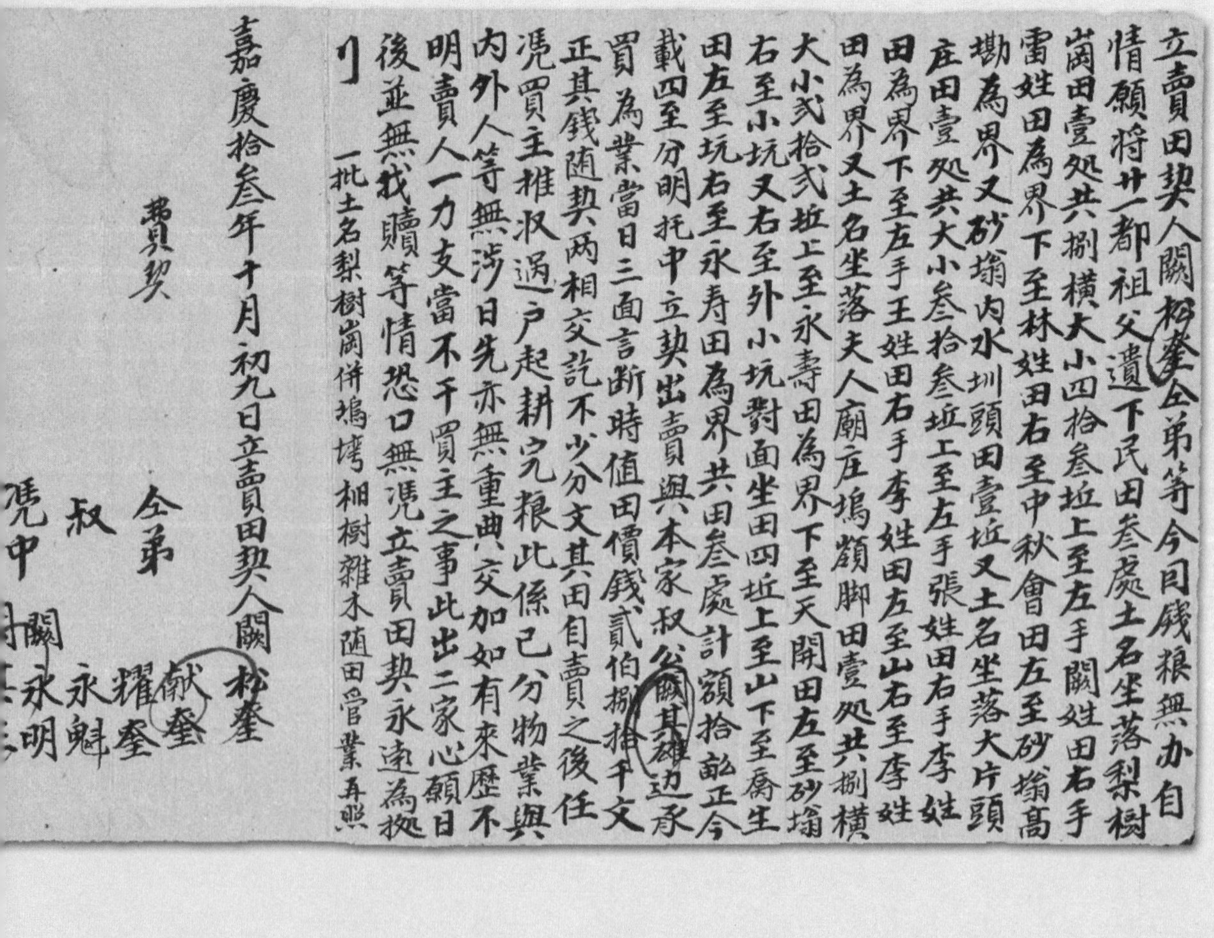

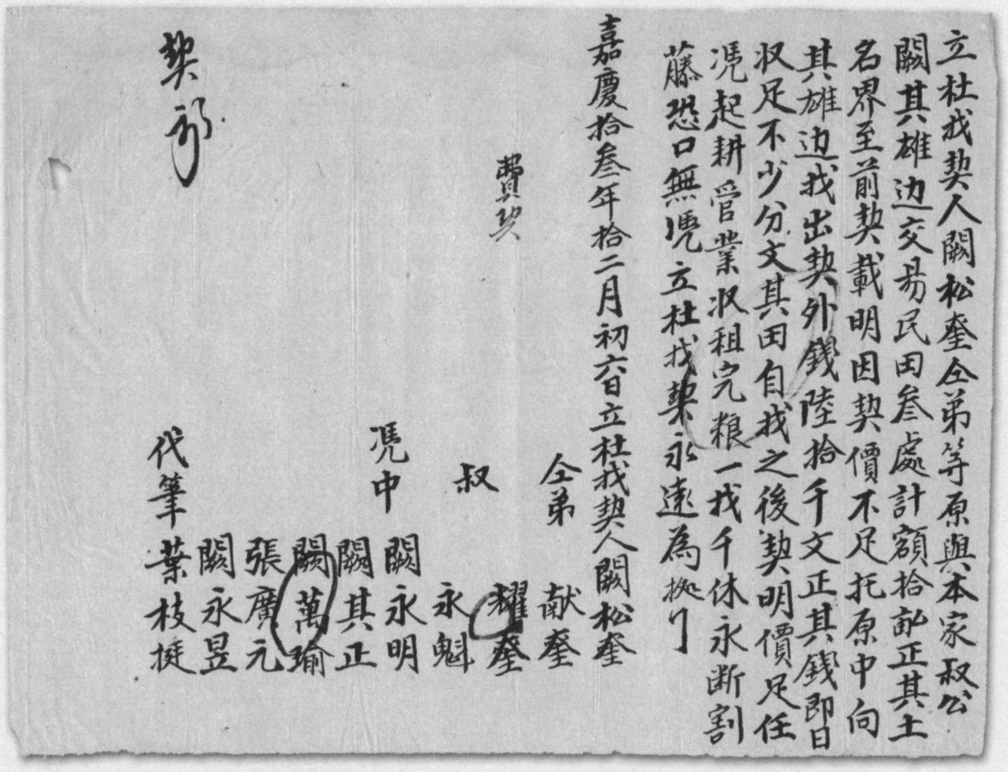

立杜找契人闕松奎仝弟等，原與本家叔公闕其雄边交易民田叁處，計額拾畝正，其土名界至，前契載明，因契價不足，托原中向其雄边找出契外錢陸拾千文正，其錢即日收足，不少分文，其田自找之後，契明價足，任憑起耕管業，收租完粮，一找千休，永断割藤，恐口無憑，立杜找契永遠為據。

嘉慶拾叁年拾二月初六日　立杜找契人　闕松奎

仝弟　献奎

耀奎

叔　永魁

憑中　闕永明

闕其正

闕萬瑜

張廣元

闕永昱

代筆　葉枝挺

立賣山契人葉進禄、葉長富、葉高壽、葉硋德、葉德宗等，今因無錢使用，自情愿将祖遺下二十一都夫人廟庄總，土名天鵞哺蛋山塲内抽，小土名横坑裏五坵田外子㡳直上分金為界，水流於内，葉姓管業，水流於外，闕姓管業，上至山頂，下至坑為界，立契出賣與闕宅永魁親邊為業，當日三面言断，山價銀貳两正，其銀即日随契交楚明白，並無短少分厘，其山自賣之後，任頻［憑］闕邊養籙管業，葉邊不得霸執，如有親房伯叔兄弟子姪以及外人等争執，葉邊一力支當，不涉闕邊之事，一售一受，两相情愿，並無逼抑等弊，再葉邊不得言称找贖等情，恐口無凴，立賣山契永遠存據。

見契　吴貴琳

嘉慶拾叁年拾月貳拾玖日　立賣山契人　葉進禄

葉長富

葉高壽

葉硋德

葉德宗

代筆　陳建中

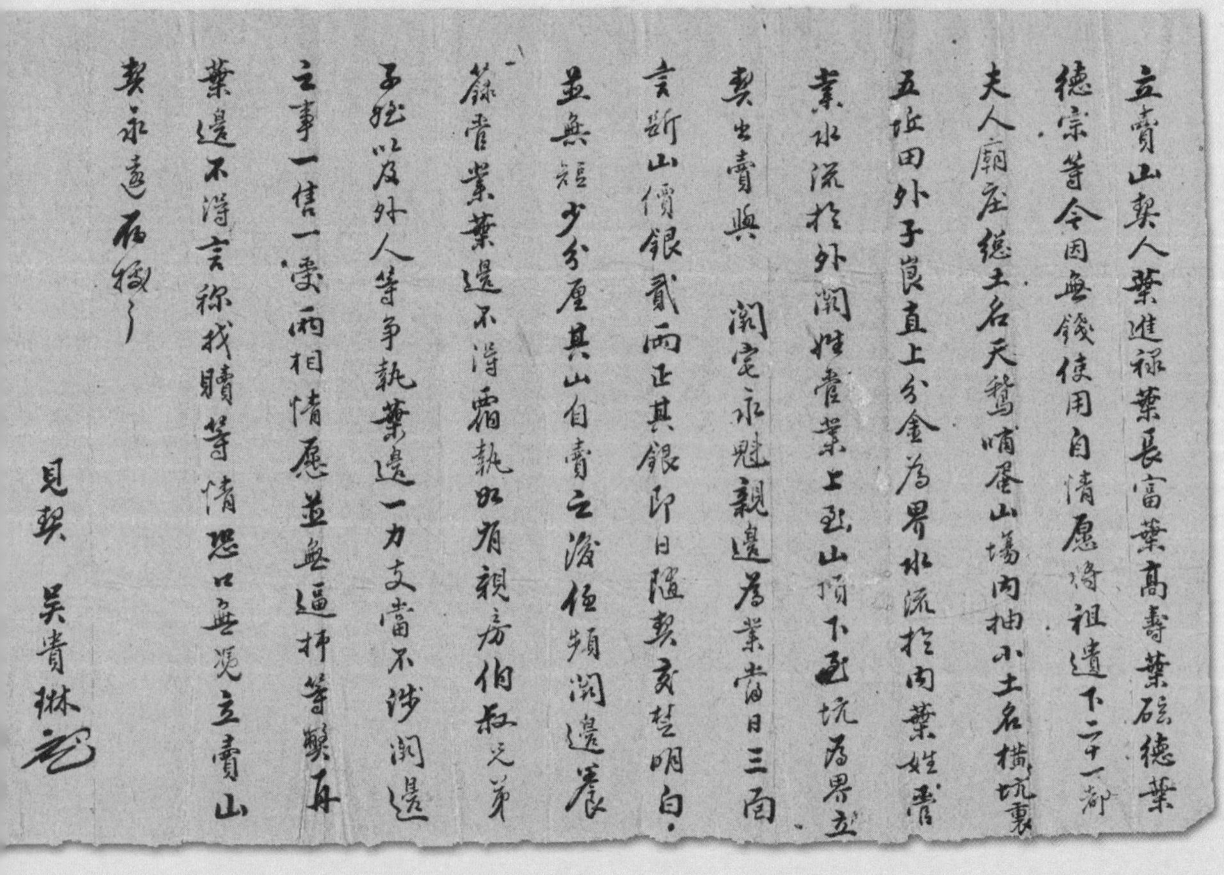
立賣山契人葉進禄葉長富葉高壽葉硋德葉
德宗等今因無錢使用自情愿将祖遺下二十一都
夫人廟庄總土名天鵞哺蛋山塲内抽小土名横坑裏
五坵田外子㡳直上分金為界水流於内葉姓管
業水流於外闕姓管業上至山頂下至坑為界立
契出賣與　闕宅永魁親邊為業當日三面
言断山價銀貳两正其銀即日随契交楚明白
並無短少分厘其山自賣之後任頻闕邊養
籙管業葉邊不得霸執如有親房伯叔兄弟
子姪以及外人等争執葉邊一力支當不涉闕邊
之事一售一受两相情愿並無逼抑等弊再
葉邊不得言称找贖等情恐口無凴立賣山
契永遠存據
見契　吴貴琳

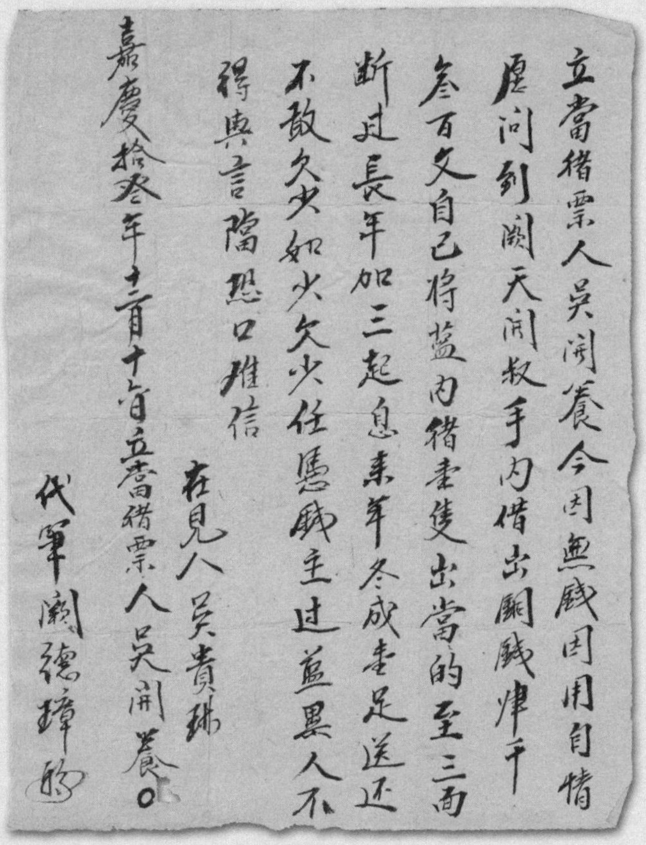

立當猪票人吳閑養，今因無錢因［應］用，自情
愿问到闕天闲叔手内借出銅錢肆千
叁百文，自己將蓝［欄］内猪壹隻出當，的至三面
断过，長年加三起息，来年冬成壹足送还，
不敢欠少，如少［有］欠少，任憑錢主过藍［欄］，異人不
得與［異］言（阻）擋，恐口难信。

在見人　吳貴琳

嘉慶拾叁年十二月十六日　立當猪票人　吳閑養

代筆　闕德璋

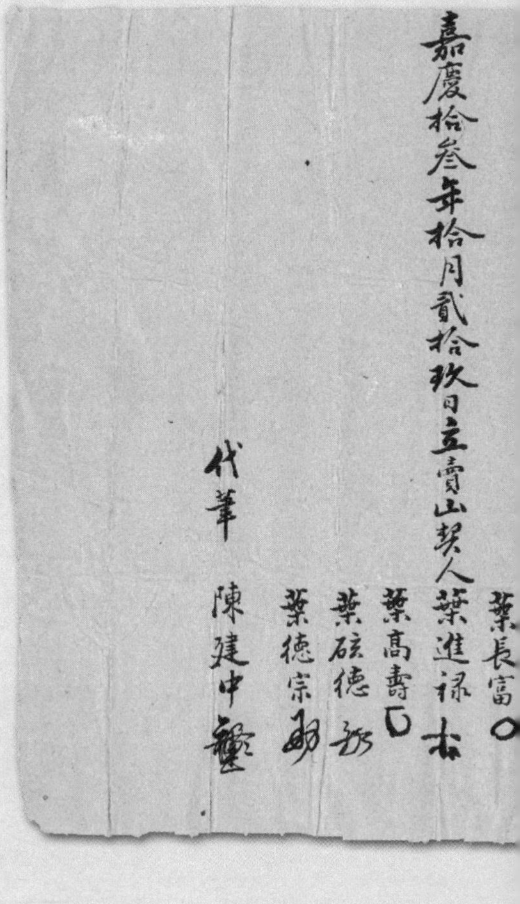

嘉慶拾叁年拾月貳拾玖日立賣山契人葉進禄

葉長富

葉高壽

葉砿德

葉德宗

代筆　陳建中

立賣契人房弟継興仝侄等，今因錢粮無办，自情愿将祖父遺
下民田壹處，坐落十八都烏寧亭前，土名鵞墩坑边，田壹坵，計額
貳畝正，親立文契出賣與惟玠兄边為業，三面断定，時值價
銅錢伍拾仟文正，其錢當日親收完足，其田即日與銀主执契
管業收租，完粮過户，易佃耕種，此係自己物業，與内外伯叔兄弟
人等無涉，亦無外人争执之理，日先並無典當重賣文墨交加，如
有此色，自己一力承當，不干銀主之事，此出两家心愿，並無反悔
逼抑等情，恐口難信，故立賣契為據。

嘉慶拾肆年九月十七日　立賣契人　継興
永連
永賢
侄　永元
玘雲
見中　龍岳
林砿堅
親筆　侄砿奎

（契尾，嘉慶拾捌年弍月）

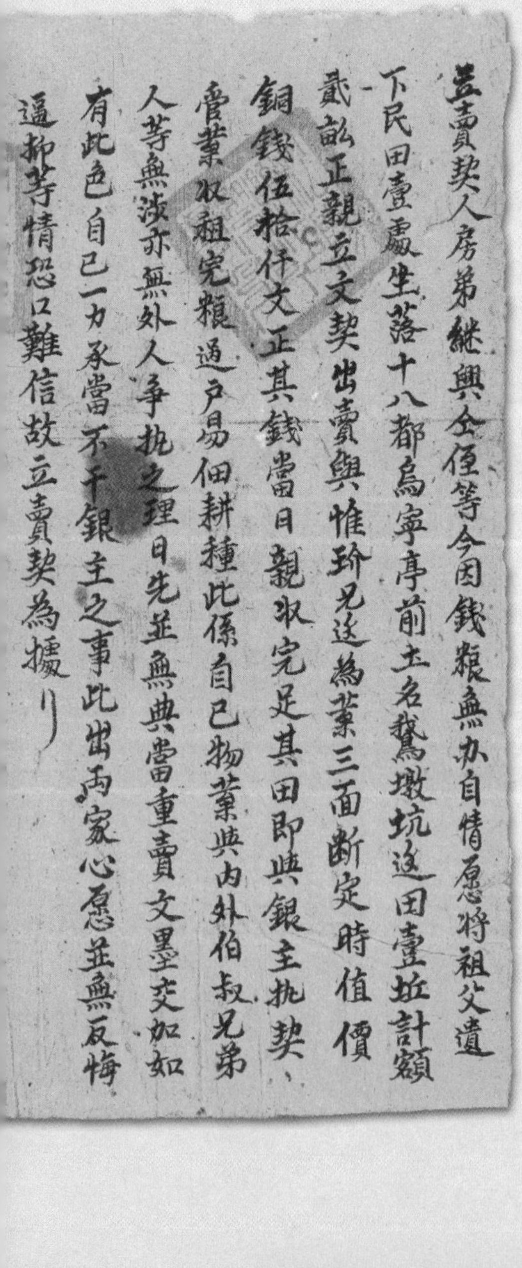

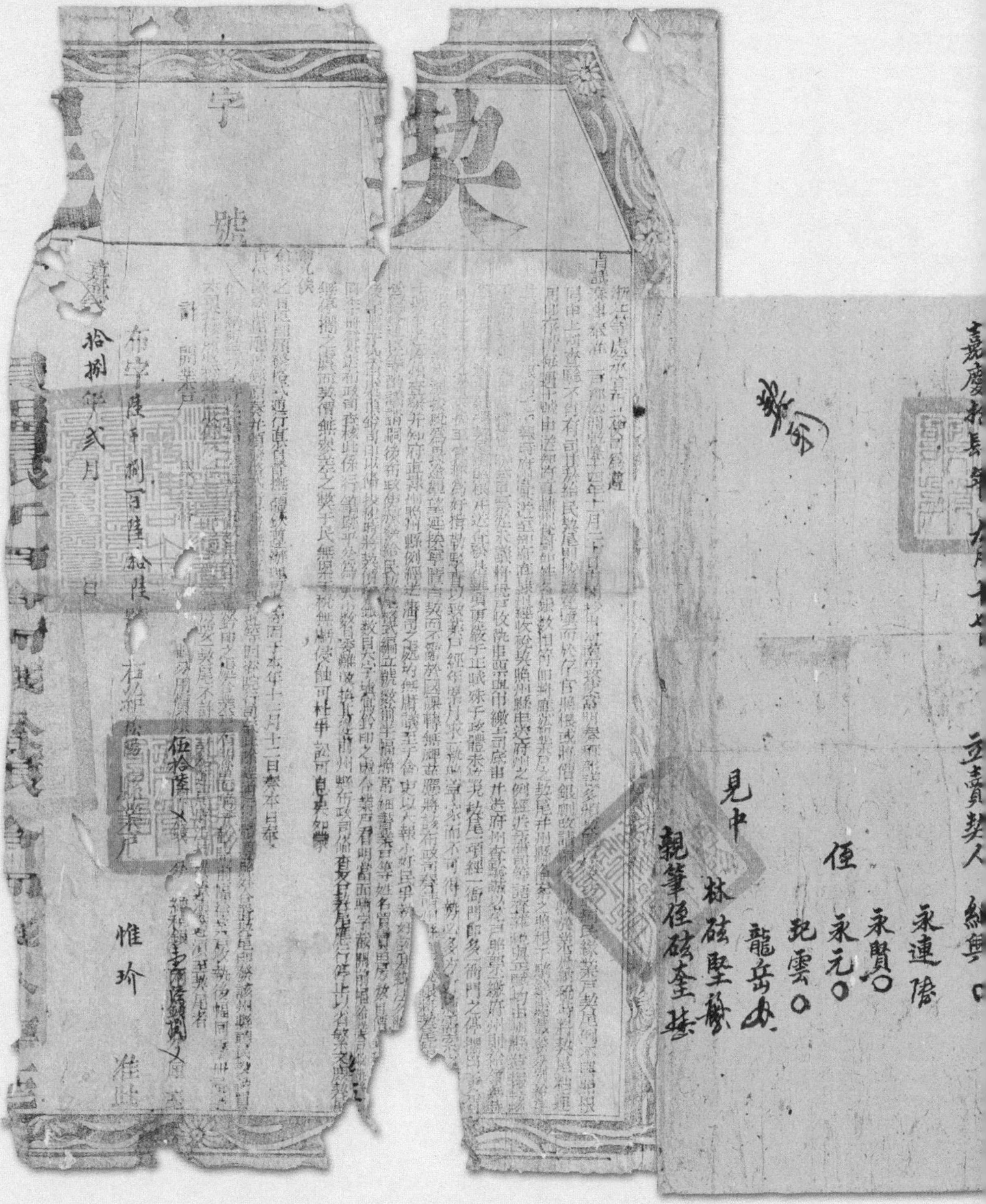
契
字
號
拾捌年貳月　日
陸千捌百陸拾陸號
惟玠
嘉慶
立賣契人
侄
永連
永賢
永元
兆雲
龍岳
見中
親筆侄

立找劄契人房弟繼興仝侄等今因錢糧無办自愿將
與惟琦兄邊土名坐落十八都烏寧亭前鵞墩坑邊田壹坵計額
弍畝正其田原因前價不足今托中人向典兄邊找過契外銅錢
陸仟文正其錢當日收足其田任並銀主永遠管業托契過戶完
糧耕種收租自找之後並無言找取贖之理以杜劄斷此係自
己應分物業與內外伯叔兄弟人等無涉亦無外人爭執之理如
有此色賣主一力听當不干買主之事此出二家心愿契明價足
並無逼抑反悔等情恐口難信故立找劄契為據

找劄

嘉慶拾四年十二月十六日立找劄契人　繼興
子　永廷
　　永連
侄　永賢
見中　龍岳
　　林硋堅
親筆侄硋奎

(前頁)>>>>>

立找割契人房弟繼興仝侄等，今因錢粮無办，自愿将□□□□
與惟玠兄边，土名坐落十八都烏寧亭前鵞墩坑边，田壹坵，計額
弍畝正，其田原因前價不足，今托中人向與兄边找過契外銅錢
陸仟文正，其錢當日收足，其田任並［憑］銀主永遠管業，执契過户完
粮，耕種收租，自找之後，並無言找取贖之理，以杜割断，此係自
己應分物業，與内外伯叔兄弟人等無涉，亦無外人争执之理，如
有此色，賣主一力听當，不干買主之事，此出二家心愿，契明價足，
並無逼抑反悔等情，恐口難信，故立找割契為據。

嘉慶拾四年十二月十六日　立找割契人　繼興

子　永廷

侄　永連

永賢

見中　龍岳

林砿堅

親筆侄　砿奎

立賣山契人孫三美，今因錢粮無办，自情愿将自置民山壹處，土名坐落松邑廿一都南下庄，小土名五大楼屋後梧桐樹岗小岗壹處，上至山頂，下至烏石岩横过，左至大坑，右至買主自己山為界，今俱四至分明，計額弍亩正，自愿託中出賣與葉林桂兄边手内承買為業，当日憑中三面言断，時直山價銅錢柒千文正，其錢即日随契两相交乞［訖］，不少個文，其山自賣之後，任凴買主栽插松杉樹木，此係正行交易，日前並無重典文墨交價［加］，其山日後並無叔伯兄弟子侄人等争执，如有来歷不明，賣人一力承當，不步［涉］買主之事，此出两相承［情］愿，並無反悔等情，恐口無憑，立賣山契付與葉边子孫永遠管業為據。

嘉慶拾肆年九月十九日　立賣山契人　孫三美

憑中　石有福

張秀琳

葉林壽

代筆　徐松壽

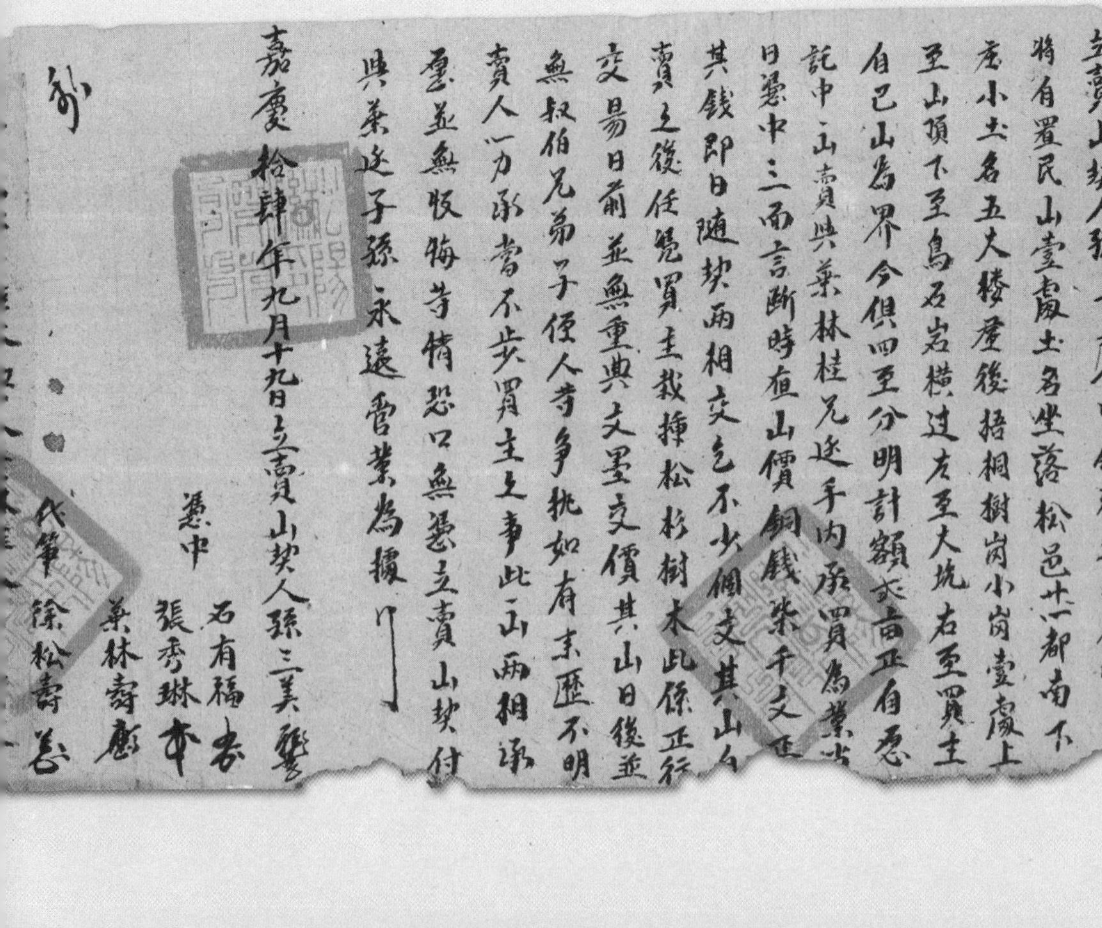

立賣山松杉雜木契人葉琳桂，今因無錢使用，自愿将自手置民山壹处，坐落廿壹都南山下庄，土名梧桐岗，計山壹良，其山上至山頂，下至石壁兼王姓山，左至双坑，右至坑為界，今載四至分明，計額式畝正，立契出賣與闕天開叔边入手承買為業，當日凴中三面言断，時值山價銅錢貳拾陆仟文正，其錢即日隨契两家（交）讫，不少個文，其山界内松树杉树雜木等項，盡處俱属在内，原係自手清楚產業，与内外房親伯叔兄弟子侄人等亦無干碍，未賣之先，並無重典文墨交加，倘有上手來歷不明，皆係賣人一力承當，不干買主之事，所賣所買，两家心愿，並無逼勒準折債負之故，一賣千休，割藤断絶，賣人子孫不敢異言取贖找價等情，其山界内，任從買主安厝栽種，籙养管業，賣人不得異言執留，今欲有凴，恐口難信，故立賣契付与買主子孫，永遠管業為據。

一批其山左手山小良壹岗，再照。

道光弍年十二月念六日　立賣山松杉契人　葉琳桂

藍正全

凴中　闕鳳奎

王日冬

賴学仁

代筆　闕献奎

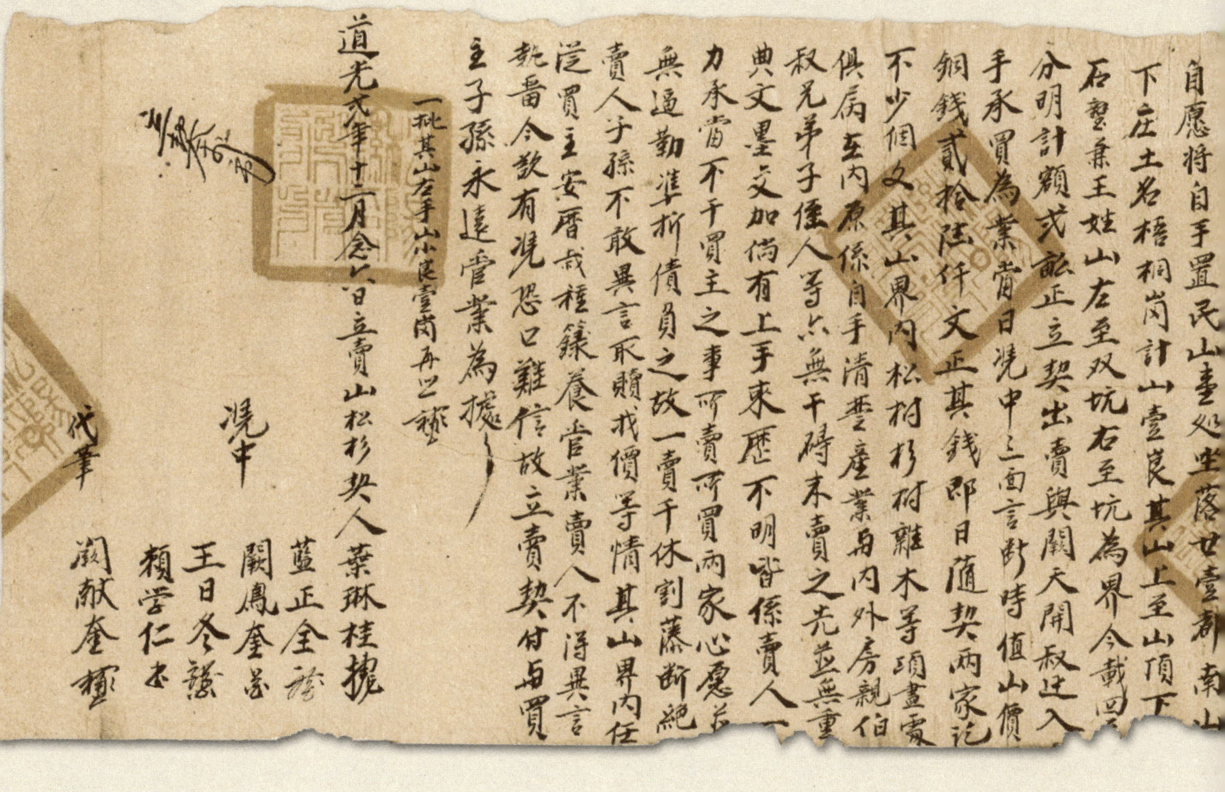

立換字蔡□琳今因耕種不便自愿將父遺下民田坐
落廿都土名禾崗壹處（彎壁）爭處對換寸土不番其面換田
不換粮親立換字與闕天開叔邊換過民田坐落廿都
土名舞嶺脚葉蘇洋田參橫大小壹拾肆坵正上至永壽
田為界下至天有田為界左至山為界右至崀上田弍橫弍坵
正在內右至自己田為界自換之後其田各自管業糧亦各
自聽完此係自己物業與內外伯叔兄弟子侄人等無涉
日前並無典當如有來歷不明一力承當不干闕邊之事
日後各無反悔此出兩家心愿並無逼抑等情恐口難
信立換字為據
嘉慶拾肆年九月念六日立換字人蔡昌琳（押）

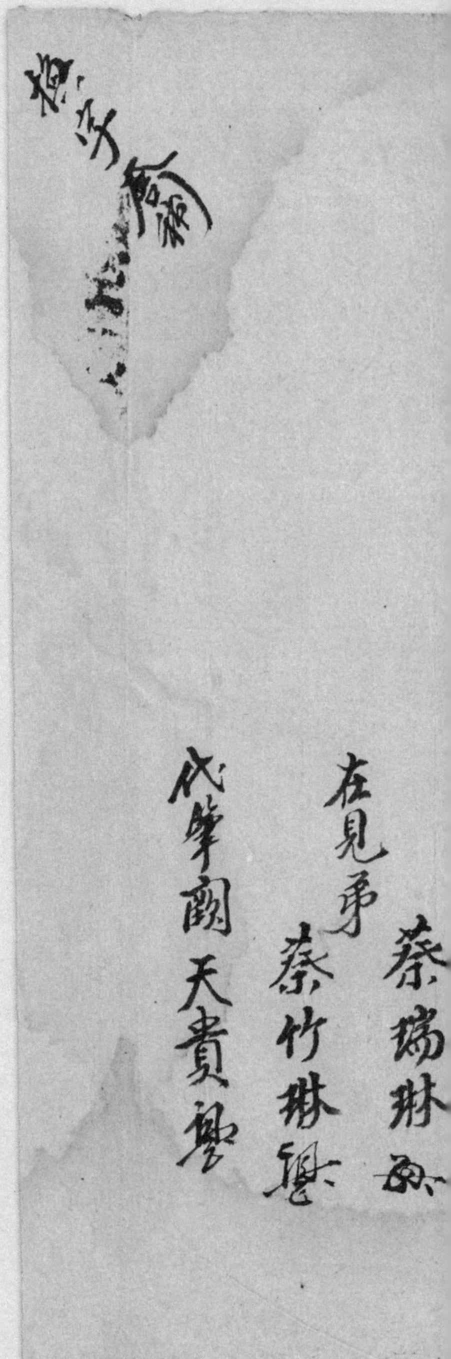

立換字蔡昌琳，今因耕種不便，自愿将父遺下民田，坐落廿一都土名水崗墸壹處，净處對換，寸土不留，其田換田不換粮，親立換字與闕天開叔邊換過民田，坐落廿一都土名舞嶺脚叶蔴洋，田柒横，大小壹拾肆坵正，上至永壽田為界，下至天有田為界，左至山為界，右至良上，田弍横弍坵正在内，右至自己田為界，自換之後，其田各自管業，粮亦各自聽完，此係自己物業，與内外伯叔兄弟子侄人等無涉，日前並無典當，如有來歷不明，一力承當，不干闕邊之事，日後各無反悔，此出两家心愿，並無逼抑等情，恐口難信，立換字為據。

嘉慶拾肆年九月念二日　立換字人　蔡昌琳

在見弟　蔡瑞琳

蔡竹琳

代筆　闕天貴

立賣田契人闕學賢，今因錢粮無办，自情愿将自置民田壹處，坐落廿都夫人廟庄土名獅子岩頂向東湖，其田載額價粮壹畝正，統併四岸荒坪垃角與及田廠地基、新植松杉、棕竹、桐茶、杲樹、大小梨樹盡屬物業，共并立契，托中送與本家弟天開入手承買為業。當日三面言定，時直花價銅錢叁拾貳仟文正，其錢即日收訖。其田自賣之後，任憑買主过戶完粮，起耕修種管業，並無親房伯叔兄弟內外重典文墨交加爭執。愿賣乃係正行交易，不是準折債貨之故，亦逼仰以吐情愿，日後不限年月，備办原價取贖，各無反悔。今欲有憑，立賣田契付與買主永遠為據。

一批原聯正找二帋再照

嘉慶拾肆年十一月十二日立賣田契人 闕學賢（押）

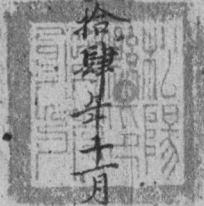

憑中人 馮輝福（押）

輝華（押）

代筆 闕德琳（押）

立賣田契人闕學賢，今因錢粮無办，自情愿将自置民田壹處，坐落廿一都夫人庙庄，土名獅子岩頂向東湖，其田載額钱粮壹畝正，统併四岸荒坪坵角與及田廠地基，新揷松杉棕竹桐茶杲樹大小梨樹盡處物業，共并立契，托中送與本家弟天開入手承買為業，當日三面言定，時直花價銅錢叁拾貳仟文正，其錢即日收訖，其田自賣之後，任憑買主过户完粮，起耕修種管業，並無親房伯叔兄弟内外重典文墨交加争执，愿賣（愿買），乃係正行交易，不是準折債貨之故，亦（無）逼抑，以吐情愿，日後不限年月，俻办原價取贖，各無反悔，今欲有憑，立賣田契付與買主永遠為據。

一批原聯正找二紙，再照。

憑中人　馮輝福

輝華

嘉慶拾肆年十一月十二日　立賣田契人　闕學賢

代筆　闕德琳

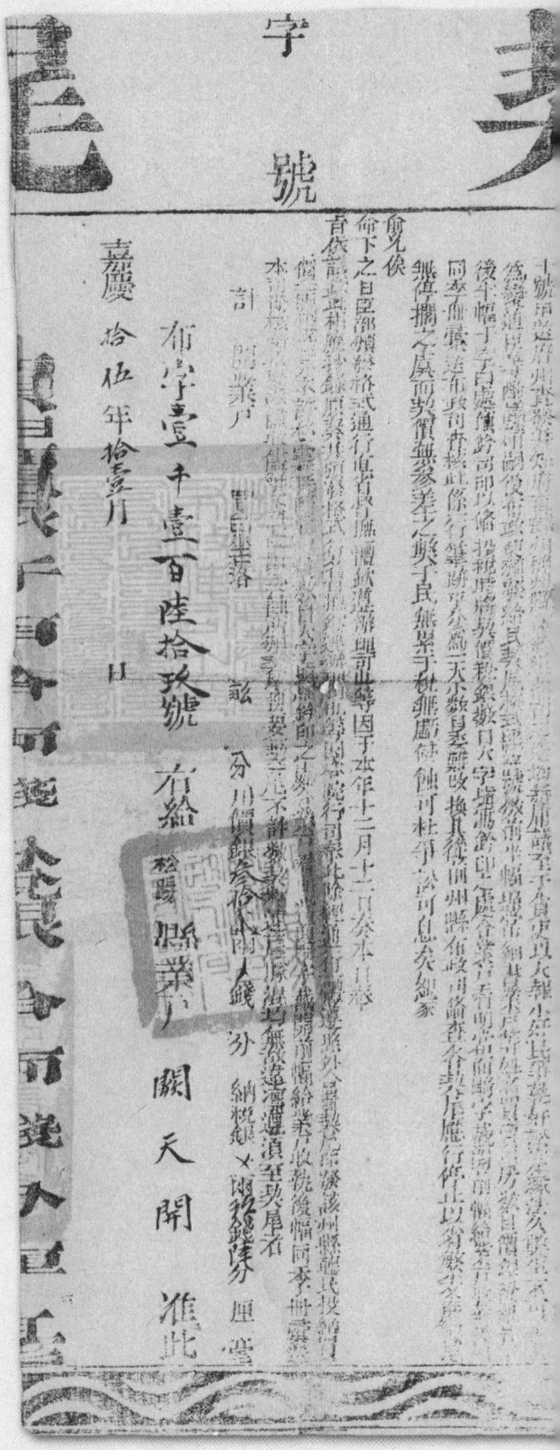
字　號
布字壹千壹百陸拾玖號
布給　松陽縣業戶　闕天開　准此
嘉慶拾伍年拾壹月　日

（契尾，嘉慶拾伍年拾壹月）

立賣契人王騰福今因錢粮無辦自情愿將自置民山壹處坐落二十都
鄭弄口土名小壠大崗山壹片東至山頂起癸山分水小路為界南
至房弟騰雲山分水為界西至山脚塘各烏石為界北至伯寿山合水為
界今具四至分明自愿托中親立文契出賣與房兄騰榮邊為業當
日三面斷定時值價銅錢叁仟伍百文正其錢即日收足其山自賣之後
任憑兄邊批契管業完粮籙養松樹雜木并砍伐此係自己物業與
内外親房伯叔兄弟人等無涉日先並無重與重賣文墨交加在外如有
此色賣主一力所當不干錢主之事其山日后並無找價之理此出兩家
心愿各無反悔並無逼抑等情恐口难信故立賣契為照

嘉慶拾肆年拾壹月廿八日立賣契人王騰福
包兄亦彩
房弟騰雲
見中
王有林
蔡振發
代筆
王善林

（前頁）>>>>>

立賣契人王騰福，今因錢粮無辦，自情愿将自置民山壹處，坐落二十都郑弄口庄，土名小壠大岗山壹片，東至山頂起發山分水小路为界，南至房弟騰雲山分水为界，西至山脚塘各烏石为界，北至伯寿山合水为界，今具四至分明，自愿托中親立文契，出賣與房兄騰荣边為業，当日三面断定，時值價銅錢叁仟伍百文正，其錢即日收足，其山自賣之後，任湜兄边执契管業完粮，簶养松樹雜木，扦葬砍伐，此係自己物業，與内外親房伯叔兄弟人等無涉，日先並無重典重賣文墨交加在外，如有此色，賣主一力听當，不干錢主之事，其山日后並無找價之理，此出两家心愿，各無反悔，並無逼抑等情，恐口难信，故立賣契為照。

嘉慶拾肆年拾壹月廿八日　立賣契人　王騰福

見中包［胞］兄　亦彩

房弟　騰雲

王有林

蔡振芳

代筆　王善林

立賣山契人闕萬瑜今因粮從無办自愿已置
山業壹處土名坐落二十一都夫人庙庄土名趙後塆内
塆其山右手汪姓山為界南至埋石為界西至小坑
為界北至田為界今俱四至分明計額壹畝正自愿
將山托中立契出賣與石日才近承買為業當日
三面言定時值山價錢肆仟伍百文正其錢即日隨
契交足不欠個文其山自賣之後任從買主管養
扦插砍伐管業賣人無得異言其山亦係已分物業
與内外人等無涉如有來歷不明賣人一力承當不
干買主之事其山一賣一買永遠割断截根永
不敢取贖加找之理此出兩相心愿並無逼抑等情
恐口難信故立賣山契永遠為據

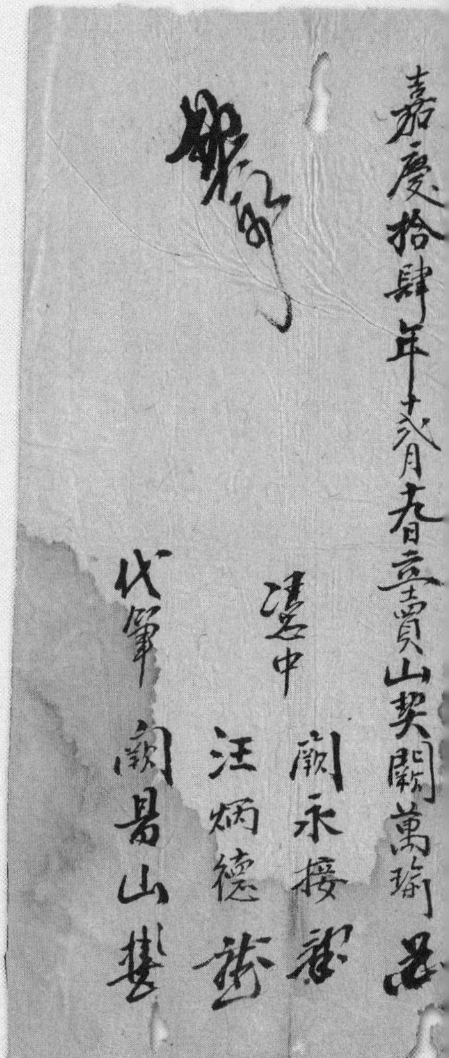

立賣山契人闕萬瑜，今因粮從無办，自愿（将）已置山業壹處，土名坐落二十一都夫人庙庄，土名趙後塆内塆，其山右手汪姓山為界，南至埋石為界，西至小坑為界，北至田為界，今俱四至分明，計額壹畝正，自愿将山托中立契出賣與石日才边承買為業，當日三面言定，時值山價錢肆仟伍百文正，其錢即日隨契交足，不欠個文，其山自賣之後，任凴買主籙养扦插，砍伐管業，賣人無得異言，其山亦係己分物業，與内外人等無涉，如有来歷不明，賣人一力承當，不干買主之事，其山一賣一買，永遠割断截根，永不敢取贖加找之理，此出两相心愿，並無逼抑等情，恐口难信，故立賣山契永遠為據。

嘉慶拾肆年十弍月十九日　立賣山契　闕萬瑜

憑中　闕永接

汪炳德

代筆　闕易山

立找田契人劉有富，原與劉天有、天前等手内交易民田共陆坵，坐落廿一都夫人廟庄砻砻茶源田共内外叁处，又土名坐底温代岗田屋门口过来处，又土名下后金鴨母窝田壹处，又土名石岩下田壹处，共大小陆处，其田界額、畝分俱在正契載明。今因口食不給，自情愿托原中向與業主天有兄弟名下手内再找过契外銅錢叁拾陆仟文正，其錢即日三面交足，不欠文個。其田自找之後，永遠買主完粮收租管業，一找永斷，割截日后再不敢言找取贖之理。此出兩相情愿，並無逼抑等情，恐口难信，故立杜找田契永遠爲據。

嘉慶拾肆年十二月廿三日立找田契人劉有富（押）

在場兄劉成富（押）

弟劉石富（押）

原中人 石日才（押）

刘章永（押）

代筆人 闕昌山（押）

立找田契人劉有富，原與闕天有、天開等手内交易民田共陆（处），土名坐落廿一都夫人庙庄，土名芥菜源田，共内外叁处，又土名坐落温代岗田屋门口边壹处，又土名下后金鴨母窩田壹处，又土名石岩下田壹处，共大小陸处，其田界額畝分，俱在正契載明，今因口食不給，自情愿托原中向與業主天有兄弟名下手内再找過契外銅錢叁拾陆仟文正，其錢即日三面交足，不欠文個[個文]，其田自找之後，永遠買主完粮收租管業，一找永断割截，日后再不敢言找取贖之理，此出两相情愿，並無逼抑等情，恐口难信，故立杜找田契永遠為據。

嘉慶拾肆年十二月廿三日　立找田契人　劉有富

在埸兄　劉成富

弟　劉石富

原中人　石日才

刘辛永

代筆人　闕易山

（契尾，嘉慶拾伍年拾壹月）

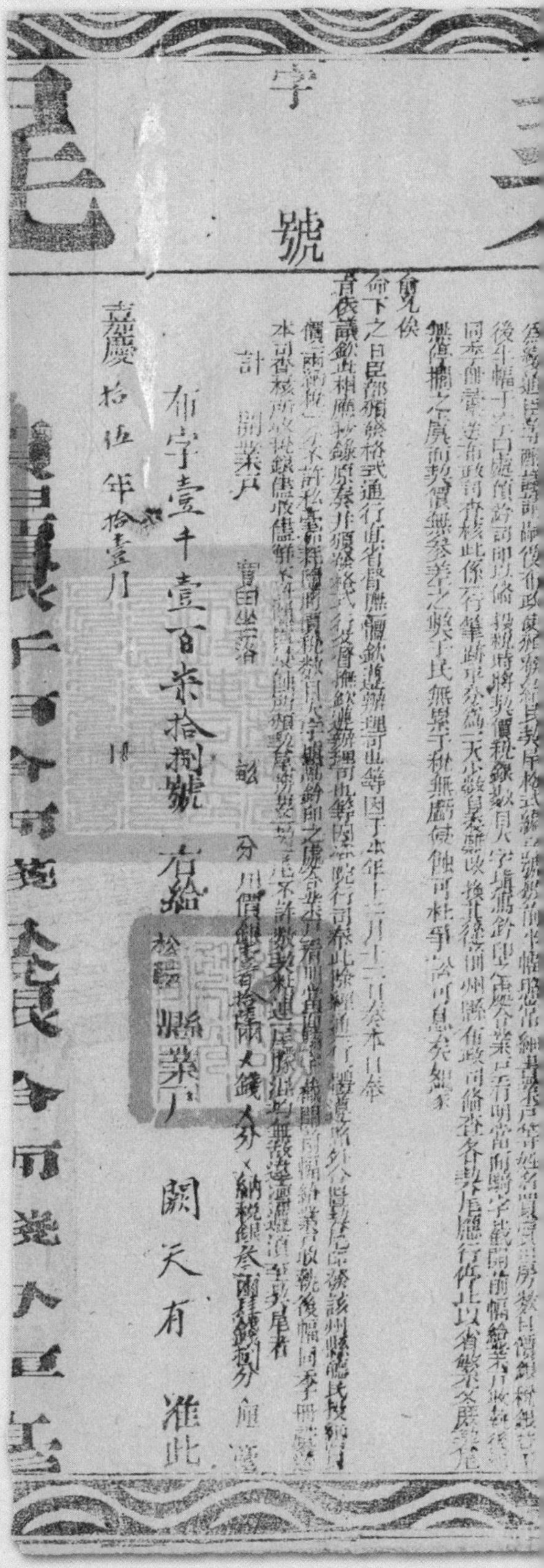
字　號
布字壹千壹百柒拾捌號
闕天有　准此
嘉慶拾伍年拾壹月

立賣田契刘石富今因口食不給自愿將忌田弍处坐落廿一都夫人廟庄

土名溫代肖屋门前边田壹处共大小叁坵又土名坑鋪对门田壹处共大小叁坵其田

共計額叁分正今將三股均分已分名下壹股處托中立契出賣與二兄有富兄

邊入手承買當日三面言定時值價錢壹拾叁仟文正其錢即日親收足訖其田自

賣之後任憑兄邊推收過户完粮起耕收租管業亦係股分物業與内外人等

無涉此出两相情愿並無逼抑等情恐口难信故立賣田契永遠為據

嘉慶拾伍年 三月十九日 立賣田契刘石富

在見 叔刘章永○ 刘承富

憑中 廖辛壽○

代筆 劉易山

立找田契劉石富原與八二兄有富述文昌股分志田壹股土名坐落本都
本庄湿代肖屋门口田壹處又土名岩坑脚對门田壹處其田料分坵塅正契載明今因
口不給憑親中原中向與二兄有富述再找過契外錢肆千叁伯文正其錢即日收足
其田自找之後永遠割截再不敢加找之理此出兩相情愿並無逼折之理恐
口難信故立找田契永遠爲據

嘉慶十五年三月　日　立找田契劉石富

在見叔　辛永○
兄　永富
憑中　廖辛壽○
代筆　劉昌山　書

(前頁)>>>>>

立賣田契刘石富，今因口食不給，自愿将忌田式处，坐落廿一都夫人庙庄，土名温代岗屋门前边田壹处，共大小叁坵，又土名坑鋪对门田壹处，共大小叁坵，其田共計額叁分正，今将三股均分，己分名下壹股，愿托中立契出賣與二兄有富兄边入手承買，當日三面言定，時值價錢壹拾叁仟文正，其錢即日親收足訖，其田自賣之後，任凴兄边推收過户，完粮起耕，收租管業，亦係股分物業，與内外人等無涉，此出两相情愿，並無逼抑等情，恐口难信，故立賣田契永遠為據。

嘉慶拾伍年三月十九日　立賣田契　刘石富

在見叔　刘辛永

憑中　刘承富

廖辛壽

代筆　闕易山

（前頁）>>>>>

立找田契刘石富，原與二兄有富边交易股分忌田壹股，土名坐落本都本庄温代岗屋门口田壹处，又土名坑鋪对门田壹处，其田粮分坵塅，正契載明，今因口口不给，愿托中原中向與二兄有富边再找過契外錢肆千叁伯文正，其錢即日收足，其田自找之後，永远割截，再不敢加找之理，此出两相情愿，並無逼折［抑］之理，恐口难信，故立找田契永遠為據。

嘉慶十伍年三月廿九日　立找田契　刘石富

在見叔　辛永

兄　承富

憑中　廖辛壽

代筆　阙易山

立賣基地契人闞德琮，今因缺錢應
用，自情願将父手遺下阄内民田，計闊
向裁尺壹丈正，土名坐落樟樹下，内至大
路，外至大溪，左至天闬墻脚，右至自己
之田為界，今載四至分明，托中立契，出賣
與房叔闞天進边承買架造房屋永
遠居住，當日面断，時值價錢肆千五伯文，
其錢随契两相交訖，其地自賣之後，任
凴叔边架造永远管業，日後不敢言找
言贖等情，恐口無凴，立賣契為據。
嘉慶十五年四月十八日　立賣契人　闞德琮
在塲父　三有
中人　闞德斌
代筆　葉枝挺

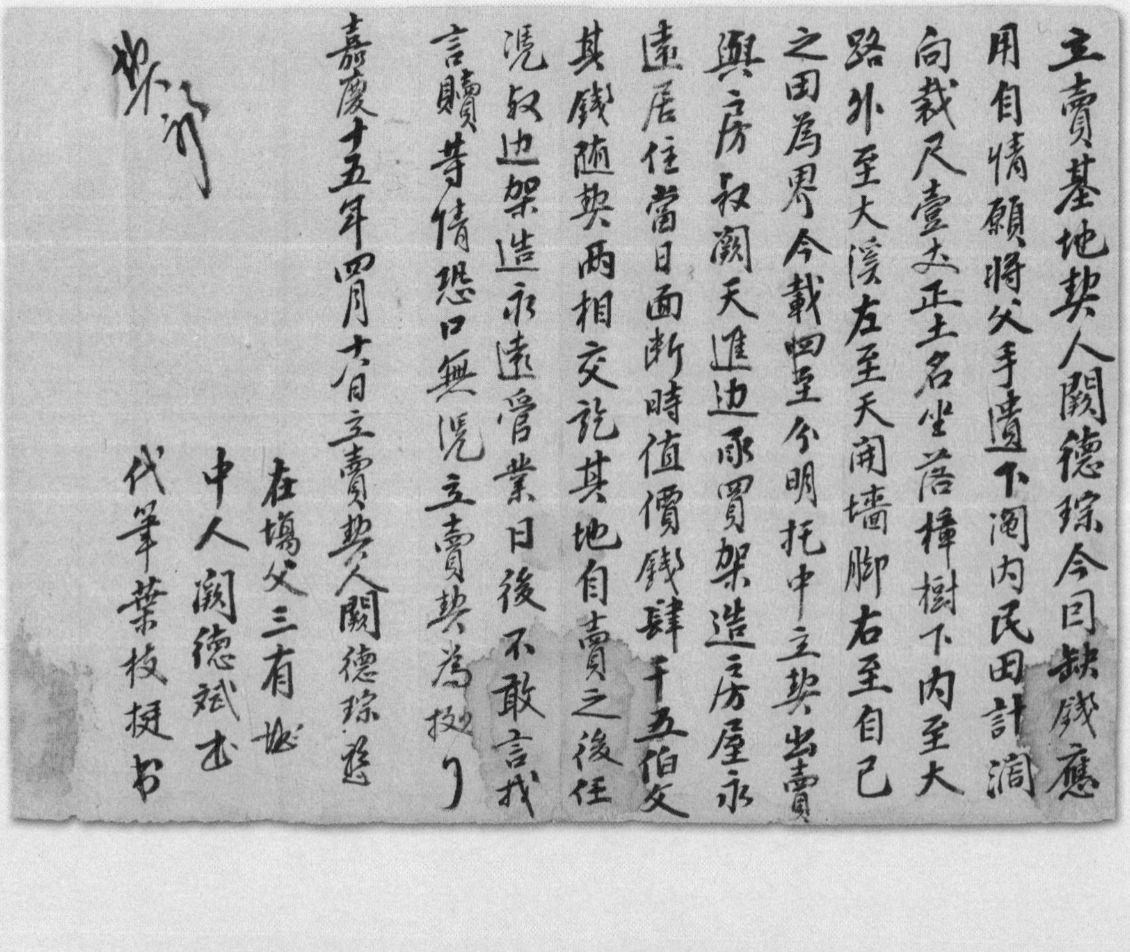

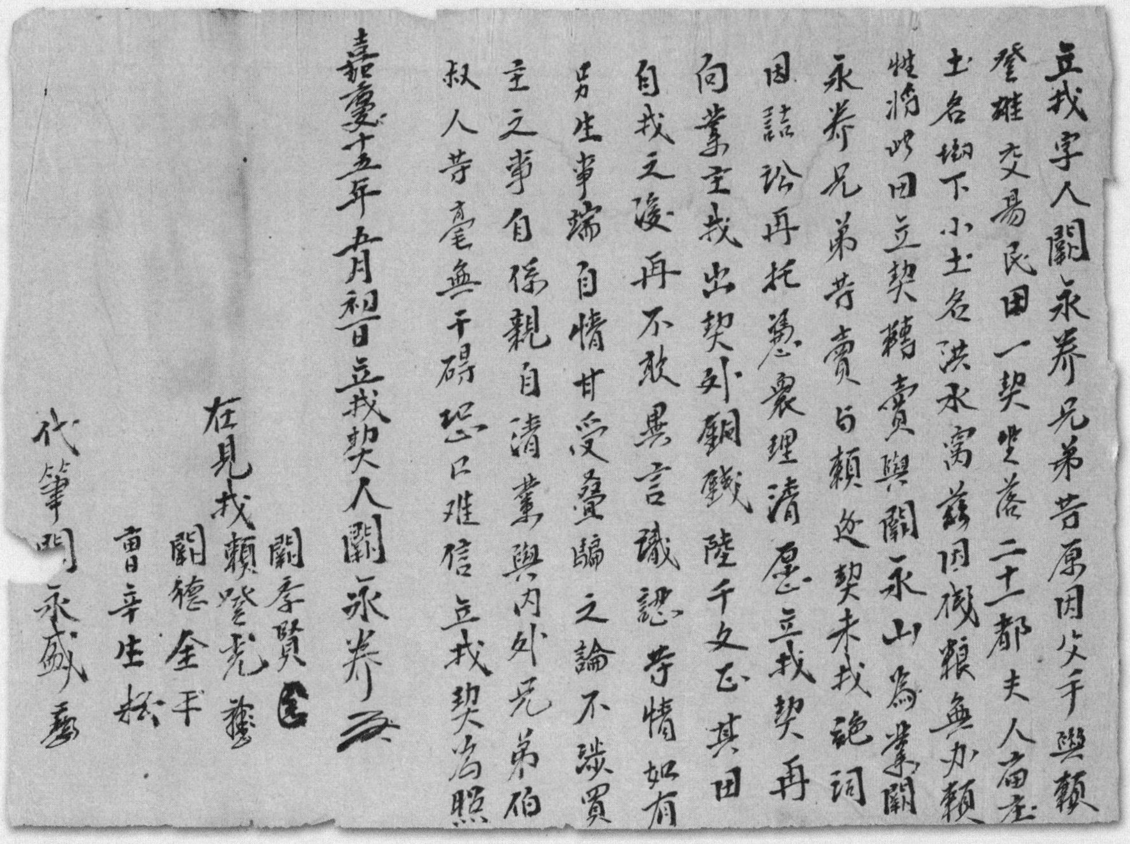

立找字人闕永养兄弟等，原因父手與賴登雄交易民田一契，坐落二十一都夫人庙庄，土名坳下，小土名洪水窝，兹因钱粮無办，賴姓将此田立契轉賣與闕永山為業，闕永养兄弟等賣与賴边，契未找絕，词因詰讼，再托憑衆理清，愿立找契再向業主找出契外銅錢陸千文正，其田自找之後，再不敢異言識認等情，如有另生事端，自情甘受叠騙之論，不涉買主之事，自係親自清業，與内外兄弟伯叔人等毫無干碍，恐口难信，立找契為照。

嘉慶十五年五月初一日　立找契人　闕永养

在見找　闕學賢

賴登光

闕德全

曹辛生

代筆　闕永盛

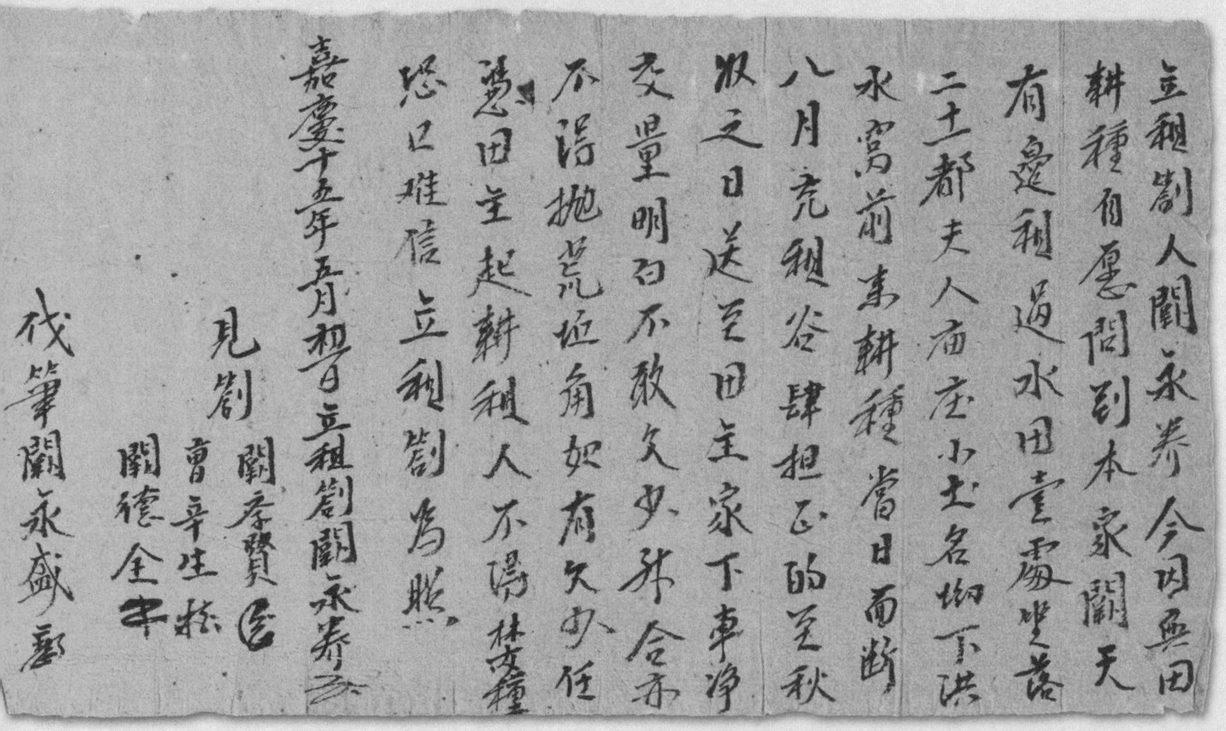

立租劄人闞永养，今因無田
耕種，自愿問到本家闞天
有邊租過水田壹處，坐落
二十一都夫人庙庄，小土名坳下洪
水窩，前来耕種，當日面断，
八月充租谷肆担正，的至秋
收之日，送至田主家下車净
交量明白，不敢欠少升合，亦
不得抛荒坵角，如有欠少，任
憑田主起耕，租人不得婪種，
恐口难信，立租劄為照。
嘉慶十五年五月初一日　立租劄　闞永养
見劄　闞學賢
曹辛生
闞德全
代筆　闞永盛

立出拚業山字人李有来，今因無錢使用，自愿将父手置立民山，坐落念一都，小土名夢嶺脚坑背，松樹一塊，田寮面松樹一塊，一併在内，出拚与朱寧海邊承拚，当日面断價銅钱肆仟文正，其鈔即日收足無欠，其山松樹任憑朱边前来築窟［窑］烧炭，当日面説，其山本年拾貳月净完滿山拚交还山主，不得执留，恐口难信，立此山拚字為用。

嘉慶拾伍年伍月初五日　立出拚松樹字人　李有来

見中人　李伯林

元禄

馬有發

代筆　潘石朝

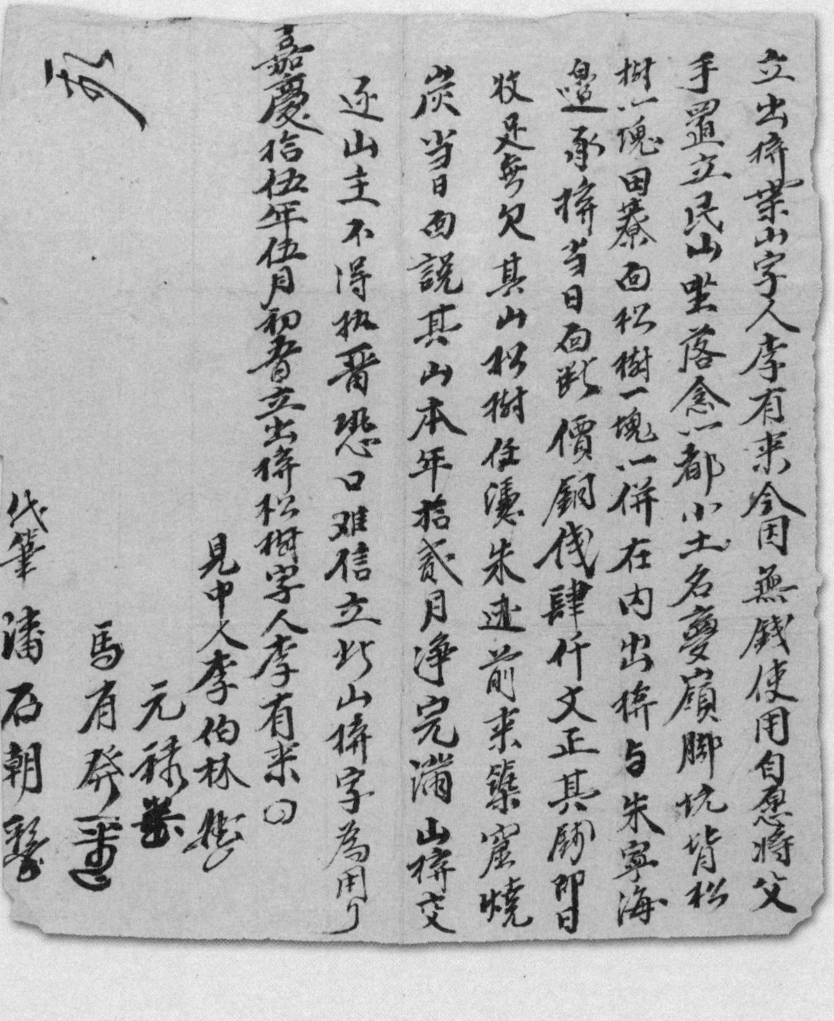
立出拚業山字人李有来，今因無錢使用，自愿将父手置立民山，坐落念一都，小土名夢嶺脚坑背，松樹一塊，田寮面松樹一塊，一併在内，出拚与朱寧海邊承拚，当日面断價銅钱肆仟文正，其鈔即日收足無欠，其山松樹任憑朱边前来築窟烧炭，当日面説，其山本年拾貳月净完滿山拚交还山主，不得执留，恐口难信，立此山拚字為用。
嘉慶拾伍年伍月初五日立出拚松樹字人李有来
見中人李伯林
元禄
馬有發
代筆潘石朝

立換字饒玉龍，今因架造房屋基
地，缺少後向墻脚水構，自情愿将
續置坐落廿一都茶排庄，土名冷水
王屋门首菜地一塊，自己灰寮墻
脚為界，對換與阙天有兄弟等，坐
落本都本（庄），土名王屋门前墻脚外水
構弍尺為用，其餘墻後阙边自
己管業，对換之後，任凴各換管
業，二家心愿，各無反悔，恐口难信，
立換字為用。
嘉慶拾伍年六月初三日　立換字人
饒玉龍
在見　阙三有
代筆　雷通元

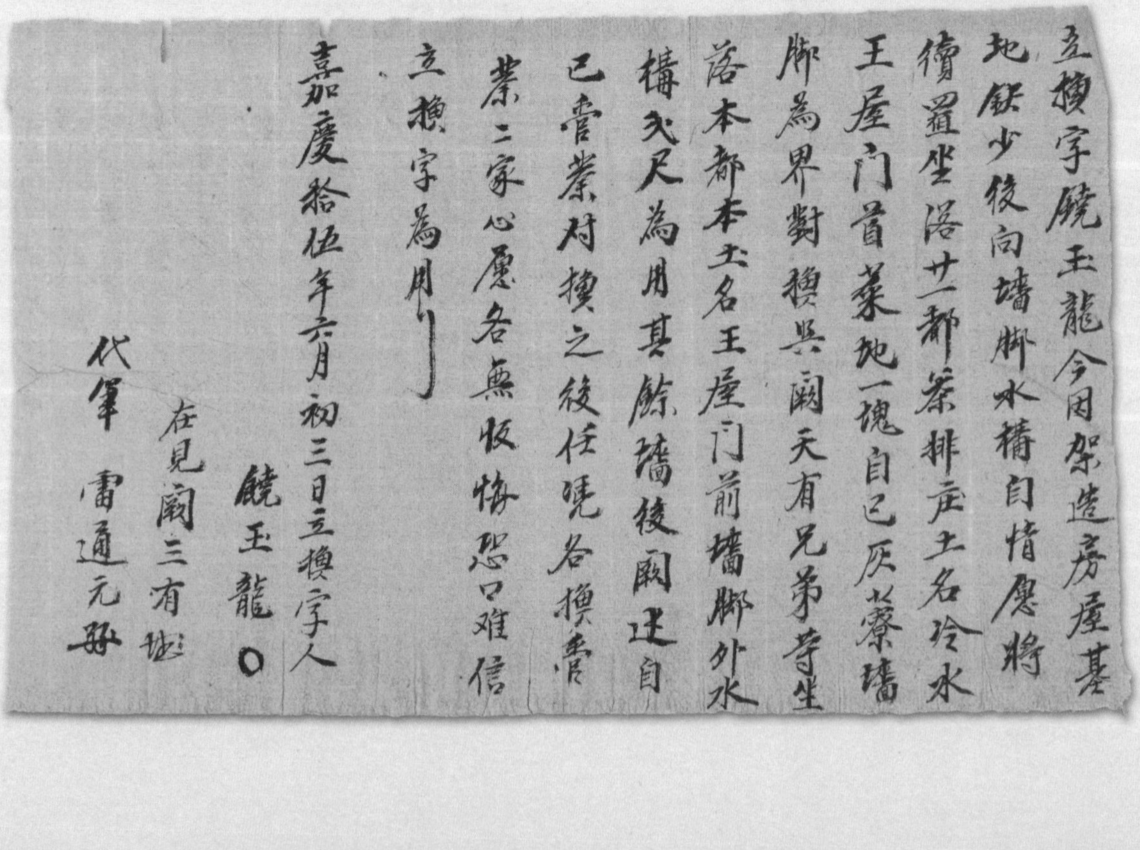
立換字饒玉龍今因架造房屋基
地缺少後向墻脚水構自情愿将
續置坐落廿一都茶排庄土名冷水
王屋门首菜地一塊自己灰寮墻
脚為界對換與阙天有兄弟等坐
落本都本土名王屋门前墻脚外水
構弍尺為用其餘墻後阙边自
己管業对換之後任凴各換管
業二家心愿各無反悔恐口难信
立換字為用
嘉慶拾伍年六月初三日立換字人
饒玉龍
在見阙三有
代筆雷通元

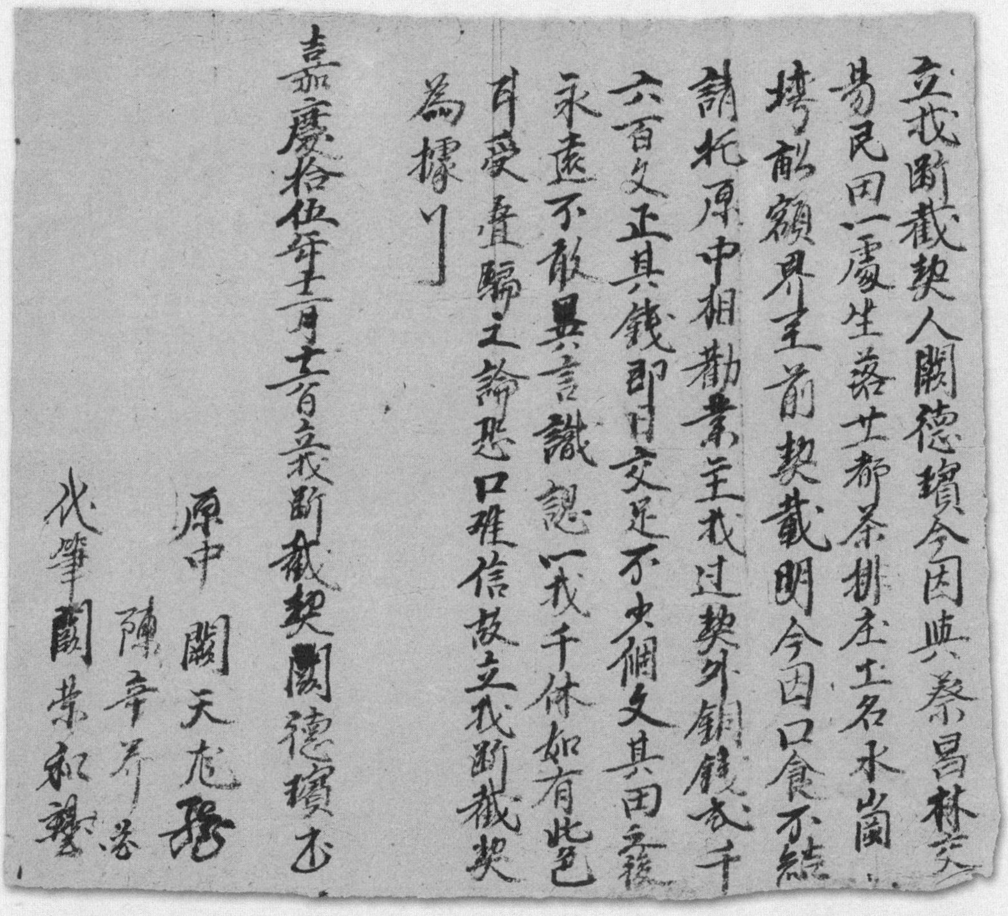

立找断截契人闕德瓚，今因與蔡昌林交易民田一處，坐落廿一都茶排庄，土名水崗塆，畝額界至，前契載明，今因口食不結［給］，請托原中相勸業主，找过契外銅錢弍千六百文正，其錢即日交足，不少個文，其田之後永遠不敢異言識認，一找千休，如有此色，甘受叠騙之論，恐口难信，故立找断截契為據。

嘉慶拾伍年十二月十六日　立找断截契　阙德瓚

原中　闕天龙

陳辛养

代筆　闕荣和

契

契税

立賣契人賴辛連，今因兄故喪具無措，自愿將兄辛全自置砍坪扎塲壹處，坐落松邑廿都夫人庙，土名西山崗貳坑，砍坪計額粮税肆戔正。上至西山崗頭坑墩扎尾為界，下至自己扎尾坑口為界，東至闕永魁田脚為界，西至小坑為界。今具四至分明，託中欲行立契出與闕松奎承買為業。當日憑中言断時值價銅錢柒拾仟文正，其錢随契交訖明白。自賣之後，任憑買主推收過户完税管業。此係自置清楚物業，以内外伯叔兄弟無得干碍，亦無重典文墨交加。如有來歷不明，賣人一力支當，不涉買主之事。此乃正行交易，契明價足，所賣之後永遠不得找贖等情。愿賣愿買，兩比甘愿，並無逼抑之故。今欲有憑，立賣断契付與買主永遠為據。

一批附原聯再照

一批扎塲邊出扎水塘壹坵再照

嘉慶十六年貳月十六日 立賣契人 賴辛連

在塲人 賴辛壽 賴李興

見中人 黃發清 程文時

代筆人 石月才

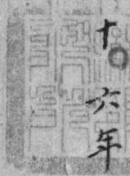

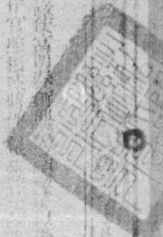

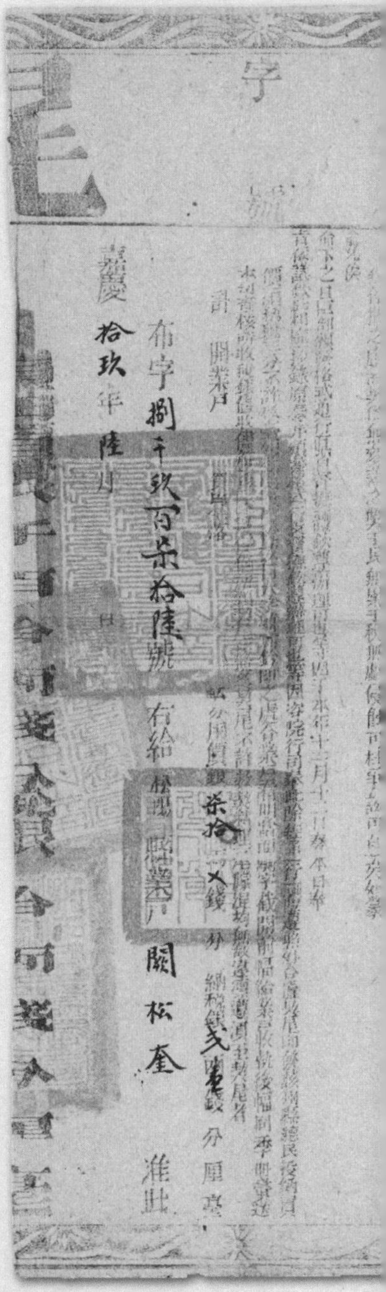

立賣契人賴辛連，今因兄故，喪具無措，自愿将兄辛全自置砂坪扎塲壹處，坐落松邑廿一都夫人庙庄，土名西山崗貳坑砂坪，計額粮税肆錢正，上至西山崗頭坑嫩扎尾為界，下至自己扎尾坑口為界，東至闕永魁田脚為界，西至小坑為界，今具四至分明，託中欲行立契出與闕松奎承買為業，當日憑中言断，時值價銅錢柒拾仟文正，其錢隨契交訖明白，自賣之後，任憑買主推收過户完税管業，此係自置清楚物業，以（與）内外伯叔兄弟無得干碍，亦無重典文墨交加，如有来歷不明，賣人一力支當，不涉買主之事，此乃正行交易，契明價足，所賣之後，永遠不得找贖等情，愿賣愿買，两比甘愿，並無逼抑之故。今欲有憑，立賣断契付與買主永遠為據。

一批附原聯，再照。

一批扎塲邊出扎水塘壹坵，再照。

嘉慶十六年貳月十六日　立賣契人　賴辛連

在塲人　賴辛壽

賴學兴

見中人　黃發清

程文時

代筆人　石月才

（契尾，嘉慶拾玖年陸月）

立議合约闞天開，日先買得吳貴琳山塲一處，坐落廿一都夫人庙庄，土名蝦蟆落井，因闞學賢承得闞新揚山塲一處，坐本都庄，土名向東湖，因界不清，兄弟致争，今蒙本家親友向山踩蹈理明，田下荒坪下石角左右两對面小岗值上分水為界，水流外歸與蝦蟆落井管業，水流内歸與向東湖管業，其山松杉雜木等項，各籙各養，随山管業，日後兩家不得異言争执等情，恐口無憑，立議合约為照。

嘉慶拾六年三月十一日　立議合约人　闞天開

吳貴琳

在場　吳开養

闞德富

闞天有

代筆　闞接成

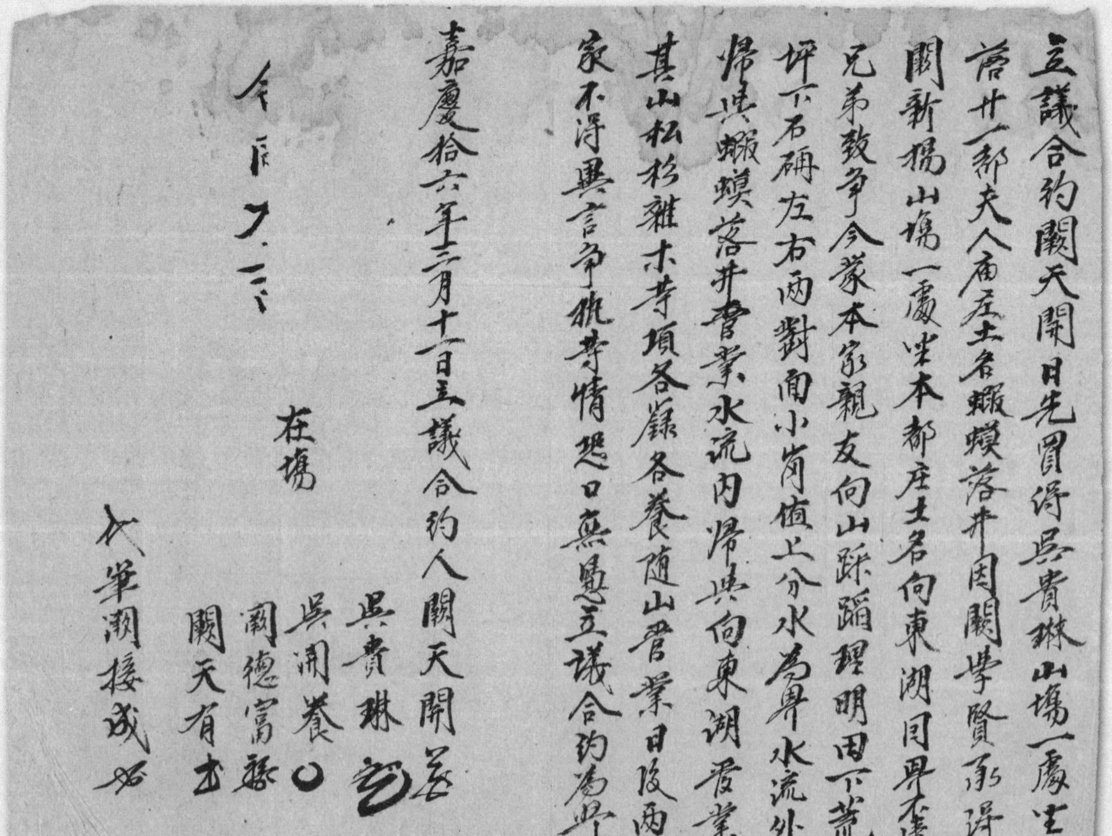

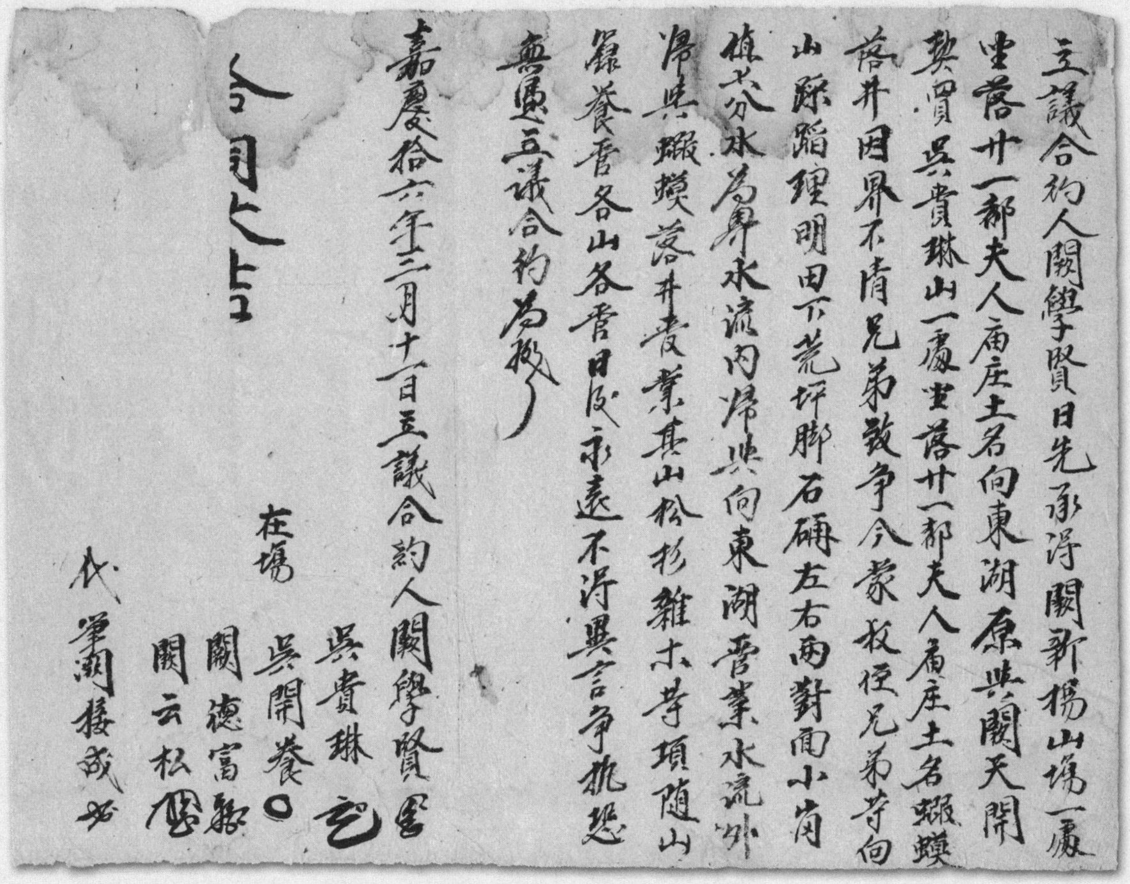

立議合約人闕學賢，日先承得闕新揚山場一處，坐落廿一都夫人庙庄，土名向東湖，原与闕天開契買吳貴琳山一處，坐落廿一都夫人庙庄，土名蝦蟆落井，因界不清，兄弟致争，今蒙叔侄兄弟等向山踩蹈理明，田下荒坪脚石角左右两對面小岗值上分水為界，水流内歸與向東湖管業，水流外歸與蝦蟆落井管業，其山松杉雜木等項随山籙養管，各山各管，日後永遠不得異言争执，恐（口）無憑，立議合约為據。

嘉慶拾六年三月十一日　立議合約人　闕學賢

吳貴琳

在場　吳開養

闕德富

闕云松

代筆　闕接成

立承批山場字人吴閈養，今来承得阙學賢民山壹處，土名坐落松邑廿一都夫人庙庄，小土名坳下師［獅］子岩頂向東湖安着，上至山頂，下至東湖水口荒坪石礫為界，左右两对面小崗直上為界，小崗水流内向东湖批内栽種，水流外蝦蟆落井批内栽種，今俱四至分明，承来栽種雜物等項，其山扦栽松杉二木，四陸均分，種人陸股，山主四股，其如雜木，叁柒均分，养録［籙］人叁股，山主柒股，其山日后松杉雜木承［成］林，两家会面出拚，不敢私行背拚等退，二家情愿，各無反悔，今欲有凴，立承批山場字為據。

一批前有杉生七拾枝，梨樹、棕樹三件，學賢自己管業，再照。

在見　吴應琳

阙書成

嘉慶拾陸年三月拾九日　立承山場字人　吴閈養

代筆　刘接生

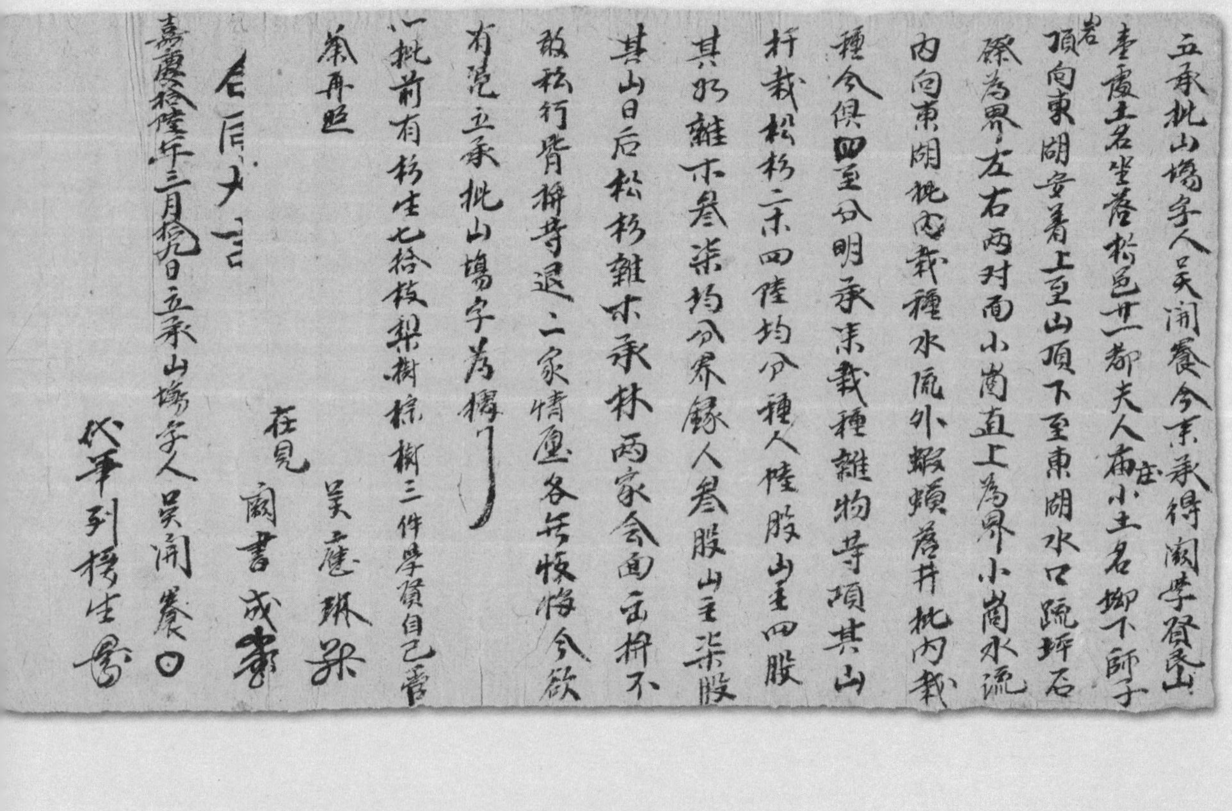

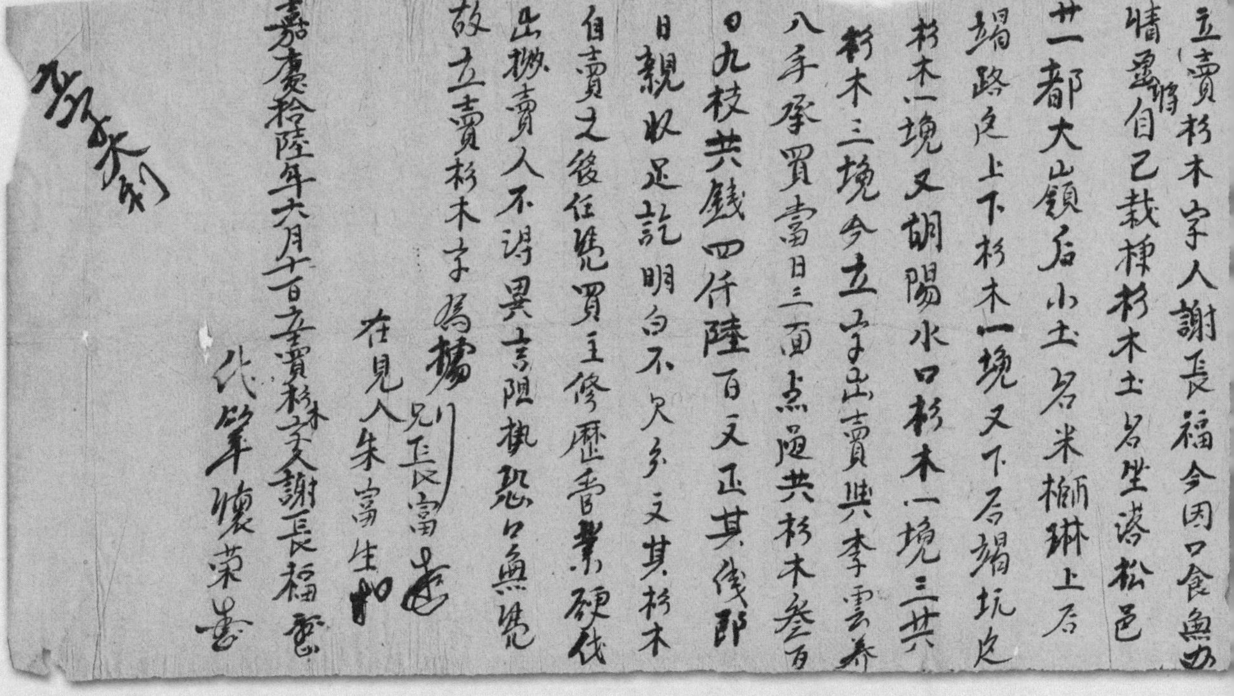

立賣杉木字人謝長福，今因口食無办，情愿将自己栽插杉木，土名坐落松邑廿一都大嶺后，小土名米篩琳上石竭路边上下杉木一塊，又下石竭坑边杉木一塊，又胡陽水口杉木一塊，三共杉木三塊，今立字出賣與李雲养入手承買，當日三面点過，共杉木叁百〇九枝，共錢四仟陸百文正，其钱即日親收足訖明白，不欠分文，其杉木自賣之後，任澋買主修歷管業，砍伐出拚，賣人不得異言阻执，恐口無澋，故立賣杉木字為據。

在見人兄　長富

朱富生

嘉慶拾陸年六月十一日　立賣杉木字人　謝長福

代筆　懷荣

立換字人胡有聰今因祖父遺内民田坐落
廿一都茶排處土名黄毗石橋頭屋后
田大小叁坵上至謝边業地下至業謝二
姓左至謝边右至小坑為界四至分明今個
請楚託親向與謝天開姻夫边對換民
田坐落本都本處楊梅樹塝民田壹坵
兩抵與胡边耕種會業其田換田不换
粮各户自完納此出兩家心愿各無反悔
恐口無憑立換字為據
一批日後任憑謝因興造不得阻擋再照據
一批胡海寿叔坟墓一穴日後面前不得架造
再照據
嘉慶拾陸年十月十九日立换字人胡有聰據

立換字胡有聰，今因祖父阄内民田，坐落
廿一都茶排庄，土名黄旺石橋頭屋后，
田大小叁坵，上至闕边菜地，下至葉、闕二
姓（田），左至闕边（田），右至小坑為界，四至分明，今俱
清楚，託親向與闕天閅姐夫边對換民
田，坐落本都本庄楊梅樹塆民田壹坵
正，抵與胡边耕種管業，其田換田不換
粮，各户自完納，此出两家心愿，各無反悔，
恐口無憑，立換字為據。
一批日後任憑闕（邊）興造，不得阻擋，再照。
一批胡海寿叔坟墓一穴，日後面前不得架造，
再照。
嘉慶拾陸年十月十九日　立換字人　胡有聰
在見　闕天有
天貴
胡有全
有琳
親笔

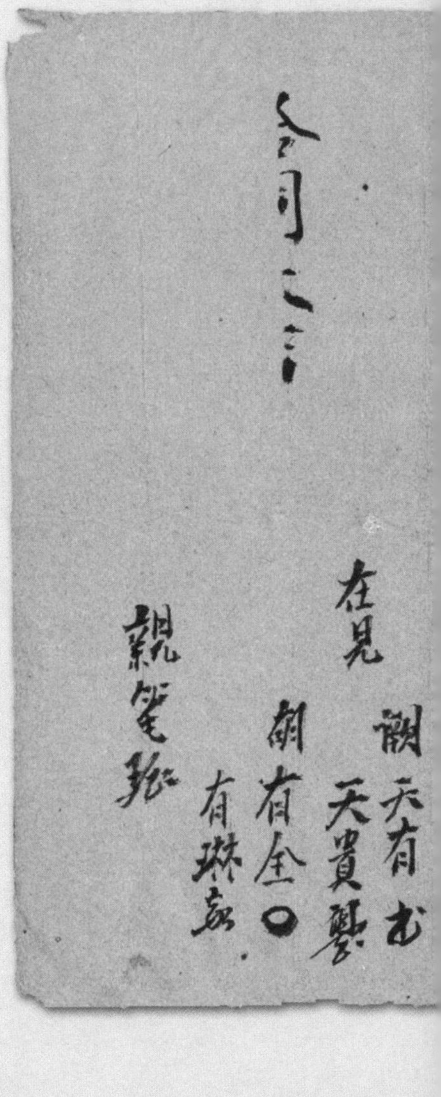

立賣山契人李有来，今因錢粮無办，自情愿将父手遺下民山一處，坐落廿都横水口庄，土名葉蔴洋，山壁西向東，上至蔡姓為界，下田坪為界，左至今［金］竹岗闞姓山分水為界，右至邹姓山合水為界，今俱四至分明，計額五分正，身父上年父故母逃，房親伯叔無靠，身己年幼，不能過日，請託憑中伯叔将山出賣與蔡子玉、朱宁海仝買為業，当日三面言断，定時值山價銅錢貳拾壹仟文正，其錢即日当中两相交足，不欠分文，其山自賣之後，任從業主籙养管業，過户完粮，此係正行交易，倘有上手来歷不明，文墨重典交加，不涉買主之事，賣人一力支当，所賣所買，两家心愿，並無逼抑等情，其山乃係契明價足，其山永遠無找贖之理，契載割藤断根，恐口难信，立契永遠為照。

一批賴姓坟一穴，　又闞姓老坟一穴，

單姓老坟一穴，　又李姓租与賴姓坟一穴，任憑坟主祭掃休整，業主不得異言。

一批内署錢字一個。

在傷［埸］兄　元禄

嘉慶拾陸年十弍月初一日　立賣山契人　李有来

王成富

賴登光

憑中人　馬惟廷

饒三奶

李盛龍

代筆兄　元福

（契尾，嘉慶弍拾肆年）

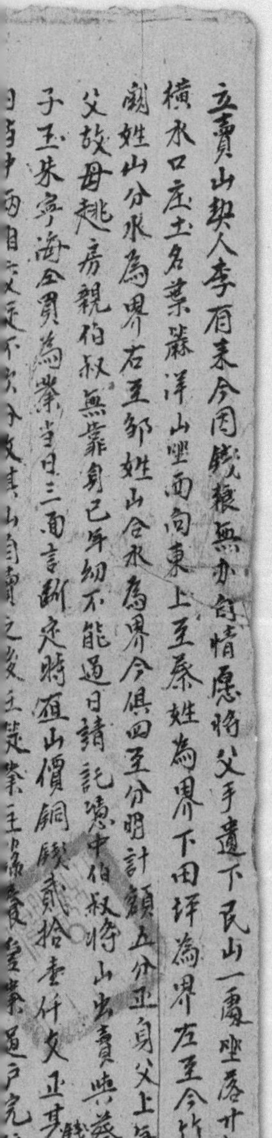

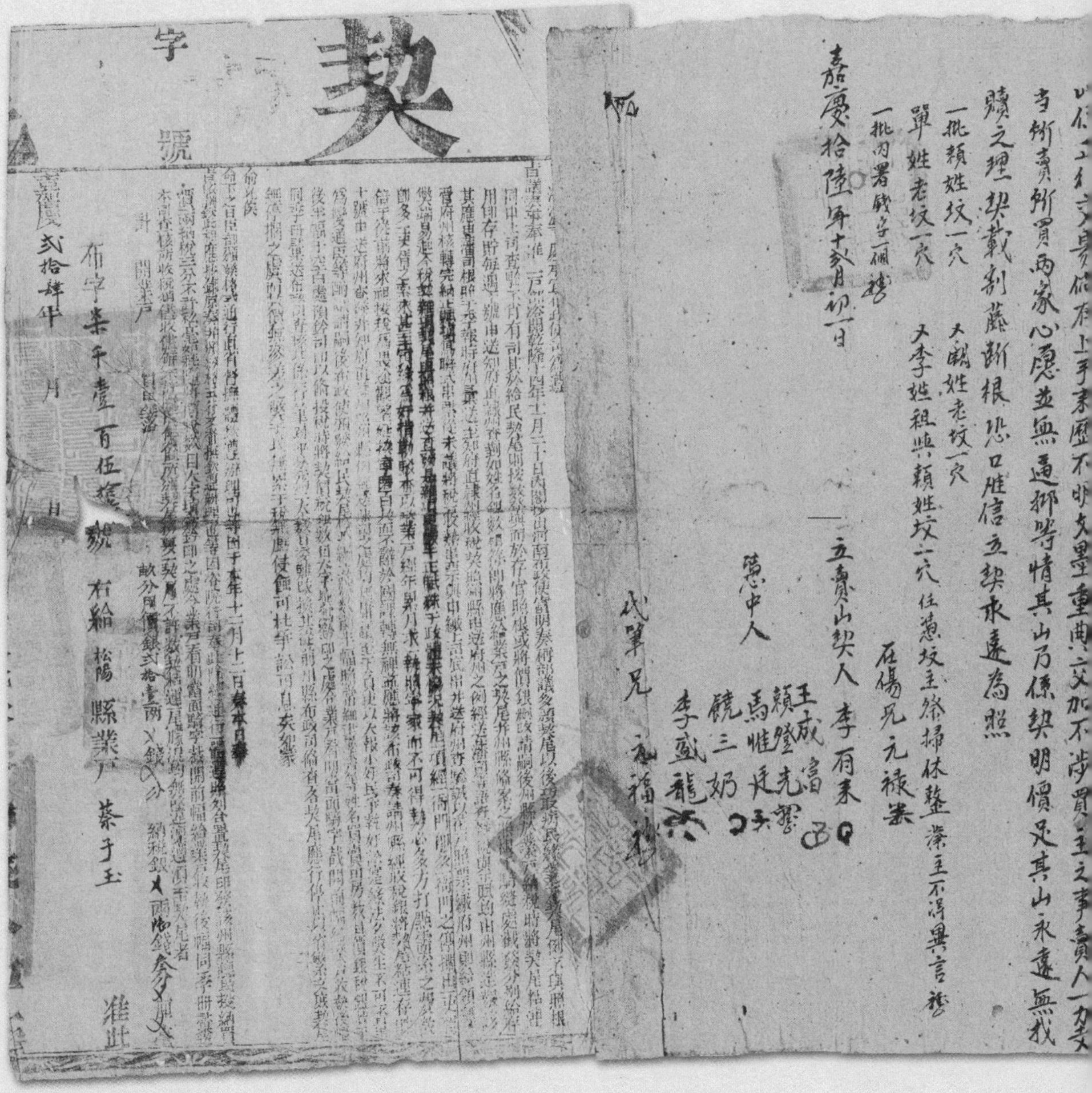

當所賣所買兩家心愿並無逼抑等情其山乃係契明價足其山永遠無找
贖之理契載割藤斷根恐口難信立契永遠為照
一批賴姓坟一穴　又謝姓老坟一穴
單姓老坟一穴　又李姓祖與賴姓坟一穴任蒸坟主祭掃休整蒸主不得異言
在場兄元祿
一批內署錢字一個
嘉慶拾陸年十叁月初一日
立賣山契人　李有來
憑中人　王成富　賴盛光　馬惟廷　饒三奶　李盛龍
代筆兄　元福

契　字　號
嘉慶貳拾肆年　月　日
布字柒千壹百伍拾號　右給松陽縣業戶蔡子玉　准此

立賣田契人劉承富今因錢粮無办自愿將祖父遺分下閭内坐
落本都夫人庙庄土名安岱岗頭弍坑邊民田兩處上至劉永粲田
下至亦永粲田為界左右至砂山礱砻為界又上至葉姓田為界下至水
圳為界左至山為界右至坑為界两共皮民田大小拾玖坵計額伍分正
今俱界額分明欲行託中立契送與闕天有、天開入手承買為業其
田憑中三面言断時值田價銅錢叁拾陸仟文正其錢即日憑中隨契
兩相交訖不欠個文其田自賣之後任從買主推收過戶起耕管業賣
人不得異言其田乃係閭内清楚物業與伯叔兄弟内外人等並無干碍
亦無重典文墨交加如有來歷不明賣人一力支當不涉買主之事此係
正行交易不是準折債貨之故其田契載劉藤断根日後永無找贖等
情所賣所買两比情愿並無逼勒之理今欲有憑立賣田契付與
買主子孫永遠為照

嘉慶十六年十弍月廿六日立賣田契人劉承富（押）

在場 劉新永○
劉有當（押）
劉新德○

見中人廖雲通（押）

代筆人石月才（押）

合

立找田契人劉承富原與闕天有、天開交易民田本都夫人庙庄
土名安岱岗頭弍坑邊民田壹契界額畝分坵塅正契載明今因口食
合自請乞原中目勸業主找出契外銅錢捌仟文正其錢即日親收

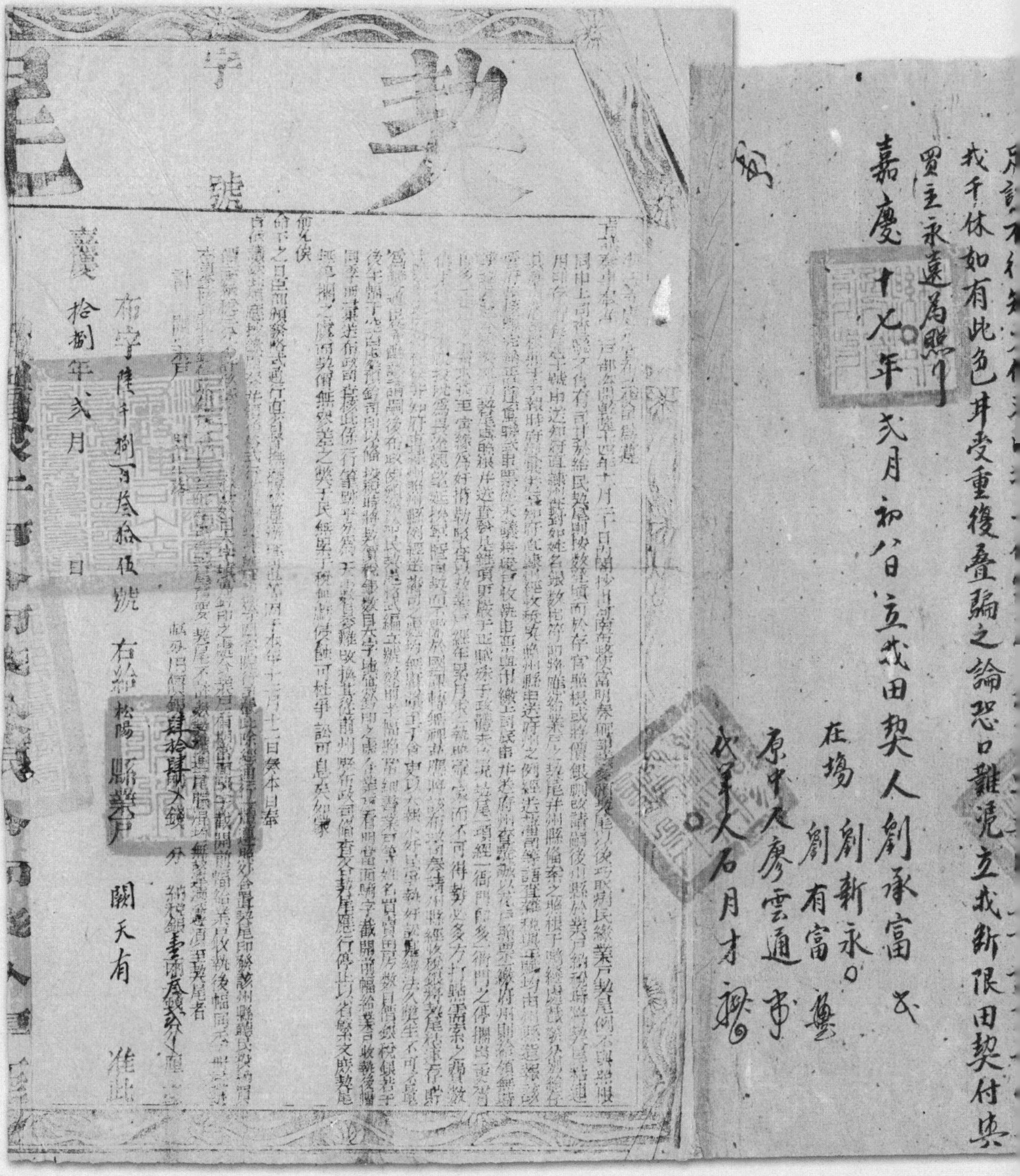

契尾

字 號

布字陸千捌百叁拾伍號 右給松陽縣業戶闕天有 准此

嘉慶拾捌年弍月 日

找干休如有此色并受重復疊騙之論恐口難憑立找斷限田契付與

買主永遠為照

嘉慶十七年弍月初八日立找田契人劉承富（押）

在場 劉新永○

劉有富（押）

原中人 廖雲通（押）

代筆人 石月才（押）

（前頁）>>>>>

立賣田契人劉承富，今因錢粮無办，自愿将祖父遺分下阄内，坐落本都夫人庙庄，土名安岱崗頭弍坑邊，民田两處，上至闕永燦田，下至亦永燦田為界，左右至砂山礱為界，又上至葉姓田為界，下至水圳為界，左至山為界，右至坑為界，两共及民田大小拾玖坵，計額伍分正，今俱界額分明，欲行託中立契送與闕天有、天開入手承買為業，其田憑中三面言断，時值田價銅錢叁拾陸仟文正，其錢即日憑中隨契两相交訖，不欠個文，其田自賣之後，任從買主推收過户，起耕管業，賣人不得異言，其田乃係阄内清楚物業，與伯叔兄弟内外人等並無干碍，亦無重典文墨交加，如有来歷不明，賣人一力支當，不涉買主之事，此係正行交易，不是準折債貨之故，其田契載割藤断根，日後永無找贖等情，所賣所買，两比情愿，並無逼勒之理，今欲有憑，立賣田契付與買主子孫永遠為照。

嘉慶十六年十弍月廿六日　立賣田契人　劉承富

在場　劉新永

劉有富

劉新德

見中人　廖雲通

代筆人　石月才

（前頁）>>>>>

立找田契人劉承富，原與闕天有、天開交易民田，本都夫人庙庄，土名安岱崗頭弍坑邊，民田壹契，界額畝分坵角，正契載明，今因口食給迫，請託原中相勸業主，找出契外銅錢捌仟文正，其錢即日親收足訖，不得短少個文，自找之後，割藤绝根，永遠無得異言識認等情，一找千休，如有此色，甘受重復叠騙之論，恐口難凴，立找断限田契付與買主永遠為照。

嘉慶十七年弍月初八日　立找田契人　劉承富

在場　劉新永

劉有富

原中人　廖雲通

代筆人　石月才

（契尾，嘉慶拾捌年弍月）

立議合约人蔡祖玉，與仝朱寧海二人合買得李有来名下山塲壹處，坐落二十都，土名夢嶺脚葉蔴洋青山壹處，今将其山二人恊力仝心籙養成林，日後其山内柴薪魁大之日，其柴或扦窑烧炭，或出拚，務要二人謪議仝心，不敢瞞私昧己，其買之山，李有来立有賣契壹紙，交存朱寧海收存，原文繳来上手原聯老契壹紙，交存蔡祖玉收存，犹恐日後尋查契紙，照依合约交管為照。

嘉慶拾七年二月廿九日　立合議约人　蔡祖玉

在見　湯伯達

代筆　石日才

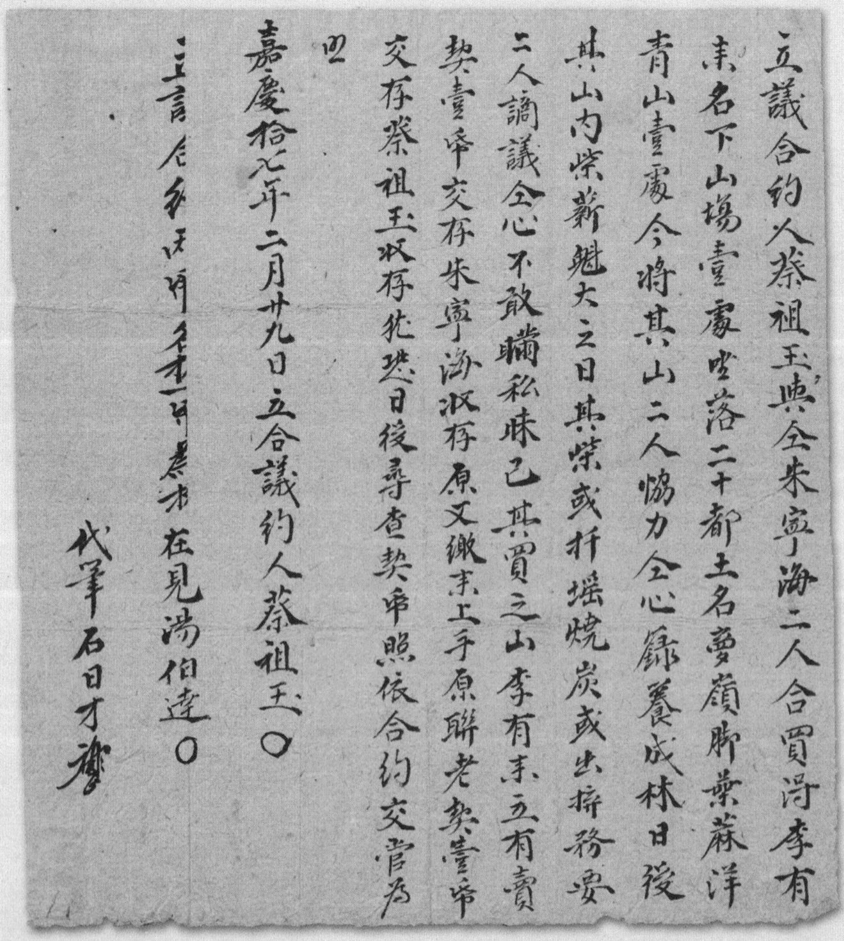

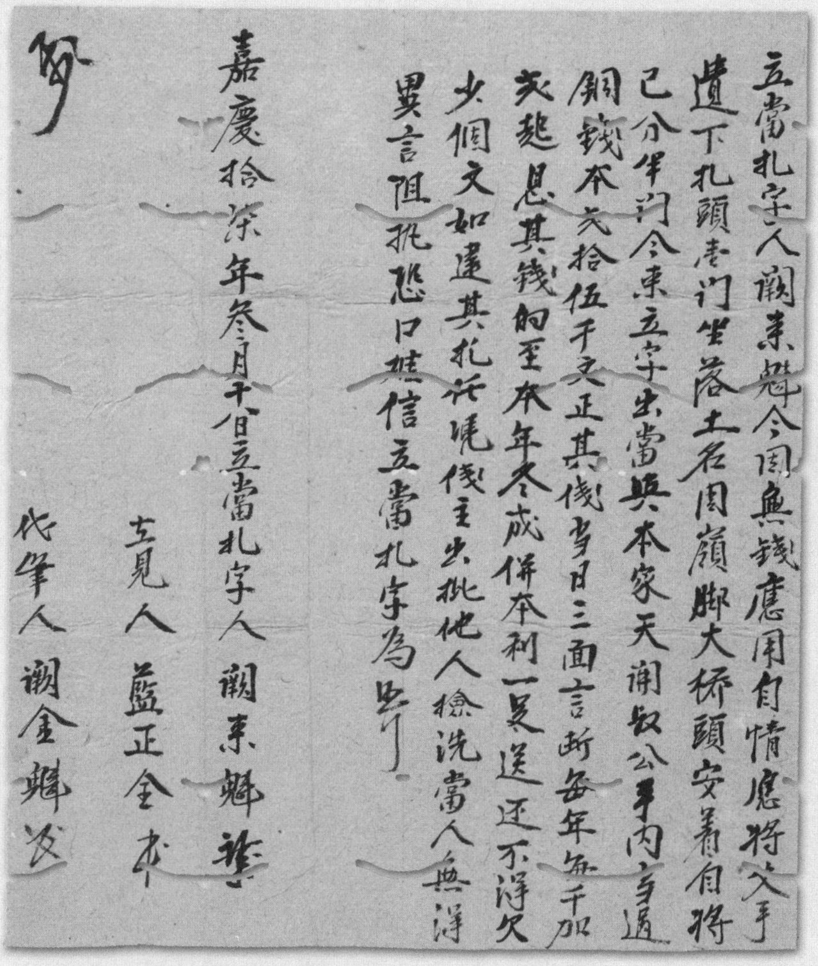

立當扎字人闕来魁，今因無錢應用，自情愿将父手
遺下扎頭壹门，坐落土名周嶺脚大橋頭安着，自将
己分半门，今来立字出當與本家天閞叔公手内，当迺
銅錢本弍拾伍千文正，其钱当日三面言断，每年每千加
弍起息，其錢的至本年冬成併本利一足送还，不得欠
少個文，如違，其扎任凴钱主出批他人撿洗，當人無得
異言阻执，恐口难信，立當扎字為照。

嘉慶拾柒年叁月十八日　立當扎字人　闕来魁

在見人　藍正全

代筆人　闕金魁

立賣田契人劉承富仝弟有富今因錢粮無辦自情愿將祖遺分下父手嘗田壹處併及有富
自己閹内民田貳坵在内其田坐落本都庄土名安岱崗賣人門首併堪下田上壹項上至路
為界下至買主田為界左至刘姓田為界右至買主田併崩沿為界下一項上至刘姓田為界下
至刘姓竹園併糞寮為界計額捌分正其父之田原屬兄弟三股均分日先三弟石富名下
壹股賣與二弟有富承買為業今因粮迫自情愿託中筆立行出契送典茶排闕天有
天開二位叔邊承買為業當日憑中三面言斷時值田價銅錢肆拾貳仟文正其錢即日
隨契兩相交兑足訖不少個文其田任從買主推収入册過户完粮起耕収租管業賣人無
得異言阻执其田乃係遺分下閹内清楚物業與内外上下房親伯叔兄弟人等並無干
涉亦無重典文墨加交倘有外手來歷不明賣人兄弟自能一力支當不涉買主之事其田
一賣一買出自兩相情愿並無逼抑準折債貨其田一賣千休割藤断根賣人子侄永遠
不得異言識認找價取贖等情其田四至界内不留寸土今欲有憑立賣田契付與買
主子孫永遠管業為據

嘉慶拾柒年拾月初九日　立賣田契人劉承富
有富
在場叔劉新永
憑中人闕永明
代筆石日才

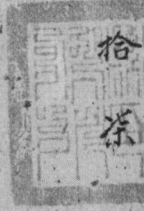

立找田契人刘承富仝弟有富今因與闕天有天開叔交易本都庄土名安岱崗賣人門首嘗
田弍坵併及有富自己閹内田弍坵在界額俱在正契載明今因錢粮無办託原中筆向到業
主手再找契外銅錢陸仟文正其錢即日兩相交訖清楚不少個文其田此找之後契明價足
心情意满一找千休割藤断根賣人子孫永遠不敢異言識認找贖等情如有此色甘受疊

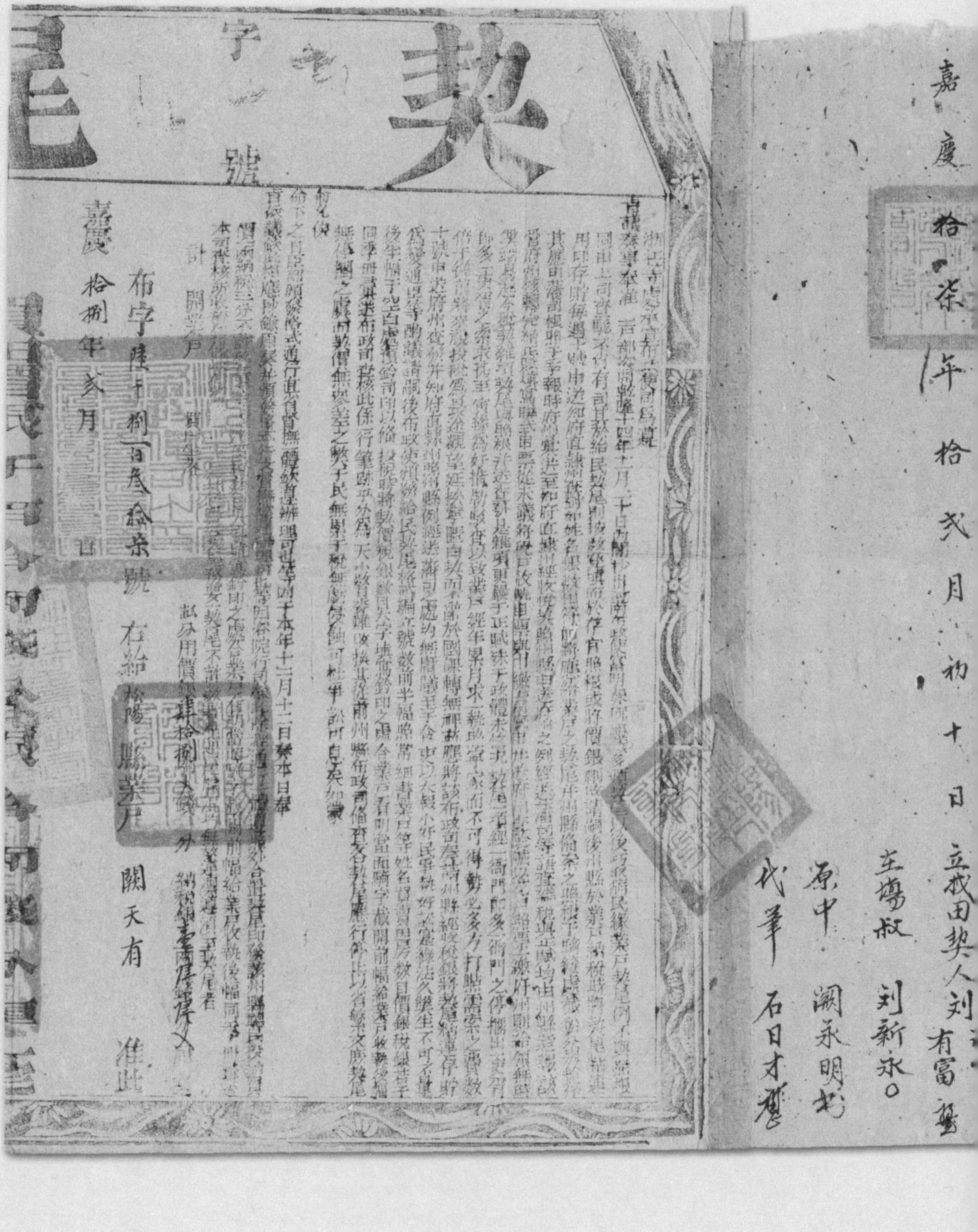

契尾
字　號
浙江等處承宣布政使司為遵旨議奏事奉准戶部咨開乾隆十四年十二月二十日內閣抄出
布字陸千捌百叁拾柒號
計開業戶　買
用價銀肆拾捌兩　錢　分
納稅銀壹兩[illegible]
右給松陽縣業戶　闕天有　准此
嘉慶拾捌年叁月　日
嘉慶拾柒年拾弍月初十日　立找田契人刘有富
在場叔　刘新永○
原中　阙永明
代筆　石日才

（前頁）>>>>>

立賣田契人劉承富仝弟有富，今因錢粮無辦，自情愿将祖遺分下父手嘗田壹處，併及有富自己閹内民田貳坵在内，其田坐落本都庄，土名安岱崗賣人門首併墈下田，上壹項，上至路為界，下至買主田為界，左至刘姓田為界，右至買主田併崩沿為界，下一項，上至刘姓田為界，下至刘姓竹園併糞寮為界，計額捌分正，其父之田原属兄弟三股均分，日先三弟石富名下壹股賣與二弟有富承買為業，今因粮迫，自情愿託中筆立行出契送與茶排闕天有、天開二位叔邊承買為業，當日憑中三面言断，時值田價銅錢肆拾貳仟文正，其錢即日隨契两相交兑足訖，不少個文，其田任從買主推收入册過户，完粮起耕，收租管業，賣人無得異言阻执，其田乃係（祖）遺分下阄内清楚物業，與内外上下房親伯叔兄弟人等並無干涉，亦無重典文墨交加，倘有外手来歷不明，賣人兄弟自能一力支當，不涉買主之事，其田一賣一買，出自两相情愿，並無逼抑凖折債負，其田一賣千休，割藤断根，賣人子侄永遠不得異言識認找價取贖等情，其田四至界内不留寸土，今欲有憑，立賣田契付與買主子孫永遠管業為據。

嘉慶拾柒年拾月初九日　立賣田契人　劉承富

有富

在埸叔　劉新永

憑中人　闕永明

代筆　石日才

（前頁）>>>>>

立找田契人刘承富仝弟有富，今因與闕天有、天閑叔交易本都庄，土名安岱崗賣人门首嘗田弍坵，併及有富自己阄内田弍坵，『在』界額俱在正契載明，今因錢粮無办，託原中筆向到業主手再找契外銅錢陸仟文正，其錢即日两相交訖清楚，不少個文，其田此找之後，契明價足，心情意滿，一找千休，割藤断根，賣人子孫永遠不敢異言識認找贖等情，如有此色，甘受叠騙之論，其田界内不留寸土，恐口無憑，立找田契付與買主永遠管業為據。

嘉慶拾柒年拾弍月初十日　立找田契人　刘承富

有富

在場叔　刘新永

原中　闕永明

代筆　石日才

（契尾，嘉慶拾捌年弍月）

立賣山樹木契人闕學賢今因口食不給自情願將自手置有民山壹處土名坐落廿一都夫人畲左向東湖簏券有杉木松木雜木梨木茶棕竹一處在內上至山頂下至買主左右岗水流內為界今來托中立契出賣與本家弟闕天開承買為業當日三面言斷時值價錢陸拾伍千文正其錢即日收足不欠分文其山木自賣之後任凭弟边前去簏券修理砍伐批掙管業如有來歷不明兄弟子侄人等爭執自己一力支當不涉買主之事乃係正行交易不是貸債準折之故亦無文墨重典交加此出願賣願買兩相情愿日后無得找贖並無逼抑等情恐口難信立賣山木契永遠為據

嘉慶拾柒年拾月拾陸日立賣山樹木契人闕學賢（押）

在場侄 雲松（押）

德琳（押）

見中 馮輝福（押）

輝業（押）

代筆叔 特臨（押）

立杜找田契人闕學賢原與本家弟闕天開交易民田壹契土名畝額界止俱一前契載明因前價不足今因口食不給再托原中向買主找過契外銅錢捌千文其錢即日收足不少分文其田自找之後任凭弟边推收過户起耕完粮管業日后無得再找取贖永遠割藤荒頭地埔俱一在內不得異言等情恐口難信立杜找契為據

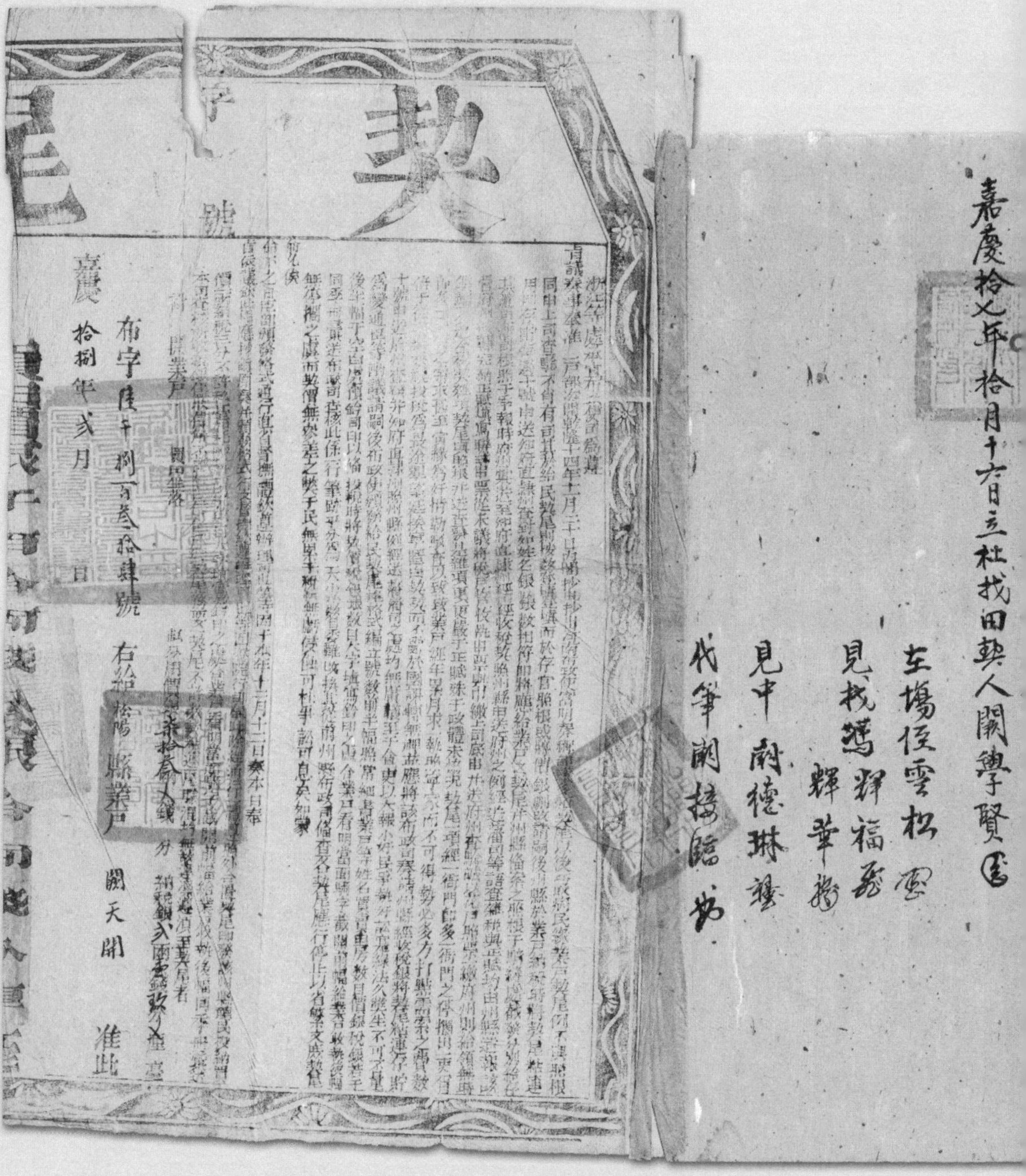
契

號

浙江等處承宣布政使司為遵旨議覆事

……

計開業戶　闕天開　買田業

布字陸千捌百叁拾肆號　右給松陽縣業戶　闕天開　准此

嘉慶拾捌年弍月　日

嘉慶拾又年拾月十六日立杜找田契人闕學賢（押）

在場侄雲松（押）

見找鍾輝福（押）

輝華（押）

見中　劉德琳（押）

代筆　闕掄臨（押）

（前頁）>>>>>

立賣山樹木契人闕學賢，今因口食不給，自情願将自手置有民山壹處，土名坐落廿一都夫人庙庄向東湖，籙养有杉木、松木、雜木、梨木、茶、棕、竹一應在内，上至山頂，下至買主左右岗水流内為界，今來托中立契出賣與本家弟闕天開承買為業，當日三面言断，時值價錢陸拾伍千文正，其钱即日收足，不欠分文，其山木自賣之後，任凴弟边前去籙养修理，砍伐批拚管業，如有來歷不明，兄弟子侄人等争执，自己一力支當，不涉買主之事，乃係正行交易，不是貨債準折之故，亦無文墨重典交加，此出願賣願買，两相情愿，日后無得找贖，並無逼抑等情，恐口难信，立賣山木契永遠為據。

嘉慶拾柒年拾月拾陆日　立賣山樹木契人　闕學賢

在場侄　雲松

德琳

見中　馮輝福

輝華

代筆叔　接臨

（前頁）>>>>>

立杜找田契人闕學賢，原與本家弟闕天開交易民田壹契，土名畝額界止，俱一前契載明，因前價不足，今因口食不給，再托原中向買主找過契外銅錢捌千文，其錢即日收足，不少分文，其田自找之後，任凴弟边推收過户，起耕完粮管業，日后無得再找取贖，永遠割藤，荒頭地角俱一在内，不得異言等情，恐口难信，立杜找契為據。

嘉慶拾七年拾月十六日　立杜找田契人　闕學賢

在塲侄　雲松

見找　馮輝福

輝華

見中　闕德琳

代筆　闕接臨

（契尾，嘉慶拾捌年弍月）

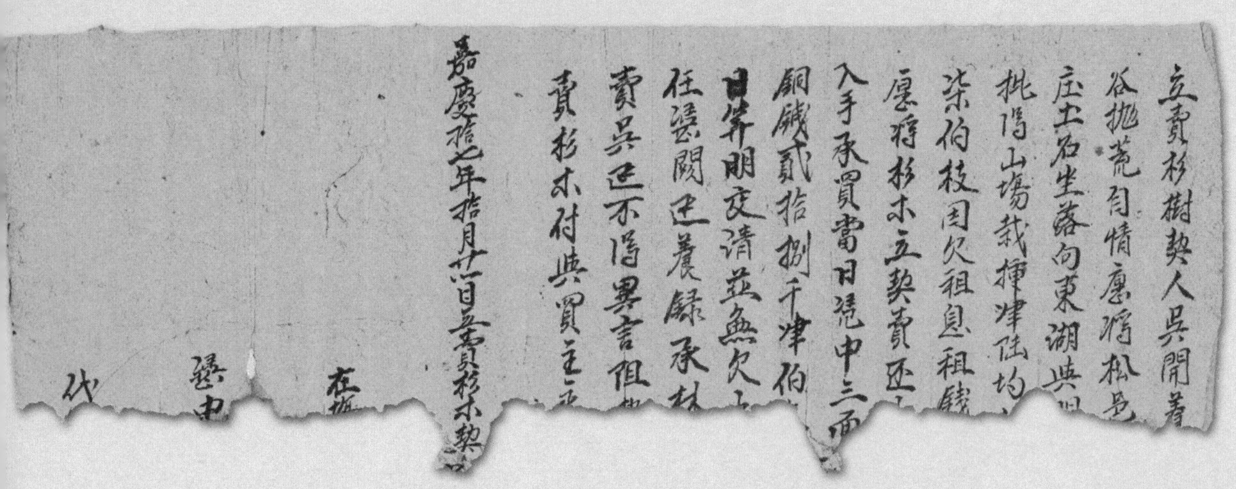

立賣杉樹契人吳開養□□□□
谷抛荒，自情愿将松邑□□□□
庄，土名坐落向東湖與□□□□
批得山塲栽揷，肆陆均分□□□□
柒伯枝，因欠租息租錢□□□□
愿将杉木立契賣还□□□□
入手承買，當日凴中三面□□□□
銅錢貳拾捌千肆伯文□□□□
日算明交清，並無欠□□□□
任憑闞边養録［籙］承□□□□
賣，吳边不得異言阻□□□□
賣杉木（契）付與買主□□□□。
嘉慶拾七年拾月廿一日　立賣杉木契　吳開養
在塲
憑中
代筆

立當字人闕金魁，今因缺乏，自情愿将小湖二坑四股分派名下壹股，向到天開叔公手内當過錢本叁千文正，其錢面言，每年每千加式起息，其錢的至来年冬日併本利一足送还，不敢拖欠個文，如違，任從錢主出批他人收租管業，當人不得異言，恐口难信，立當字為照。

嘉慶十七年十二月廿一日　立當字　闕金魁

在見　闕来魁

代筆　石月才

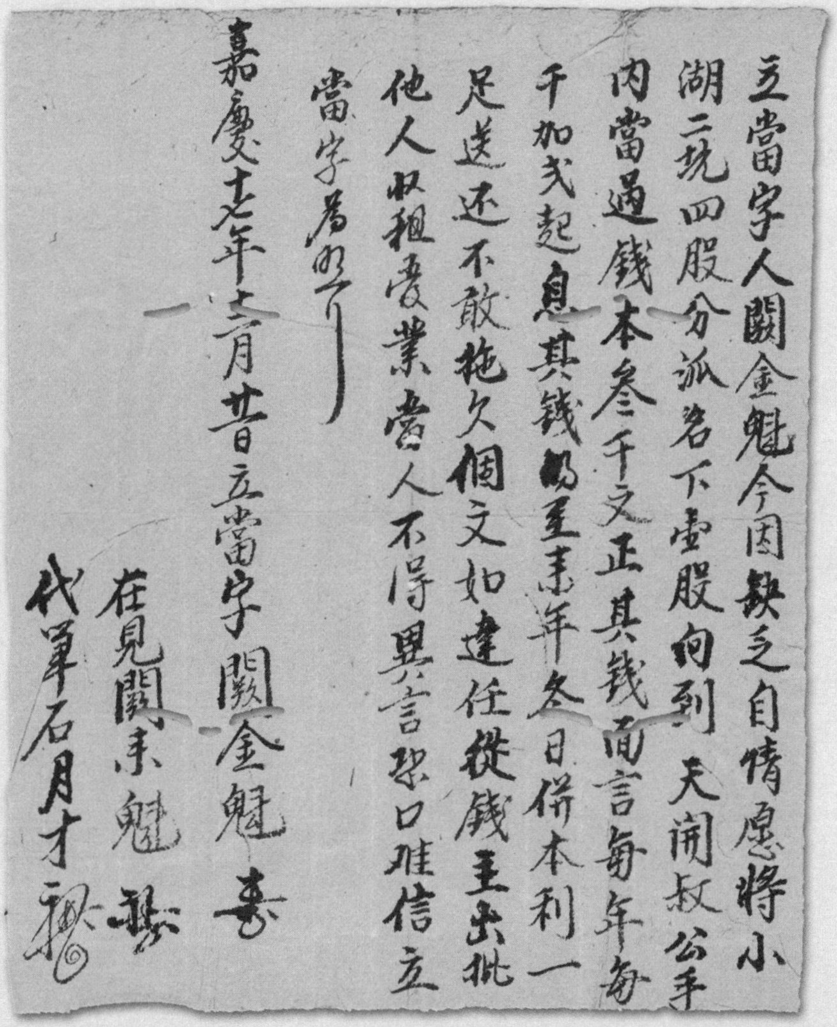
立當字人闕金魁今因缺乏自情愿将小湖二坑四股分派名下壹股向到天開叔公手内當過錢本叁千文正其錢面言每年每千加式起息其錢的至来年冬日併本利一足送还不敢拖欠個文如違任從錢主出批他人收租管業當人不得異言恐口难信立當字為照
嘉慶十七年十二月廿一日立當字闕金魁
在見闕来魁
代筆石月才

立找斷絕田契人李天聦仝弟天順等，曰先曾與闕邊交易民田壹處，坐落雲邑五都石橋頭對门安着，其田界額俱在前正契內載明無異。今因缺錢應用，情愿請託原中向勸叅王闕天有、天開兄弟親邊手內找出契外銅錢九千文，其錢□即日隨契兩相交訖，不少個文。其田自找之後，任凭闕邊永遠完粮收□□□条契載割藤斷絕，李邊日後永不得言稱找贖識認等情。如有此色□□受重複叠騙之論。愿找愿斷，兩造井肯，並無逼抑之理。恐口難凭，立找斷絕田契付與闕邊永遠為照。

嘉慶拾柒年十弍月廿五日立找斷絕田契人李天聦（押）

仝弟 天順（押）
天才（押）
天爵（押）
天授（押）

在場叔喬佐（押）

原中王養生（押）

天聦的筆

（前頁）>>>>>

立找断絕田契人李天昭仝弟天順等，日先曾與闕邊交易民田壹處，坐落雲邑五都石橋頭對门安着，其田界額，俱在前正契内載明無異，今因缺錢應用，情愿請託原中向勸業主闕天有、天開兄弟親邊手内找出契外銅錢九千文，其錢即日隨契兩相交訖，不少個文，其田自找之後，任凴闕邊永遠完粮收租管業，契載割藤断絕，李邊日後永不得言稱找贖識認等情，如有此色，甘受重復叠騙之論，愿找愿断，兩边甘肯，並無逼抑之理，恐口難凴，立找断絕田契付與闕邊永遠為照。

嘉慶拾柒年十弍月廿五日　立找断絕田契人　李天昭

天順

天才

仝弟　天爵

天授

在塲叔　喬佐

原中　王養生

天昭的筆

立賣契李松養原因日前歷欠過闕天閏兄邊租谷
叁拾担併及前欠粟錢共計錢陸拾玖千文正不能措
還今托親友理明自情愿將己分名下籠券杉樹土
名坐落念壹都后宅庄松樹崗小土名野猪窩内杉樹
壹千柒伯株親立賣契出賣與闕天閏兄邊爲業三面
斷定时值價錢陸拾玖千文正的至五年内備還原價取贖
如過五年不能備價取贖其杉樹任憑闕邊籠券主蓄
拾年後出拚砍伐李邊不敢異言日前亦無典當文墨
交加日後亦不敢私砍另賣此出兩家心愿亦無逼抑反悔
等情恐口無憑故立賣契爲據

嘉慶拾捌年貳月初叁日　立賣契人李松養（押）

見中　闕東魁（押）

闕渔瓊（押）

代筆丁光雲（押）

（前頁）>>>>>

立賣契李松養，原因日前歷欠過闞天開兄边租谷叁拾担，併及前欠票钱共计钱陆拾玖千文正，不能措還，今托親友理明，自情愿将己分名下籙养杉樹，土名坐落念壹都后宅庄松樹崗，小土名野猪窩内杉樹壹千柒伯株，親立賣契，出賣與闞天開兄边为業，三面断定，时值價錢陆拾玖千文正，的至五年内備还原價取贖，如過五年不能備價取贖，其杉樹任凴闞边籙养，至叁拾年後出拚砍伐，李边不敢異言，日前亦並無典當文墨交加，日後亦不敢私砍另賣，此出两家心愿，亦無逼抑反悔等情，恐口無凴，故立賣契為據。

嘉慶拾捌年貳月初叁日　立賣契人　李松養

見中　闞来魁

闞德瓊

代筆　丁光雲

立承管字人吴開養今向闕天開兄邊承管過
山塲壹處坐落念壹都茶排庄土名蝦蟆蔭井
上至山頂下至坑左至林邊山右至闕姓山為界前去
開掘栽種松杉茶頭竹木苗頃三面斷定成林出拚
之日對半均分訖有雜木青柴概歸山主不得覬
分分毫自承管之後凡栽插雜草柴火苗頃一應
自己承當不干山主之事亦不敢擅將該山樹木私行
砍斫典當即山主給存托管亦不敢將典押盜賣之
處亦不敢私給他人栽種如有此情一經查出甘罪私
砍背租盜典之罪此出二家心愿恐口無憑故立承
管字為照

嘉慶拾捌年貳月初五日立承管字人吴開養○

再者叁年内不能栽插樹木
任憑山主另租插種此照處

仝日山主一本處

新

見中 吴貴琳
闕德梅

代筆 丁光雲

（前頁）>>>>>

立承管字人吴閞養，今向闕天开兄边承管過山塲壹處，坐落念壹都茶排庄土名蝦蟆落井，上至山頂，下至坑，左至林边山，右至闕姓山为界，前去閞掘栽種松杉茶頭竹木等項，三面断定，成林出拚之日對半均分，所有雜木青柴概歸山主，不得覬分分毫，自承管之後，凡栽插鏟艸截火等項，一应自己承當，不干山主之事，亦不敢擅将该山樹木私行砍毁典當，即山主给存托管，亦不敢将典押空闊之處，亦不敢私給他人栽種，如有此些，一經查出，甘坐私砍背租盗典之罪，此出二家心愿，恐口无凴，故立承管字为據。

嘉慶拾捌年贰月初五日　立承管字人　吴閞養

見中　吴贵琳

闕德珻

代筆　丁光雲

再者，叁年内不能栽插樹木，

任凴山主另租插種，此照。

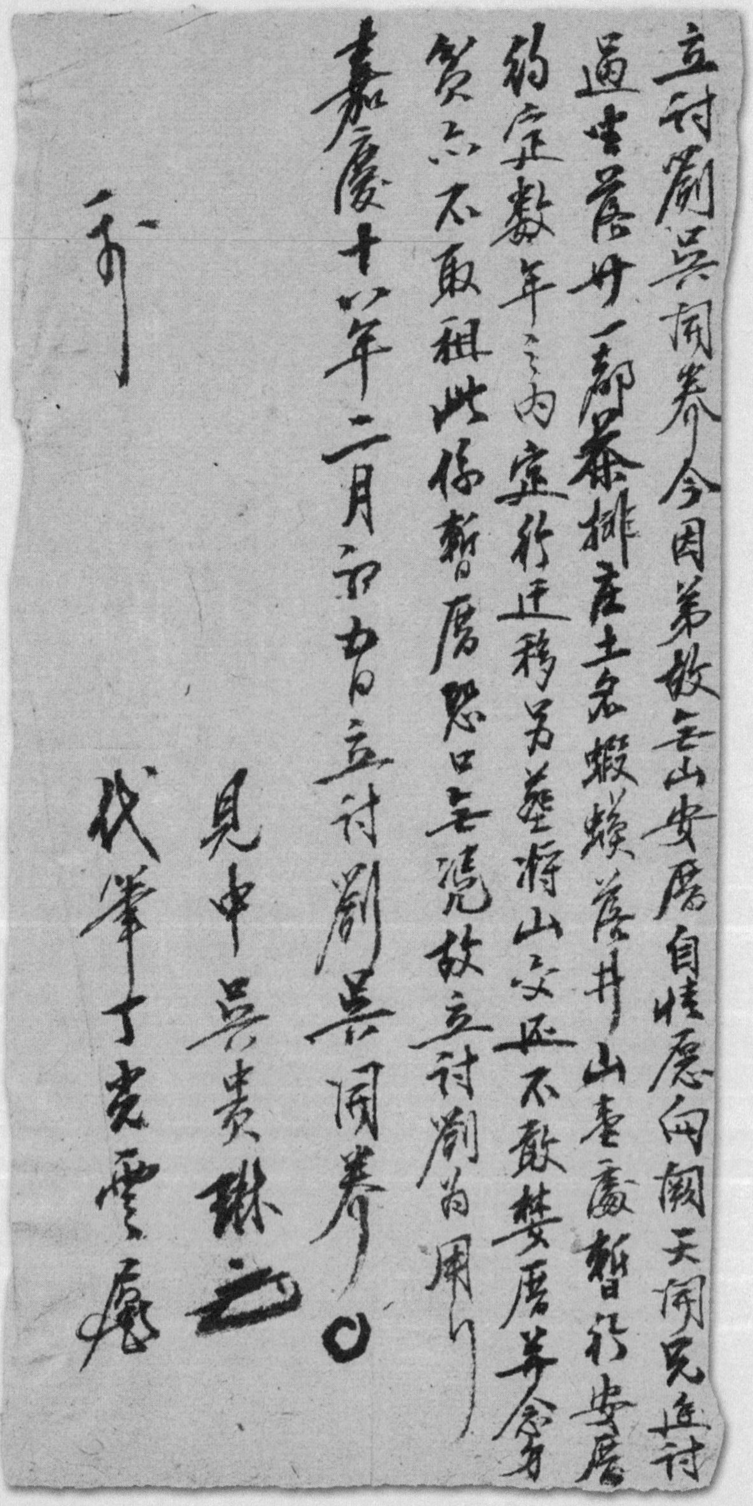

立讨劄吳闲养，今因弟故無山安厝，自情愿向阙天闲兄边讨
過坐落廿一都茶排庄，土名蝦蟆落井，山壹處，暂行安厝，
约定数年之内定行迁移另葬，将山交还，不敢婪厝，并念身
贫，亦不敢租，此係暂厝，恐口無凴，故立讨劄为用。
嘉慶十八年二月初五日　立讨劄　吳闲养
見中　吳贵琳
代筆　丁光雲

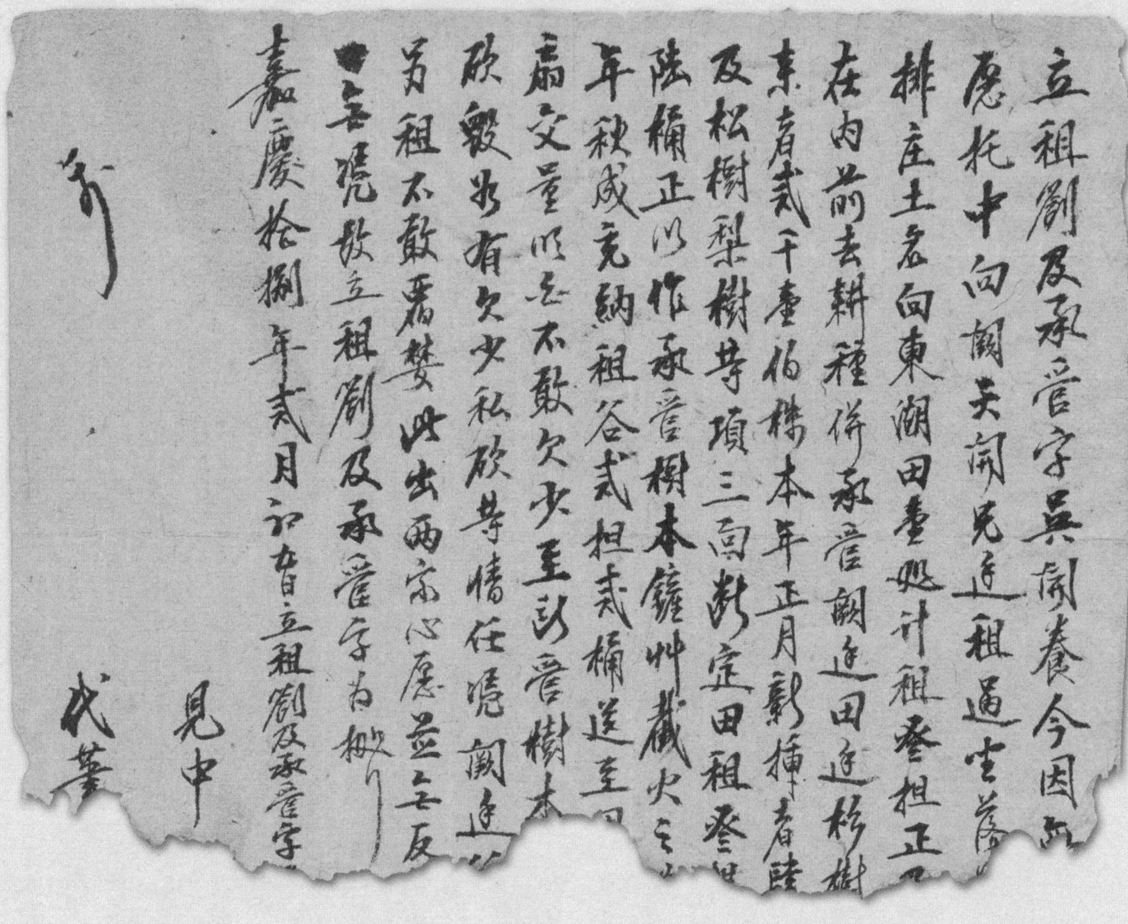

立租劄及承管字吴閈養，今因無□□□□□
愿托中向闕天閈兄邊租過坐落□□□□□
排庄，土名向東湖田壹处，计租叁担正，□□□□□
在内，前去耕種併承管闕边田边杉樹□□□□□
来者貳千壹伯株，本年正月新插者肆□□□□□
及松樹、梨樹等項，三面断定，田租叁担□□□□□
陆桶正，以作承管樹木鏟艸截火之□□□□□
年秋成，充納租谷貳担貳桶，送至□□□□□
扇交量明，並不敢欠少，至所管樹木□□□□□
砍毁，如有欠少私砍等情，任凴闕边□□□□□
另租，不敢霸婪，此出两家心愿，並無反悔□□□□□
口無凴，故立租劄及承管字为據。
嘉慶拾捌年貳月初五日　立租劄及承管字　吴閈養
見中　□□□
代筆　□□□

立賣二坑契人闕松奎，今因錢粮無辦，自情愿將自置投税弍坑半條，坐落本都庄，土名周岭西山崗二坑，與賴登光仝置，共成壹條，上至西山崗頭坑扎尾為界，下至嫩扎口為界，左至砂坪與及買主田為界，右至山骨石堪為界，併及砂坪、砂槽、出扎水塘壹坵俱屬在內，託中筆向前親立文契，將自己股下半條送與本族叔祖天開承買為業，當日憑中三面言断，時值二坑價銅錢伍拾千文正，其錢即日隨契两相交兑足訖，不少個文，其二坑仍［任］從買主出包收租管業，其坑原係自手親置物業，與上下房親伯叔弟侄等人並無干涉，未賣之先，亦無重復典當文墨交加，倘有来歷不明，賣人一力承當，不涉買主之事，其二坑即日憑中言断，每年出包租錢仍［任］從買主，錢本每千每年壹分陸扣訖，有餘之租錢以作歸與錢本，其錢本逐年歸訖清楚之日，其二坑还賣人淘洗，買主無得執留，恐口無憑，立賣二坑契付與買主為據。

一批即交原聯壹紙存照，其二坑税每年該股下派分完纳式錢正，亦在租錢内扣完纳訖，再照。

在場弟 耀奎

嘉慶拾捌年叁月十六日 立賣二坑契人 闕松奎

憑中 闕永魁

永明

王大斌

代筆 石日才

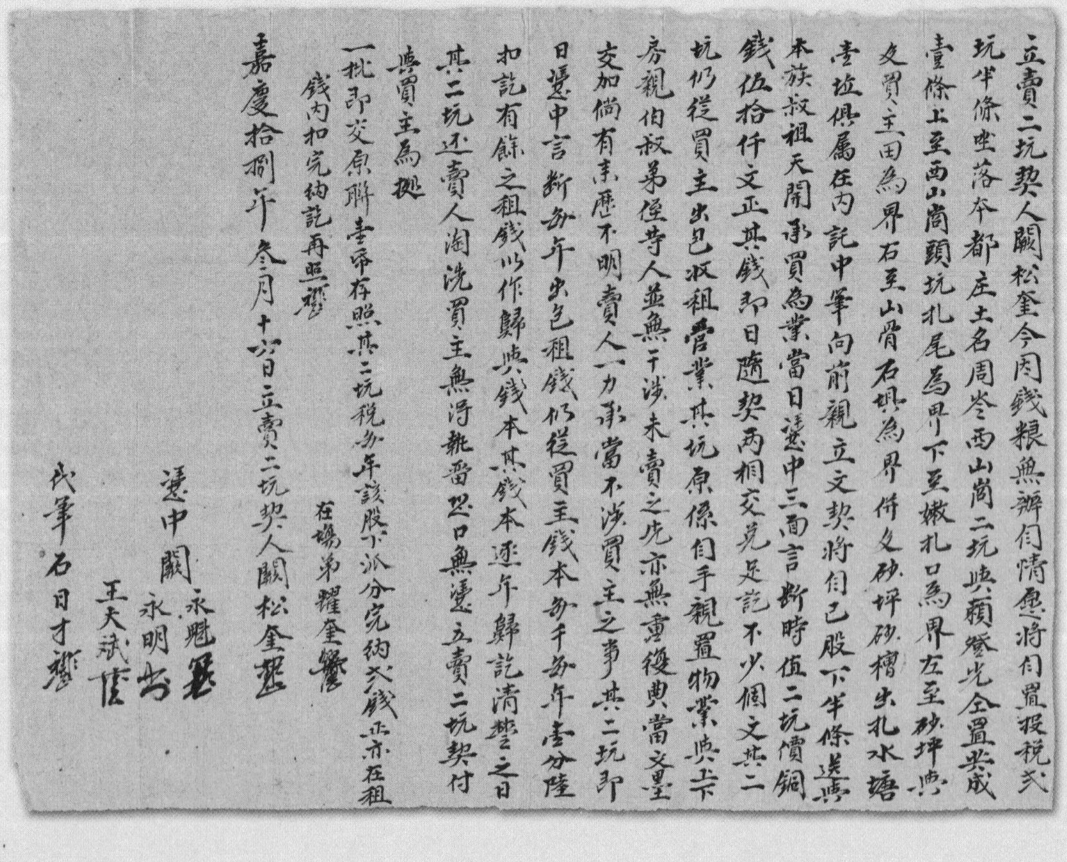
立賣二坑契人闕松奎今因錢粮無辦自情愿將自置投税弍
坑半條坐落本都庄土名周岭西山崗二坑與賴登光仝置共成
壹條上至西山崗頭坑扎尾為界下至嫩扎口為界左至砂坪與
及買主田為界右至山骨石堪為界併及砂坪砂槽出扎水塘
壹坵俱屬在內託中筆向前親立文契將自己股下半條送與
本族叔祖天開承買為業當日憑中三面言断時值二坑價銅
錢伍拾千文正其錢即日隨契两相交兑足訖不少個文其二
坑仍從買主出包收租管業其坑原係自手親置物業與上下
房親伯叔弟侄等人並無干涉未賣之先亦無重復典當文墨
交加倘有来歷不明賣人一力承當不涉買主之事其二坑即
日憑中言断每年出包租錢仍從買主錢本每千每年壹分陸
扣訖有餘之租錢以作歸與錢本其錢本逐年歸訖清楚之日
其二坑还賣人淘洗買主無得執留恐口無憑立賣二坑契付
與買主為據
一批即交原聯壹紙存照其二坑税每年該股下派分完纳式錢正亦在租
錢内扣完纳訖再照
在場弟耀奎
嘉慶拾捌年叁月十六日立賣二坑契人闕松奎
憑中闕永魁
永明
王大斌
代筆石日才

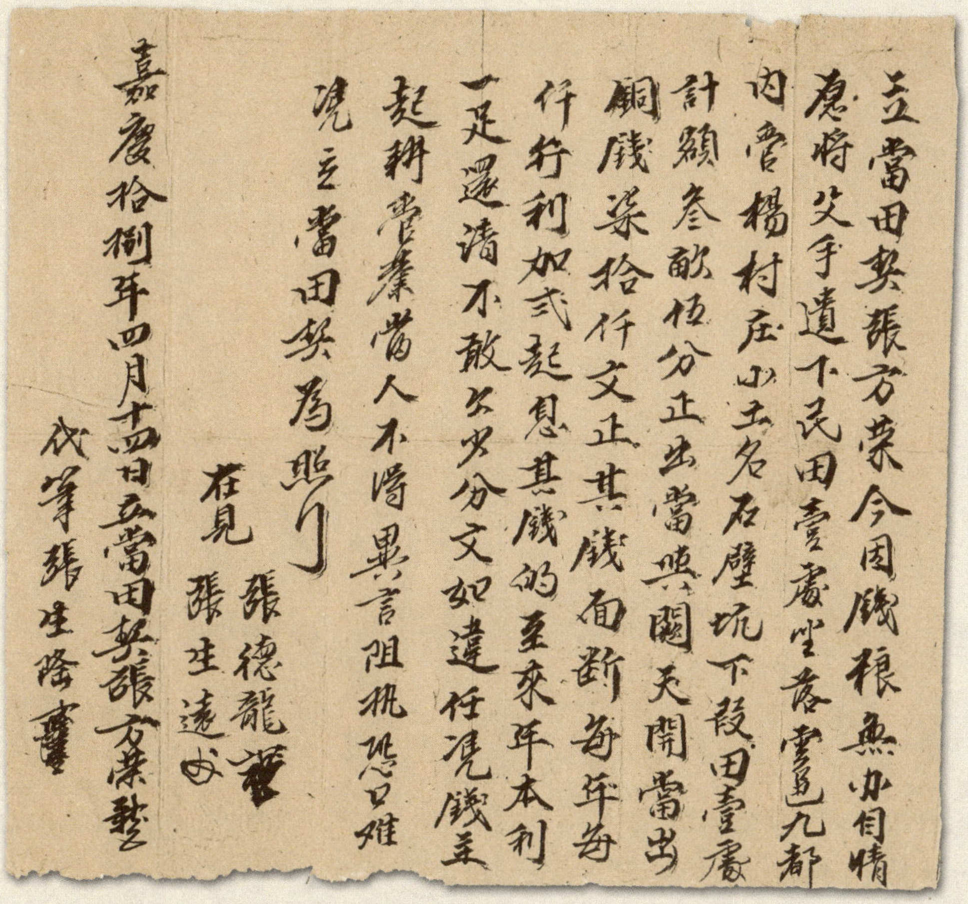

立當田契張方荣，今因錢粮無办，自情
愿将父手遺下民田壹處，坐落雲邑九都
内管楊村庄，小土名石壁坑下段田壹處，
計額叁畝伍分正，出當與闕天開，當出
銅錢柒拾仟文正，其錢面断，每年每
仟行利加式起息，其錢的至來年本利
一足還清，不敢欠少分文，如違，任凴錢主
起耕管業，當人不得異言阻执，恐口难
凴，立當田契為照。

在見　張德龍
　　　張生遠

嘉慶拾捌年四月十四日　立當田契　張方荣
　　　　　　　　　　　代筆　張生隆

立賣田契人張方荣，今因錢粮無办，自情愿将父手遺下田壹處，坐落雲邑九都内管楊村庄，小土名石壁坑安着，上段貳壟，上至山，下至水圳下田肆坵，與賣人田為界，左至畲客寮屋基，右至山為界，又外岗頂田壹坵，今具四至分明，計額叁畝伍分正，欲行出賣，托中送與闕天開入手承買，當日憑中三面言断，時值田價銅錢壹伯壹拾仟文正，其錢即日隨契兩相交訖，不短分文，其田自賣之後，任憑買主推收過户完粮，起耕收租管業，與内外房親伯叔人等並無干碍，亦無重典文墨交加，此乃清楚物業，来歷不明，賣人一力支當，不涉買主之事，愿買愿賣，二比情愿，並無逼抑之理，恐口無憑，立賣田契付與買主永遠為照。

一批畲客屋基不在契内，再照。

一批田沿雜木闕边管業，再照。

中見　闕永明
　　　張生遠
　　　張發牧
　　　張德龍

嘉慶拾捌年四月　日　立賣田契　張方荣
　　　　　　　　　　代筆　張生隆

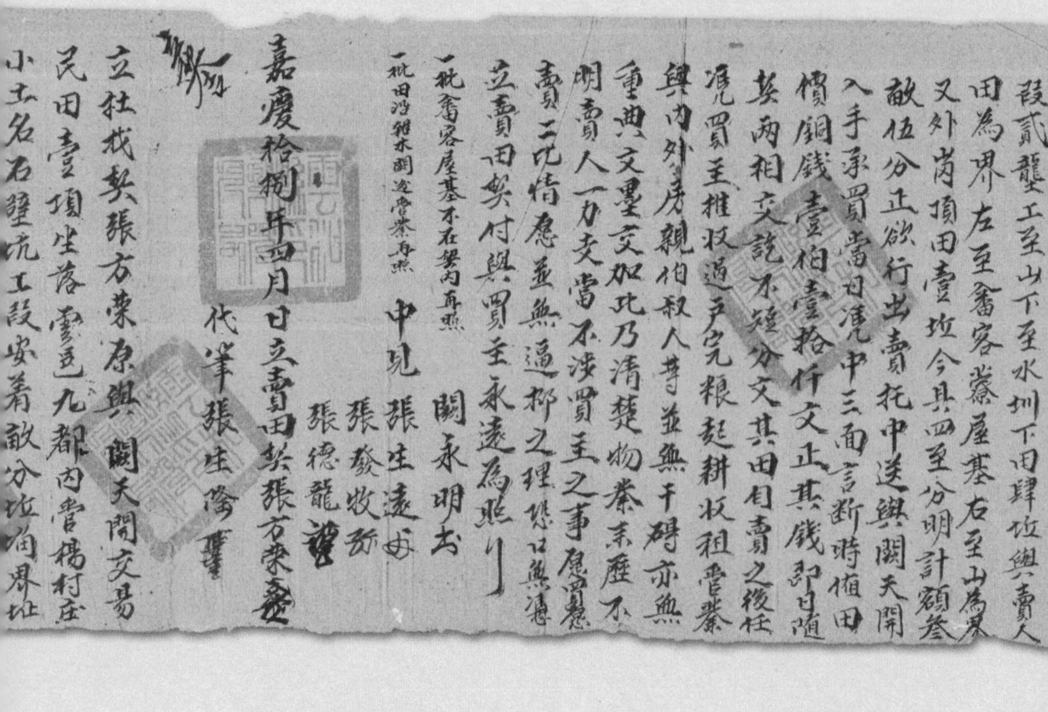
立賣田契人張方荣今因錢粮無办自
情愿将父手遺下田壹處坐落雲邑
九都内管楊村庄小土名石壁坑安着上
段貳壟上至山下至水圳下田肆坵與賣人
田為界左至畲客寮屋基右至山為界
又外岗頂田壹坵今具四至分明計額叁
畝伍分正欲行出賣托中送與闕天開
入手承買當日憑中三面言断時值田
價銅錢壹伯壹拾仟文正其錢即日隨
契兩相交訖不短分文其田自賣之後任
憑買主推收過户完粮起耕收租管業
與内外房親伯叔人等並無干碍亦無
重典文墨交加此乃清楚物業来歷不
明賣人一力支當不涉買主之事愿買愿
賣二比情愿並無逼抑之理恐口無憑
立賣田契付與買主永遠為照
一批畲客屋基不在契内再照
一批田沿雜木闕边管業再照
中見 闕永明
張生遠
張發牧
張德龍
嘉慶拾捌年四月廿立賣田契張方荣
代筆張生隆
立杜找契張方荣原與闕天開交易
民田壹項坐落雲邑九都内管楊村庄
小土名石壁坑上段安着畝分坵角界址

立杜找契張方荣，原與闕天開交易民田壹項，坐落雲邑九都内管楊村庄，小土名石壁坑上段安着，畝分坵角界址，原有正契載明，今因缺乏，請托原中向業主找出契外銅錢貳拾伍仟文正，其錢即日随契交讫，不短分文，其田自找之後，永無取贖再找等情，亦不得言三語四，另生枝節，截葛断藤，恐口無凴，立杜找契付與闕邊永遠為照。

闕永明
原中　張生遠
張德龍
張發牧

嘉慶拾捌年伍月　日　立杜契　張方荣
代筆　張生隆

（契尾，嘉慶二十年）

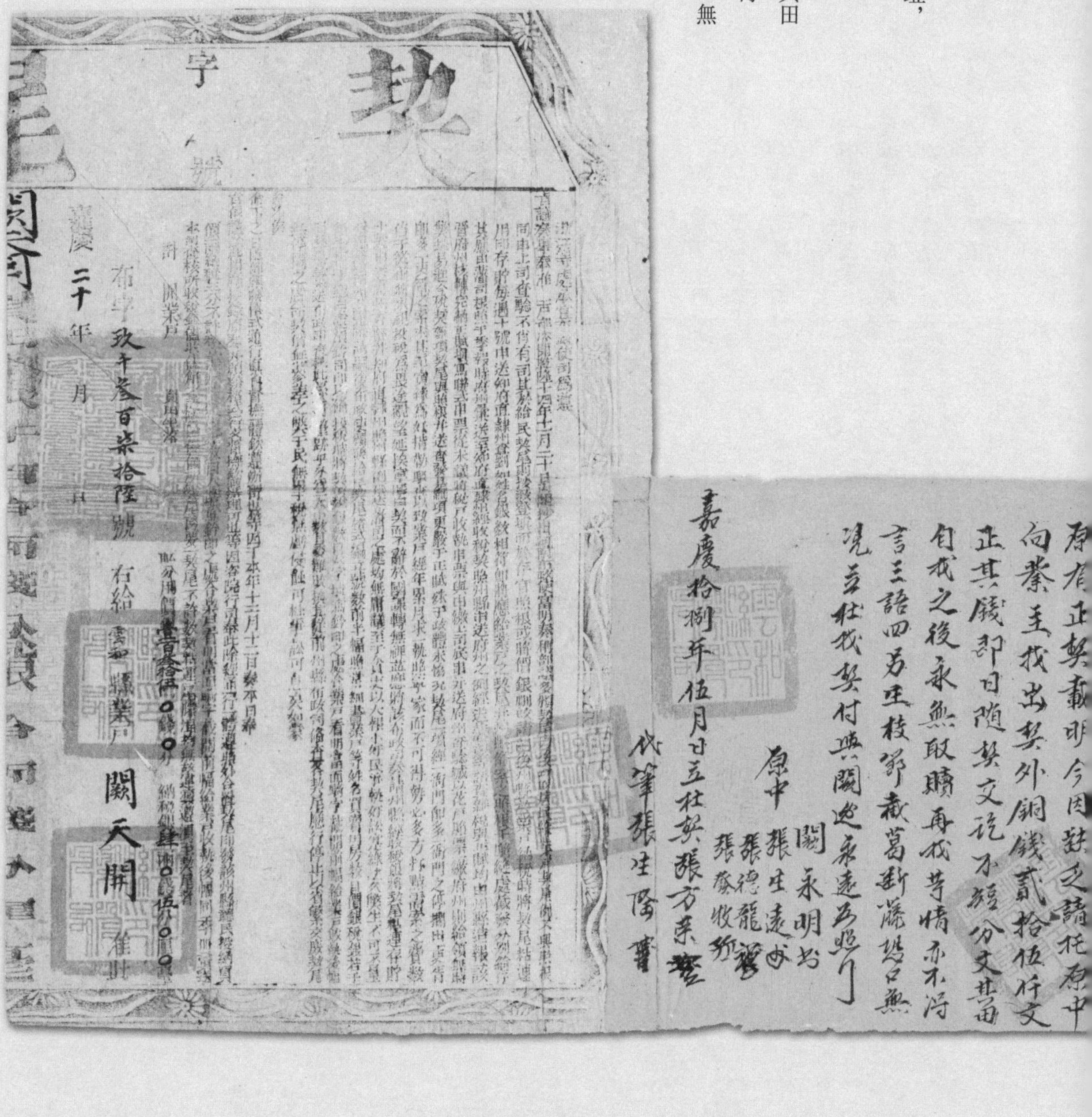

立賣田契張生利，今因錢粮無辦，自情愿将自置民田，坐落松邑廿一都夫人廟庄，小土名大王庙下，安着水田壹坵，計額五分正，上至闕姓田為界，下至石角為界，左至山脚為界，右至大坑為界，今俱四至分明，托中立契出賣與闕永壽親邊入受承買為業，當日憑中面断，時值田價銅錢壹拾伍千文正，其錢即日隨契親收足訖，不少個文，其田自賣之後，任憑買主起耕改佃，推收過户完粮，收租管業，原係正行交易，不是準折債貨之故，其田亦係自己清楚物業，與兄弟内外人等並無争执，倘有来歷不明，賣人一力支當，不涉買主之事，所賣所買，兩相情愿，各無反悔，恐口难憑，故立賣田契付與闕邊永遠為據。

見中　林新球

嘉慶拾捌年拾月初十日　立賣田契　張生利

代筆　張石元

立找断截田契張生利，因日前與闕永壽交易民田壹坵，坐落松邑廿一都夫人庙庄，小土名大王庙下安着，畝分界至，俱有正契載明，今托原中前来相勸業主找出契外銅錢肆千文正，其錢即日隨契收清足訖，不少分文，其田自找

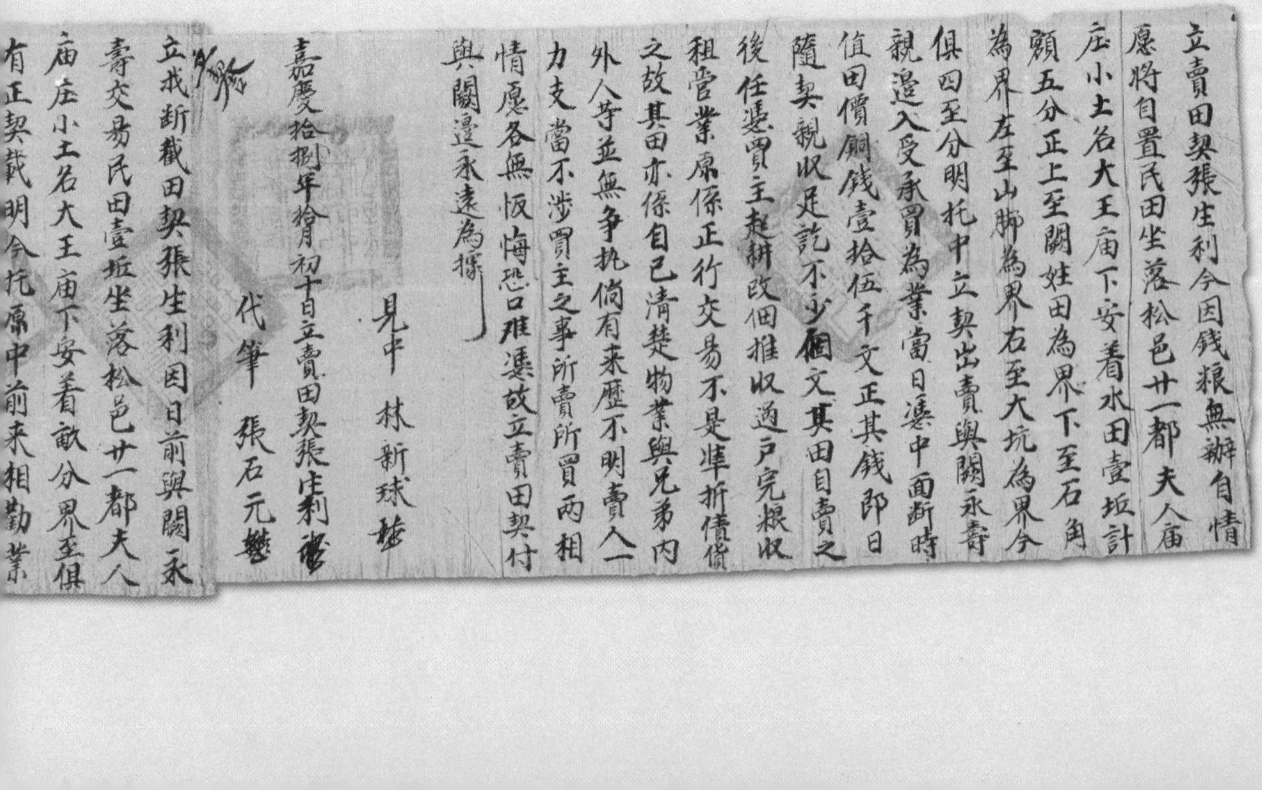

之後，一找千休，自甘永無再找贖等情，恐口难憑，立找断截契為據。

原中　林新球

嘉慶拾捌年十二月初三日　立找田契　張生利

代筆　張石元

（契尾，嘉慶拾捌年拾弍月）

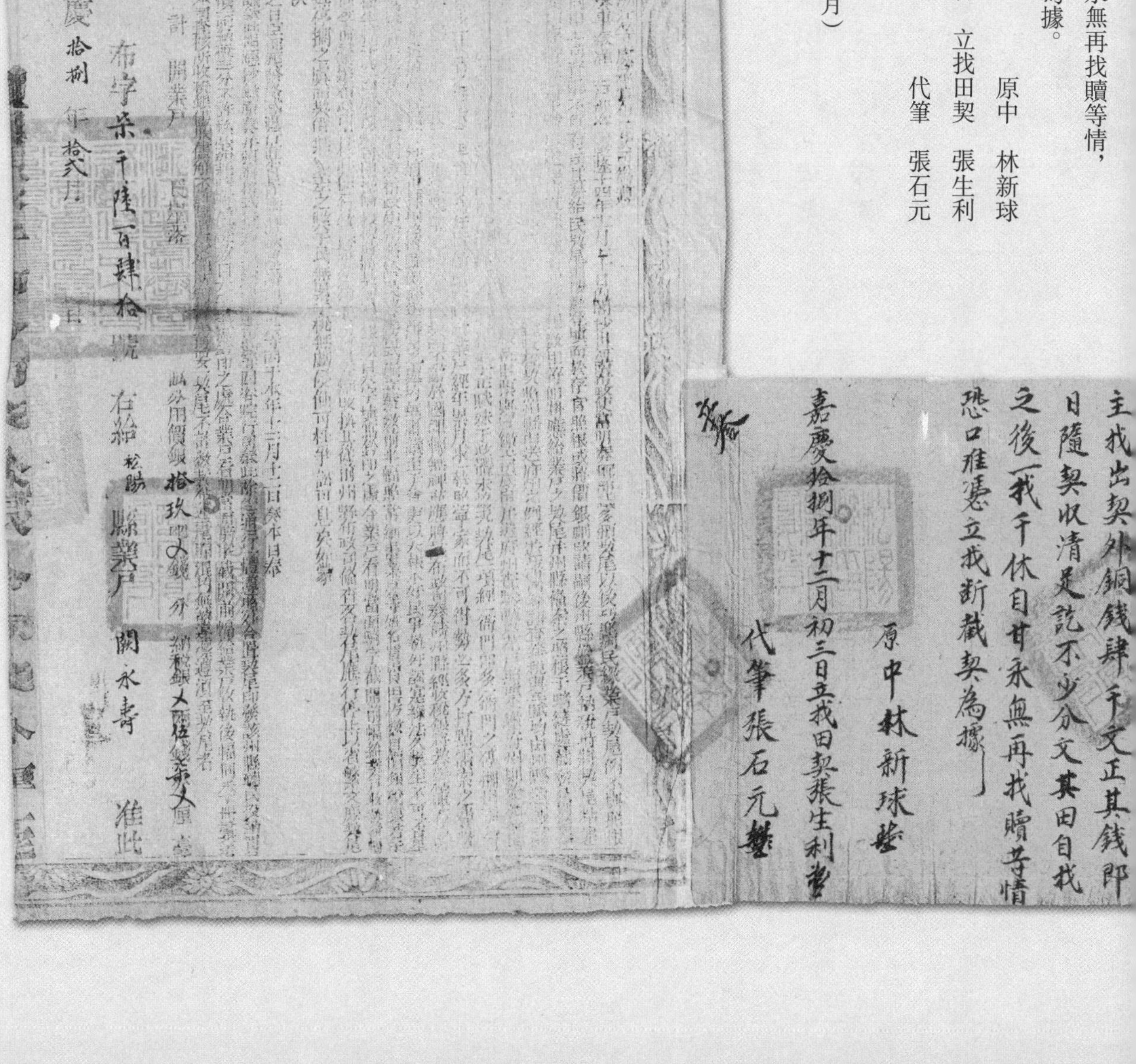

立賣田契人張廣牧兄弟等今因錢粮無办自情
愿將祖父遗下置買民田坐落雲邑九都四晋
楊村庄土名石壁坑小土名畲客寮下搬民田壹
處下至山脚王邊田為界上至闕邊田為界左至山
為界右至小窩尾止張邊田址田為界併及田沿
相樹雜木等項田頭荒墑一應在内計額叁畝伍
分正自愿請托凴中三面踩踏清楚今具回至分明
盡處不留立出文契送與闕天開入手承買為業
當日凴中三面斷時值田價銅錢壹伯壹拾千
文其錢即日隨契兩相交讫其田自賣之後任凴
買主前去當官推收過戶完粮起耕改佃收租
架造管業賣人不得異言阻滯乃係清楚物業與
内外伯叔兄弟子侄人等亦無寸土干碍日前並無
重典文墨交加如有来歷不明賣人一力承當不涉買
主之事此係正行交易不是準折債貨之故其田契
截剳藤斷根日後子孫永無找贖等情所賣所買
兩相情愿並無逼抑之理今欲有凴立賣契付與
闕邊子孫永遠為照

嘉慶十八年十月　日立賣田契人張廣牧（押）
廣元（押）

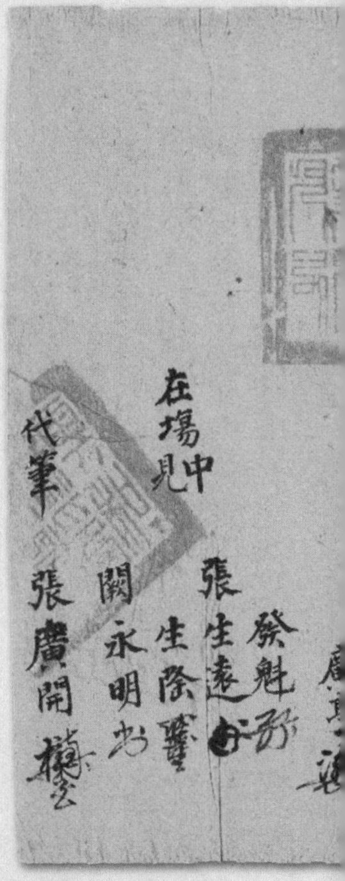

立賣田契人張廣牧兄弟等，今因錢粮無办，自情愿将祖父遺下置買民田，坐落雲邑九都内管楊村庄，土名石壁坑，小土名畲客寮下塅，民田壹處，下至山脚王邊田為界，上至闕邊田為界，左至山為界，右至小窝尾止張邊四坵田為界，併及田沿柏树雜木等項，田頭荒角一应在内，计額叁畝伍分正，自愿请托凴中三面踩踏清楚，今具四至分明，盡處不留，立出文契送與闕天閈入手承買為業，當日凴中三面（言）断，時值田價銅錢壹伯壹拾千文，其錢即日隨契两相交讫，其田自賣之後，任凴買主前去當官，推收過户完粮，起耕改佃，收租架造管業，賣人不得異言阻滞，乃係清楚物業，與内外伯叔兄弟子侄人等亦無寸土干碍，日前並無重典文墨交加，如有来歷不明，賣人一力承當，不涉買主之事，此係正行交易，不是凖折債貨之故，其田契載割藤断根，日後子孫永無找贖等情，所賣所買，两相情愿，並無逼抑之理，今欲有凴，立賣契付與闕邊子孫永遠為照。

廣元

嘉慶十八年十月　日　立賣田契人　張廣牧

廣亨

發魁

在場中見　張生遠

生隆

闕永明

代筆　張廣開

立找断絕田契人張廣牧仝弟等，原與闕天開親邊交易民田壹契，坐落雲邑九都内管楊村庄，土名石壁坑，小土名畲客寮下塅安着，畝分界至，前有正契載明，今因口食給迫，请托原中相勸業主，找過契外銅錢式拾五千文，其錢即日親收足讫，不短分文，自找之後，割藤绝根，永遠子孫無得異言找贖等情，一找千休，如有此色，甘受叠騙重復立論，恐口难凴，故立找断絕契付與闕邊子孫永遠為照。

嘉慶十九年二月　日　立找断絶田契　張廣牧
元
亨
發魁
原中見　張生遠
生隆
闕永明
代筆　張廣開

（契尾，道光捌年正月）

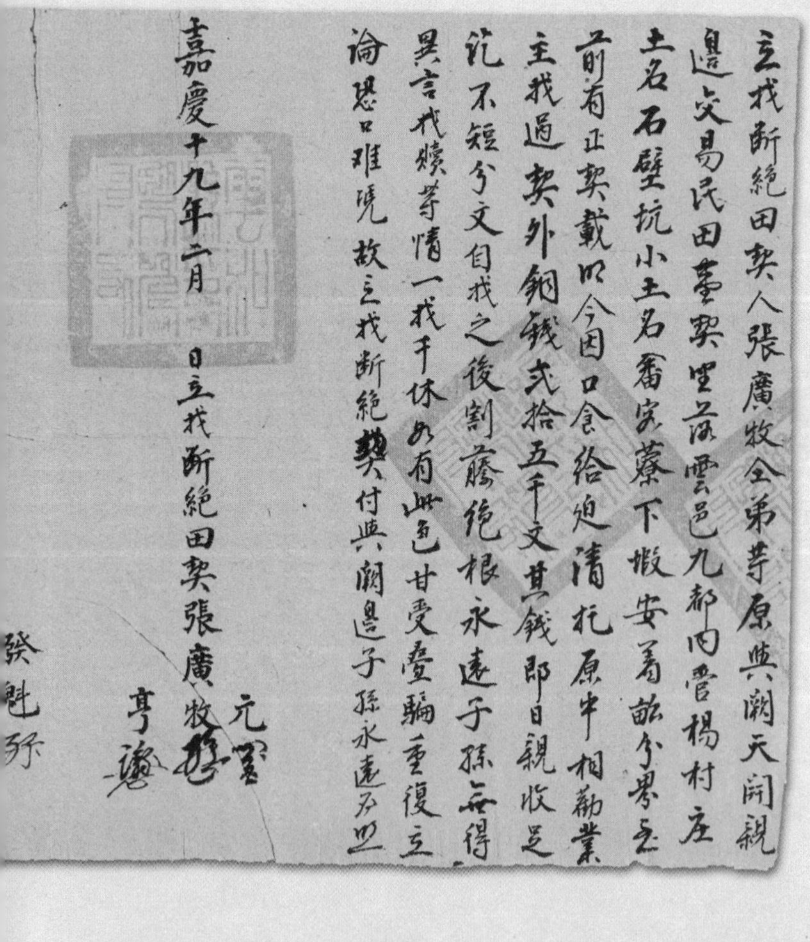

契　字　號

浙江等處承宣布政使司為遵

旨議奏事奉准　戶部咨開乾隆十四年十一月二十日內閣抄出河南布政使富明條奏稱契尾一欵……業戶契尾例不與照根

同申上司查驗不肖有司其於給民契尾則按數登填而於存官聯根或將價銀減寫以圖侵隱請嗣後州縣於業戶納稅時將契尾粘連

用印存貯每遇十號申送知府直隸州查對姓名銀數相符即將應給業戶之契尾并州縣備查之照根于騎縫截發給業

其應申藩司之根照季報時彙送知府直隸州……經送藩司查核……稅銀均由州縣……

管府州……未議將稅戶收執……

弊端易起今若將契尾與照根并送查發……于政體未協凡契尾一項經一衙門即多一衙門之停擱并一吏需索之費數

即多一吏之需索甚至貪緣為奸措勒需索以致業戶經年累月求一執照寫一家而不可得勢必多方打點需索之弊……粘連存貯

倍于從前將來視投稅為畏途觀望延挨而不前於國課轉無裨益應將該布政司所奏州縣……

上號申送府州查察并知府直隸州照例州縣……送藩司之處均無庸議至于貪吏以大報小奸民……不可不量

為變通臣等酌議請嗣後布政使頒發給民契尾格式編列號數前半幅照常細書業戶等姓名買賣田房數目價銀稅銀若干

後半幅于空白處預鈐司印以便投稅時將契價稅銀數目大字填寫鈐印之處令業戶看明當面騎字截開前幅給業戶收執後幅

同季冊彙送布政司查核此係一行筆跡平分為二大小數目委難改換其從前州縣布政司備查各契尾應行停止以省繁文庶契尾

無停擱之虞而契價無參差之弊于民無累于稅無虧侵蝕可杜爭訟可息矣

俞允

命下之日臣部頒發格式通行各省……等因于乾隆十六年十二月十一日奏本日奉

旨依議欽此相應抄錄……頒發……通行……遵照外合將契尾印發該州縣聽民投稅

價兩納稅三分不許絲毫……大字填寫鈐印之處令業戶看明當面截開前幅給業戶收執後幅同季冊彙送

本司查核所收稅銀……務要契尾……者

計開業戶　　　買田坐落　　　畝　　分用價銀壹百叁拾兩〇錢〇分　納稅銀肆兩〇錢伍分〇厘

布字肆千玖百捌拾玖號右給雲和縣業戶闕天開　准此

道光捌年正月　日

原中見　張□達
　　　　生陰□

闕永明　书

代筆張廣開

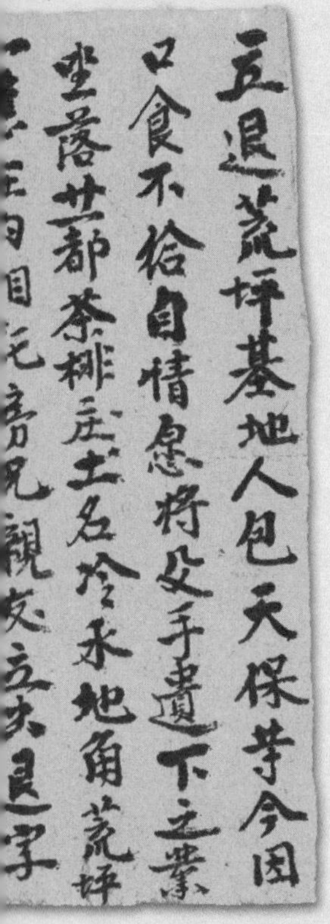
立退荒坪基地人包天保等今因
口食不給自情愿将父手遺下之業
坐落廿都茶排庄土名冷水地角荒坪

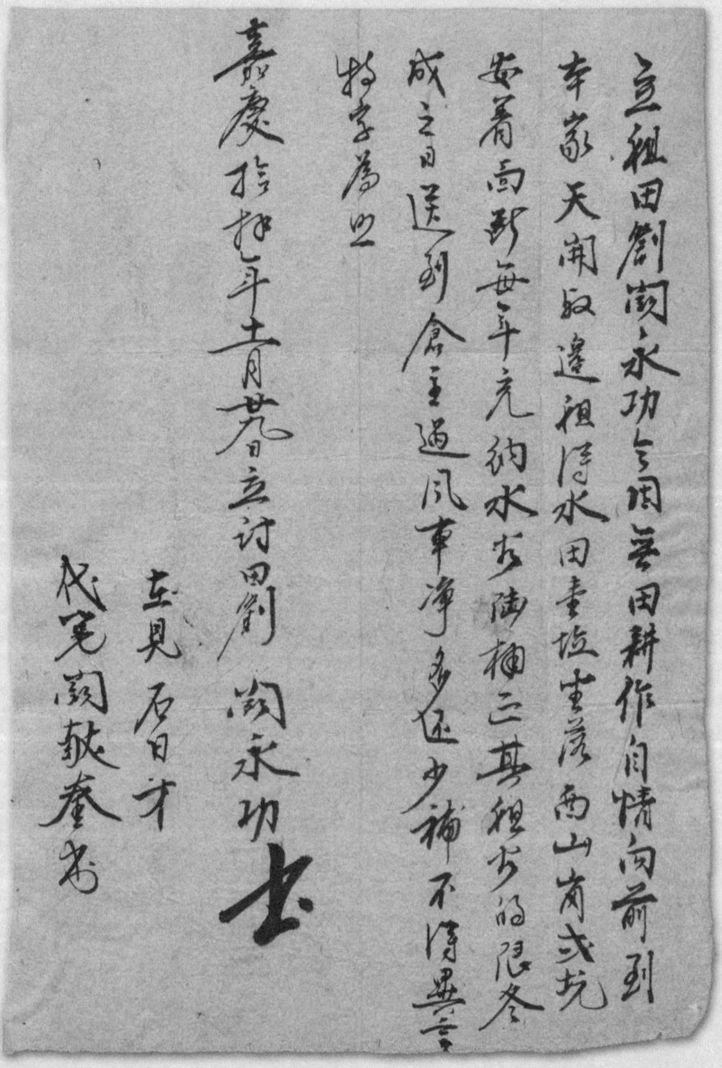

立租田劄闕永功，今因無田耕作，自情向前到
本家天閈叔邊租得水田壹坵，坐落西山崗弍坑
安着，面断每年充纳水谷陆桶正，其租谷的限冬
成之日送到倉主過风車净，多还少補，不得異言，
特字為照。
嘉慶拾捌年十一月廿九日　立讨田劄　闕永功
在見　石日才
代笔　闕献奎

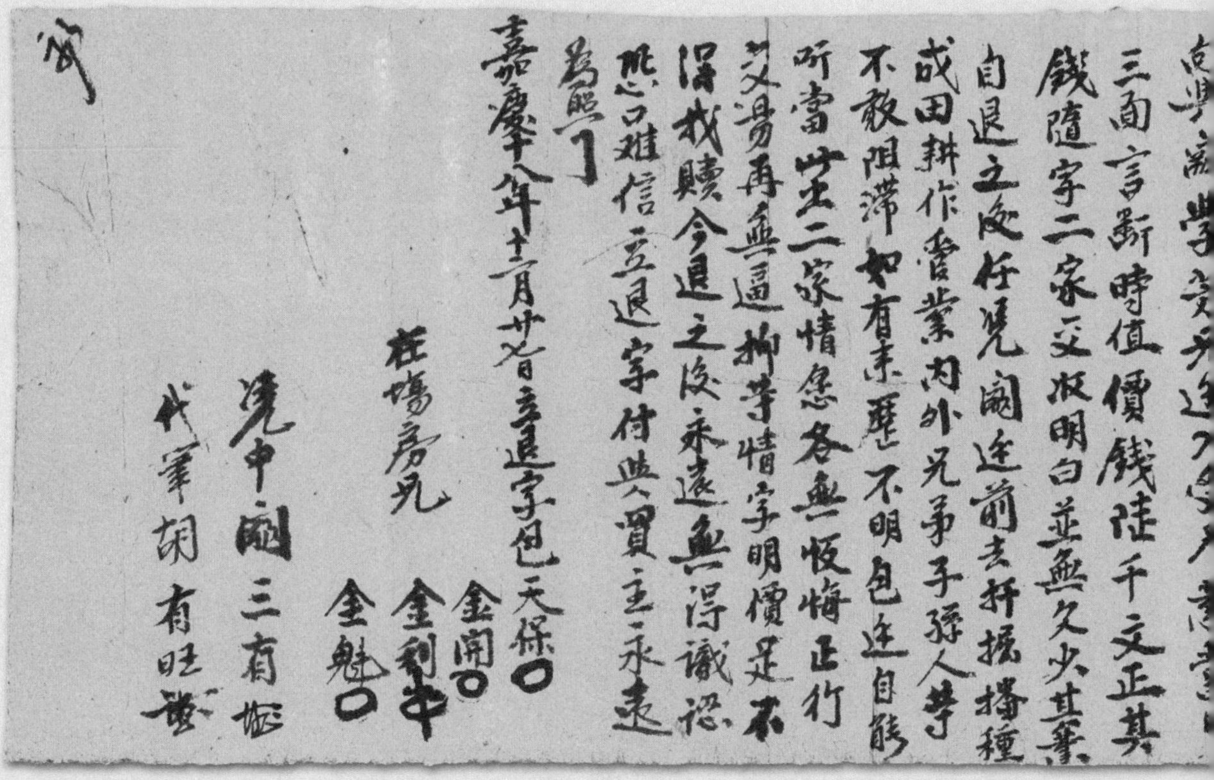

立退荒坪基地人包天保等，今因
口食不給，自情愿将父手遺下之業，
坐落廿一都茶排庄，土名冷水，地角荒坪
一應在内，相託房兄親友立出退字，
向與闕學芳兄边入受為業，當日
三面言断，時值價錢陆千文正，其
錢隨字二家交收明白，並無欠少，其業
自退之後，任凴闕边前去扦掘播種
成田，耕作管業，内外兄弟子孫人等
不敢阻滞，如有来歷不明，包边自能
听當，此出二家情愿，各無反悔，正行
交易，再無逼抑等情，字明價足，不
得找贖，今退之後，永遠無得識認。
恐口难信，立退字付與買主永遠
為照。

嘉慶十八年十二月廿七日　立退字　包天保

金開
在場房兄　金利
金魁
凴中　闕三有
代筆　胡有旺

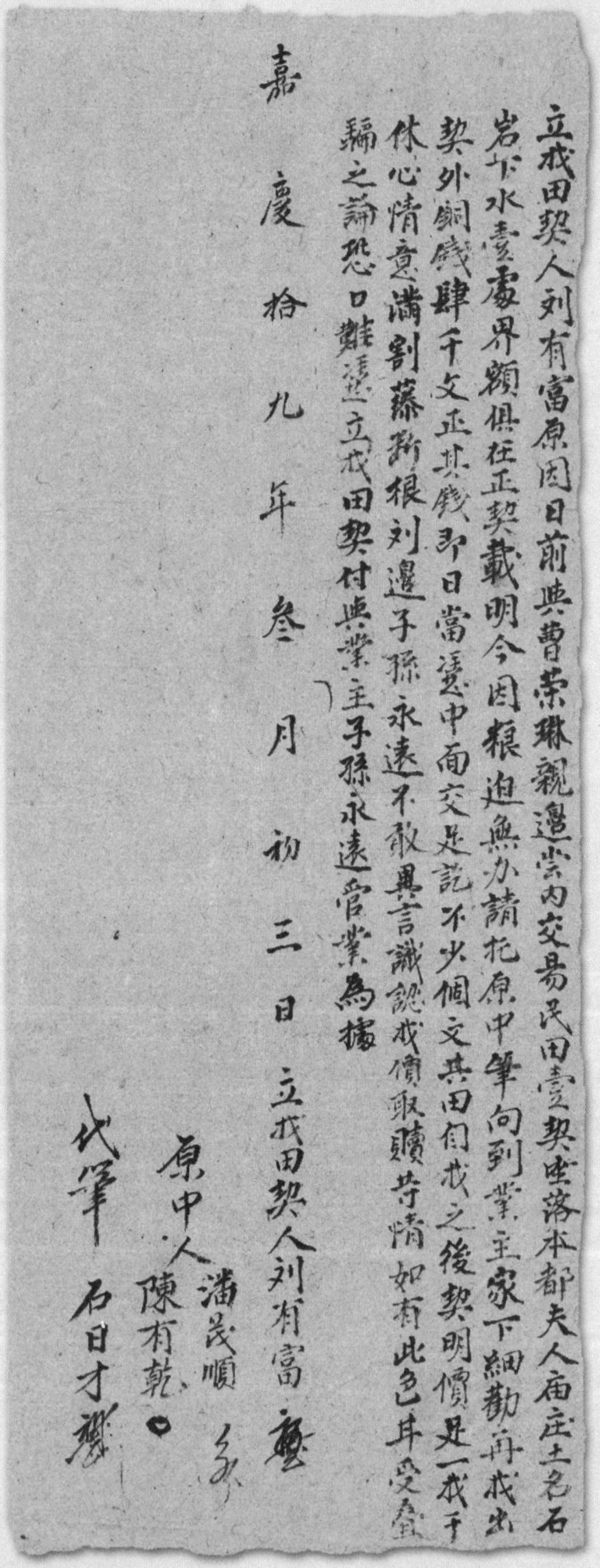

立找田契人刘有富，原因日前與曹荣琳親邊尝内交易民田壹契，坐落本都夫人庙庄，土名石岩下水壹处，界額俱在正契載明，今因粮迫無办，請托原中筆向到業主家下細勸，再找出契外銅錢肆千文正，其錢即日當憑中面交足訖，不少個文，其田自找之後，契明價足，一找千休，心情意滿，割藤断根，刘邊子孫永遠不敢異言識認找價取贖等情，如有此色，甘受叠騙之論，恐口難憑，立找田契付與業主子孫永遠管業為據。

嘉慶拾九年叁月初三日　立找田契人　刘有富

原中人　潘茂順

陳有乾

代筆　石日才

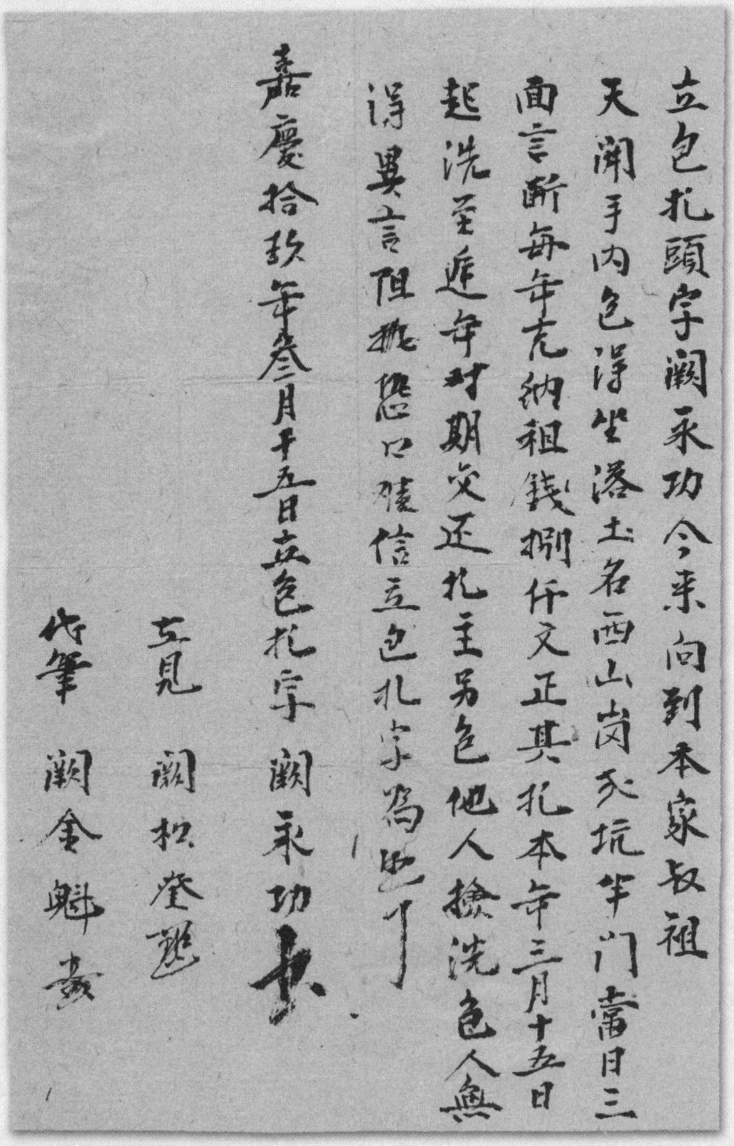

立包扎頭字阙永功，今来向到本家叔祖
天闬手内包得，坐落土名西山岗弍坑半门，當日三
面言断，每年充纳租錢捌仟文正，其扎本年三月十五日
起洗，至遞年对期交还扎主另包他人撿洗，包人無
得異言阻执，恐口难信，立包扎字為照。
嘉慶拾玖年叁月十五日　立包扎字　阙永功
在見　阙松奎
代筆　阙金魁

立賣杉木字人李松養，今因口食不給，自情愿将兄弟五股内杉木，坐落松邑廿一都，小土名野猪窝等處，今愿（將）自己大房股内杉木陸伯枝，立字出賣与阙天闸入受承賣，当日三面断定樹價錢拾叁千文正，其錢即日收讫，不少分文，其杉木自賣之後，任凴阙邊养籙三十年，砍伐發賣，賣人不得異言阻执，恐口难凴，故立賣杉木字為據。

一批日後李邊兄弟分樹之日，当与阙邊見面同分，再照。

嘉慶拾九年十月十七日　立賣杉木字人　李松養

在見　张生和

胞弟　云養

辛養

代筆　张石元

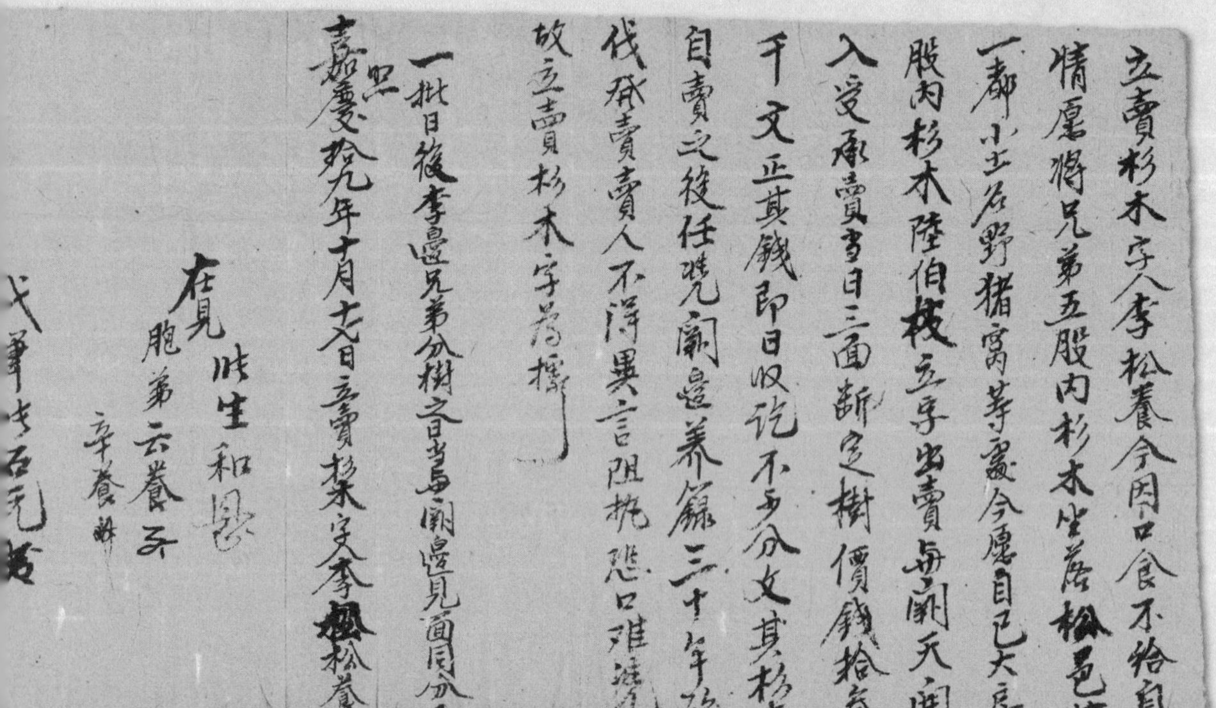

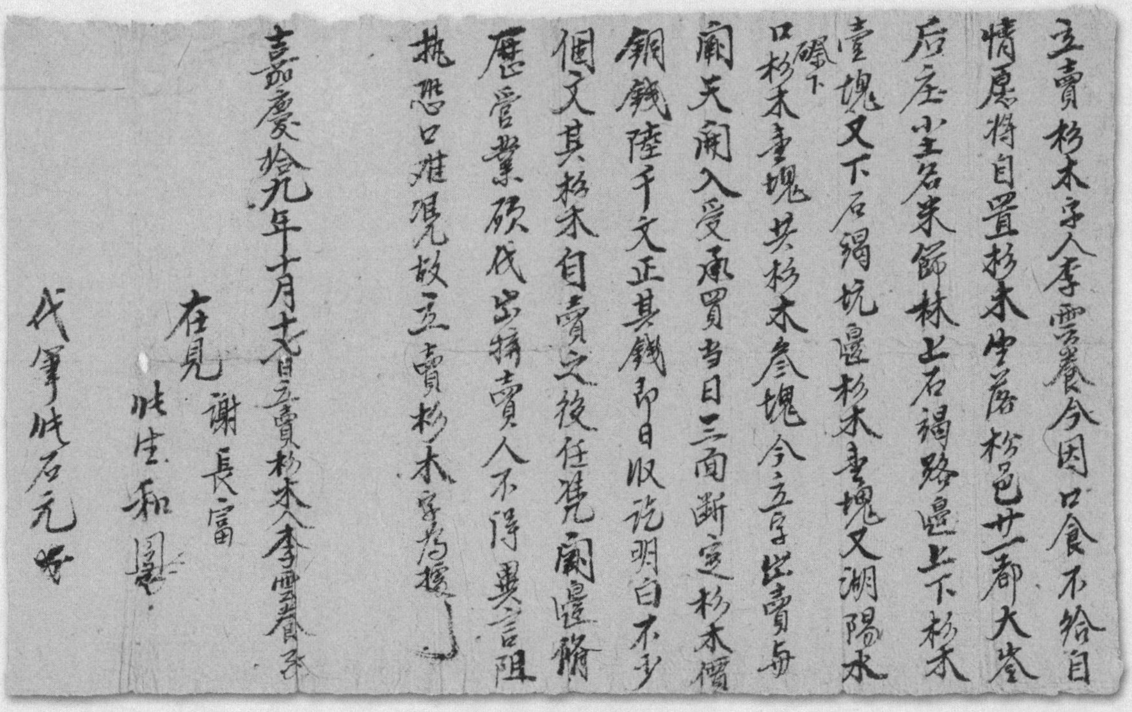

立賣杉木字人李雲養，今因口食不给，自
情愿将自置杉木，坐落松邑廿一都大岭
后庄，小土名米篩林上石竭路邊上下杉木
壹塊，又下石竭坑邊杉木壹塊，又湖陽水
口磜下杉木壹塊，共杉木叁塊，今立字出賣与
闕天閈入受承買，当日三面断定，杉木價
銅錢陸千文正，其錢即日收讫明白，不少
個文，其杉木自賣之後，任凴闕邊脩
歷［理］管業，砍伐出拚，賣人不得異言阻
执，恐口难凴，故立賣杉木字為據。
嘉慶拾九年十月十七日　立賣杉木人　李雲養
在見　謝長富
张生和
代筆　张石元

立拚杉木李雲養，今因無錢使用，自情原将自置杉木弍處，坐落松邑廿一都大岭后庄，小土名背頭坑安着，又横艮背共杉木弍處，出拚与闕天閞入手承拚，当日三面断定，樹價銅錢柒千弍伯文正，其錢即日收讫，不少個文，其杉木任憑闕邊挑揀大的壹伯肆拾伍枝，自拚之後，其木的至来年冬成砍伐下山，拚人不得異言，恐口难憑，故立拚杉木字為據。

在見 张生和

嘉慶拾九年十月十七日 立拚杉木人 李雲養

代筆 张石元

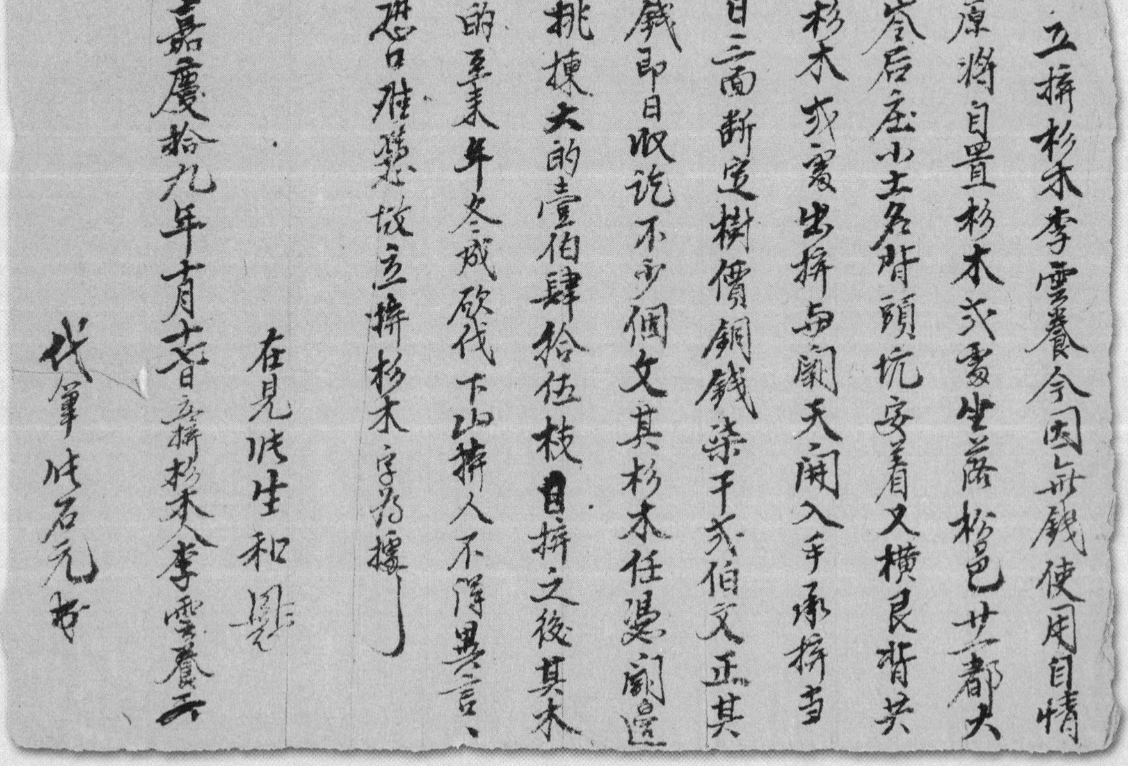

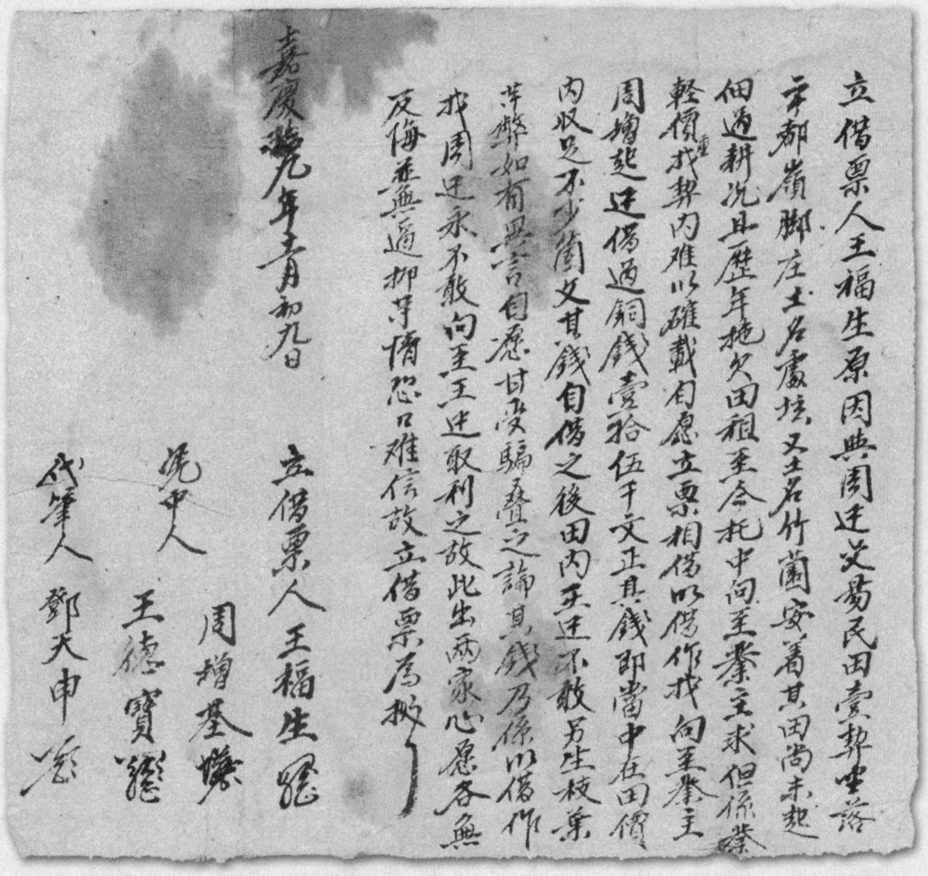

立借票人王福生，原因與周边交易民田壹契，坐落本都嶺脚庄，土名處坛，又土名竹園安着，其田尚未起佃過耕，况且歷年拖欠田租，至今托中向業主求，但係業轻價重找，契内难以確載，自愿立票相借，以借作找，向至業主周增起边借過銅錢壹拾伍千文正，其錢即當中在田價内收足，不少個文，其錢自借之後，田内王边不敢另生枝葉等弊，如有異言，自愿甘受叠騙之論，其錢乃係以借作找，周边永不敢向至王边取利之故，此出两家心愿，各無反悔，並無逼抑等情，恐口难信，故立借票為據。

嘉慶拾九年十一月初九日　立借票人　王福生

憑中人　周增基

王德賓

代筆人　鄧天申

立找斷截田契人王福生原與周宅交易民田壹處坐落二十都嶺脚庄土名處坑水田肆坵又土名桁蘭邊水田貳坵共田畝額四至前契載明先經契明價重今因粮食無取自愿再託原中相求業主周增起邊勸找過契外銅錢叁千文正其錢即日當中交兑不少箇文其田自找之後任從周邊執契永遠管業王邊不敢異言識認另生枝葉等弊此係找人心愿自甘斷截一找干休永截割斷此出兩家心愿並無逼抑等情今恐人言難信故立找斷截田契永遠爲據了

嘉慶拾九年十一月初九日立找斷截田契人王福生

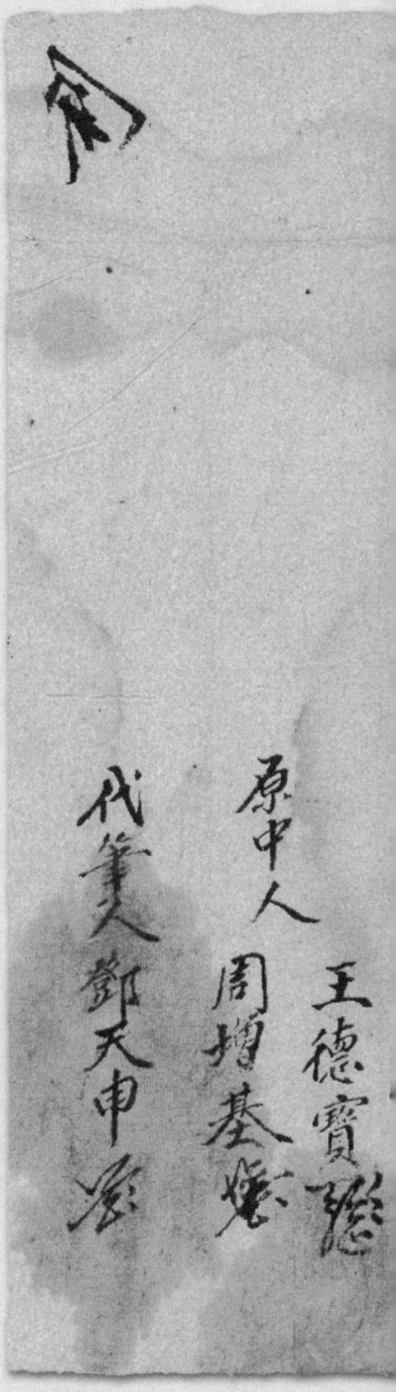

立找断截田契人王福生，原與周宅交易民田壹處，坐落二十都嶺脚庄，土名處坛水田肆坵，又土名竹園邊水田貳坵，其田畝額四至，前契載明，先经契明價重，今因粮食無取，自愿再託原中相求業主周增起邊，勸找過契外銅錢叁千文正，其錢即日當中交兑，不少箇文，其田自找之後，任從周邊执契永远管業，王邊不敢異言識認，另生枝葉等弊，此係找人心愿，自甘断截，一找千休，永截割断，此出两家心愿，並無逼抑等情，今恐人言难信，故立找断截田契永遠為據。

嘉慶拾九年十一月初九日　立找断截田契人　王福生

原中人　王德寶

周增基

代筆人　鄧天申

利

立賣田契人鄧元荣今因錢粮無办自情愿將父手遺下民田壹處
土名坐落廿一都百步丘小土名百步蘭排上民田大小陸坵上至當衆
田為界下至東琳田為界左至林迎田為界右至自己蔴地為界又
屋後民田一處大小肆坵上至山為界下至山為界左至東琳荒地
為界右至元宗荒地為界今俱四至分明共計額錢粮貳分正自託中人
立契送與本都林新應叔迎八手承買為業當日憑中三面言斷時
值田價銅錢叁拾千文正其錢即日收清完足其田自賣之後任
憑買主执契管業過户完粮起耕改佃其田乃係父手清楚物
業日前亦無重復文墨在外如有上手来歷不明倘有親房伯叔
兄弟内外人等爭执賣主一力承當不涉買主之事自賣之後永遠
為業不敢言找贖两家情愿憑無反悔恐口难信故立賣契為據

一批肆至界内共田捌坵其田乃有弍小坵在契内為業再照
一批内註步字一个再照

嘉慶拾玖年拾壹月廿九日立賣田契人鄧元荣（押）

憑中人 朱得龍（押）
鍾武元（押）
謝四滿○
鄧東琳○

親筆（押）

（前頁）>>>>>

立賣田契人鄧元荣，今因钱粮無办，自情愿将父手遺下民田壹處，土名坐落廿一都百步庄，小土名百步蘭排上，民田大小陸坵，上至嘗衆田為界，下至東琳田為界，左至林边田為界，右至自己蒜地為界，又屋後民田一處，大小肆坵，上至山為界，下至山為界，左至東琳荒地為界，右至元宋荒地為界，今俱四至分明，共計額钱粮貳分正，自託中人立契送與本都林新應叔边入手承買為業，當日憑中三面言断，時值田價銅錢叁拾千文正，其錢即日收清完足，其田自賣之後，任憑買主执契管業，過户完粮，起耕改佃，其田乃係父手清楚物業，日前亦無重復文墨在外，如有上手来歷不明，倘有親房伯叔兄弟内外人等争执，賣主一力承當，不涉買主之事，自賣之後，永遠為業，不敢言找贖，两家情愿，憑［並］無反悔，恐口难信，故立賣契為據。

一批肆至界内共田捌坵，其田凡有式小坵在契内為業，再照。

一批内註步字一个，再照。

嘉慶拾玖年拾壹月廿九日　立賣田契人　鄧元荣

憑中人　朱得龍

鍾武元

謝四滿

鄧東琳

親筆

立找断截田契人鄧元荣，原與林新應叔边交易民田壹契，土名坐落松邑廿一都百步庄，小土名百步蘭排上，畝分界至，正契載明，今託原中相勸業主，找出契外銅錢貳拾捌千文正，其錢即日两相交付足訖明白，其田自找之后，一找断絶，永不敢異言另生枝節找贖等情，如違，甘受叠騙之罪，恐口無憑，立找田契付與林邊子孫永遠為照。

嘉慶弍拾年二月初三日　立找田契人　鄧元荣

原中人　朱得龍

鍾武元

謝四滿

鄧東琳

仝弟　鄧元得

親筆

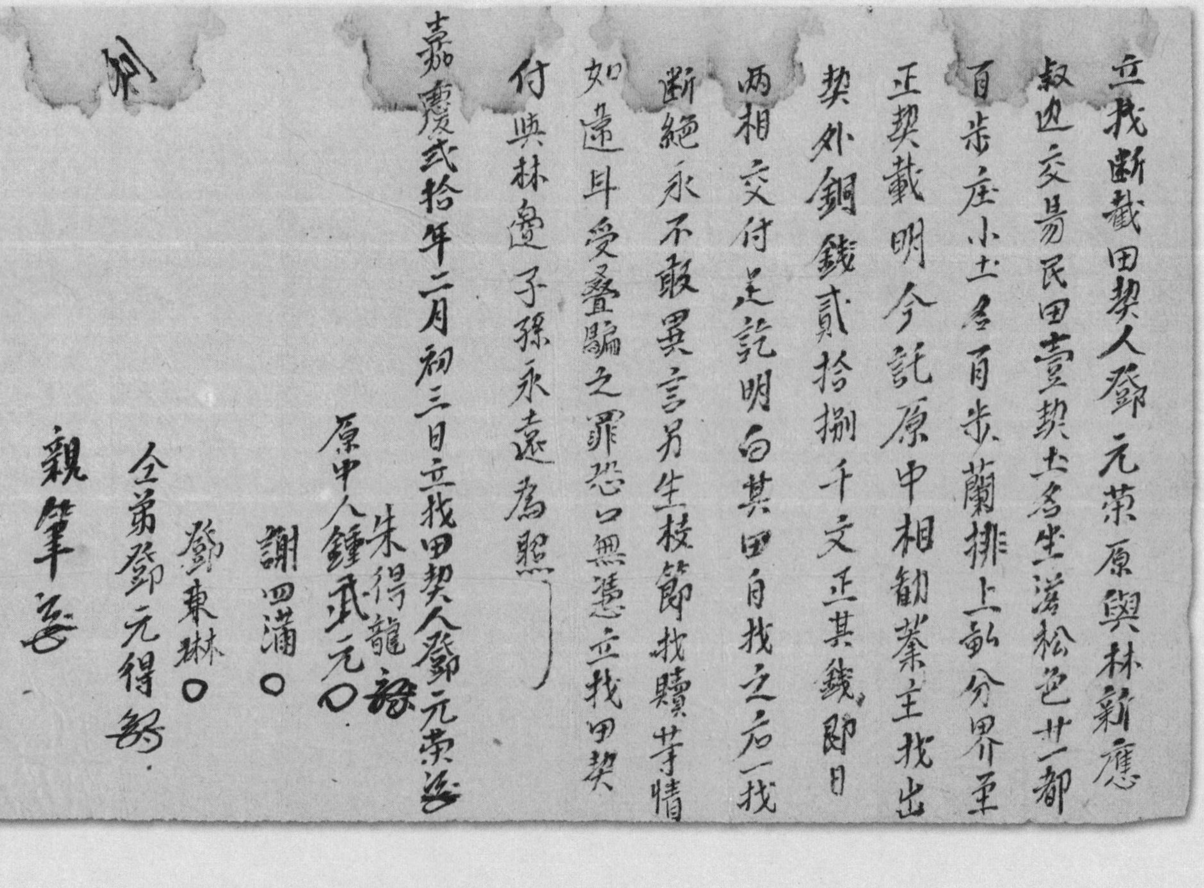
立找断截田契人鄧元荣原與林新應叔边交易民田壹契土名坐落松邑廿一都百步庄小土名百步蘭排上畝分界至正契載明今託原中相勸業主找出契外銅錢貳拾捌千文正其錢即日两相交付足訖明白其田自找之后一找断絶永不敢異言另生枝節找贖等情如違甘受叠騙之罪恐口無憑立找田契付與林邊子孫永遠為照
嘉慶弍拾年二月初三日立找田契人鄧元荣
朱得龍
原中人鍾武元
謝四滿
鄧東琳
仝弟鄧元得
親筆

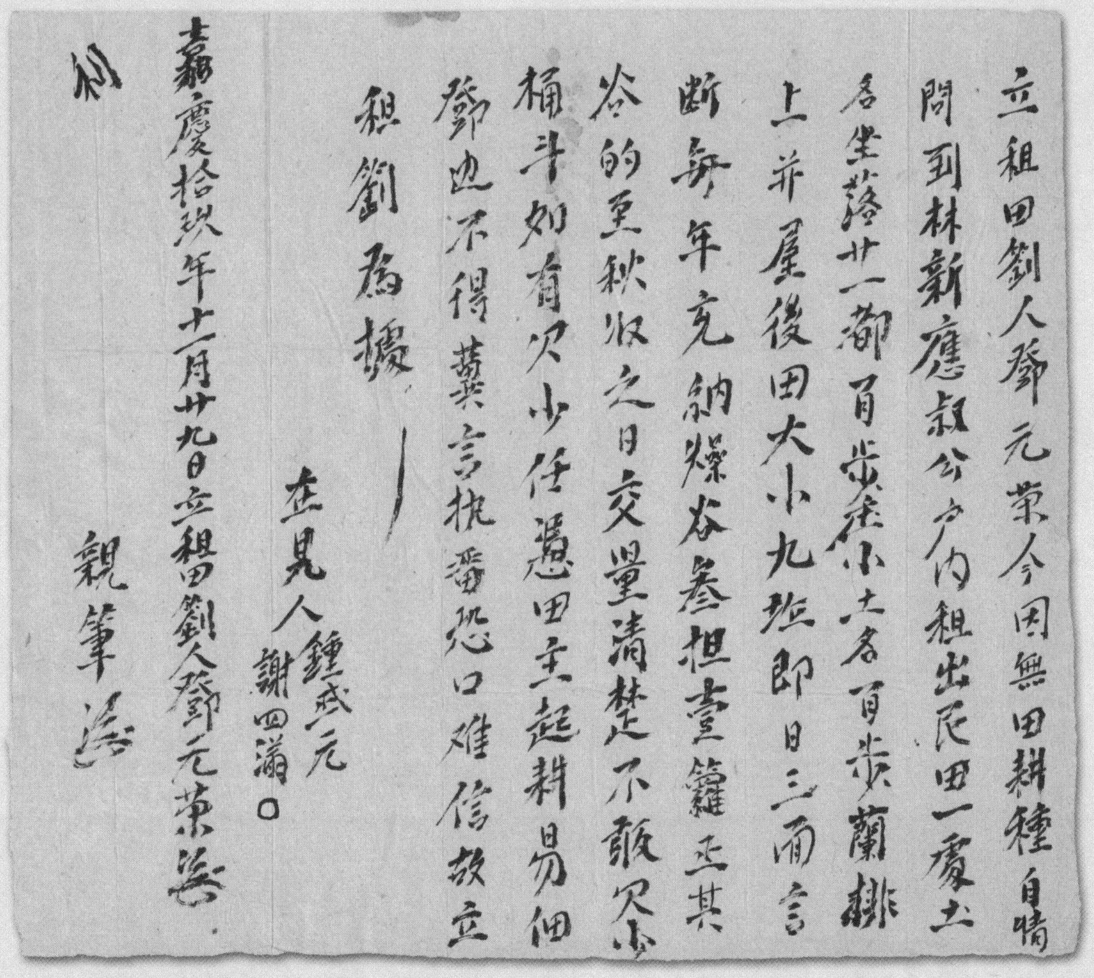

立租田劄人鄧元荣，今因無田耕種，自情問到林新應叔公户內，租出民田一處，土名坐落廿一都百步庄，小土名百步蘭排上，并屋後田大小九坵，即日三面言断，每年充納燥谷叁担壹籮正，其谷的至秋收之日交量清楚，不敢欠少桶斗，如有欠少，任憑田主起耕易佃，鄧边不得冀［異］言执留，恐口难信，故立租劄為據。

在見人　鍾武元
謝四滿

嘉慶拾玖年十一月廿九日　立租田劄人　鄧元荣
親筆

立賣山契人周應養，今因無錢使用，自情愿将祖父遺下阄内山壹處，土名坐落廿都樹稍庄，小土名五大源，上至水路為界，下至坑為界，左至田頭大路為界，右至大坑石岩為界，計額粮壹分正，今具四至分明，自愿托中立契，出賣與阙天貴兄承買為業，當日憑中三面言断，時直山價錢拾貳仟文正，其錢随契二相交足清楚，不少分文，其山自賣之後，任憑買主籙養砍伐，出拚扦窑，一併松杉桐茶柴木，一應在契内管業，賣人内外人等不敢異言阻执，永遠断根绝業，永無言贖言找之理，此出二家情愿，並無反悔逼抑等情，恐口無憑，故立賣山契付與買主永遠管業為據。

嘉慶拾九年十二月廿四日　立賣山契　周應養

憑中人　周應全

周應位

周應化

代筆　梁祖富

（契尾，道光捌年拾月）

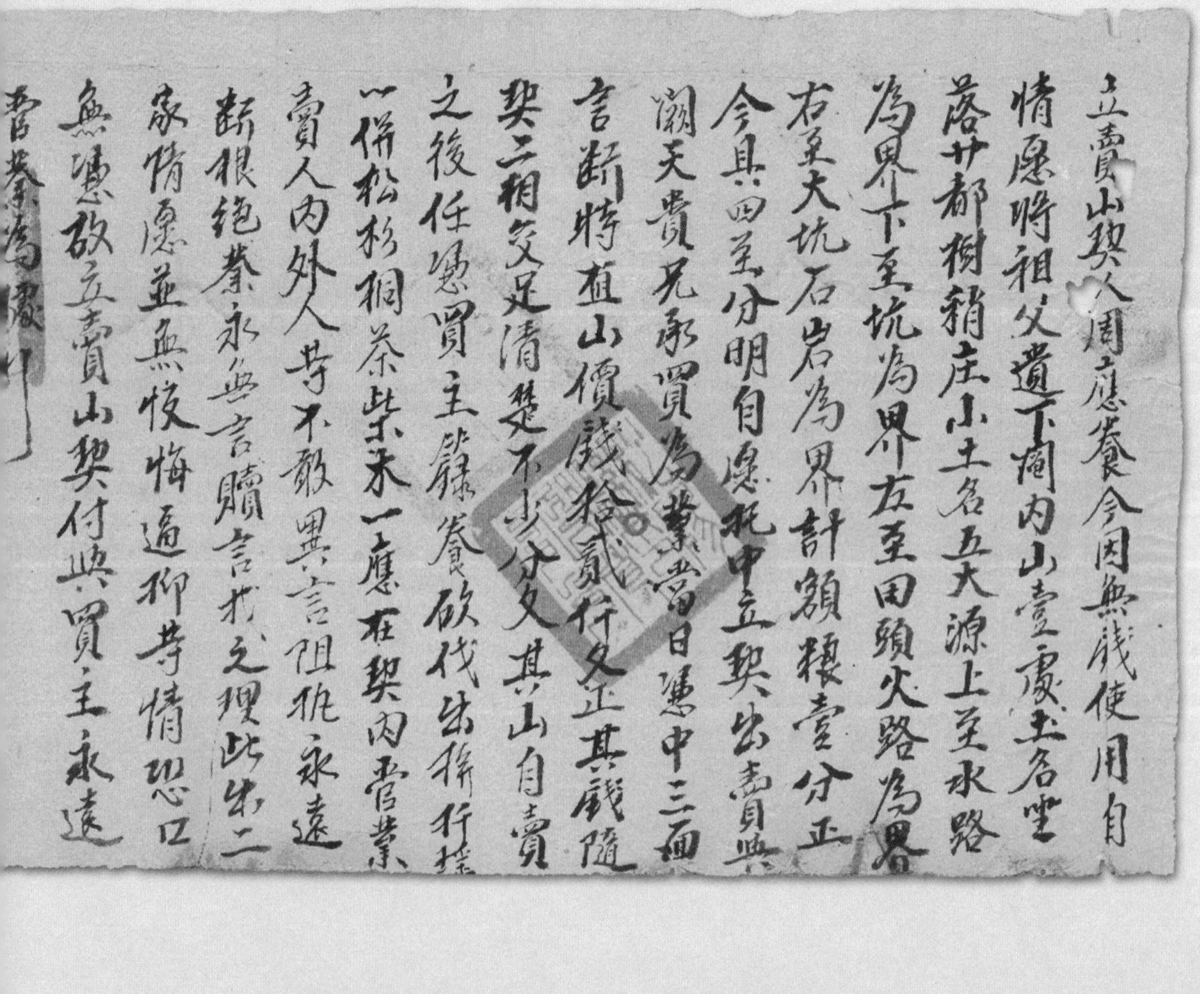
立賣山契人周應養今因無錢使用自情愿將祖父遺下阄内山壹處土名坐落廿都樹稍庄小土名五大源上至水路為界下至坑為界左至田頭大路為界右至大坑石岩為界計額粮壹分正今具四至分明自愿托中立契出賣與阙天貴兄承買為業當日憑中三面言断時直山價錢拾貳仟文正其錢隨契二相交足清楚不少分文其山自賣之後任憑買主籙養砍伐出拚扦窑一併松杉桐茶柴木一應在契内管業賣人内外人等不敢異言阻执永遠断根絶業永無言贖言找之理此出二家情愿並無反悔逼抑等情恐口無憑故立賣山契付與買主永遠管業為據

嘉慶拾九年十二月廿四日立賣山契周應養（押）

憑中人　周應全（押）　周應位（押）　周應化（押）

代筆吳祖富（押）

契尾

字　號

浙江等處承宣布政使司為… [illegible]

計開業戶　買田坐落　　用價銀拾貳兩×錢　分　納稅銀×兩叁錢陸×

布字叁千肆百捌拾陸號右給松陽縣業戶闕天貴　准此

道光捌年拾月　日

立退字張廣昌、廣元、廣亨，原與闕天開親戚交易民田壹契，界額正契載明，尚有畬客寮基未经出賣，今来托得原中，愿将此寮基一應退歸業主以便管業，當日憑原中断過銅錢拾柒千文正，其錢即日親收足讫，其寮基自退之後，任憑買主收租管業，退人不得異言另生枝節，恐口難信，立退字為據。

廣元

嘉慶貳拾年三月初六日　立退字　張廣昌

廣亨

新盛

原中　张生隆

生遠

廣閒

闕永明

代筆　闕永魁

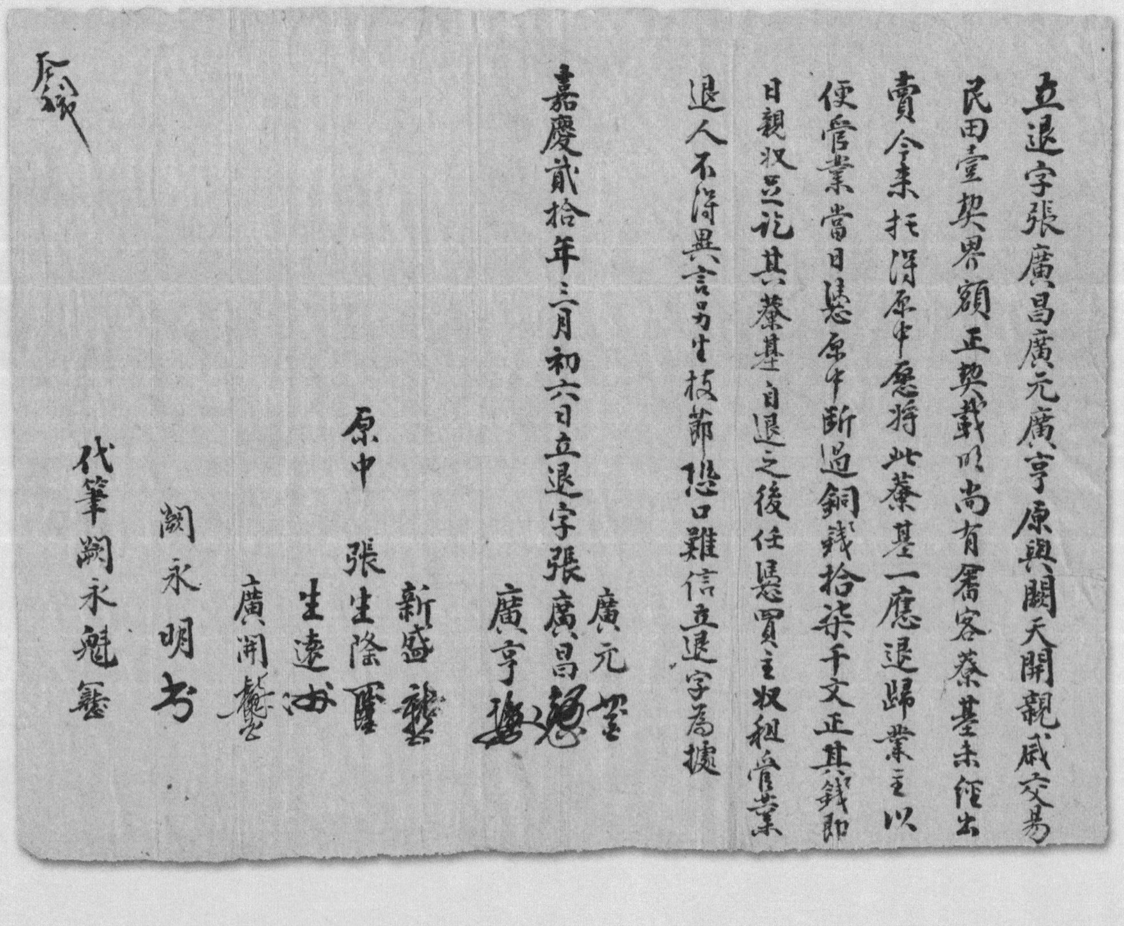

立退字張廣昌廣元廣亨原與闕天開親戚交易民田壹契界額正契載明尚有畬客寮基未经出賣今来托得原中愿将此寮基一應退歸業主以便管業當日憑原中断過銅錢拾柒千文正其錢即日親收足讫其寮基自退之後任憑買主收租管業退人不得異言另生枝節恐口難信立退字為據
廣元
嘉慶貳拾年三月初六日立退字張廣昌
廣亨
新盛
原中　張生隆
生遠
廣閒
闕永明
代筆闕永魁

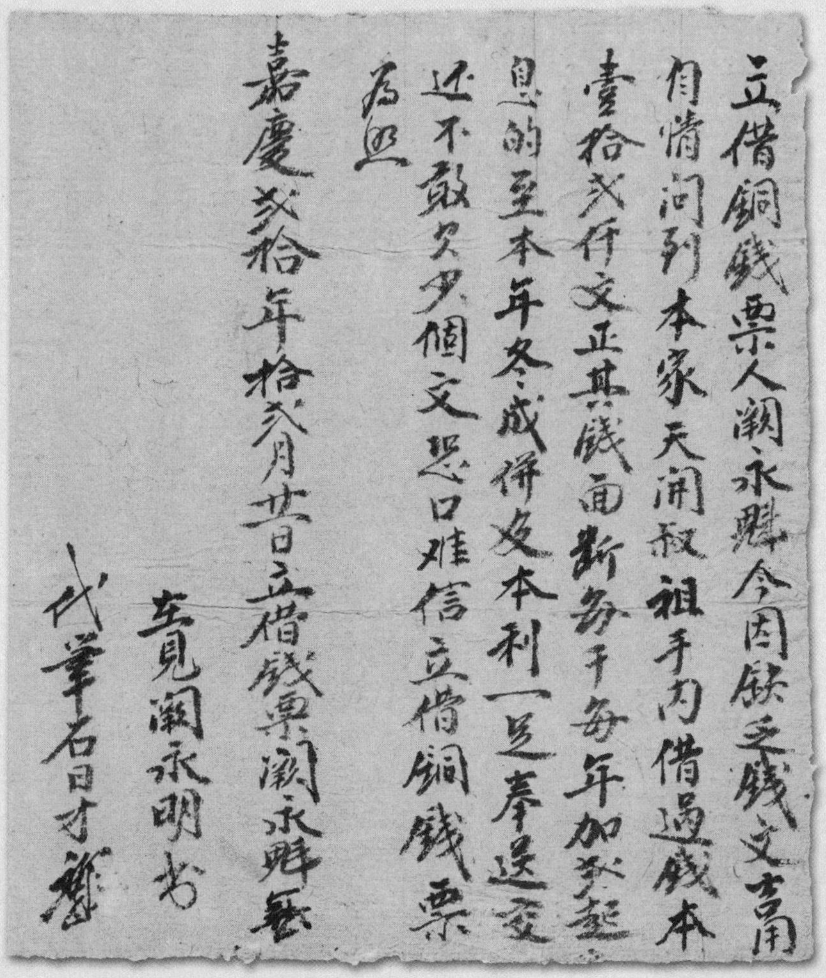

立借銅錢票人闕永魁，今因缺乏錢文吉［急］用，
自情问到本家天開叔祖手内，借過錢本
壹拾弍仟文正，其錢面断，每千每年加弍起
息，的至本年冬成，併及本利一足奉送交
还，不敢欠少個文，恐口难信，立借銅錢票
為照。
嘉慶弍拾年拾弍月廿一日　立借錢票　闕永魁
在見　闕永明
代筆　石日才

立賣店屋契人林開基、開榮，今因口食不給，自情愿将叔父置下併及自手續置店屋壹所，坐落本都夫人庙庄下宅街店屋壹所，其店上至闕姓店為界，下至石姓滴水為界，後至石姓墻為界，前街併及门路，上及瓦桷，下及基地，柱扇门樬［窗］户扇俱属在内，立契出賣與闕天開叔承買為業，當日憑中三面言断，時值店屋基價銅錢壹拾陸千文正，其錢即日隨契两相交訖清楚，不少個文『正』，其店屋仍［任］從買主招租開張，居住管業，賣人不得異言阻执，其店屋原係叔手與自親置产業，與上下房親伯叔兄弟子侄人等並無干涉，所賣所買，乃係正行交易，並無逼抑準折債負之故，其屋未賣之先，亦無重典文墨交加，如有来歴不明，皆係賣人自己一力承當，不干買主之事，其屋不限年月，仍［任］從賣人備办原價取贖，買主無得执留等情，今恐（口）难憑，立賣店屋契為據。

嘉慶弍拾年拾弍月廿八日　立賣店屋契人　林開基

仝弟　開榮

憑中　闕永明

代筆　石日才

（契尾，嘉慶貳拾伍年叁月）

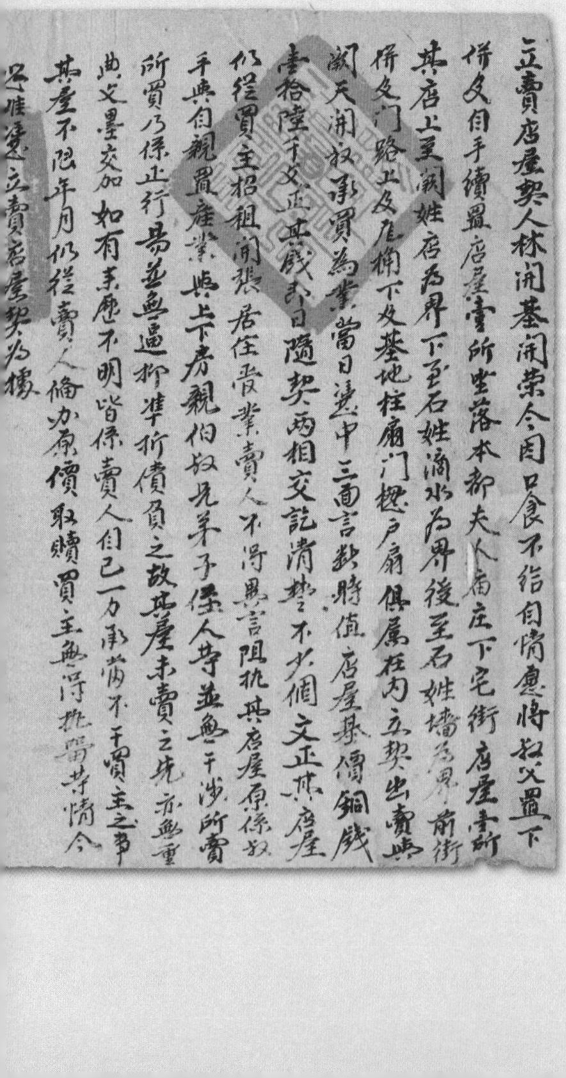
立賣店屋契人林開基開榮今因口食不給自情愿將叔父置下
併及自手續置店屋壹所坐落本都夫人庙庄下宅街店屋壹所
其店上至闕姓店為界下至石姓滴水為界後至石姓墻為界前街
併及门路上及瓦桷下及基地柱扇门樬户扇俱属在内立契出賣與
闕天開叔承買為業當日憑中三面言断時值店屋基價銅錢
壹拾陸千文正其錢即日隨契两相交訖清楚不少個文正其店屋
仍從買主招租開張居住管業賣人不得異言阻执其店屋原係叔
手與自親置産業與上下房親伯叔兄弟子侄人等並無干涉所賣
所買乃係正行交易並無逼抑準折債負之故其屋未賣之先亦無重
典文墨交加如有来歴不明皆係賣人自己一力承當不干買主之事
其屋不限年月仍從賣人備办原價取贖買主無得执留等情今
恐难憑立賣店屋契為據

契尾

字　　號

浙江等處承宣布政使司為遵
旨議奏事。奉准戶部咨開：乾隆十四年十二月二十日內閣抄出河南布政使富明奏稱：部議多頒契尾以後[illegible]民業戶契尾例不與[illegible]
同申上司查驗，不得有司其於給民契尾間有數填而於存官照根或將價銀删改，請嗣後州縣於業戶納稅時將契尾[illegible]
用印存貯，每遇十號申送知府直隸州查對姓名銀數相符，即將應給業戶之契尾[illegible]州縣備案[illegible]
其應由藩司根照于季報時府州彙送[illegible]至知府直隸州經收稅契照州縣由送府州之例經送藩司[illegible]等語查[illegible]
[illegible]府州核轉完納[illegible]長藩將稅[illegible]不與[illegible]上司[illegible]串并送府州查驗誠以花戶照[illegible]
契端易起，今稅契一項[illegible]契尾與照根[illegible]是雜項更微于正賦，殊于政體未協，況契尾一項經一衙門即多一衙門之停擱[illegible]
即多一吏胥之需索，[illegible]其[illegible]緣為奸措勒[illegible]查以致業戶經年累月求執[illegible]家而不可得，勢必多方打點[illegible]
倍于從前，將來頑投稅為畏途，觀望延挨，[illegible]自契而不辭於國課，轉無裨益，應將[illegible]布政司奏[illegible]州縣[illegible]
上號申送府州查發并知府直隸州照州縣例經送藩司之處均無庸議，至于[illegible]吏以大報小，奸民[illegible]
為變通，臣等酌議，請嗣後布政使頒發給民契尾格式，編列號數，前半幅照常細書業戶等姓名、[illegible]數目、價銀、稅銀若干，
後半幅于空白處預鈐司印，以備投稅時將契價、稅銀數目大字填寫鈐印之處，令業戶看明，當面騎字截開，前幅給業戶收執，後幅
同季冊彙送布政司查核。此係一行筆跡，平分為二，大小數目委難改換。其從前州縣布政司備查各契尾應行停止，以省繁文，庶契尾
無停擱之虞，而契價無參差之弊，于民無累，于稅無侵，飾可杜，爭訟可息矣。如蒙
俞允，候
命下之日，臣部通行直省督撫轉飭欽遵辦理可也等因，于十四年十二月十二日奏，本日奉
旨：依議。欽此。相應抄錄原奏并頒發格式行文督撫遵照辦理[illegible]等因[illegible]院行司奉此[illegible]遵照刻合[illegible]
價兩[illegible]稅三分，不許私毫[illegible]將價[illegible]數目大字填寫[illegible]
本司查核[illegible]收稅[illegible]不許[illegible]務要契尾不許[illegible]遞須至契尾者。

計開業戶　　買田[illegible]畝　分　用價銀拾陸兩　錢　分　納稅銀　兩肆錢捌分　厘

布字柒千柒百捌號　右給　松陽縣業戶　闕天開　准此

嘉慶貳拾伍年叁月　　日

嘉慶[illegible]

仝弟闕榮[illegible]押

見中闕永明押

代筆石日才押

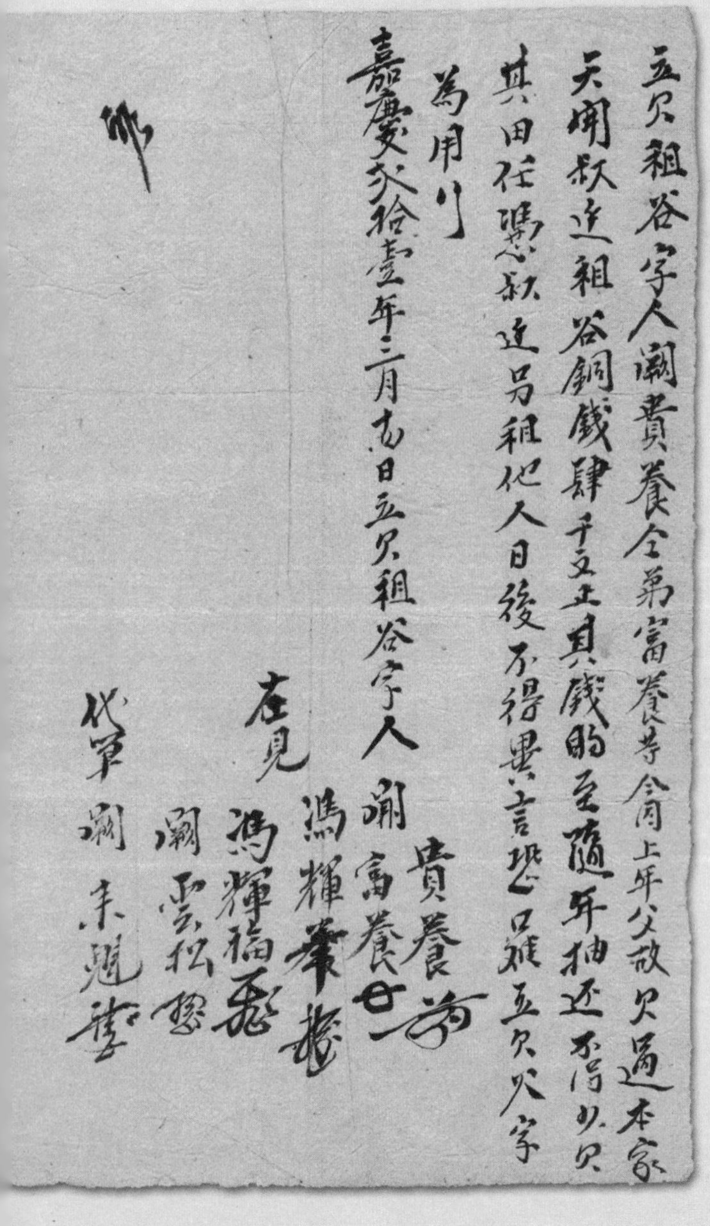

立欠租谷字人闕貴養仝弟富養等，今因上年父故，欠過本家天開叔边租谷銅錢肆千文正，其錢的至隨年抽还，不得少欠，其田任憑叔边另租他人，日後不得異言，恐口难（信），立欠谷字為用。

嘉慶弍拾壹年三月十四日　立欠租谷字人　闕貴養

富養

在見　馮輝華

馮輝福

闕雲松

代筆　闕来魁

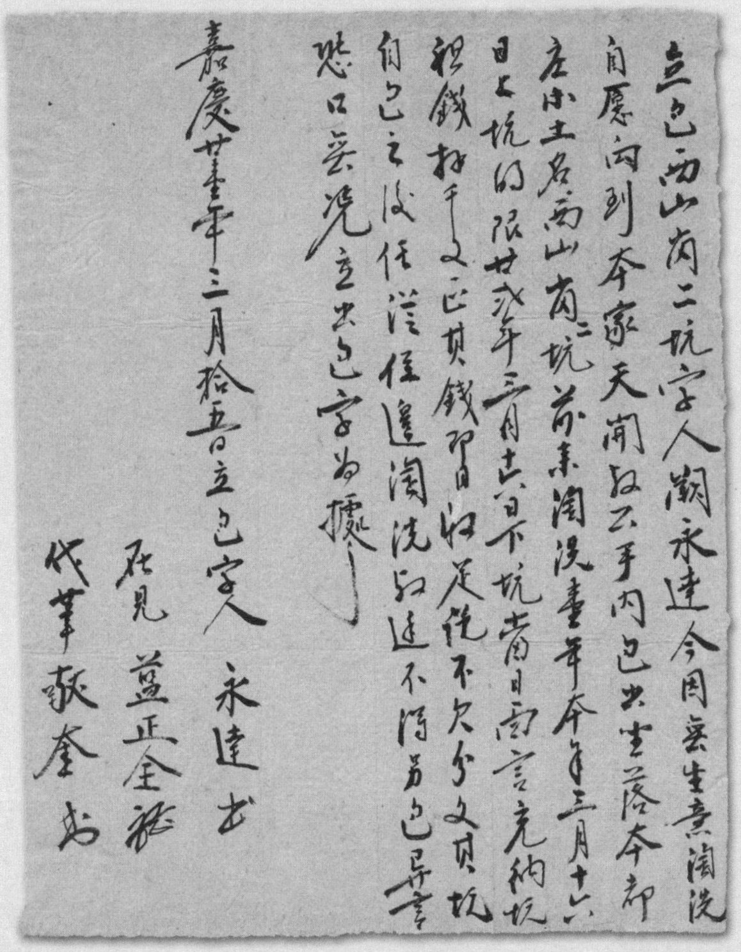

立包西山岗二坑字人闕永達，今因無生意淘洗，
自愿向到本家天閈叔公手内包出，坐落本都
庄，小土名西山岗二坑前来淘洗壹年，本年三月十六
日上坑，的限廿弍年三月十六日下坑，當日面言充納坑
租錢捌千文正，其錢即日收足讫，不欠分文，其坑
自包之後，任從侄邊淘洗，叔边不得另包异言，
恐口無凴，立出包字為據。
嘉慶廿壹年三月拾五日　立包字人　永達
在見　藍正全
代筆　献奎

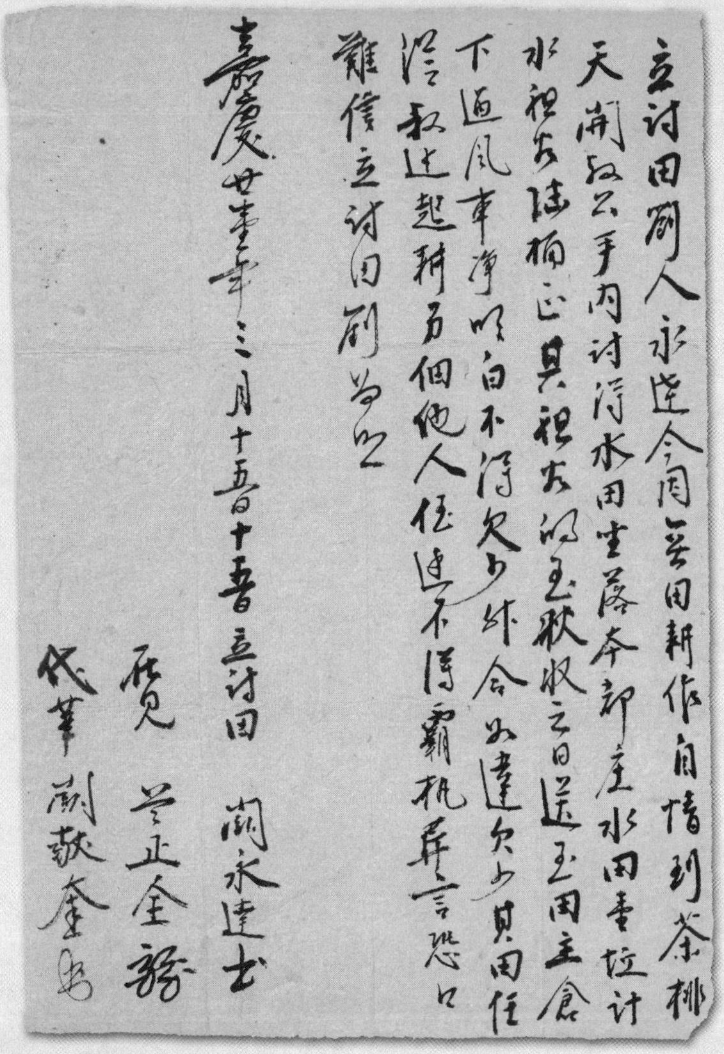

立讨田劄人永達，今因無田耕作，自情到茶排
天閞叔公手内讨得水田，坐落本都庄，水田壹坵，计
水租谷陆桶正，其租谷的至秋收之日，送至田主倉
下過風車净明白，不得欠少升合，如違欠少，其田任
從叔边起耕另佃他人，侄边不得霸执异言，恐口
難信，立讨田劄为照。

嘉慶廿壹年三月十五日『十五日』　立讨田　阙永達

在見　兰［藍］正全

代筆　阙献奎

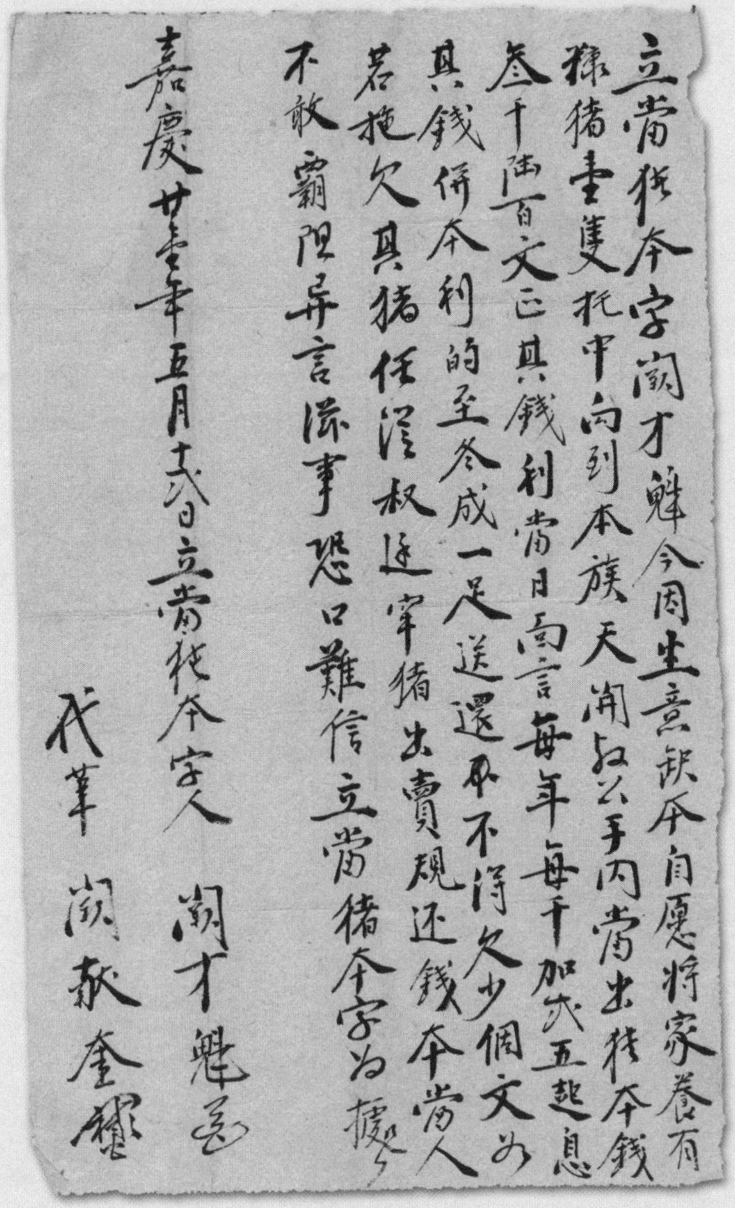

立當猪本字闕才魁，今因生意缺本，自愿将家養有
糠猪壹隻，托中向到本族天闲叔公手内，當出猪本錢
叁千陆百文正，其錢利當日面言，每年每千加弍五起息，
其錢併本利的至冬成一足送還，不得欠少個文。如
若拖欠，其猪任從叔边宰猪出賣，規［歸］还錢本，當人
不敢霸阻异言滋事，恐口難信，立當猪本字为據。
嘉慶廿壹年五月十弍日　立當猪本字人　闕才魁
代筆　闕献奎

立借谷票人刘新永，今因口食不给，自情原［愿］将與兄分约合同字壹纸，向到闕天閈叔手内，押當借出早谷本壹担正，其谷面言定，照依鄉規起息，的至本年秋收之期，併及本利一足浪净風扇，交量清楚，不敢欠少升合，如違，其押當字餘有清業之項，仍從谷主前去管業为照。

嘉慶式拾壹年五月廿三日　立借谷票　刘新永

在見　王長松

代筆　石日才

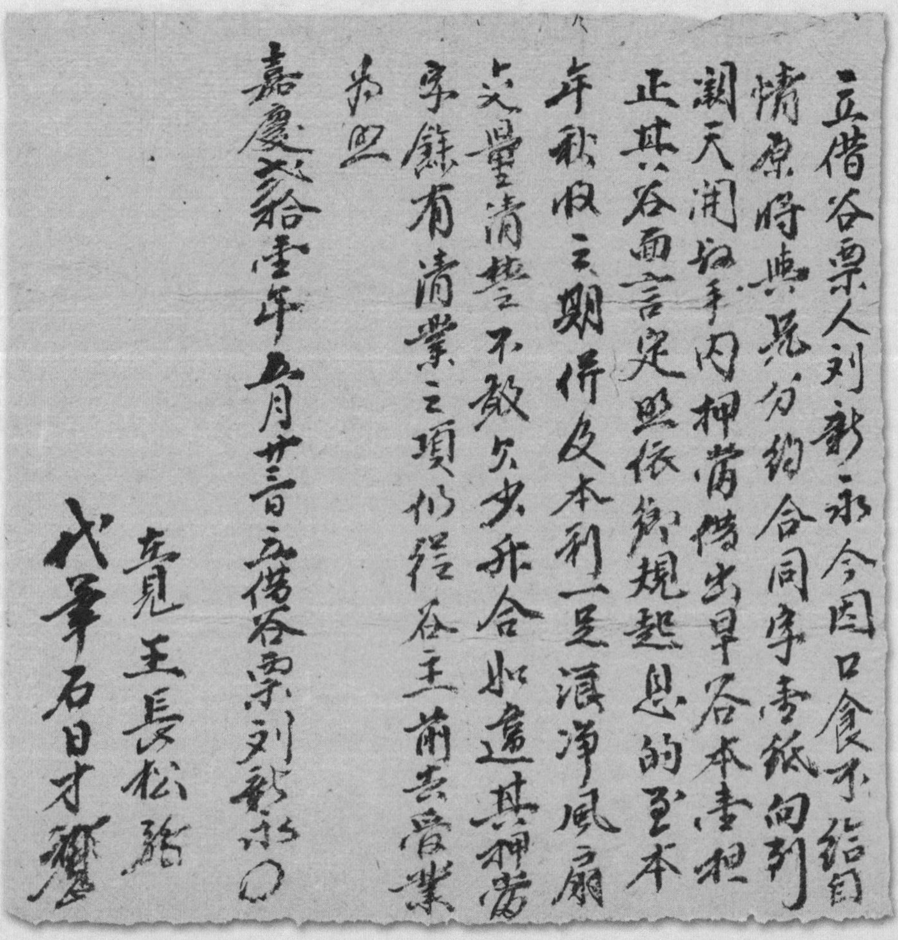

立借谷票人刘新永今因口食不给自情原将與兄分约合同字壹纸向到闕天閈叔手内押當借出早谷本壹担正其谷面言定照依鄉規起息的至本年秋收之期併及本利一足浪净風扇交量清楚不敢欠少升合如違其押當字餘有清業之項仍從谷主前去管業为照
嘉慶式拾壹年五月廿三日立借谷票刘新永
在見王長松
代筆石日才

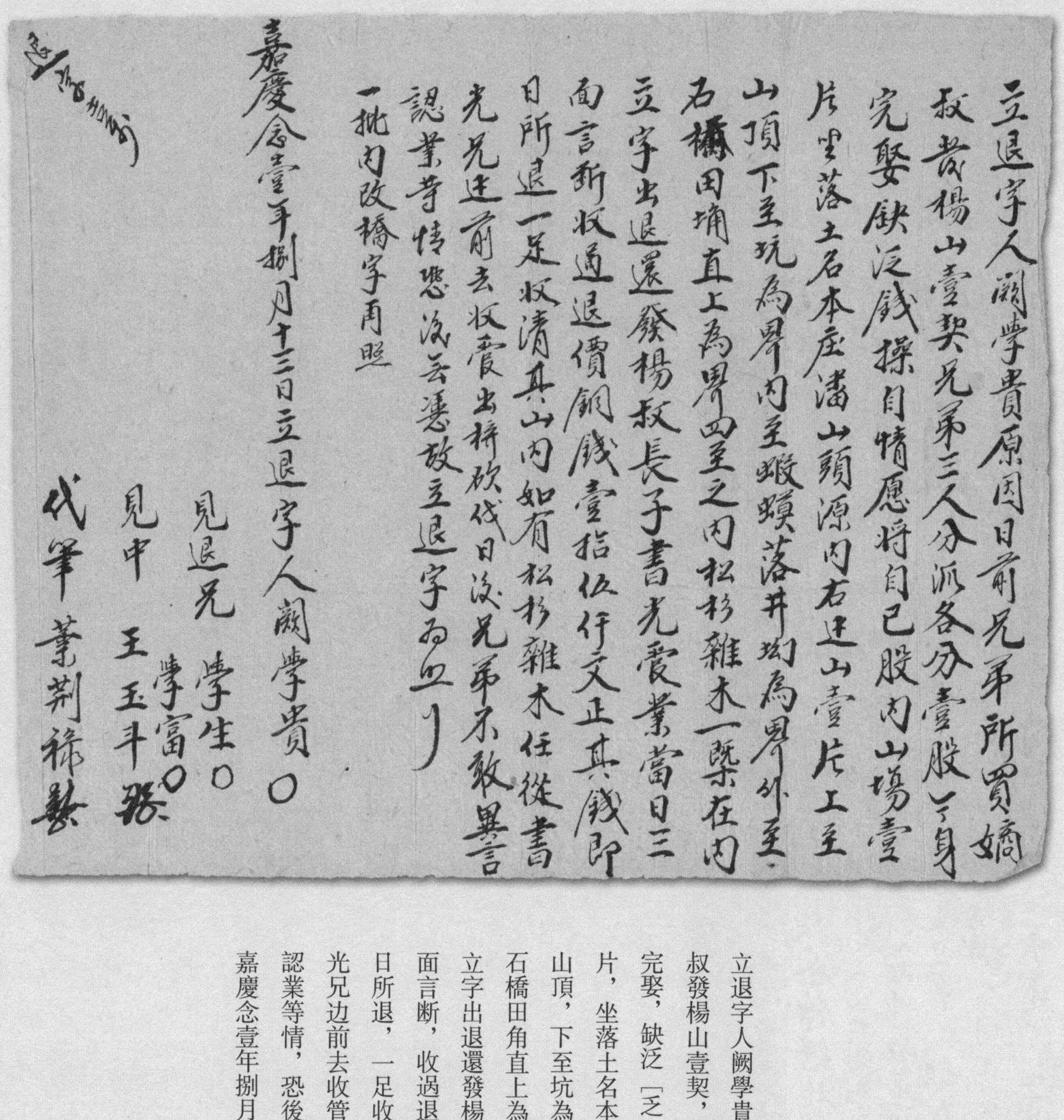

立退字人闞學貴，原因日前兄弟所買嫡
叔發楊山壹契，兄弟三人分派，各分壹股，今身
完娶，缺泛［乏］錢操［鈔］，自情愿将自己股内山場壹
片，坐落土名本庄潘山頭源内右边山壹片，上至
山頂，下至坑為界，内至蝦蟆落井坳為界，外至
石橋田角直上為界，四至之内，松杉雜木一概在内，
立字出退還發楊叔長子書光管業，當日三
面言斷，收過退價銅錢壹拾伍仟文正，其錢即
日所退，一足收清，其山内如有松杉雜木，任從書
光兄边前去收管，出拚砍伐，日後兄弟不敢異言
認業等情，恐後無憑，故立退字為照。

嘉慶念壹年捌月十三日　立退字人　闞學貴
見退兄　學生
學富
見中　王玉斗
代筆　葉荆禄

立找田契人阙貴養仝富養，今因父故，缺少米，日先
原與本家天開叔邊交易田業山塲，坐落廿一都後宅
庄，土名大嶺後茶鋪爐塲基门前橋背社公前，又坑背
大坪，又大岭後水口田，共壹契，又土名向東湖田一契，山一契，又
松樹崗祥樹窩田一契，共肆契，今因口食不給，再請托原
中向到業主家下相勸，再找出契外銅錢捌千陆百文正，
其錢即日隨契两相交兑親收足（訖），並無短少個文，其
田自找之後，永遠不得異言另星［生］事端此色，其田畝
分界至，照依前契載明，界内寸土不留，恐口难憑，故立
找田契付與業主為據。

嘉慶式拾壹年捌月廿八日　立找田契人　阙貴養
富養
原中　馮輝華
馮輝福
阙雲松
代筆　阙来魁

（契尾，道光玖年拾壹月）

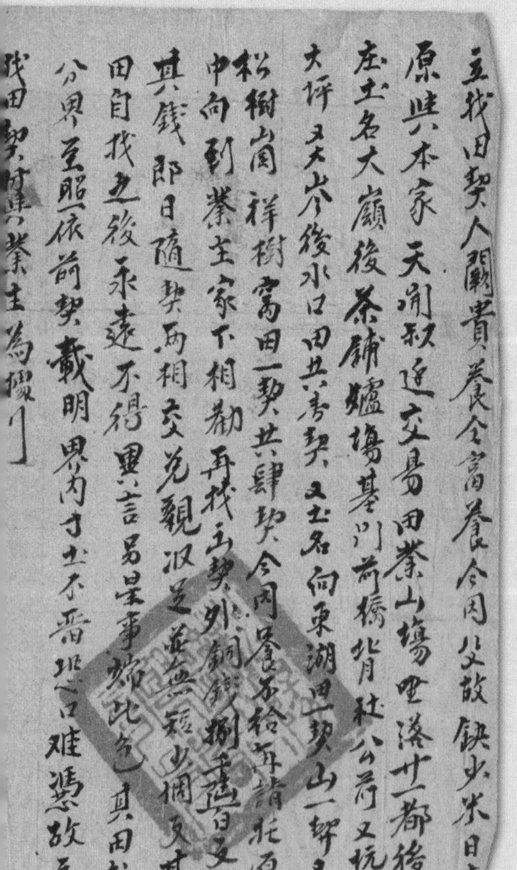

契尾

字　號

布字肆千壹百玖拾叁號

業戶　闕天開

道光玖年拾壹月　日

嘉慶貳拾壹年捌月十日立找田契人闕貴養（押）

富養（押）

馮輝華（押）

原中　馮輝福（押）

闕雲松（押）

代筆　闕來魁（押）

立退田字人李盛和日前曾祖
秉龍手上曾與益龍叔祖仝出
有各至會三股共置水田壹處計
祖叁担貳桶計額貳畝正坐落松
邑廿一都石倉源大片頭庄小土名
大嶺脚安着上至山為界下至天
閑田為界左右小坑為界計出四至
分明承蒙曾祖將此會内壹股之
田抽與侄譪名下為立孫之田今因曾
業不便自愿託中立字退與本家裔
侄叔公仝侄天福等入手承退為業當
日憑中面断時值田價錢壹拾柒仟叁
伯伍十文其錢即日隨交與侄譪親收
足訖另買便業並無短少分文其會田
一股自退之后任憑裔侄叔邊起耕改佃

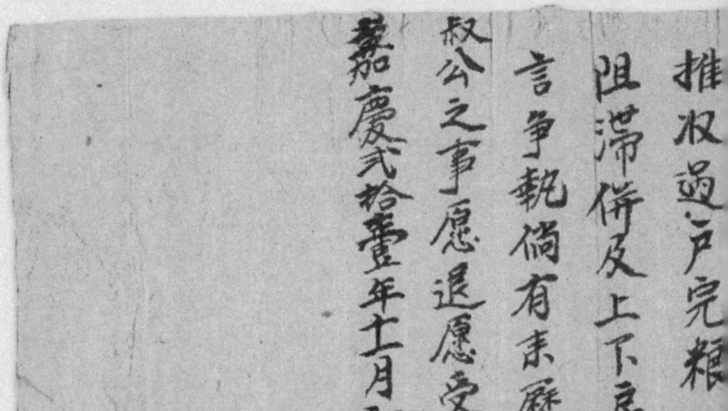
排收過户完粮收租管業退人不得異言
阻滞併及上下房親伯叔兄弟人等亦無異
言争執倘有来歷不明退人一力支當不涉
叔公之事愿退愿受恐口難憑立退字為據
嘉慶式拾壹年十一月初八日立退字人李盛和
在塲見退叔公喬琳
憑中李乾光
代筆闕德珝 字

立退田字人李盛和，日前曾祖秉龍手上曾與益龍叔祖仝起有冬至會三股，共置水田壹處，計租叁担貳桶，计額貳畝正，坐落松邑廿一都石倉源大片頭庄，小土名大嶺脚安着，上至山為界，下至天閘田為界，左右小坑為界，計出四至分明，承蒙曾祖將此會内壹股之田抽與佑謫名下為玄孫之田，今因管業不便，自愿託中立字退與本家喬佐叔公仝侄天福等人手承退為業，當日凴中面断，時值田價錢壹拾柒仟叁伯伍十文，其錢即日隨交與佑謫親收足訖，另置便業，並無短少分文，其會田一股自退之后，任凴乔佐叔邊起耕改佃，推收過户，完粮收租管業，退人不得異言阻滞，併及上下房親伯叔兄弟人等亦无異言争執，倘有来歷不明，退人一力支當，不涉叔公之事，愿退愿受，恐口難凴，立退字為據。

嘉慶式拾壹年十一月初八日　立退字人　李盛和

在塲見退叔公　喬琳

凴中　李乾光

代筆　闕德珝

立賣契人邱發富仝弟等，今因粮食無办，自情愿将父遺物業，坐落二十都横水口庄，土名徐村大路墈上基地以及蕪地、竹園、菜園聯略壹處，上至竹園面坪為界，下至墻脚墈并大路為界，左至邹（姓）田為界，右至羅姓門前墈直上地角為界，其界内竹棕、细茶、柏桐俱概在内，今俱四至分明，自愿立契托中出賣與闕天有、天開邊入受承買為業，其基當日凴中三面言断，時價銅錢壹拾千零伍百文正，其錢即日隨契两相交訖，不少個文，其基地即與買主起耕另佃，籙養扦種，修整架造，投税補报，昇粮执契，永远管業，賣人以子及孫不敢異言阻滞，其基乃係父遺清楚物業，並無内外人致争，亦無重典文墨交加之故，如有此色，不干買主之事，賣人自能一力承當，委係正行交易，不是準折債負之故，所賣所買，两相割截，永無找贖，此出二家心愿，並無逼抑等情，恐口無凴，故立賣契為據。

嘉慶弍拾壹年十一月十九日　立賣契人　邱發富

仝弟　永富

凴中　闕德瑇

邱豐美

代筆　鄧天申

（契尾，道光陸年拾壹月）

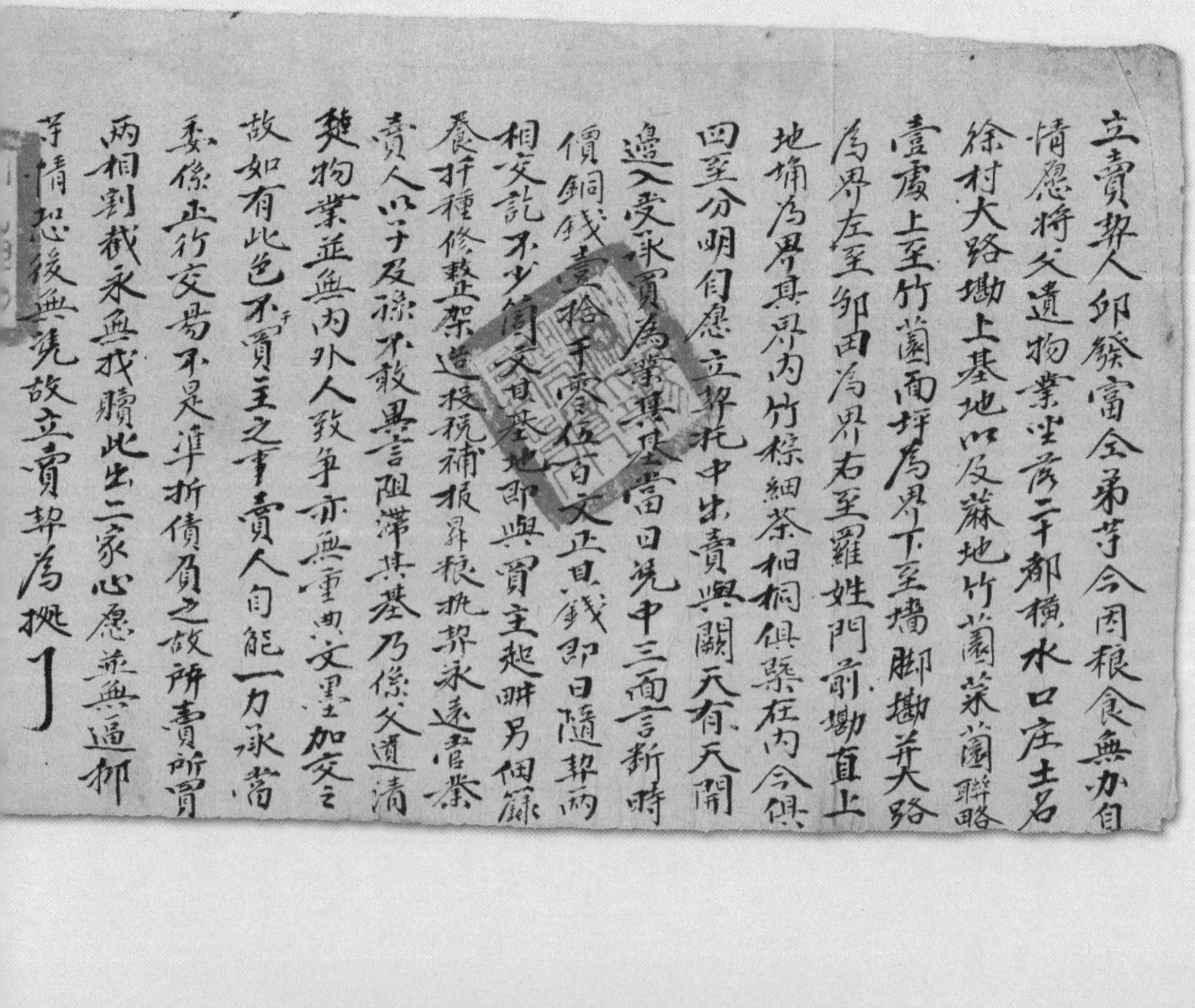

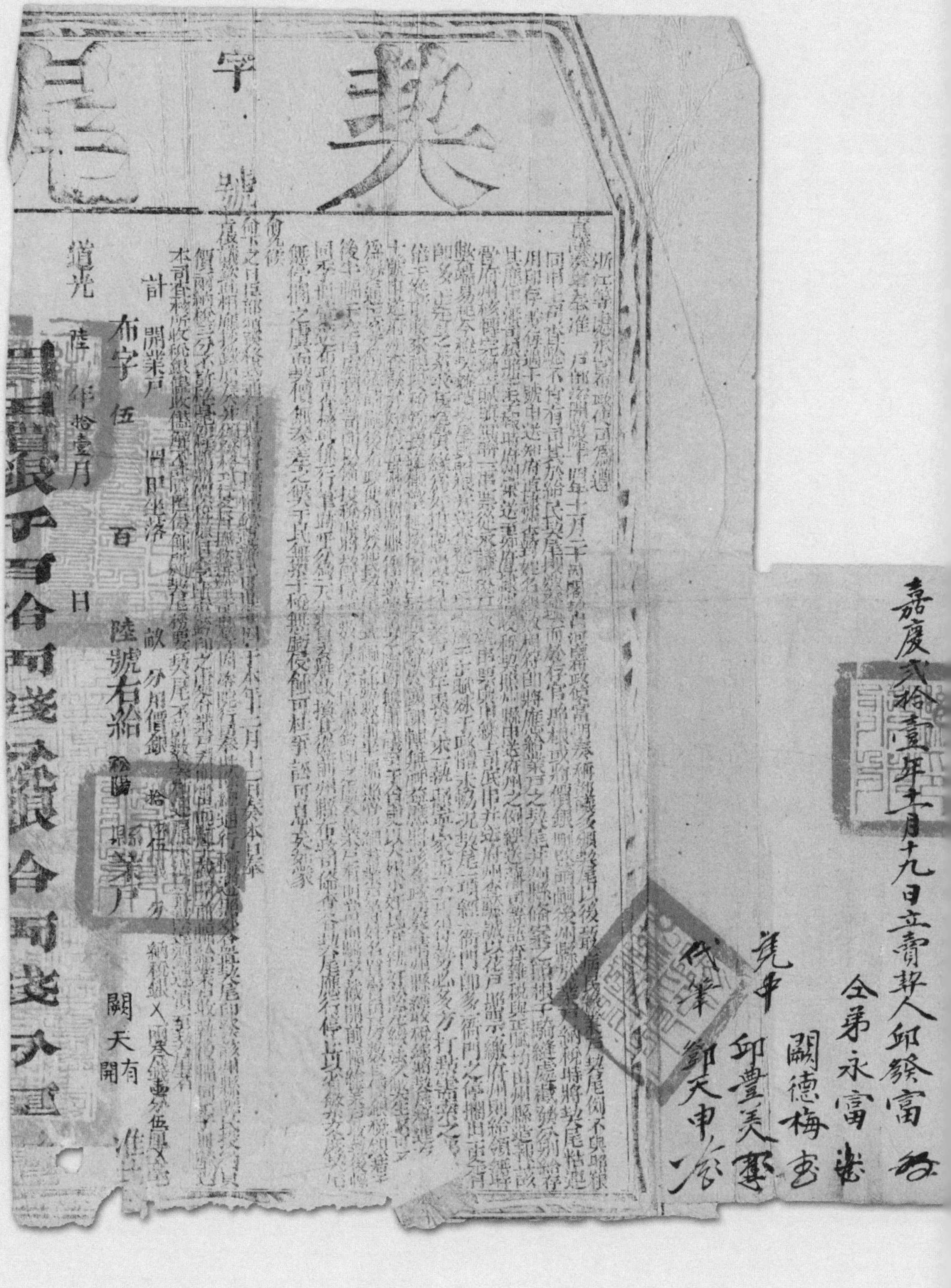
道光　陸　年拾壹月　日
布字伍百陸號右給松陽縣業戶
闕天有　准此
嘉慶貳拾壹年十一月十九日立賣契人邱發富（押）
仝弟永富（押）
闕德梅（押）
憑中　邱豐美（押）
代筆　鄭天申（押）

立賣田契人十八都黄田葉元宗，今因錢糧無办，自情愿将自置民田，坐落二十都横水口庄，土名槽碓岗墒内，田式處，計粮五分正，其田各處上下左右四至山為界，并及荒坪角在内，今具四至分明，親立文契，托中出賣與二十一都茶排庄闕天有天貴、天培、天開、德瑀邊入手承買為業，當日凴中三面言断，時值田價銅錢壹拾壹千文正，其錢随契两相交訖，不欠分文，其田自賣，任凴買主推收過户，办粮起耕，另收租投税，执契管業，賣人不敢異言阻执，其田乃係自置物業，與内外伯叔兄弟子侄人等無涉，日前並未重典文墨交加，並無争执，如有此色，賣人自能一力承當，不干買主之事，委係正行交易，不是準折債負之故，所賣所買，两相心愿，賣人自甘割截，日後並（無）找贖，各無反悔，並無逼抑等情，恐口难信，故立賣契為據。

嘉慶念壹年十二月初十日　立賣田契人　葉元宗

凴中　鄧天申

代筆男　唐昶

立找契人葉元宗，愿［原］與闕邊交易民田壹契，坐落二十都横水口庄，土名槽碓岗墒内，水田式處，畝額坵角四至，正契載明，先經契明價足，今因無錢使用，自托原中向至業主闕天有等五人手内，找過契外銅錢叁千文正，其錢即日收足，不少個文，其田自找

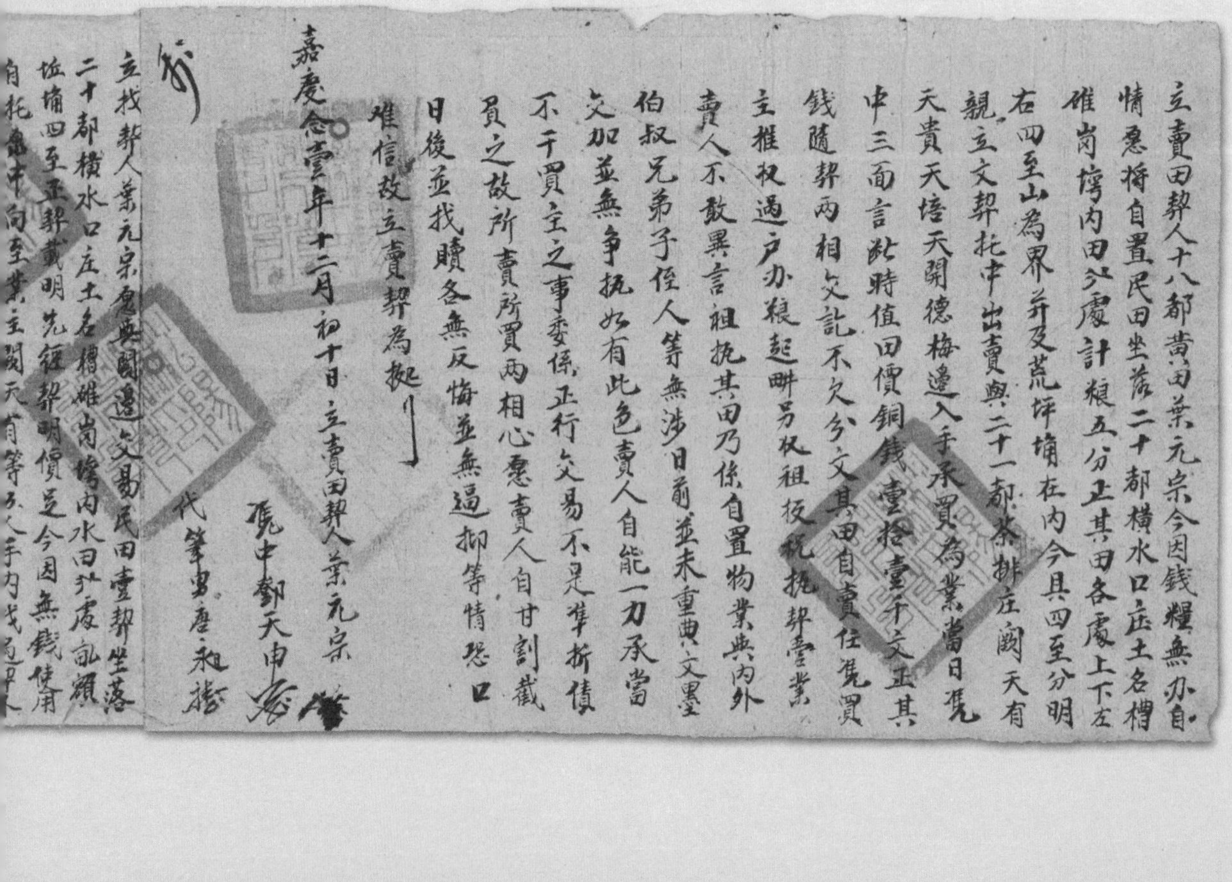

之後，任凴闞邊執契永遠管業，葉邊以子侄孫不敢異言阻执，此係找人心愿，自甘永杜割藤断截，無得找贖，如有此色，自愿甘受叠騙之論，此出兩家心愿，並無逼抑等情，恐口难信，故立找契為據。

嘉慶念一年十二月廿五日　立找人　葉元宗

原中　鄧天申

代筆男　唐昶

（契尾，道光捌年拾月）

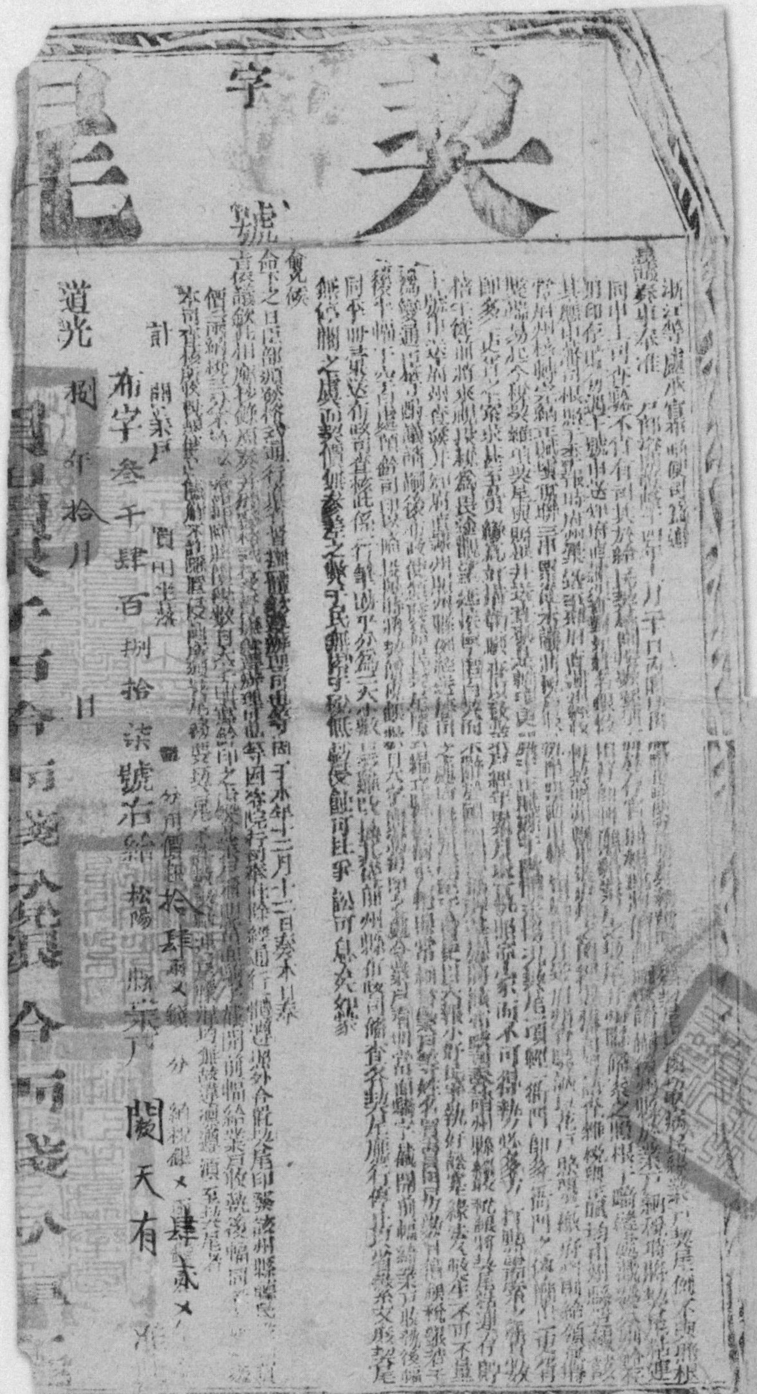

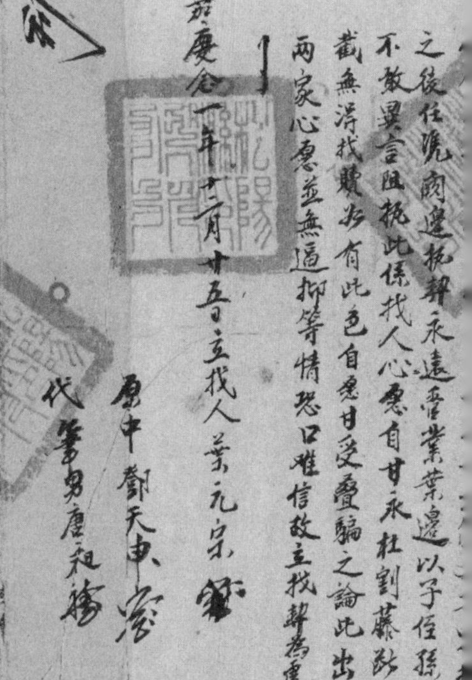

立討蔴地劄人羅維銀發今因無地耕
種自情愿向到二十一都茶排庄
闕天有天開叔手內討過蔴地一處
土名坐落廿都横水口庄徐村屋後
大路磡上討出蔴地壹塊并及屋基
菜園竹頭茶棕桐樹一應在內其地
當日三面言斷每年充納地租頭
蔴叁拾弍觔正其蔴一足過秤不敢欠
少了如有少欠任凭地主追租立
即起佃他人耕作討人不敢異言
阻挑恐口難信故立討劄為據了

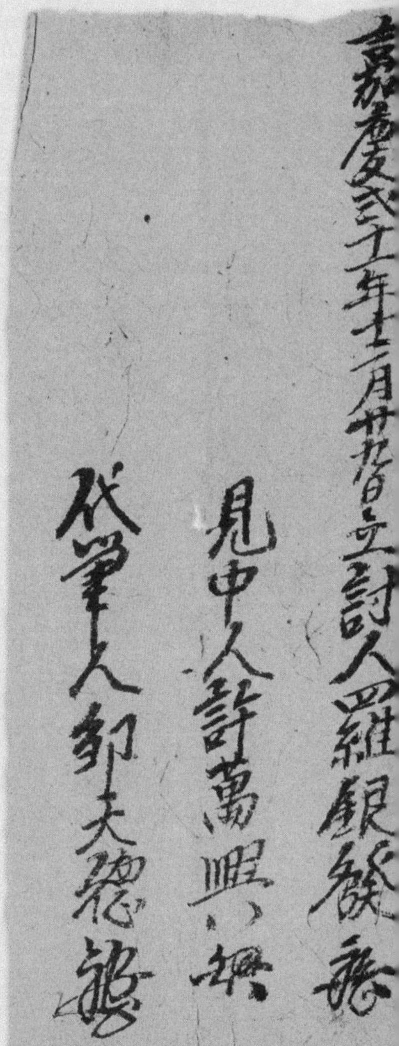
嘉慶弍十一年十二月廿九日立討人羅銀發
見中人許萬興
代筆人鄒天德

立討蔴地劄人羅銀發，今因無地耕種，自情愿问到二十一都茶排庄闕天有、天開叔手内討過蔴地一處，土名坐落廿都横水口庄徐村屋後大路磡上，計蔴地壹塊，并及屋基菜園、竹頭、茶棕、柏樹一應在内，其地當日三面言断，每年充納地租頭蔴弍拾弍觔正，其蔴一足過秤，不敢欠少了[斤]两，如有少欠，任凴地主追租，立即起佃他人耕作，討人不敢異言阻执，恐口难信，故立討劄為據。

嘉慶弍十一年十二月廿九日　立討人　羅銀發

見中人　許萬興

代筆人　鄒天德

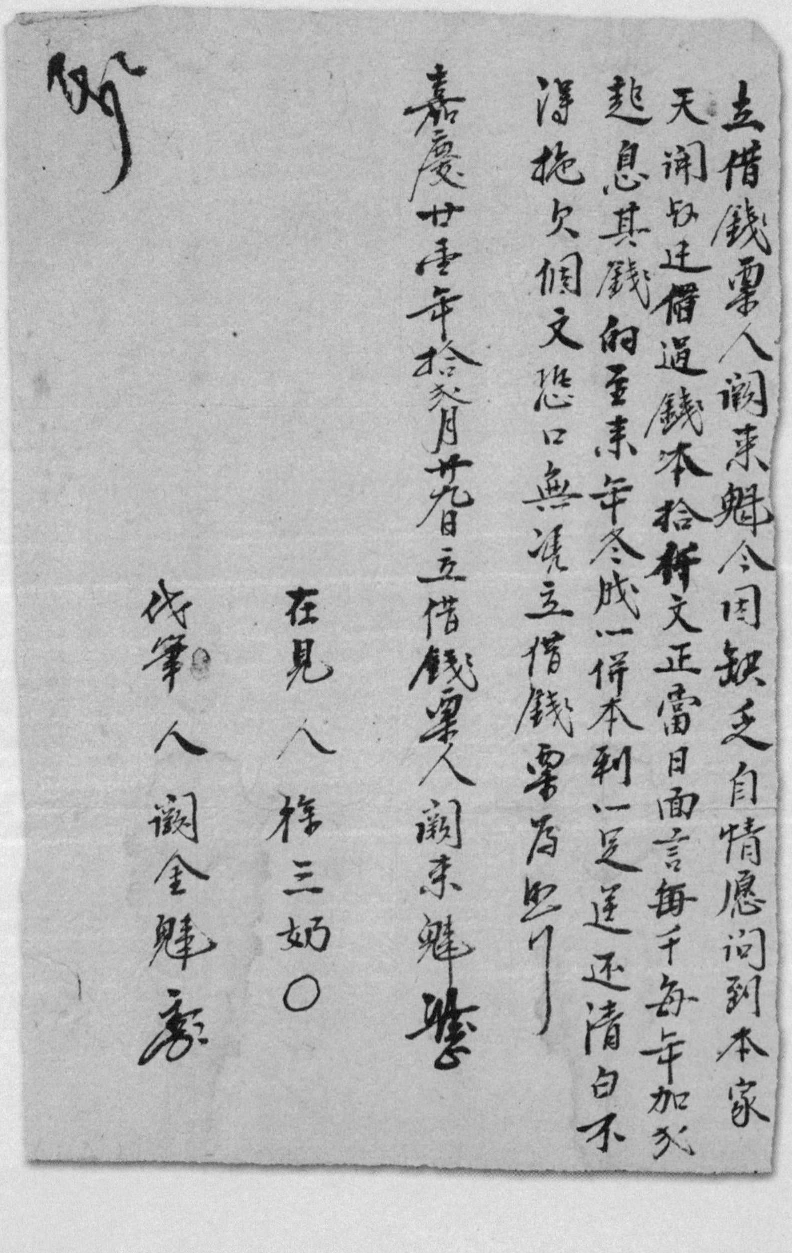

立借錢票人闕来魁，今因缺乏，自情愿问到本家
天閈叔边借過錢本拾仟文正，當日面言，每千每年加弍
起息，其錢的至来年冬成一併本利一足送还清白，不
得拖欠個文，恐口無凴，立借錢票為照。
嘉慶廿壹年拾弍月廿九日　立借錢票人　闕来魁
在見人　徐三奶
代筆人　闕金魁

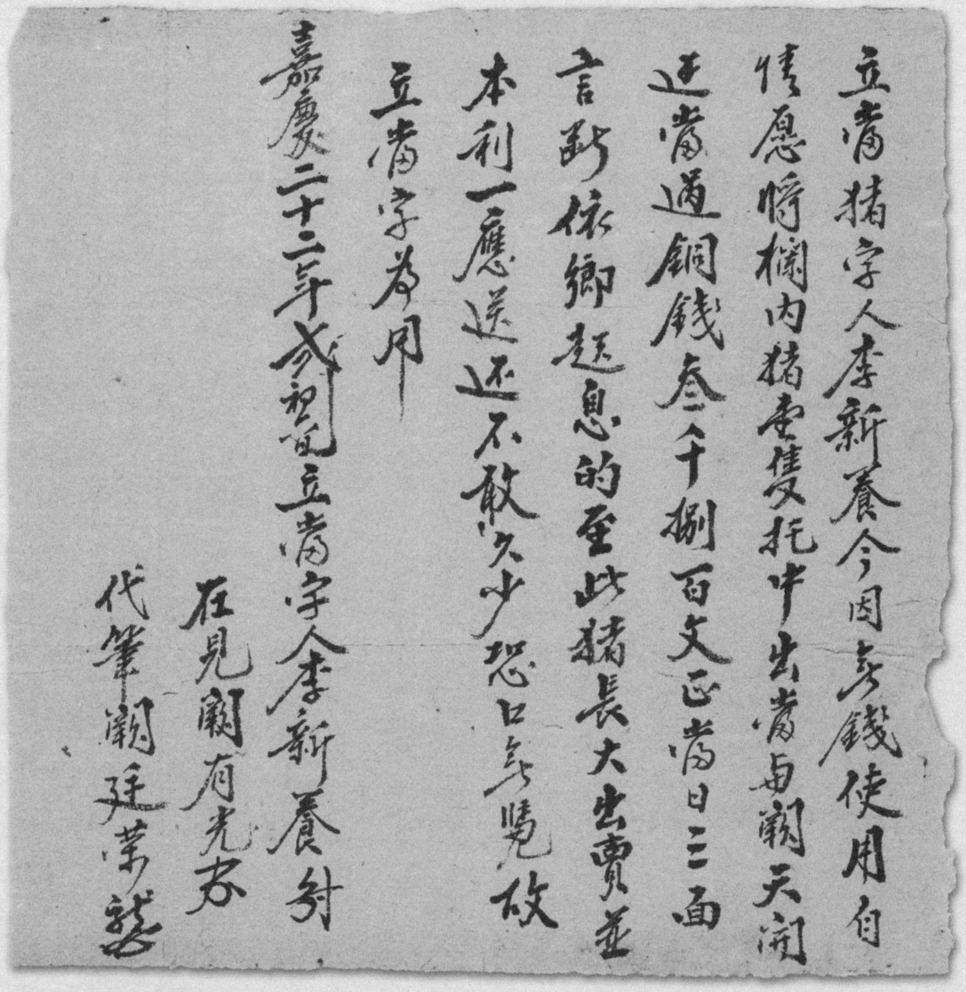

立當猪字人李新養，今因無錢使用，自
情愿将欄内猪壹隻，托中出當与闕天閑
边，當過銅錢叁千捌百文正，當日三面
言断，依鄉起息，的至此猪長大出賣，並
本利一應送还，不敢欠少，恐口無凴，故
立當字为用。

嘉慶二十二年弍月初六日　立當字人　李新養

在見　闕有光

代筆　闕廷荣

立賣田契人林永彩仝弟等今因錢粮無办自情原將父手遺下闽内民田壹處坐落松邑石倉源廿一都夫人庙庄小土名后金三坑上至闹姓田左至下后金坑右至上后金坑下至闹姓田為界今俱四至分明内共計四股均分憑中面踩踏壹股明白計額壹畝正計朗租弍担叁桶正托中立契出賣與闕天開娟翁入手承買為業當日憑中面定時值田價銅錢肆拾仟文正其錢即日隨契交足自賣之後任從買主推收過户完粮起耕收租管業賣人無得異言此係父手物業與内外人等並無干涉亦無重典文墨交加如有來歷不明賣人一力承當不涉買主之事所買所賣兩家情愿此係正行交易契明價足並無債貨準折之故其田永遠不敢取贖等情今欲有憑立賣契永遠為照

嘉慶弍拾弍年三月初三日立賣田契人林永彩（押）

彰（押）

憑中 鄭東琳（押）

謝連應○

鍾永元○

彩的筆（押）

立找田契人林永彩仝弟等原與闕天開娟翁交易民田一契坐落廿一都夫人庙庄后金三坑畝分坵數正契再明今因粮迫請托原中向到娟翁手内找出契外銅錢壹拾弍千文正其錢即日收足自找之后其田永遠斷根再不敢異言找價等情恐口難信立找契永遠為照

嘉慶弍拾弍年五月初八日立找田契人林永彩（押）

彰（押）

契
布字肆千陸百伍拾壹號　右給　業戶　闕天開　准此
民國式拾叁年拾壹月
原中　鄧東琳
謝連應〇
鍾永元〇
彩的筆墨

（前頁）>>>>>>

立賣田契人林永彩仝弟等，今因錢粮無办，自情原［愿］将父手遺下阄内民田壹項，坐落松邑石倉源廿一都夫人庙庄，小土名后金三坑，上至阙姓田，左至下后金坑，右至上后金坑，下至阙姓田為界，今俱四至分明，内共計四股均分，憑中面踩踏壹股明白，計額壹畝正，計晾租弍担叁桶正，托中立契，出賣與闕天開姻翁入手承買為業，當日憑中面定，時值田價銅錢肆拾仟文正，其錢即日隨契交足，自賣之後，任從買主推收過户，完粮起耕，收租管業，賣人無得異言，此係父手物業，與内外人等並無干涉，亦無重典文墨交加，如有来歷不明，賣人一力承當，不涉買主之事，所買所賣，两家情愿，此係正行交易，契明價足，並無債負準折之故，其田永遠不敢取贖等情，今欲有憑，立賣契永遠為照。

嘉慶弍拾弍年三月初三日　立賣田契人　林永彩

彰

憑中　鄧東琳

謝連應

鍾永元

彩的筆

（前頁）>>>>>

立找田契人林永彩仝弟等，原與闕天開姻翁交易民田一契，坐落廿一都夫人庙庄后金三坑，畝分坵数，正契再［載］明，今因粮迫，請托原中向到姻翁手内找出契外銅錢壹拾弍千文正，其錢即日收足，自找之后，其田永遠断根，再不敢異言找價等情，恐口難信，立找契永遠為照。

嘉慶弍拾弍年五月初八日　立找田契人　林永彩

彰

原中　鄧東琳

謝連應

鍾永元

彩的筆

（契尾，嘉慶弍拾叁年拾壹月）

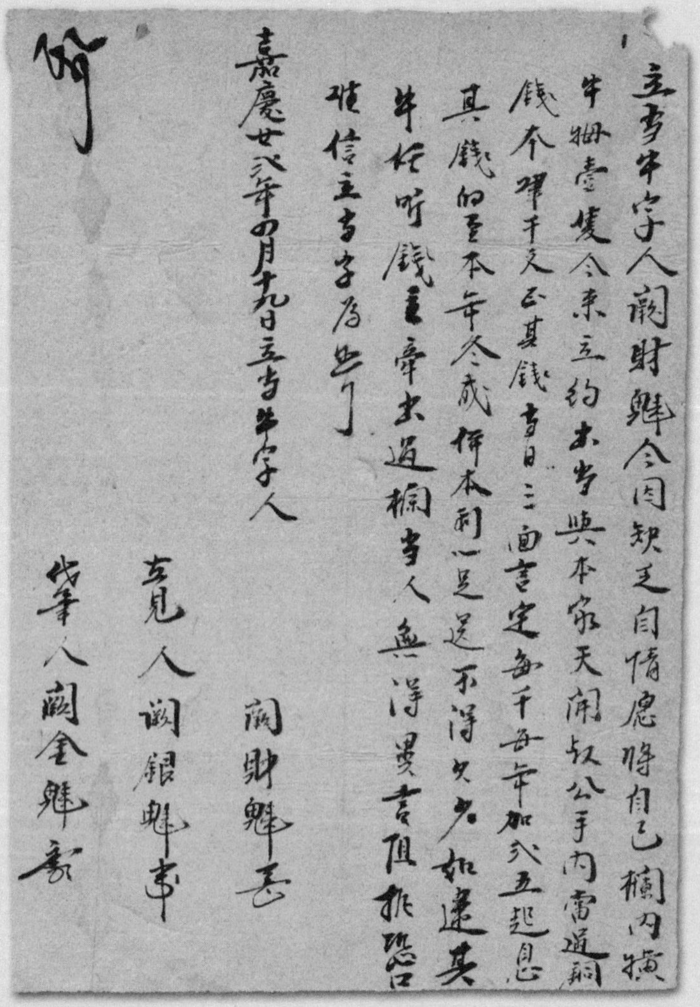

立当牛字人阙財魁，今因缺乏，自情愿将自己栏内犢牛牳壹隻，今来立约，出当與本家天開叔公手内，當過銅錢本肆千文正，其錢当日三面言定，每千每年加弍五起息，其錢的至本年冬成，併本利一足送，不得欠少，如違，其牛任听錢主牽出過欄，当人無得異言阻执，恐口难信，立当字為照。

嘉慶廿弍年四月十九日　立当牛字人　阙財魁

在見人　阙銀魁

代筆人　阙金魁

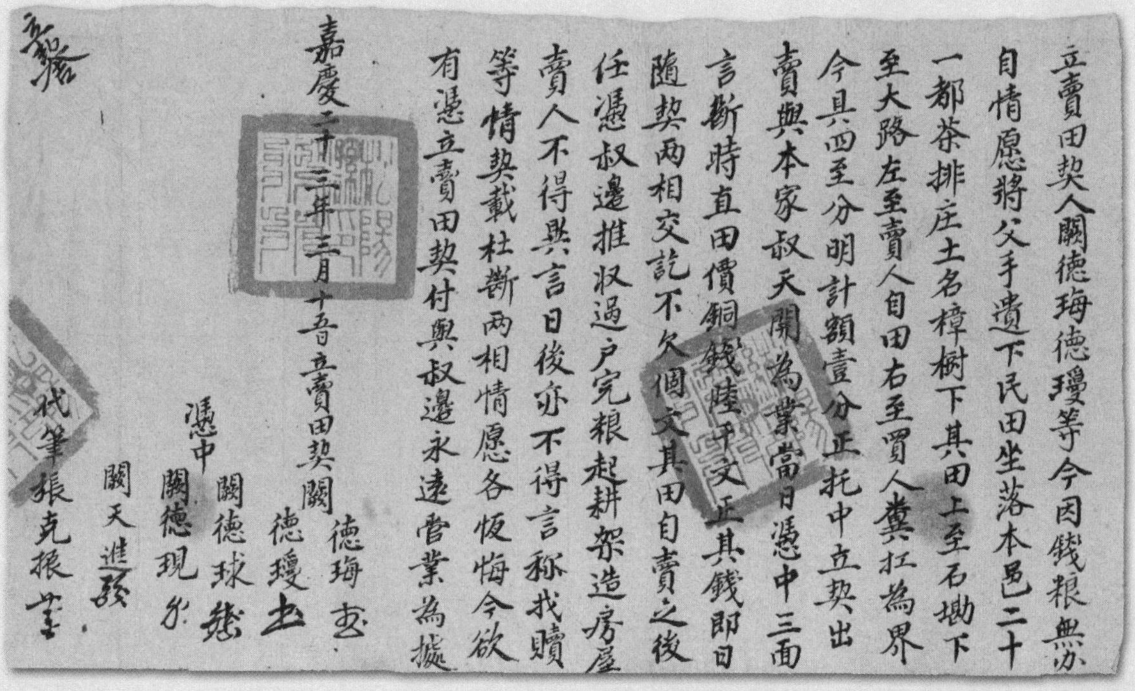

立賣田契人闕德珻、德瓊等，今因錢粮無办，
自情愿將父手遺下民田，坐落本邑二十
一都茶排庄，土名樟樹下，其田上至石墈，下
至大路，左至賣人自田，右至買人龔扛［缸］為界，
今具四至分明，計額壹分正，托中立契，出
賣與本家叔天開為業，當日憑中三面
言斷，時直田價銅錢陸千文正，其錢即日
隨契兩相交訖，不欠個文，其田自賣之後，
任憑叔邊推收過户，完粮起耕，架造房屋，
賣人不得異言，日後亦不得言称找贖
等情，契載杜斷，兩相情愿，各（無）反悔，今欲
有憑，立賣田契付與叔邊永遠管業為據。
嘉慶二十三年三月十五日　立賣田契　闕德珻
德瓊
憑中　闕德球
闕德現
闕天進
代筆　張克振

立賣山契人蔡天琳，今因錢粮無辦，自愿（將）父遺下山塲壹塊，坐落二十一都夢嶺脚凉亭背水圳窝安着，上至祖富山，下至水圳，左至買主山，右至直良為界，今計四至分明，計額壹分正，自愿託中出賣與朱寧海兄邊入手承買為業，当日憑中言断，時值山價銅錢捌千伍伯（文）正，其錢即日收訖，不少分文，其山自賣之後，任憑買主推收過户，执契管業，籙養柴薪，栽插種作，此係自己清業，與内外房親人等並無干涉，如有來歷不明，賣人一力承當，不干買主之事，日后無找無贖，兩相情愿，並無逼勒等情，恐（口）無憑，故立賣山契為據。

在見 闕德琳

嘉慶二十三年七月二十八日 立賣山契 蔡天琳

在塲胞兄 新琳

憑中 闕德琇 德珝

代笔 闕德瑞

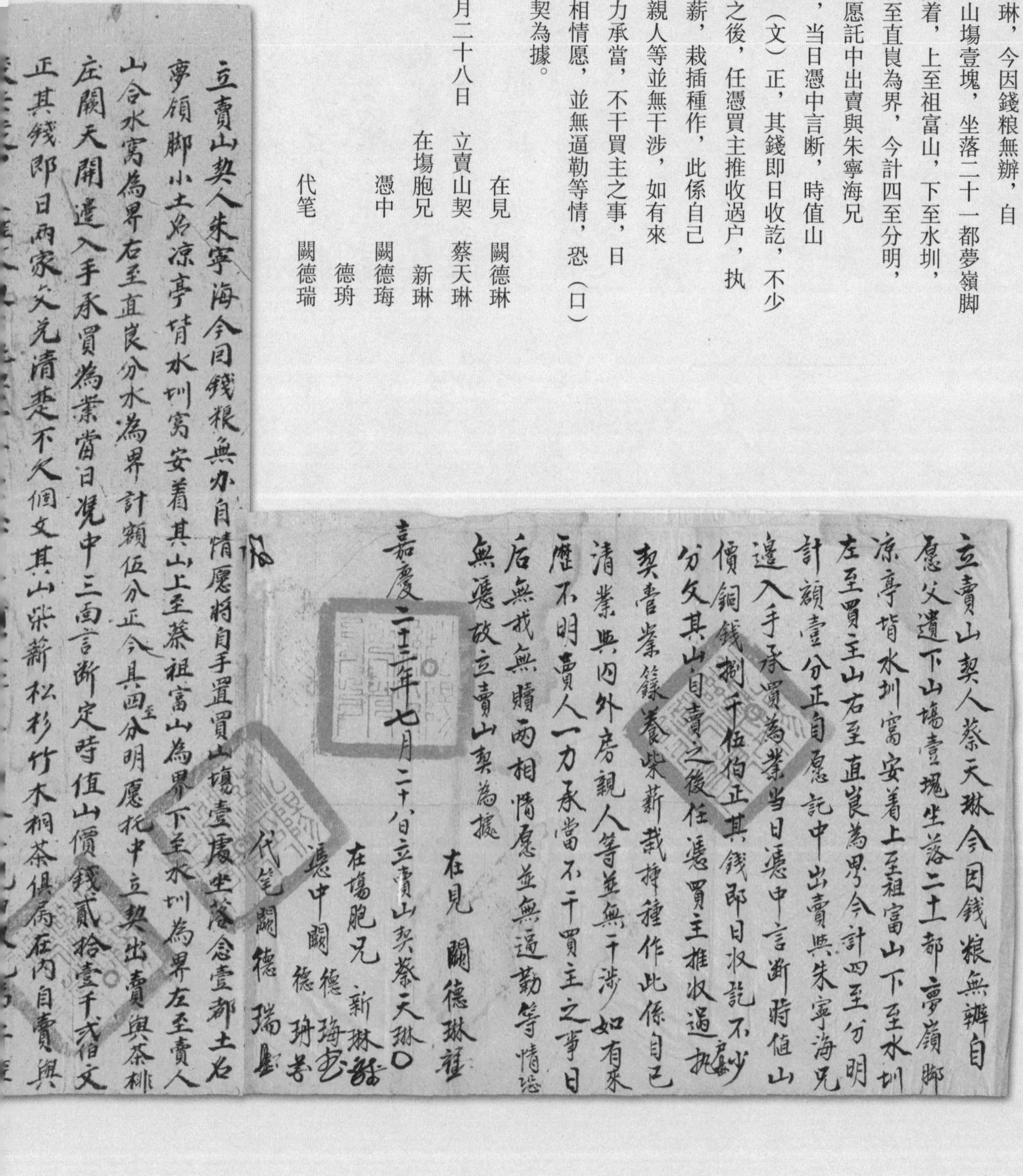
立賣山契人朱寧海今因錢粮無办自情愿将自手置買山塲壹處坐落念壹都土名
夢領脚小土名凉亭背水圳窝安着其山上至蔡祖富山為界下至水圳為界左至賣人
山合水窝為界右至直良分水為界計額伍分正今具四至分明愿托中立契出賣與
庄闕天開邊入手承買為業當日凴中三面言断定時值山價錢貳拾壹千弍伯文
正其錢即日兩家交充清楚不欠個文其山柴薪松杉竹木桐茶俱為在内自賣與

立賣山契人蔡天琳今因錢粮無辦自
愿父遺下山塲壹塊坐落二十一都夢嶺脚
凉亭背水圳窝安着上至祖富山下至水圳
左至買主山右至直良為界今計四至分明
計額壹分正自愿託中出賣與朱寧海兄
邊入手承買為業当日凴中言断時值山
價銅錢捌千伍伯正其錢即日收訖不少
分文其山自賣之後任凴買主推收過户執
契管業籙養柴薪栽插種作此係自己
清業與内外房親人等並無干涉如有來
歷不明賣人一力承當不干買主之事日
后無找無贖兩相情愿並無逼勒等情恐
無凴故立賣山契為據
嘉慶二十三年七月二十八日立賣山契蔡天琳
在見 闕德琳
在塲胞兄 新琳
凴中 闕德琇 德珝
代笔 闕德瑞

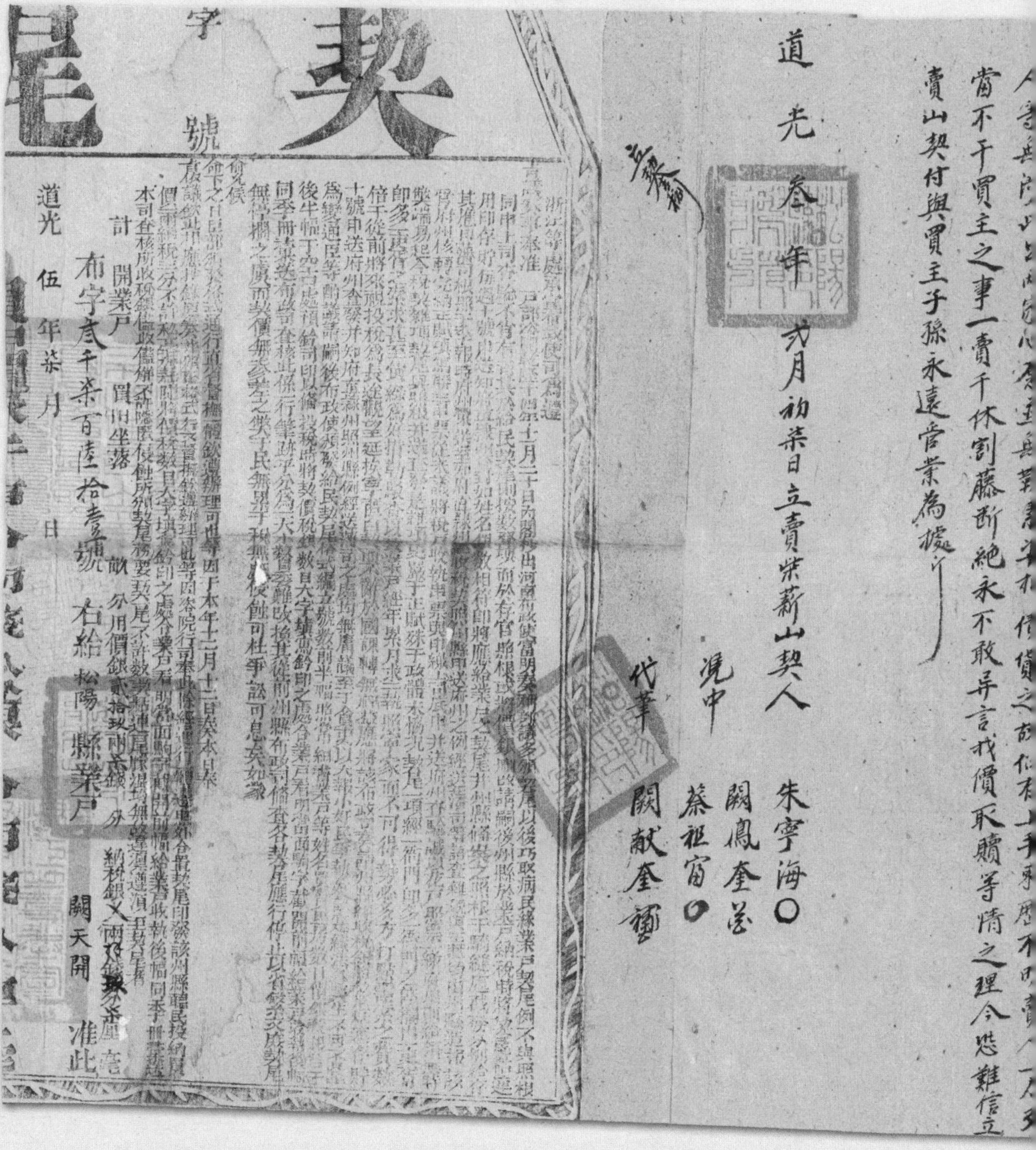

當不干買主之事一賣千休割藤斷絕永不敢异言找價取贖等情之理今恐難信立

賣山契付與買主子孫永遠管業爲據

道光叁年弍月初柒日立賣柴薪山契人　朱寧海〇

憑中　闕鳳奎

蔡祖富〇

代筆　闕献奎

契尾

字　號

計開業戶　買田坐落　畝　分用價銀貳拾玖兩柒錢　分　納稅銀

道光伍年柒月　日

布字貳千柒百陸拾壹號　右給松陽縣業戶　闕天開　准此

（前頁）>>>>>

立賣山契人朱寧海，今因錢粮無办，自情愿将自手置買山場壹處，坐落念壹都，土名夢領［嶺］脚，小土名涼亭背水圳窝安着，其山上至蔡祖富山為界，下至水圳為界，左至賣人山合水窝為界，右至直崀分水為界，計額伍分正，今具四至分明，愿托中立契，出賣與茶排庄闕天開邊入手承買為業，當日凴中三面言断，定時值山價錢貳拾壹千弍伯文正，其錢即日两家交兑清楚，不欠個文，其山柴薪松杉竹木桐茶俱属在内，自賣與［以］後，任從買主推收過户，执契管業，原係自手清置業產，与内外房親伯叔兄弟子侄人等無涉，此出两家心愿，並無勒素［索］準折債貨之故，倘有上手來歷不明，賣人一力支當，不干買主之事，一賣千休，割藤断絶，永不敢异言找價取贖等情之理，今恐難信，立賣山契付與買主子孫永遠管業為據。

道光叁年弍月初柒日　立賣柴薪山契人　朱寧海

凴中　闕鳳奎

蔡祖富

代筆　闕献奎

（契尾，道光伍年柒月）

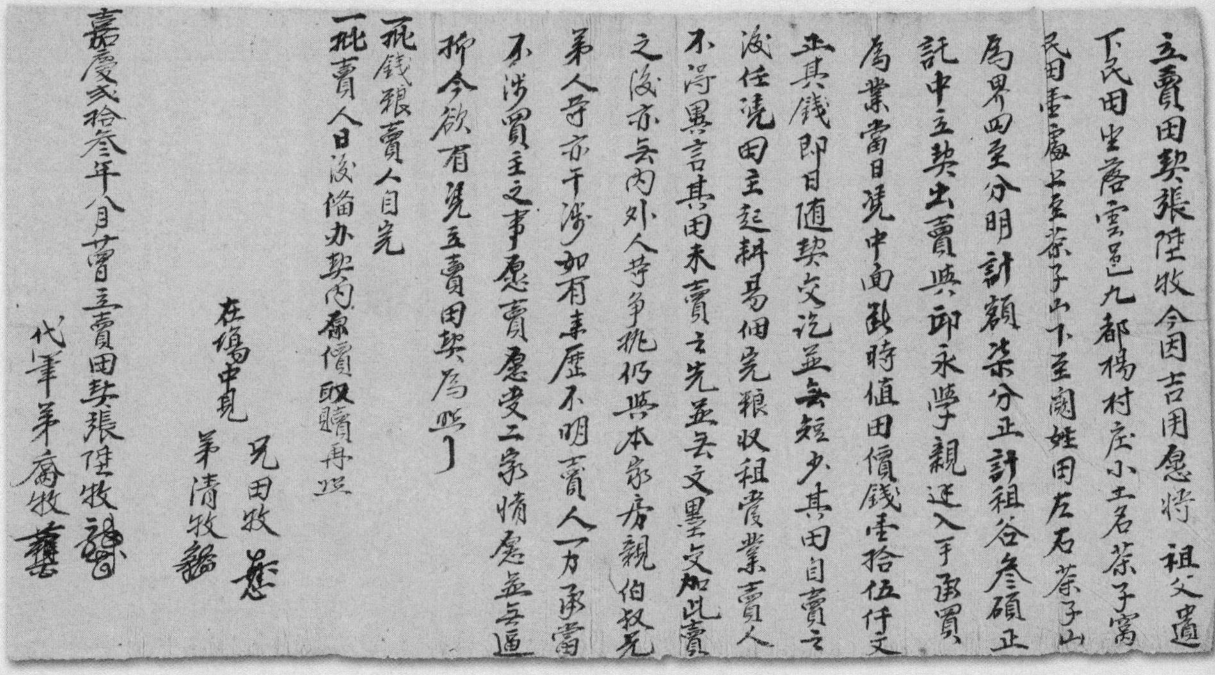

立賣田契張陞牧，今因吉［急］用，愿将祖父遺下民田，坐落雲邑九都楊村庄，小土名茶子窝，民田壹處，上至茶子山，下至闞姓田，左右茶子山為界，四至分明，計額柒分正，計租谷三碩正，託中立契，出賣與邱永學親边入手承買為業，當日凴中面断，時值田價錢壹拾伍仟文正，其錢即日随契交讫，並無短少，其田自賣之後，任凴田主起耕易佃完粮，收租管業，賣人不得異言，其田未賣之先，並無文墨交加，此賣之後，亦無内外人等争执，仍與本家房親伯叔兄弟人等亦（無）干涉，如有来歷不明，賣人一力承當，不涉買主之事，愿賣愿受，二家情愿，並無逼抑，今欲有凴，立賣田契為照。

一批錢粮賣人自完。

一批賣人日後俻办契内原價取贖，再照。

在場中見兄　田牧

弟　清牧

嘉慶弍拾叁年八月廿四日　立賣田契　張陞牧

代筆弟　喬牧

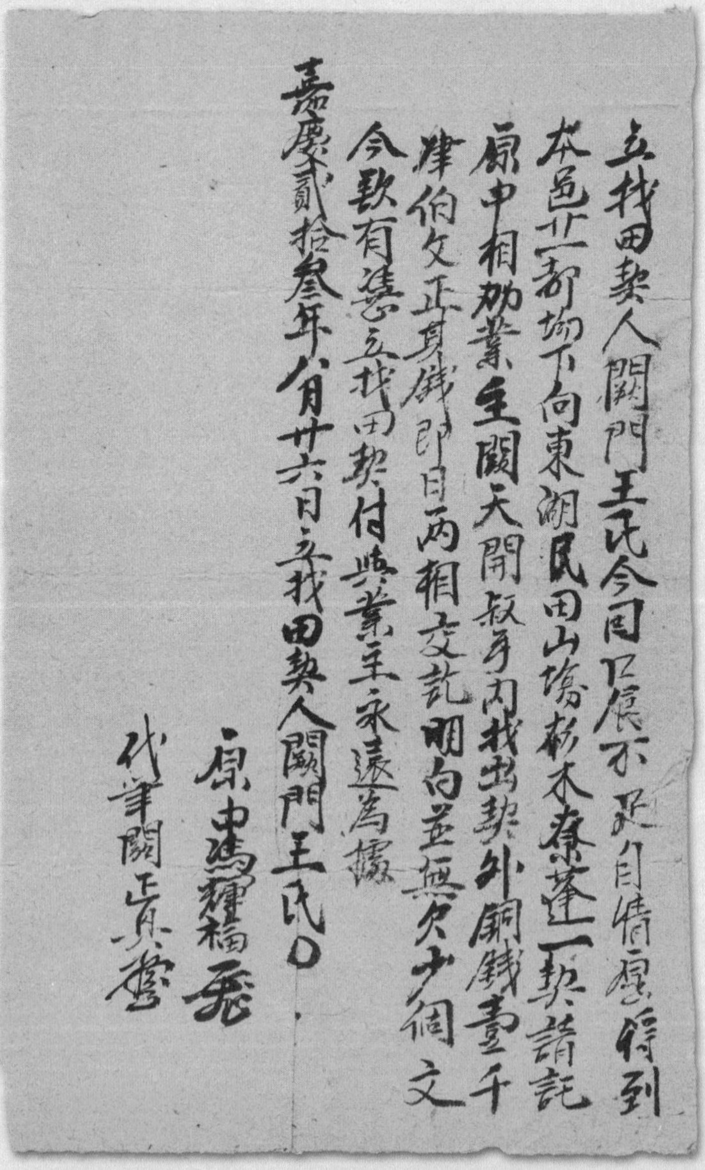

立找田契人闞門王氏，今因口食不足，自情愿將到本邑廿一都坳下向東湖民田山塲杉木寮蓬一契，請託原中相劝業主闞天開叔手內，找出契外銅錢壹千肆伯文正，其錢即日兩相交訖明白，並無欠少個文，今欲有憑，立找田契付與業主永遠為據。

嘉慶貳拾叁年八月廿六日　立找田契人　闞門王氏

原中　馮輝福

代筆　闞正興

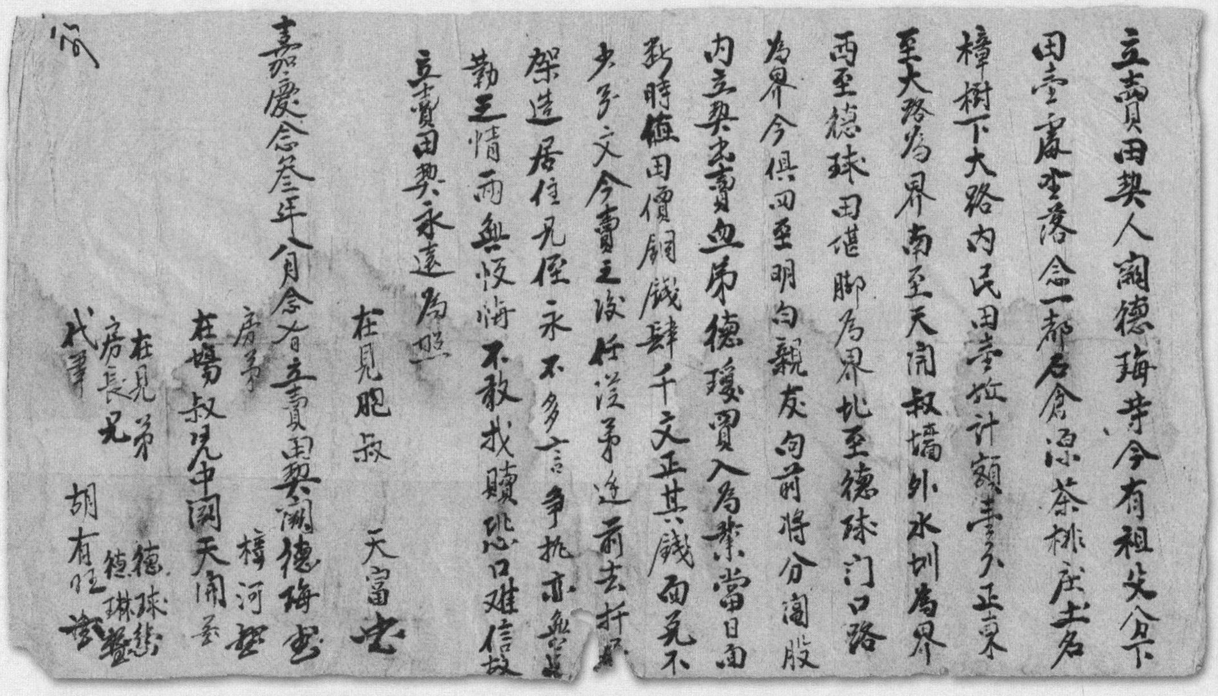

立賣田契人闞德珻等，今有祖父分下
田壹處，坐落念一都石倉源茶排庄，土名
樟樹下大路內，民田壹坵，計額壹分正，東
至大路為界，南至天開叔墻外水圳為界，
西至德球田塝脚為界，北至德球门口路
為界，今俱四至明白，親友向前将分阄股
內立契出賣血弟德瓊買入為業，當日面
斷，時值田價銅錢肆千文正，其錢面兑不
少分文，今賣之後，任從弟边前去扞□
架造居住，兄侄永不多言争执，亦無逼
勒之情，兩無反悔，不敢找贖，恐口难信，故
立賣田契永遠為照。

在見胞叔　天富

嘉慶念叁年八月念七日　立賣田契　闞德珻

房弟　樟河

在場叔　見中　闞天開

在見弟　德球

房長兄　德琳

代筆　胡有旺

立賣山契人蔡辛琳，今因錢粮無辨［辦］，自情
愿将自置民山壹處，土名坐落二十都横水
口庄凉亭後葉麻洋，右至鄒姓大坑合水，左至
自己大崀，上至蔡姓山，下至大路為界，今俱四
至分明，計額壹分正，自愿托中出賣與朱
寧海兄邊入手承買為業，憑中三面言断，
時值山價銅錢陸仟文正，其錢即日收清，不少
個文，其山自賣之後，任憑買主完粮，执契管
業，栽插籙養，出拚扦葬，賣人不得異言，倘有
来歷不明，賣人一力承当，不干買主之事，此係
自置物業，與内外房族人等並無干碍，亦無
重復典當，所賣所買，两相情愿，並無逼勒，日后
無找無贖，各無反悔，恐口难信，故立（賣）山契為
據。

嘉慶二十三年十弍月初二日　立賣山契人　蔡辛琳
憑中　蔡天琳
王成富
蔡貴琳
代筆　杜天培

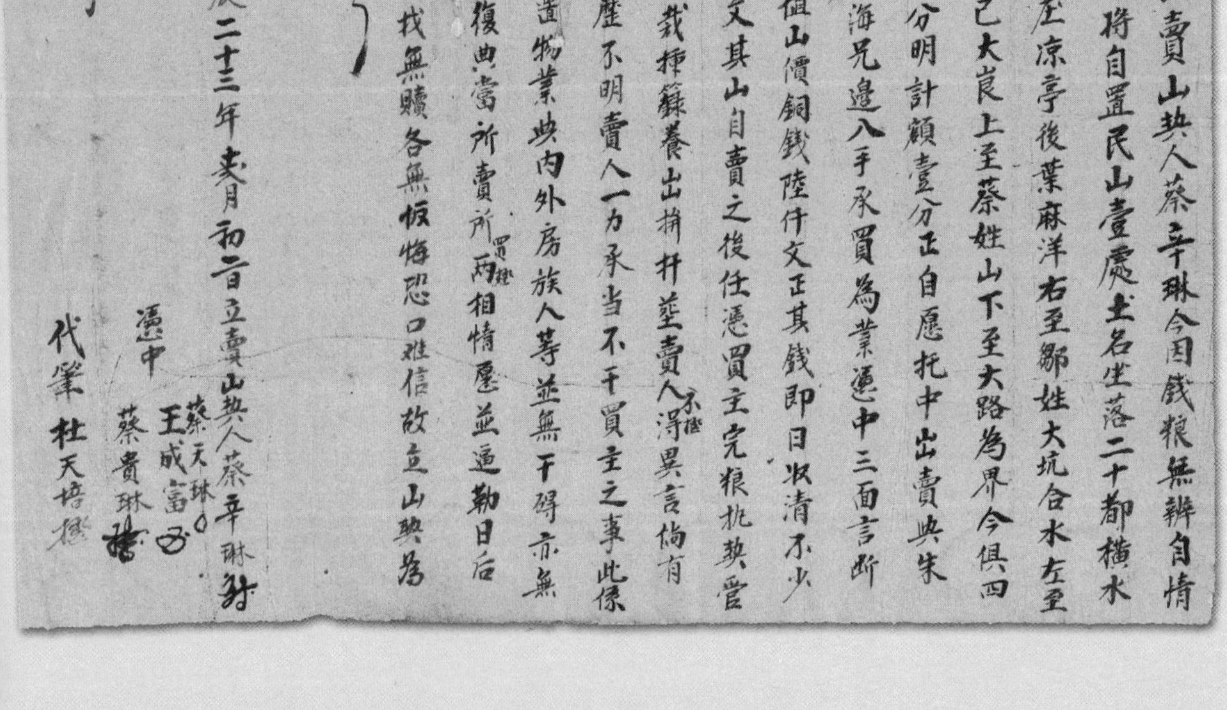

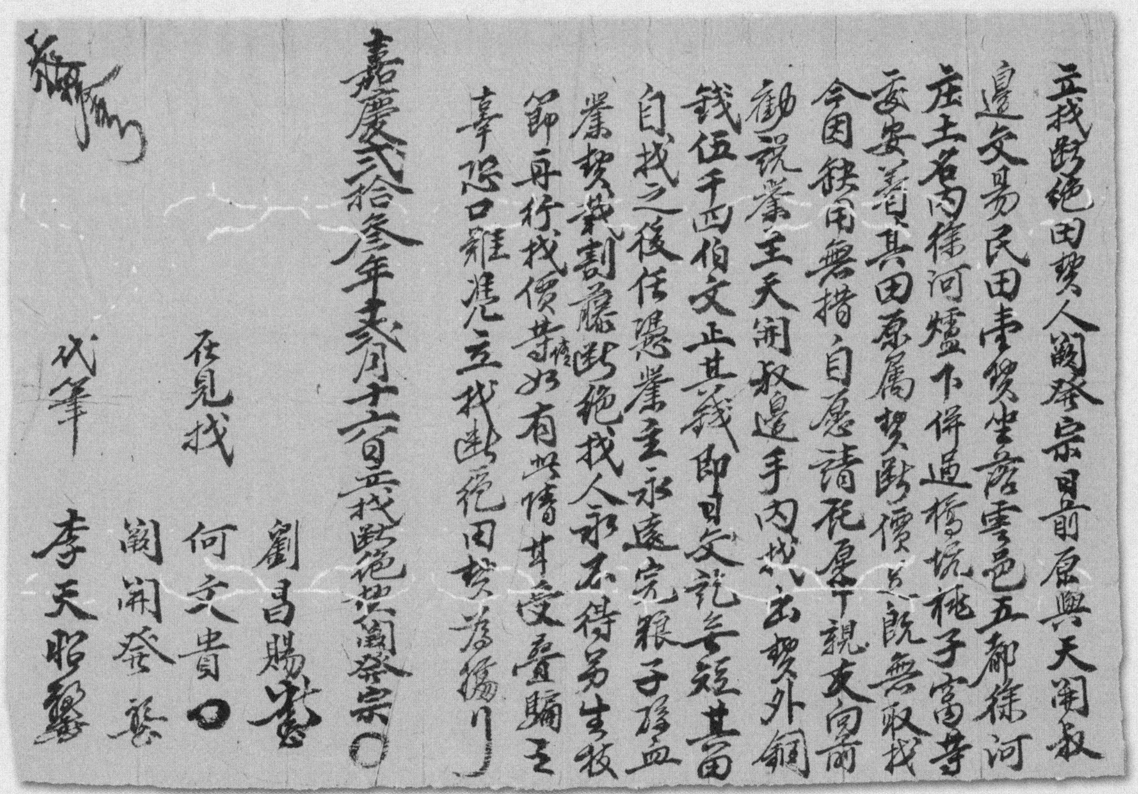

立找断绝田契人阙發宗，日前原與天闬叔邊交易民田壹契，坐落雲邑五都徐河庄，土名内徐河爐下併過橋坑桃子窩等處安着，其田原属契断價足，既無取找，今因缺用無措，自愿請託原中親友，向前勸説業主天闬叔邊手内，找出契外銅錢伍千四伯文正，其錢即日交訖無短，其田自找之後，任憑業主永遠完粮子孫血業，契載割藤断绝，找人永不得另生枝節，再行找價等情，如有此情，甘受叠騙之辜，恐口難憑，立找断绝田契為據。

嘉慶弍拾叁年十弍月十六日　立找断绝契　阙發宗

在見找　劉昌賜

何文貴

阙闬發

代筆　李天昭

立賣田契人胡荣琳，今因錢粮無办，自愿将己手續置，坐落本邑廿一都大甫庄，土名梨樹崗路坳内，民田大小叁坵，其田上下两至林姓田為界，左至坑為界，右至路為界，計額叁分正，今具界額分明，託中送與闕五和入手承買為業，其田凴中三面言断，時值田價銅錢拾捌千文正，其錢即日凴中隨契两相交訖，不少個文，其田自賣之後，任從買主推收過户，起耕管業，其田乃係自己親置物業，並無上下房親伯叔兄弟内外人等干碍，亦無重典文墨交加，如有来歴不明，賣人一力支當，不涉買主之事，其田皆係契明價足，一賣千休，割藤断根，永無找贖，愿賣愿買，两相情愿，各無反悔，今欲有凴，立賣田契付與買主永遠為據。

嘉慶式拾肆年弍月初二日　立賣田契人　胡荣琳

見中人　雷長福

丁永招

代筆人　石月才

（契尾，道光伍年柒月）

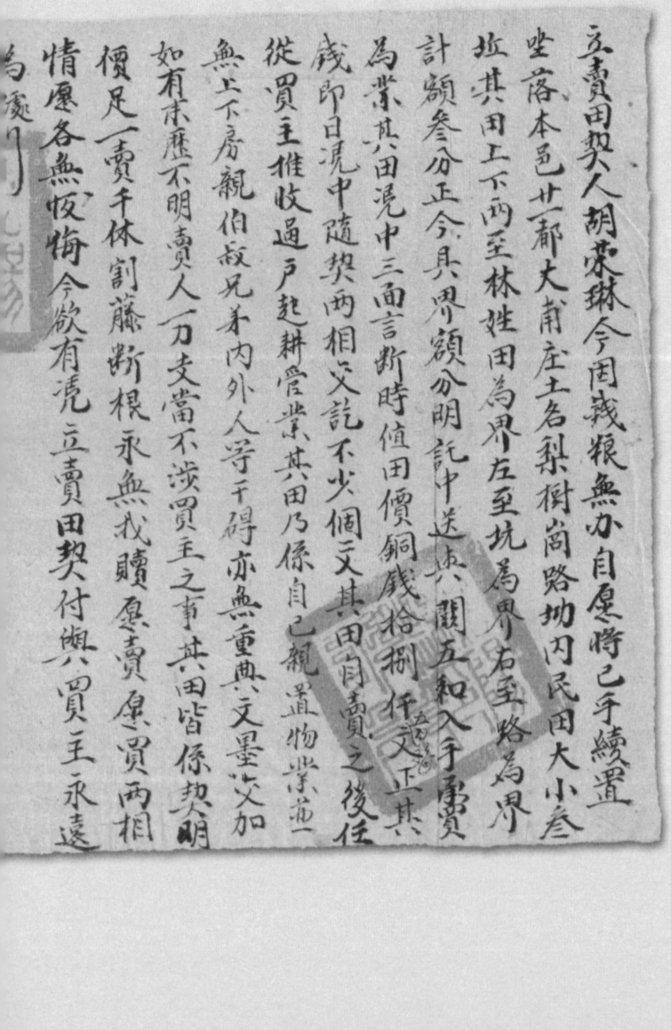

契尾

字　號

浙江等處承宣布政使司為遵

旨議奏事奉准　戶部咨開乾隆十四年十一月二十日……[illegible]

……[illegible]……

……

計開業戶　闕五和　買田坐落　松陽縣……

布字伍千貳百陸拾伍號……畝　分　用價銀拾捌兩伍錢……納稅銀……伍錢伍分伍厘……

道光伍年柒月　日

准此

行

嘉慶貳拾肆年貳月初二日立賣田契人胡崇琳（押）

見中人　雷長富（押）

丁永招（押）

代筆人　石月才（押）

立退字人鄒遠華今因前東母舅身故無
錢使出賓殮用託中日先廿都茶排左冷水
石橋頭外伯公坪壹塊又伯公坪礁下麻地壹塊
上至荒雄茶地為界下至大路為界內至買主為
界外至包雄麻地為界今俱四至分明託中向
到闕天開叔前承退銅錢貳仟弍百文正當日交
清不欠分文任憑錢主耕作收租管業退人不敢
異言多事此出甘心意恐口難故立退字為用
刂

嘉慶廿四年五月廿三日立退字人鄒遠華（押）

闕德梅書

立退字人邹遠華，今因前来母舅身故，無錢使出賓［殯］殮閒用，託中日先廿一都茶排庄冷水石橋頭外伯公坪壹塊，又伯公坪磡［墈］下麻地壹塊，上至堯姓菜地為界，下至大路為界，內至買主（田）為界，外至包姓麻地為界，今俱四至分明，託中向到闕天閒叔前承退銅錢貳仟弍百文正，當日交清，不欠分文，任憑錢主耕作收租管業，退人不敢異言多事，此出弍甘心愿，恐口难（信），故立退字為用。

嘉慶廿四年五月廿二日　立退字人　邹遠華

在塲人　闕德珻

邱石崇

胡其宗

親筆

立賣田契人張生利今因錢粮無辦自情愿將自置民田坐落松邑廿一都夫人庙庄土名夫人殿下安着東至大路西至內劉姓田西至外單姓墻脚南至闕姓田北至單姓門路為界計額叁畝正今俱四址分明託中立契出賣與闕法敬公嗣孫闕其雄天開正英天貴等承買為業當日三面言斷時值田價銅錢壹佰陸拾千文正其錢即日隨契親收足訖不短個文其田自賣之後為始任凭買主推收過户起耕改佃收租完粮管業亦任從闕邊扦基架造賣人不得異言阻执委係正行交易不是準折債貨之故未賣之先並無重典文墨交加既賣之後亦不得找贖等情如有上手來歷不明賣人一力承當不涉買主之事與內外子侄並無干碍所賣所買此出兩相情愿並無逼抑今欲有凭故立賣田契付與買主子孫永遠管業為據

嘉慶廿四年拾壹月初二日立賣田契人張生利（押）

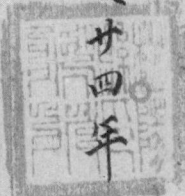

在場胞弟生財（押）　和風（押）

侄石養（押）

代筆侄石元（押）

立杜找斷截契人張生利日前原與闕法敬嗣孫闕其雄天開等交有民田壹契坐落松邑廿一都夫人庙庄土名夫人殿下安着畝分界址前有正契載明今因無錢應用再托原中相勸業主找出契外銅錢弍拾弍千文正其錢即日親收足訖不短

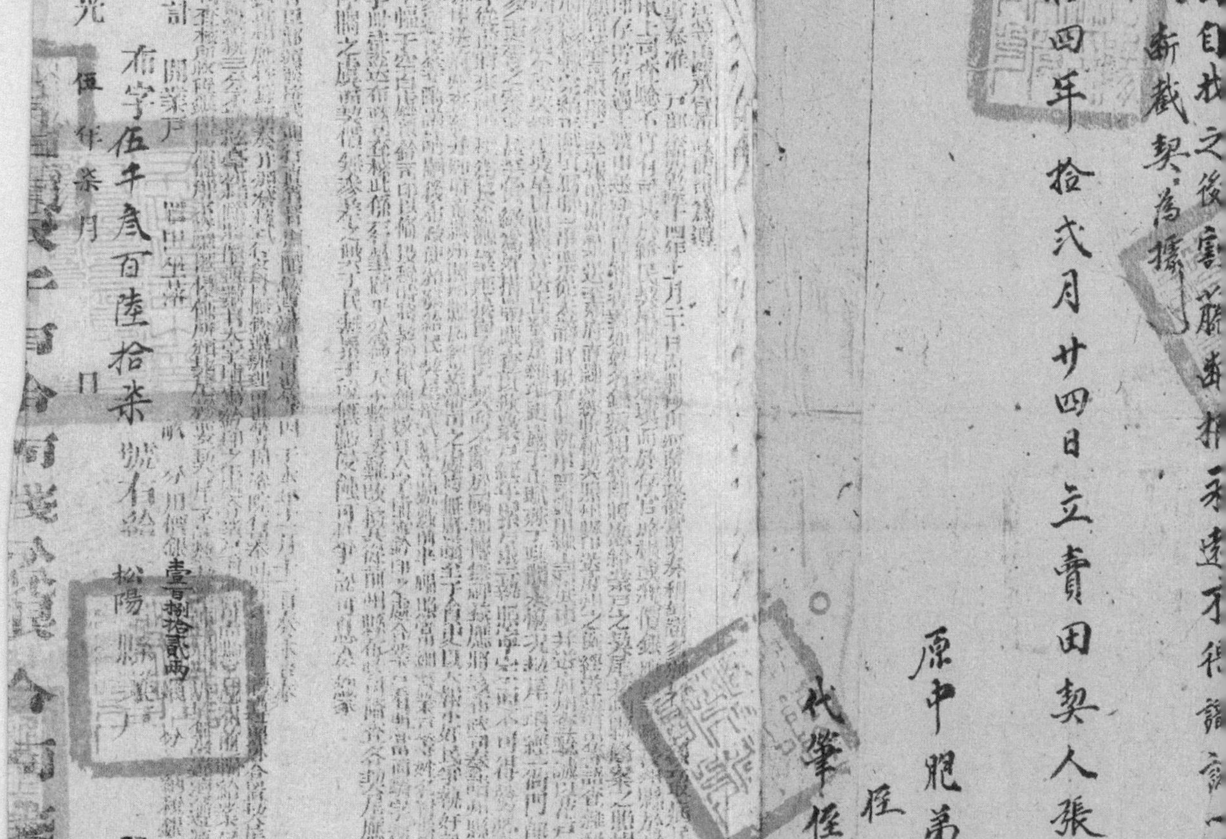

契　字　號

計開　業戶　闕天開等　買田坐落

布字伍千叁百陸拾柒號　有總　松陽縣業戶

用價銀壹佰捌拾貳兩　納稅銀伍兩肆錢陸分

道光伍年柒月　日

……其田自杜之後……

憑立杜找斷截契為據

嘉慶二拾四年拾弍月廿四日立賣田契人張生利

原中胞弟生財

和鳳

侄石養

代筆侄石元

(前頁)>>>>>

立賣田契人張生利，今因錢粮無辨［辦］，自情愿将自置民田，坐落松邑廿一都夫人庙庄，土名夫人殿下安着，東至大路，西至内闕姓田，西至外單姓墻脚，南至闕姓田，北至單姓門路為界，計額叁畝正，今俱四址分明，託中立契，出賣與闕法敬公嗣孫闕其雄、天開、正英、天貴等承買為業，當日三面言断，時值田價銅錢壹佰陸拾千文正，其錢即日隨契親收足訖，不短個文，其田自賣之後為始，任凴買主推收過户，起耕改佃，收租完粮管業，亦任從闕邊扦基架造，賣人不得異言阻执，委係正行交易，不是準折債貨之故，未賣之先，並無重典文墨交加，既賣之後，亦不得找贖等情，如有上手來歷不明，賣人一力承當，不涉買主之事，與内外子侄並無干碍，所賣所買，此出两相情愿，並無逼抑，今欲有凴，故立賣田契付與買主子孫永遠管業為據。

嘉慶廿四年拾壹月初二日　立賣田契人　張生利

在塲胞弟　生和

財

侄　石養

代筆侄　石元

（前頁）>>>>>

立杜找断截契人張生利，日前原與闕法敬嗣孫闕其雄、天开等交有民田壹契，坐落松邑廿一都夫人庙庄，土名夫人殿下安着，畝分界址，前有正契載明，今因無錢應用，再托原中相勸業主，找出契外銅錢弍拾弍千文正，其錢即日親收足訖，不短個文，其田自找之後，割藤断根，永遠不得識認，一找千休，恐口無凴，立杜找断截契為據。

嘉慶二拾四年拾弍月廿四日　立賣田契人　張生利

原中胞弟　生和

財

侄　石養

代筆侄　石元

（契尾，道光伍年柒月）

立斷截找契人雷台生兄弟等原因上年與闕萬海交易民田一契土名畝分前有正契載明當日契明價足今因廹用向托原中相勸業主邊找過契外價銅錢捌千文正其錢即日當中交訖明白不少個文其田自找之後永為闕邊推收過户完粮起耕管業雷邊永不得找贖等情我愿受此出兩相情愿今欲有憑立斷找契付與闕邊子孫永遠管業存照

嘉慶二十四年十二月二十四日

立斷截找契人雷 運生 台生 富生 壽生

原中見 闕三有 王禮光 闕德瓊

代筆 張辰東

（前頁）>>>>>

立斷截找契人雷台生兄弟等，原因上年與闕嵩海交易民田一契，土名畝分，前有正契載明，當日契明價足，今因迫用，向托原中相勸業主边找過契外價銅錢捌千文正，其錢即日當中交訖明白，不少個文，其田自找之後，永為闕邊推收過户完粮，起耕管業，雷邊永不得找贖等，愿找愿受，此出两相情愿，今欲有憑，立斷找契付與闕邊子孫永遠管業存照。

嘉慶二十四年十二月二十四日　立斷截找契人　雷台生

運生

富生

壽生

原中見　王禮光

闕三有

闕德瓊

代筆　張辰東

立賣田契人鄭正雲、鬫金魁、鬫銀魁，今因缺乏工本錢文，自情愿将本都夫人庙庄，土名周岭烟寮脚，三人合置民田壹處，東北两至買主田為界，南至賣人山骨為界，西至田面山骨為界，計額伍分正，今具四至載明，託中筆親（立）文契，出賣與鬫天開叔邊向前承買為業，當日三面言断，時值田價銅錢拾玖仟文正，其錢隨契两相交兑足訖，不少個文，其田面言，每年充納田租早谷弍担正，其租谷送至買主倉下風净交量清楚，不敢欠少升合，如違，其田仍［任］（田）主易耕改佃，推户完粮，收租管業，賣人不得異言另生事端，其田原係三夥合置產業，與上下内外房親伯叔兄弟人等並無干涉，未賣日前，亦無重復典當文墨交加，如有來歷不明，皆賣人一力承當，不干買主之事，所賣所買，两相情愿，並無逼抑準折債負之故，其田不限年月，仍從賣人偹办原價取贖，買主無得执留，今欲有憑，立賣田契付與買主管業為據。

嘉慶弍拾四年拾弍月廿五日　立賣田契人　鄭正雲

鬫金魁

鬫銀魁

憑中　林栢琳

代筆　石日才

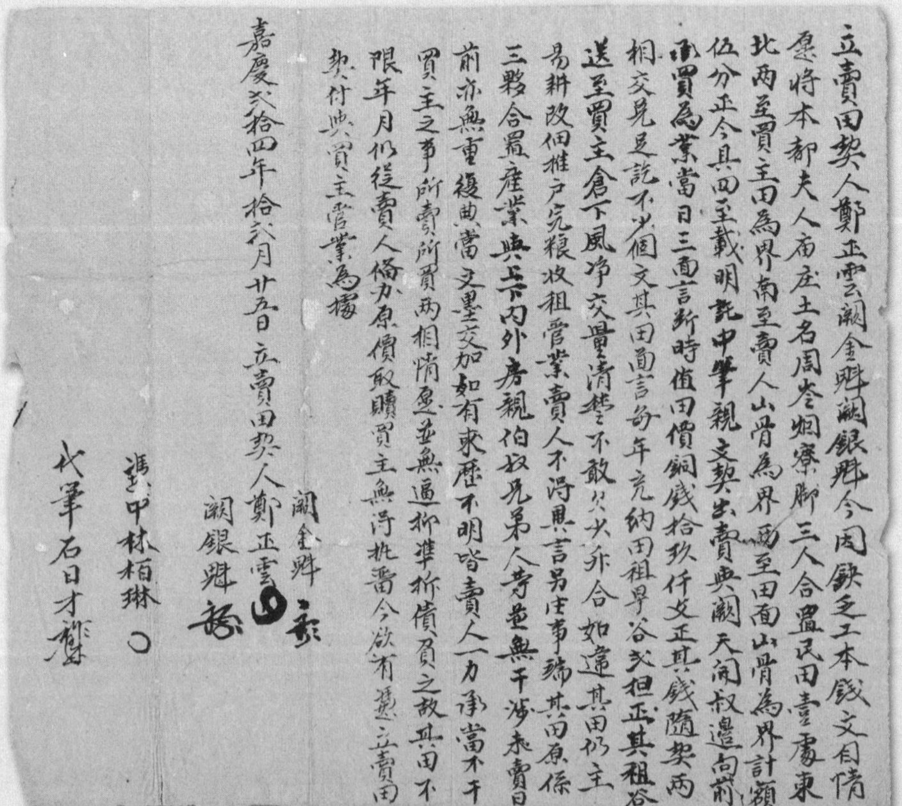

立賣田契人鄭正雲、鬫金魁、鬫銀魁，今因缺乏工本錢文，自情愿将本都夫人庙庄，土名周岭烟寮脚，三人合置民田壹處，東北两至買主田為界，南至賣人山骨為界，西至田面山骨為界，計額伍分正，今具四至載明，託中筆親文契，出賣與鬫天開叔邊向前承買為業，當日三面言断，時值田價銅錢拾玖仟文正，其錢隨契两相交兑足訖，不少個文，其田面言，每年充納田租早谷弍担正，其租谷送至買主倉下風净交量清楚，不敢欠少升合，如違，其田仍主易耕改佃，推户完粮，收租管業，賣人不得異言另生事端，其田原係三夥合置產業，與上下内外房親伯叔兄弟人等並無干涉，未賣日前，亦無重復典當文墨交加，如有來歷不明，皆賣人一力承當，不干買主之事，所賣所買，两相情愿，並無逼抑準折債負之故，其田不限年月，仍從賣人偹办原價取贖，買主無得执留，今欲有憑，立賣田契付與買主管業為據

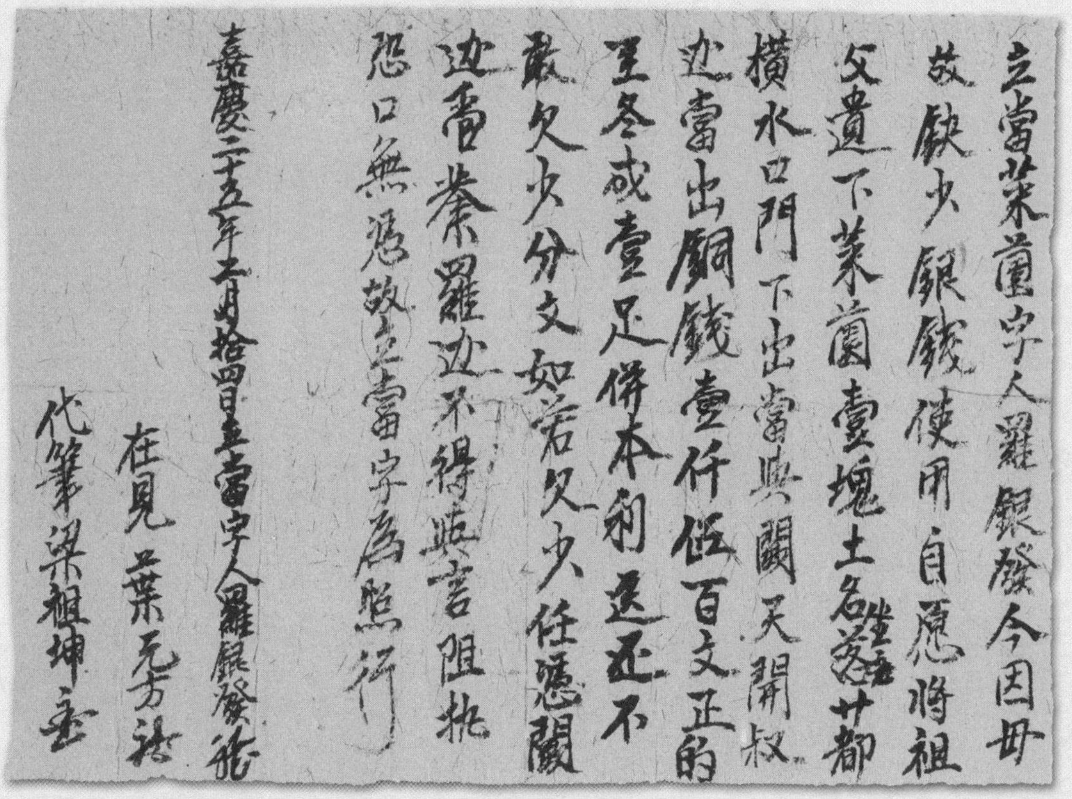

立當菜園字人羅銀發，今因母
故，缺少銀錢使用，自愿将祖
父遺下菜園壹塊，土名坐落廿都
横水口門下，出當與闕天開叔
边，當出銅錢壹仟伍百文正，的
至冬成，壹足併本利送还，不
敢欠少分文，如若欠少，任憑闕
边管業，羅边不得與［異］言阻执，
恐口無憑，故立當字為照。
嘉慶二十五年二月拾四日　立當字人　羅銀發
在見　葉元方
代筆　梁祖坤

立賣山契人闞書光，今因缺用，自情愿将自置民山，坐落廿壹都百步庄，土名潘山頭源内右邊青山壹片，計額山粮弍分正，其山上至山頂為界，下至坑為界，内至蝦蟆落井坳为界，外至石橋田角直上為界，四至之内，松杉雜木一概在内，親立契托中出賣與闞天閑叔邊承買為業，當日憑中三面言断，時值山價銅錢叁拾仟文正，其錢當日面仝憑中親收完足，自賣之後，任從叔邊執契管業，扦插籙養，出拚砍伐，其山乃係自置清楚物業，與内外房親伯叔兄弟子侄無涉，日前並無重復文墨在外，倘有上手來歷不明，皆係賣人一力承當，不涉買主之事，自賣之後，契明價足，日後並無找贖，割截断根，一買一賣，兩甘情愿，並無逼勒反悔等情，恐後難憑，故立賣契付與叔邊永遠為據行。

嘉慶弍拾伍年弍月十八日　立賣山契人　闞書光

憑中弟　學富

書成

學貴

書有

代筆　葉荆禄

（契尾，嘉慶貳拾伍年叁月）

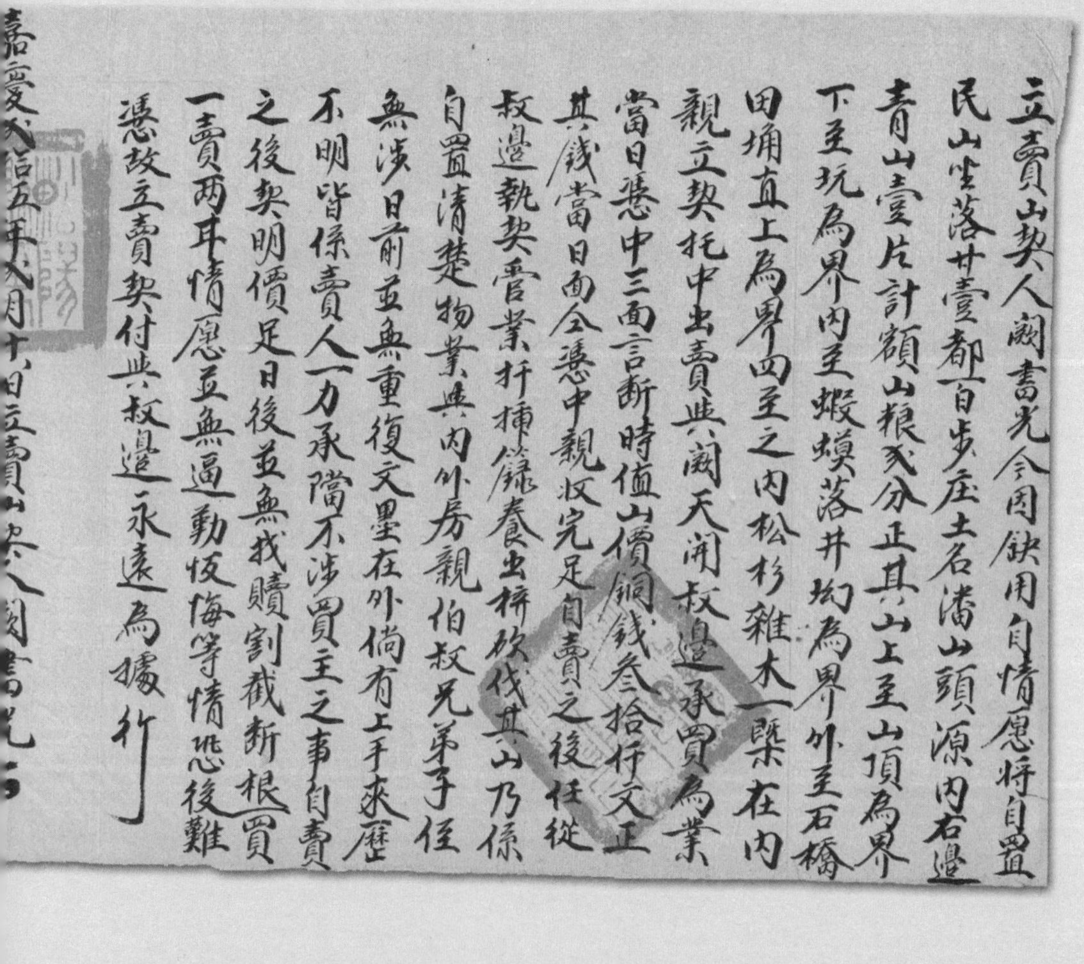

字

契

浙江等處承宣布政使司為遵

旨議奏事。奉准　部咨開：乾隆十四年十二月二十一日內閣抄出河南布政使富明奏稱：部議多頒契尾以後，有取民緣業人契尾例不實填業戶納

同申上司查驗。奉行有司因於給民契尾則按數登填，而於存官聯根或將價銀刪改。請嗣後州縣於業戶納稅時將契尾粘

用印存貯，每遇十號申送知府直隸州查對，姓名銀數相符，即將應給業戶之契尾并州縣備案之聯根于騎縫處截發

其應由藩司根照季報時分彙送至知府直隸州經收稅銀，照例由該府州之例經送藩司彙齊查核，雜稅與正賦

督府州核轉完結，自應如繳照聯式串票，後未議將稅戶收執串票與申繳上司底串，并送府州查驗，方與稅戶給票

契稅各項雜稅，是雜項更嚴于正賦，殊於政體未協。況契尾一項經布政司頒發，州縣多衙

門多一交官之案，在業戶納稅以後，經承因而求執照，守候不可得，勢必多方打點，需索之費幾

倍于從前，將來視投稅為畏途，觀望延挨，寧匿白契而不肯投稅，於國課轉無裨益。應將布政司奏請州縣經收稅

上縣申送府州查核，并知府直隸州例經送藩司之處均無庸議。至于倉吏以大報小，奸民

[illegible]等酌議請嗣後布政使頒發給民契尾格式，編列號數，前半幅照常細書業戶等姓名、買賣田房

後半幅于空白處預鈐司印，以備投稅時將契價稅銀數目大字填寫鈐印之處，令業戶看明，當面騎字截開，前幅給

同季冊彙送布政司查核。此係一行筆跡，平分為二，大小數目委難改換，其從前州縣布政司備查各契尾應行停止，以省繁文

無停擱之虞，契價無參差之弊，于民無累，于稅無虧，侵蝕可杜，爭訟可息矣。　等

因，於乾隆十四年十二月十一日奏本月十八日奉

旨依議。欽此。相應抄錄原奏，并頒發格式，行文各督撫一體欽遵辦理可也。等因。咨院行司。奉此，合行刊刻，合置契尾，印發該州縣，給民投納。

價兩納稅三分，不許私毫加耗，將價稅數目大字填寫鈐印之處，令業戶看明，當面騎字截開，前幅給業戶收執，後幅同季冊彙送

本司查核，所收稅銀，不許隱漏侵蝕，所有契尾務要一契一尾，不許以一尾粘連數契，[illegible]須至契尾者。

計開業戶　闕田諾　　畝分　用價銀叁拾兩〆錢〆分　　納稅銀〆兩玖錢〆分〆厘〆毫

布字柒千柒百陸號　右給　松陽縣業戶　闕天開　准此

嘉慶貳拾伍年叁月　日

憑中代筆　葉荊祿

書有　學貴　書成

立當山契人林佛養，今因缺用，自情愿将柴山壹處，坐落廿壹都夫人廟庄，土名芥菜源坑騎馬岗路上，其山上至山頂，下至山脚，右至岗分水为界，左至路为界，今具四至分明，併及山内應有松雜柴薪，立字出當与闵帝会闕松林、林永寿等手内，當过銅錢本肆千文正，其錢每千每年行利式分起息，其息的定每年五月慶祝之期充纳，不敢欠少，如違，任從会内人等将所當之山管業，籙養砍伐，扦窑燒炭，當人不得異言阻滞，恐口難信，故立當字为據。

嘉慶廿五年五月十六日　立當字人　林佛養

在见人　賴學興

代筆人　王國□

天閑付錢式千文，

松琳手一足收讫。

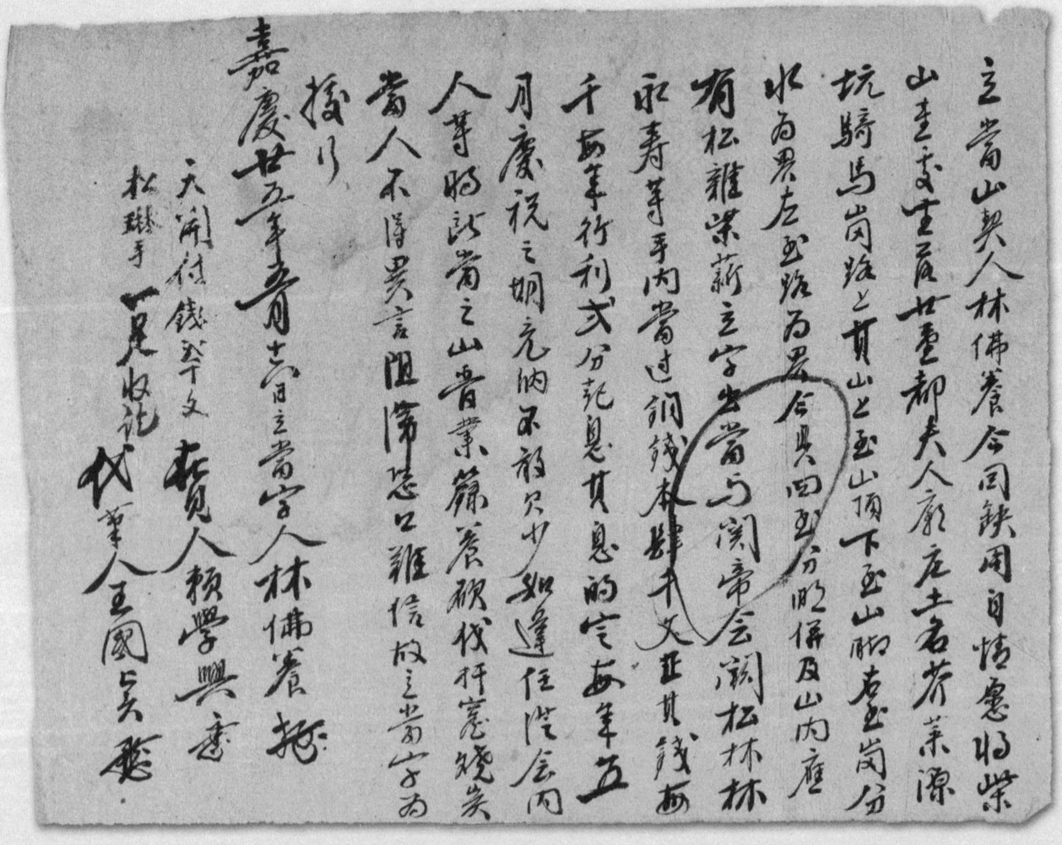